2024 中财传媒版

年度全国会计专业技术资格考试辅导系列丛书·注定会赢®

财务管理

通关题库

财政部中国财经出版传媒集团　组织编写

中国财经出版传媒集团
经济科学出版社
·北京·

图书在版编目（CIP）数据

财务管理通关题库/财政部中国财经出版传媒集团组织编写. --北京：经济科学出版社，2024.4

（中财传媒版2024年度全国会计专业技术资格考试辅导系列丛书. 注定会赢）

ISBN 978-7-5218-5757-3

Ⅰ.①财… Ⅱ.①财… Ⅲ.①财务管理-资格考试-习题集 Ⅳ.①F275-44

中国国家版本馆CIP数据核字（2024）第067076号

责任校对：齐 杰
责任印制：邱 天

财务管理通关题库
CAIWU GUANLI TONGGUAN TIKU
财政部中国财经出版传媒集团 组织编写
经济科学出版社出版、发行 新华书店经销
社址：北京市海淀区阜成路甲28号 邮编：100142
总编部电话：010-88191217 发行部电话：010-88191522
天猫网店：经济科学出版社旗舰店
网址：http://jjkxcbs.tmall.com
北京鑫海金澳胶印有限公司印装
787×1092 16开 18印张 550000字
2024年4月第1版 2024年4月第1次印刷
ISBN 978-7-5218-5757-3 定价：79.00元

前　　言

2024 年度全国会计专业技术中级资格考试大纲已经公布，辅导教材也已正式出版发行。与上年度相比，新考试大纲及辅导教材的内容发生了较大变化。为了帮助考生准确理解和掌握新大纲和新教材的内容、顺利通过考试，中国财经出版传媒集团本着对广大考生负责的态度，严格按照新大纲和新教材内容，组织编写了中财传媒版 2024 年度全国会计专业技术资格考试辅导“注定会赢”系列丛书。

该系列丛书包含“精讲精练”“通关题库”“全真模拟试题”“要点随身记”“速刷 360 题”等 5 个子系列，共 15 本图书，具有重点把握精准、难点分析到位、题型题量贴切、模拟演练逼真等特点。本书属于“通关题库”子系列，突出对教材知识点的练习，针对教材的重难点内容配以大量的练习题进行演练，帮助考生巩固所学知识。本书按照新教材内容编写，按客观题练习和主观题演练分为两大部分，根据近年真题命题规律及解题思路设计练习题，帮助考生遨游题海、夯实基础、查漏补缺。

中国财经出版传媒集团为购买本书的读者提供线上增值服务。读者可通过扫描封面下方的“注定会赢”微信公众号二维码下载“中财云知”App，免费享有题库练习、模拟测试、每日一练、学习答疑等增值服务。

全国会计专业技术资格考试是我国评价选拔会计人才、促进会计人员成长的重要渠道，也是落实会计人才强国战略的重要措施。希望广大考生在认真学习教材内容的基础上，结合本丛书准确理解和全面掌握应试知识点内容，顺利通过考试，不断取得更大进步，为我国会计事业的发展作出更大贡献！

书中如有疏漏和不当之处，敬请批评指正。

财政部中国财经出版传媒集团

2024 年 4 月

前言

[illegible]

目 录

第一部分 考试情况、命题规律与解题技巧

第二部分 客观题强化训练

第一章 总 论

第二章 财务管理基础

第三章 预算管理

第四章 筹资管理（上）

第五章　筹资管理（下）

第六章　投资管理

第七章　营运资金管理

第八章　成本管理

第九章　收入与分配管理

第十章　财务分析与评价

第三部分 主观题综合演练

专题一 风险与收益

专题二 预算编制

专题三 筹资管理

专题四 投资管理

专题五 营运资金管理

专题六 成本控制

专题七 股利政策与企业价值

专题八 财务分析与评价

附 录

第一部分

考试情况、命题规律与解题技巧

一、考试情况

（一）考试时间

经财政部、人力资源和社会保障部研究决定，2024 年度全国会计专业技术资格考试（以下简称“会计资格考试”）继续采用无纸化方式，中级会计资格考试将于 2024 年 9 月 7 日至 9 日举行，共 3 个批次，在 2024 年 10 月 31 日前，将完成数据核验及评卷质量抽查，之后下发 2024 年度中级会计资格考试成绩，并在“全国会计资格评价网”公布。具体考试时间如下表所示。

考试日期	考试时间	考试科目
9 月 7 日～9 月 9 日	8：30～11：15	中级会计实务
	13：30～15：45	财务管理
	18：00～20：00	经济法

（二）考试时长

2020 年开始，考试时长从 2 小时 50 分钟缩短为 2 小时 15 分钟，题量从 51 道缩减为 45 道。2024 年中级财务管理科目考试时长为 2 小时 15 分钟，题目总量为 45 题，需要考生在规定时间内完成答题。

（三）考试形式

财务管理科目继续采用无纸化考试形式。

二、近三年命题规律

（一）题型题量及分值分布（见下表）

年度		单选题	多选题	判断题	计算分析题	综合题	总计
2021 年	题量	20	10	10	3	2	45
	分值	30 分	20 分	10 分	15 分	25 分	100 分
2022 年	题量	20	10	10	3	2	45
	分值	30 分	20 分	10 分	15 分	25 分	100 分
2023 年	题量	20	10	10	3	2	45
	分值	30 分	20 分	10 分	15 分	25 分	100 分

财务管理考试题型包含主观题和客观题两部分。客观题包括单选题、多选题和判断题；主观题包括计算分析题和综合题。从 2020 年开始，每年题目类型及分值保持不变，但是 2022 年题目分值稍微进行了调整，提高了单选题的分值，降低了综合题的分值。2024 年考试的题型题量预计与 2023 年相同，包括 20 个单选题、10 个多选题、10 个判断题、3 个计算分析题和 2 个综合题。总分 100 分，及格标准 60 分。具体如下：

（1）单选题共 20 小题，每小题 1.5 分，共 30 分，每小题备选答案中，只有一个符合题意的正确答案。错选、不选均不得分。

（2）多选题共 10 小题，每小题 2 分，共 20 分。每小题备选答案中，有两个或两个以上符合题意的正确答案。请至少选择两个答案，全部选对得满分，少选得相应分值，多选、错选、不选均不得分。

（3）判断题共 10 小题，每小题 1 分，共 10 分。请判断每小题的表述是否正确。每小题答题正确的得 1 分，错答、不答均不得分，也不扣分。

（4）计算分析题共 3 小题，共 15 分。凡要求计算的，可不列出计算过程，计算结果出现两位以上小数的，均四舍五入保留小数点后两位小数，百分比指标保留百分号前两位小数。凡要求解释、分析、说明理由的，必须有相应的文字阐述。

（5）综合题共 2 小题，共 25 分。凡要求计算的，可不列出计算过程，计算结果出现两位以上小数的，均四舍五入保留小数点后两位小数，百分比指标保留百分号前两位小数。凡要求解释、分析、说明理由的，必须有相应的文字阐述。

（二）考点分布

（1）根据历年考情的分析得知，财务管理考点知识遍布全章节内容，每个章节都会涉及，但是考试内容的范围没有超出教材和大纲。近五年具体考点及分布如下列表格所示。每个表格分别展示了 2019～2023 年每年各题型知识点的分布情况。本部分不再展示计算分析题与综合题知识点的分布情况，这两类知识点的分布情况将在本书第三部分主观题综合演练处展示。

（2）历年单项选择题知识点分布如下表所示。

章节	2023 年	2022 年	2021 年	2020 年	2019 年
第一章	企业财务管理目标；财务管理目标与利益冲突	财务管理的原则、环节及体制；财务管理的环境	财务决策的相关内容；金融市场分类	企业及其组织形式	财务管理目标；金融环境
第二章	资本资产定价模型；资产的风险及其衡量；固定成本；混合成本；变动成本；利率的计算	风险与收益；年金	实际利率的计算；货币时间价值的年金现值和复利现值；系统性风险和非系统风险；资产风险的衡量问题；年资本回收额；复利现值	风险的衡量指标；标准差与标准差率；复利现值与复利终值；资产收益计算；风险管理；永续年金	年金终值与年金现值；资本资产定价模型；系统性风险与非系统性风险的特点；利率的测算；资产收益率；混合成本
第三章	经营预算的编制	预算管理的概述及预算的编制方法与程序	经营预算编制中的直接材料预算；预算的编制方法；财务预算编制中的资金预算；专门决策预算的编制；经营预算编制中的销售预算；弹性预算法下的列表法的运用	制造费用预算编制；生产预算的编制；销售预算；零基预算法	预算编制的方法；销售预算；生产预算；制造费用预算；资产负债表预算
第四章	银行借款；债务筹资；发行普通股股票；私募股权投资；租赁	可转换债券的转换比率；银行借款及公司债券；筹资管理的概述；衍生工具筹资；租赁	债务筹资中银行借款的种类；融资租赁的基本形式；筹资方式的类型	筹资的分类；筹资方式；发行普通股股票；债务筹资	银行借款；直接筹资与间接筹资；优先股筹资；可转换债券；认股权证；发行普通股股票；筹资的分类；留存收益
第五章	资本结构理论；销售百分比法；资本成本的含义；总杠杆效应；个别资本成本的计算	资本结构优化的公司价值分析法；杠杆效应；资本结构；资金需求量预测	资本结构理论；留存收益的资本成本率计算；银行借款的资本成本率	资本结构理论中的优先融资理论；公司债券资本成本的测算；银行借款的资本成本的测算；普通股资本成本的计算；优先股资本成本的计算；财务杠杆效应	筹资费用；资本成本的影响因素；资本结构理论；经营杠杆系数

续表

章节	2023 年	2022 年	2021 年	2020 年	2019 年
第六章	投资项目财务评价指标；期权到期日价值与净损益；债券价值及影响因素；证券投资基金及风险；项目投资决策	项目现金流量；现值指数、内含报酬率及回收期	内含收益率测算	静态回收期；证券投资风险	债券估价；净现值；内含收益率；系统性风险；股票收益率
第七章	商业信用；最优存货量的确定；短期融资券；应收账款的成本；营运资金管理策略	应收账款管理；存货管理；现金管理	信用政策中的信用期限的测算；现金管理中的现金周期的计算；存货管理中经济订货基本模型	—	目标现金余额；持有现金的动机；最优存货量；短期借款
第八章	本量利分析；责任成本；利润中心考核指标；投资中心考核指标	本量利分析与应用；标准成本控制与分析；责任成本	盈亏平衡率与安全边际率；责任中心的成本中心内容；成本差异分析中的变动制造费用效率差异的测算	利润的敏感性系数	安全边际；内部转移价格定价基础；利润中心的评价；盈亏平衡点；敏感性分析
第九章	股票分割与股票回购；股票回购和现金股利的影响	股利政策与企业价值；股票回购与股票分割及股权激励	股权激励的主要模式；股票分割概念	股票回购与股票分割；股票期权；产品定价方法	股利支付形式；股票分割；股利无关理论；产品定价方法；股利支付程序
第十章	偿债能力分析；营运能力分析	偿债能力分析；营运能力分析；盈利能力分析及发展能力分析；财务评价及考核	净收益营业指数的测算；偿债能力分析中的流动比率；短期偿债能力中的现金比率和速动比率	利息保障倍数的测算；市净率的测算；应收账款周转率指标的测算	产权比率；权益乘数；现金流量分析

通过上表可以发现，单选题考点遍布每个章节，并且有的章节知识点每年都会重复涉及，一方面说明财务管理考试的范围比较广；另一方面也说明考试的知识点重难点突出，比如第五章资本结构理论等，每年都有相关题目。虽然不是同一个具体知识点，但是考查的重点不变，知识点不变。

（3）历年多选题知识点分布如下表所示。

章节	2023 年	2022 年	2021 年	2020 年	2019 年
第一章	财务管理目标与利益冲突	—	—	—	—
第二章	固定成本；证券资产组合的收益与风险	—	递延年金现值；资产风险的衡量指标，标准差和标准差率	预付年金的测算；系统性风险	固定成本；变动成本；混合成本；资产的风险衡量

续表

章节	2023 年	2022 年	2021 年	2020 年	2019 年
第三章	预算的编制方法；经营预算的编制；	预算管理的概述及预算的编制方法与程序	预计利润表编制；生产预算；预算编制方法中的弹性预算	财务预算	经营预算
第四章	租赁；债务筹资的优点；发行公司债券；股权筹资的优缺点；筹资方式	衍生工具筹资；发行普通股股票及留存收益；筹资管理的概述	—	股权筹资中的留存收益；优先股股利；银行借款特点	发行股票；留存收益
第五章	经营杠杆效应；财务杠杆效应	资金需求量预测；资本结构；杠杆效应	平均资本成本的计算	经营杠杆；债券资本成本；资本结构；净现值；内含收益率；年金净流量；资本成本的含义与作用	平均资本成本的测算；银行借款成本；经营杠杆
第六章	回收期；内含收益率；净现值；年金净流量；现值指数；证券投资的风险	项目现金流量及净现值及年金净流量	财务可行性评价指标，现值指数、动态回收期、年金净流量和内含收益法	—	内含收益率
第七章	—	存货管理	营运资金管理策略中的流动资产融资策略	最优存货量的确定；营运资金概念	商业信用；短期融资券；流动资产的投资策略
第八章	标准成本差异计算和分析；本量利分析基本假设及模型；盈亏平衡点；责任成本；目标利润分析；边际分析；作业成本	标准成本控制与分析；本量利分析与应用	作业成本中的作业中心设计的作业分类	本量利分析中的销售利润率的测算	成本中心内容；成本差异的计算；盈亏平衡分析
第九章	—	股利政策与企业价值	股票回购的动机；股票股利	股利相关理论；股利政策；股票分割与股票股利	股票股利
第十章	营运能力分析（总资产周转率）	—	—	偿债能力分析；杜邦分析法	每股收益；管理层讨论与分析

上表展示了 2019 ~ 2023 年多选题知识点的分布情况。由于多选题题量比较少，所以考查的知识点比较少，考查的章节没有全部覆盖，但是考查的重点内容与单选题重难点一致，比如第九章的股票股利，单选题与多选题考点都涉及该知识点。我们可以通过对比单选题知识点与多选题知识点，发现财务管理的重点难点在哪里。

（4）历年判断题知识点的分布如下表所示。

章节	2023 年	2022 年	2021 年	2020 年	2019 年
第一章	财务管理目标与利益冲突	财务管理目标	利益冲突与协调中的所有者与债权人的利益冲突与协调；财务管理目标；企业的社会责任	—	企业财务管理目标
第二章	货币时间价值的含义；变动成本；利率的计算	复利终值与现值；风险与收益	实际利率计算；货币时间价值；混合成本分解的高低点法；资本资产定价模型	实际利率的测算；证券资产组合的收益率；永续年金特点；证券资产组合的收益与风险	证券资产组合的收益与风险
第三章	预算的编制方法	预算编制	—	增量预算法；资金预算；经营预算	—
第四章	筹资的分类；债务筹资；可转换债券	衍生工具筹资；筹资实务创新；筹资管理的概述	衍生工具筹资可转换债券；内部筹资与外部筹资的适用范围；筹资方式中商业信用	永续债；吸收直接投资；短期借款	留存收益；优先股的权利
第五章	销售百分比法；个别资本成本的计算	杠杆效应；资金需求量预测	优先股资本成本率的测算；杠杆效应中总杠杆系数的测算；资金需要量预测法中的销售百分比法	筹资费用；债权筹资成本，股权筹资成本	平均资本成本
第六章	债券投资；项目投资决策；现值指数	—	—	—	净现值；现值指数；债券的票面利率；债券价值；项目现金流量
第七章	最优存货量的确定；应收账款的机会成本	现金管理	—	最佳现金持有量；目标现金余额	持有现金的动机；短期借款；目标现金余额的确定；商业信用
第八章	成本差异计算；标准成本控制与分析	—	盈亏平衡点	作业中心	成本差异的计算；边际分析；价格型内转移定价
第九章	股票回购；股票分割	股利支付的形式与程序	—	剩余股利政策；固定股利政策；低正常股利加额外股利政策	固定股利支付率
第十章	发展能力分析（总资产增长率）；偿债能力分析（利息保障倍数）；营运能力分析（应收账款周转率）；盈利能力分析（总资产净利率）	营运能力及盈利能力及发展能力分析	公司长期偿债能力分析中资产负债率、权益乘数和产权比率指标的测算；财务评价法的经济增加值法	应收账款周转率	现金流量分析

上表展现了历年判断题知识点的分布情况。由于判断题题量共 10 道题，并且每道题 1 分，知识点在全书的分布比较零散，但是考查的知识点仍是全书的重点和难点，比如个股资本成本、平均资本成本，此知识点不仅出现在判断题中，也出现在单选题、多选题和计算题中。判断题虽然分值占比较低，但是我们通过对重点知识的掌握理解，仍然可以获得高分。

（三）出题方向

根据所考查知识点分布情况得知，近几年财务管理考试的题型、题量每年保持不变，考试难度比较平稳，重点难点也不会发生特别大的波动。客观题的知识点涵盖比较全面，涉及教材每一章节的知识，需要全面掌握。主观题知识点主要分布在第二章、第三章、第五章、第六章、第七章、第八章、第十章。主观题会结合各章节综合出题，对知识点交叉考核，特别是综合题，知识点会涉及多个章节的内容。考生需要掌握理解各章节重要知识点，并具有跨章节思考的意识。

三、解题技巧

（一）学习方法

首先，中级会计资格考试采用无纸化（机考）模式，考生平时要注重加强机考模式练习，提高答题速度。其次，客观题是顺利通过考试的关键。历年考情显示，客观题考试范围广，每章都会涉及，所以要掌握每章节的基本知识、基本理论；在客观题复习时应分清主次，厘清、理解每个章节的知识点，稳扎稳打、步步为营，逐步提高学习效果。再次，财务管理科目计算题和综合题大约占 40 分，计算量较大，涉及公式多，耗用时间长，难度较大，考核的知识点分布在重点章节，并且每道题目包含多个问题，考查的知识点涉及多个章节内容，考生在复习阶段要学会对相应章节进行交叉融合，多思考总结每章知识点存在的关联。最后，财务管理科目涉及的公式较多，特别是计算分析题和综合题，考生需要加强对公式的记忆，并能熟练灵活运用，可以利用碎片时间记忆公式，并理解每个公式背后的原理。

（二）解题技巧

财务管理考试题型分为单选题、多选题、判断题、计算分析题和综合题。应针对题目类型不同，采用不同的应对策略和复习技巧。

（1）单选题考试范围比较广，几乎每章都会涉及，但是考试题目比较简单，大致考试内容为简单的知识框架和简单的计算，只要全面掌握教材的基础知识，就可以轻松应对。单选题的解答方法就是要掌握教材的基础知识，选择正确的答案。

（2）多选题考查综合性知识点，出题内容比较活，题目多为文字性描述内容，需要掌握知识点的多个方面，需要记忆的内容不仅多，而且全面。

需要考生全面记忆知识点，归纳总结，通过对比记忆知识点的多个内容。考生在做题时，如果没有完全掌握知识点，不妨采用排除法，选择正确答案。

（3）判断题考试范围相对比较小，题型多为对一句文字性描述内容进行判断，考查的内容多为基础知识点，难度比较小，考生需要准确把握教材的基础知识点，注意理解和记忆。

（4）计算分析题历年考试的知识点比较集中，一般不会出现跨章节的考题，考查的知识点基本上属于一个专题的知识点。相比综合题，计算分析题考试的难度比较小，考生掌握住基本公式和重要知识点，可以应对该题型。

（5）综合题一般将多个专题的知识点融合到一道题目中，考生不仅要掌握各章的知识点，还要学会融会贯通，举一反三，将多个知识点进行联系记忆理解。综合题一般题目资料比较长，考生在答题时，首先要认真阅读材料，并根据题目要求划分材料数据，划分出哪些是重点资料，哪些是次要数据；然后要根据题目要求找到本题目考查的知识点是什么，并对该知识点进行简单回忆；最后，根据题目要求一步一步完成作答，争取拿到最高的分值，顺利通过考试。

第二部分

客观题强化训练

第一章 总　　论

考情分析

本章主要内容是企业与企业财务管理、财务管理目标、财务管理原则、财务管理环节、财务管理体制及财务管理环境。2019～2023 年考查的知识点范围如下表所示。本章主要考查题型为客观题，主观题很少涉及，考题难度不大，综合性较强，考生在学习过程中应侧重于理解掌握。本章每年分值为 1.5～3 分。

年份	单选题	多选题	判断题	计算分析题
2023	企业财务管理目标；财务管理目标与利益冲突	财务管理目标与利益冲突	财务管理目标与利益冲突	—
2022	财务管理的原则、环节及体制；财务管理的环境	—	财务管理目标	—
2021	财务决策的相关内容；金融市场分类	—	利益冲突与协调中的所有者与债权人的利益冲突与协调；财务管理目标；企业的社会责任	—
2020	企业及其组织形式	—		—
2019	财务管理目标；金融环境	—	企业财务管理目标	—

强化练习题

一、单选题

1. 某企业需要节约资金成本，提高资金使用效率，制定流动资产融资策略，这种行为属于（　　）。
   A. 筹资管理　　B. 成本管理
   C. 营运资金管理　　D. 收入管理

2. 下列各项中，不属于企业营运资金管理活动的是（　　）。
   A. 购置固定资产
   B. 确定现金持有计划
   C. 确定应收账款的信用标准、信用条件
   D. 短期借款计划

3. 关心企业普通职工的利益，关心客户的长期利益，属于企业（　　）目标理论。

A. 股东财富最大化

B. 利润最大化

C. 利益相关者最大化

D. 企业价值最大化

4. 下列各项中，说法错误的是（　　）。

A. 利润最大化目标不利于企业资源的合理配置

B. 利润最大化目标没有考虑风险问题

C. 利润最大化目标没有考虑利润实现时间和资金时间价值

D. 利润最大化目标没有反映创造的利润与投入资本之间的关系

5. 企业管理者在进行决策时，决策者必须对风险与报酬作出权衡，高报酬伴随着高风险，风险小的机会必然只有低收益，体现的财务管理原则是（　　）。

A. 系统性原则

B. 风险权衡原则

C. 成本收益权衡原则

D. 利益关系协调原则

6. 财务管理的核心是（　　）。

A. 财务预测　　B. 财务决策

C. 财务预算　　D. 财务控制

7. 利用有关信息和特定手段，对企业的财务活动施加影响或调节，以便实现计划所规定的财务目标的是（　　）。

A. 财务决策　　B. 财务控制

C. 财务分析　　D. 财务计划

8. 根据企业整体战略目标和规划，结合财务决策的结果，对财务活动进行规划，并以指标形式落实到每一计划期间的过程是财务管理环节中的（　　）。

A. 财务计划　　B. 财务预算

C. 财务预测　　D. 财务决策

9. 下列关于集权型财务管理体制的说法中，正确的是（　　）。

A. 有利于实行内部调拨价格

B. 有利于针对存在的问题及时作出有效决策

C. 可能导致资金成本增大、费用失控

D. 可能导致各所属单位缺乏全局观念和整体意识

10. 处于初创阶段的企业经营风险高，宜采用集权型财务管理体制，依据判断的因素是（　　）。

A. 企业人力资源　　B. 企业生命周期

C. 企业规模　　D. 企业战略

11. 关于企业财务管理体制的模式选择，下列说法中正确的是（　　）。

A. 若企业处于初创阶段，经营风险高，则更适合采用集权型财务管理体制

B. 若企业信息网络系统能及时准确传递信息，则可以采用分权型财务管理体制

C. 若企业面临的环境稳定，对生产经营的影响不显著，则更适合采用分权型财务管理体制

D. 若企业规模大，财务管理工作复杂量大，则更适合采用集权型财务管理体制

12. U型组织以职能化管理为核心，根据其特点应该选择的财务管理体制是（　　）。

A. 分权型

B. 集权型

C. 事业部型

D. 分权与集权相结合型

13. 下列各项中，说法错误的是（　　）。

A. U型组织采用集权控制，总部权力集中，子公司自主权小

B. H型组织集团总部利用股权关系对子公司管理，子公司保持较大的独立性

C. M型组织集团总部与子公司之间建立事业部，且事业部不能够独立从事生产经营活动

D. M型组织比H型组织集权程度低

14. 集权与分权相结合型的财务管理体制，在实践中通常集中的权力是（　　）。

A. 集中经营决策权

B. 集中人员管理权

C. 集中经营自主权

D. 集中固定资产购置权

15. 公司采用扩充厂房设备，提高产品价格的财务管理战略，那么公司处于经济周期的（　　）。

A. 复苏阶段　　B. 繁荣阶段

C. 衰退阶段　　D. 萧条阶段

16. 下列各项中，说法错误的是（　　）。

A. 通货膨胀降低企业的资金需求

B. 通货膨胀会增加企业的筹资成本

C. 通货膨胀会增加筹资的难度

D. 通货膨胀会虚增企业利润

17. 企业购买金融工具的目的是能够及时变现，解决资金需求问题，因为金融工具具备（　　）。
A. 流动性特征　B. 风险性特征
C. 收益性特征　D. 杠杆性特征

18. 当企业需要资金时，通过发行股票或债券获得资金，采取的资金转移方式是（　　）。
A. 间接转移　B. 直接转移
C. 资本转移　D. 有息转移

19. 相对于资本市场，货币金融市场的特点是（　　）。
A. 收益高　B. 期限长
C. 流动性强　D. 风险大

20. 拆借市场是指银行（包括非银行金融机构）同业之间短期性资本的借贷活动。这种交易一般没有固定的场所，主要通过电信手段成交，期限按日计算，其所属的市场分类是（　　）。
A. 资本市场　B. 货币市场
C. 外汇市场　D. 期货市场

21. 资本市场又称长期金融市场，是以期限在1年以上的金融工具为媒介，进行长期资金交易活动的市场，下列各项中不属于资本市场的是（　　）。
A. 债券市场　B. 期货市场
C. 融资租赁市场　D. 拆借市场

22. 下列各项中，属于资本市场的是（　　）。
A. 股票市场
B. 同业拆借市场
C. 票据市场
D. 大额定期存单市场

二、多选题

1. 合伙企业通常由两个或两个以上的自然人组成，可以把合伙企业分为（　　）。
A. 有限合伙企业
B. 普通合伙企业
C. 法人合伙企业
D. 企业制合伙企业

2. 下列各项中，关于个人独资企业表述错误的有（　　）。
A. 个人独资企业不需要缴纳企业所得税
B. 个人独资企业的投资者以出资额承担责任
C. 个人独资企业容易转让所有权
D. 个人独资企业具有经营管理灵活的自由

3. 下列各项中，属于公司制企业的优点的有（　　）。
A. 融资渠道较多
B. 创立容易
C. 容易转让所有权
D. 可以无限存续

4. 下列关于利润最大化目标说法中，正确的有（　　）。
A. 利润最大化目标有利于企业资源的合理配置
B. 利润最大化目标没有考虑风险因素
C. 利润最大化目标没有反映创造的利润与投入资本之间的关系
D. 利润最大化目标一定程度上克服了企业短期行为

5. 下列关于企业财务管理目标理论的说法中，正确的有（　　）。
A. 利润最大化目标通常只适用于上市公司
B. 股东财富最大化目标与企业价值最大化目标均有利于避免企业的短期行为
C. 利润最大化目标考虑了风险问题
D. 相关者利益最大化目标体现了前瞻性和现实性的统一

6. 下列各项中，属于利益相关者最大化目标的优点有（　　）。
A. 有利于企业长期发展
B. 体现合作共赢的价值理念
C. 较好兼顾了各利益主体的利益
D. 体现了前瞻性和现实性的统一

7. 下列财务管理目标中，不容易导致企业短期行为的有（　　）。
A. 利润最大化
B. 股东财务最大化
C. 企业价值最大化
D. 利益相关者最大化

8. 下列各项中，关于股东财富最大化目标的说法正确的有（　　）。
A. 股东财富最大化目标考虑了风险因素
B. 股东财富最大化目标能避免企业短期行为
C. 股东财富最大化目标通常只适用于上市

公司

D. 股东财富最大化目标体现了前瞻性和现实性的统一

9. 当所有者与经营者利益产生利益冲突时，缓解此冲突的解决手段有（　　）。

A. 解聘经营者

B. 市场约束经营者

C. 将经营者报酬与绩效挂钩

D. 使用股票期权激励经营者

10. 为了缓解债权人与股东的利益冲突，下列各项中，可以采取的协调方式有（　　）。

A. 事先规定借款用途限制

B. 增加借款信用条件

C. 及时收回借款

D. 不给予新的借款

11. 财务管理环节包含的环节有（　　）。

A. 财务预测　　B. 财务决策

C. 财务预算　　D. 财务控制

12. 采用集权型管理体制可能会引发的企业问题有（　　）。

A. 所属单位缺乏主动性、积极性

B. 资金管理分散

C. 利润分配无序

D. 决策程序复杂，失去适应市场的弹性

13. 企业采用集权型财务管理体制，会给企业带来的优势有（　　）。

A. 分散经营风险

B. 降低资金成本和风险损失

C. 利于企业决策的统一化

D. 内部资源配置效率高

14. 下列有关财务管理体制的说法中，正确的有（　　）。

A. 财务管理体制包括集权型和分权型两种

B. 在初创阶段，企业更偏向于选择集权型财务管理体制

C. 企业所处环境稳定、对生产经营的影响不太显著时，多采用集权型财务管理体制

D. 企业规模小、财务管理工作简单量小时，多采用分权型财务管理体制

15. 集权与分权型财务管理体制下，下列选项中不属于总部可以下放给所属单位的权利有（　　）。

A. 经营自主权　　B. 人员管理权

C. 收益分配权　　D. 固定资产购置权

16. 经济环境作为财务管理环境中最为重要的环境，包含的内容有（　　）。

A. 经济体制　　B. 宏观政策

C. 通货膨胀水平　　D. 金融工具

17. 为了应对通货膨胀初期给企业造成的影响，企业可以采取的措施有（　　）。

A. 取得长期负债

B. 签订长期购货合同

C. 进行投资以避免风险

D. 调整财务政策

18. 下列金融工具中，属于衍生金融工具的有（　　）。

A. 股指期货　　B. 远期外汇

C. 银行承兑汇票　　D. 股权期权

19. 公司发行企业债券所在的金融市场类型有（　　）。

A. 货币市场　　B. 资本市场

C. 发行市场　　D. 基础性金融市场

20. 与货币市场相比，资本市场具备的特征有（　　）。

A. 融资期限长

B. 资本借贷量大

C. 收益较高且风险大

D. 融资的目的是解决长期投资性资本的需求

21. 与资本市场相比，货币市场主要特征有（　　）。

A. 期限短

B. 交易目的是解决短期资金周转

C. 货币市场上的金融工具，具有较强的货币性

D. 货币市场上的金融工具，具有流动性强，价格平稳等特性

三、判断题

1. 个人独资企业由一个自然人投资，全部资产为个人所有，其不需要对企业债务承担无限责任。（　　）

2. 合伙企业的有限合伙人由于权利不同，需要向合伙企业承担无限连带责任。（　　）

3. 企业是以营利为目的依法设立的，所以企业不需要承担社会责任。（　　）

4. 企业成本管理内容涉及成本预测、成本决策、成本计划、成本分析及成本考核等。（ ）
5. 企业财务管理目标有 4 种代表性的理论：利润最大化、股东财富最大化、企业价值最大化和相关者利益最大化。（ ）
6. 就上市公司而言，将股东财富最大化作为财务管理目标的缺点之一是非上市公司难以应用。（ ）
7. 对于利润超常的公司来说，可以长期单独地负担因承担社会责任而增加的成本。（ ）
8. 与企业价值最大化相比，利润最大化的缺点是可能导致企业短期行为倾向。（ ）
9. 企业价值最大化目标理论过于理论化，不易操作，因此很难做到准确和客观。（ ）
10. 没有股东财富最大化的目标，利润最大化、企业价值最大化以及相关者利益最大化的目标也就难以实现。（ ）
11. 相关者利益最大化目标首先强调的是企业其他利益相关者的地位，然后是股东的地位。（ ）
12. 如果经营者绩效不佳，就会被解聘，进而提高企业经营者的努力程度，此解决手段称为接收方式。（ ）
13. 债务人改变举债资金用途，用于风险更高的项目，不仅增加了债务人的风险与收益，同时增加债权人的风险和收益。（ ）
14. 企业按照法律、法规和公司章程的规定，真实、准确、完整、及时地披露公司信息，是在履行对社会公益的责任。（ ）
15. 利用直观材料，依靠个人的主观判断和综合分析能力，对事物未来的状况和趋势作出预测的一种方法是定量预测方法。（ ）
16. 集权与分权相结合型财务管理体制下，企业重大决策问题由企业总部决定，下属单位的日常经营活动由各所属单位决策。（ ）
17. 奇虎科技有限公司作为实施纵向一体化战略的企业，由于各单位部门之间业务联系紧密，因此其很有必要采取相对集中的财务管理体制。（ ）
18. 企业采取集权与分权相结合型财务管理体制时，通常应该集中制度制定权，各所属单位采用的实施细则也要企业总部统一制定并下放。（ ）
19. 不考虑其他因素的情况下，通货膨胀会引发利率上升，增加企业筹资成本与筹资难度。（ ）
20. 金融市场可以划分为货币市场和资本市场，股票市场属于资本市场。（ ）
21. 根据分类标准，资本市场主要包括债券市场、股票市场、期货市场等。（ ）
22. 企业债券与企业股票交易的市场既是基础性金融市场，也是货币市场。（ ）
23. 券商机构将发行的证券来交换资金供应者手中的资金，再将资金转移到股票发行者手中，此类资金转移的方式称为直接转移。（ ）
24. 期货合同作为衍生金融工具具有流动性、风险性和收益性等特点。（ ）

快速查答案

一、单选题

序号	1	2	3	4	5	6	7	8	9	10	11	12
答案	C	A	C	A	B	B	B	A	A	B	A	B
序号	13	14	15	16	17	18	19	20	21	22		
答案	D	D	B	A	A	B	C	B	D	A		

二、多选题

序号	1	2	3	4	5	6	7	8	9	10	11	12
答案	AB	BC	ACD	ABC	BD	ABCD	BCD	ABC	ABCD	ABCD	ABCD	AD
序号	13	14	15	16	17	18	19	20	21			
答案	BCD	BC	CD	ABC	ABC	ABD	BCD	ABCD	ABCD			

三、判断题

序号	1	2	3	4	5	6	7	8	9	10	11	12
答案	×	×	×	√	√	√	×	√	√	√	×	×
序号	13	14	15	16	17	18	19	20	21	22	23	24
答案	×	×	×	√	√	×	√	√	√	×	×	√

参考答案及解析

一、单选题

1.【答案】C 【解析】本题考查的知识点是财务管理的内容。财务管理内容分为投资管理、筹资管理、营运资金管理、成本管理、收入与分配管理。企业日常经营活动发生的一系列流动资产和流动负债资金的收付行为属于营运资金管理。

2.【答案】A 【解析】购置固定资产、无形资产等属于企业投资管理活动。

3.【答案】C 【解析】本题考查的知识点是财务管理目标中的利益相关者最大化理论。该理论认为在确定企业财务管理目标时，不仅要考虑企业股东的利益，也要考虑债权人、客户、员工等利益群体的利益。

4.【答案】A 【解析】本题考查的知识点是利润最大化目标的优缺点。利润最大化是指企业财务管理以实现利润最大为目标。其优点是有利于企业资源的合理配置；有利于企业整体经济效益的提高，因此选项 A 说法错误。其缺点是没有考虑利润实现时间和资金时间价值；没有考虑风险问题；没有反映创造的利润与投入资本之间的关系；可能导致企业短期行为倾向。因此，选项 BCD 说法正确。

5.【答案】B 【解析】本题考查的知识点是财务管理原则。财务管理原则包括系统性原则、风险权衡原则、现金收支平衡原则、成本收益权衡原则、利益关系协调原则。风险权衡原则是指风险和报酬之间存在着一个对应关系，决策者必须对报酬和风险作出权衡，为追求较高报酬而承担较大的风险，或者为减少风险而接受较低的报酬。所谓对应关系是指高收益的投资机会必然伴随着较高的风险，风险小的投资机会必然只有较低的收益。题目符合风险权衡原则。

6.【答案】B 【解析】本题考查的知识点是财务决策的相关内容。财务决策是指按照财务战略目标的总体要求，利用专门的方法对各种备选方案进行比较和分析，从中选出最佳方案的过程。财务决策是财务管理的核心，决策的成功与否直接关系到企业的兴衰成败。

7.【答案】B 【解析】本题考查的知识点是财务管理环节。财务控制是指利用有关信息和特定手段，对企业的财务活动施加影响或调节，以便实现计划所规定的财务目标的过程，选项 B 正确。

8.【答案】A 【解析】本题考查的知识点是财务管理环节中的财务计划。财务计划是根据企业整体战略目标和规划，结合财务决策的结果，对财务活动进行规划，并以指标形式落实到每一计划期间的过程。财务计划主要通过指标和表格，以货币形式反映计划期内企业生产经营活动所需要的资金及其来源、财务收入和支出、财务成果及其分配的情况。

9. 【答案】A 【解析】本题考查的知识点是集权型财务管理体制的优缺点。采用集权型财务管理体制的优点包括：有利于在整个企业内部优化配置资源；有利于实行内部调拨价格；有利于内部采取避税措施及防范汇率风险等。缺点包括：集权过度会使各所属单位缺乏主动性、积极性，丧失活力，也可能因为决策程序相对复杂而失去适应市场的弹性，丧失市场机会。因此，本题选择 A。

10. 【答案】B 【解析】本题考查的知识点是影响企业财务管理体制集权与分权选择的因素——企业生命周期。在企业初创阶段，经营风险高，应选择集权型财务管理体制。反之，在企业成熟阶段，经营风险低，应选择分权型财务管理体制。本题选择 B。

11. 【答案】A 【解析】本题考查的知识点是影响财务管理体制集权与分权选择的因素。一般而言，企业在初创阶段经营风险高，财务管理宜偏重集权型体制，选项 A 正确。如果企业信息网络系统能及时准确传递信息，可以采用集权型财务管理体制，选项 B 错误。若企业面临的环境稳定，对生产经营的影响不显著，更适合采用集权型财务管理体制，选项 C 错误。若企业规模大，财务管理工作复杂量大，更适合采用分权型财务管理体制，选项 D 错误。

12. 【答案】B 【解析】本题考查的知识点是与企业组织体制相适应的原则。U 型组织以职能化管理为核心，最典型的特征是在管理分工下实行集权控制，没有中间管理层，依靠总部的采购、营销、财务等职能部门直接控制各业务单元，子公司的自主权较小，适用于集权型财务管理体制。

13. 【答案】D 【解析】本题考查的知识点是企业组织体制。企业组织体制主要有 U 型组织、H 型组织和 M 型组织三种基本形式。M 型组织比 H 型组织集权程度更高，由于事业部是总部设置的中间管理组织，不是独立法人，不能够独立对外从事生产经营活动。

14. 【答案】D 【解析】本题考查的知识点是集权与分权相结合型财务管理体制。其核心内容是企业总部应做到制度统一、资金集中、信息集成和人员委派，实践中集中制度制定权、集中筹资、融资权、集中投资权、集中用资、担保权、集中固定资产购置权、集中财务机构设置权、集中收益分配权。

15. 【答案】B 【解析】本题考查的知识点是经济环境中的经济周期。经济发展与运行大体上经历复苏、繁荣、衰退和萧条几个阶段的循环，这种循环叫作经济周期。在经济周期的不同阶段，企业应采用不同的财务管理战略，处于繁荣阶段的企业：（1）扩充厂房设备。（2）继续建立存货。（3）提高产品价格。（4）开展营销规划。（5）增加劳动力。因此，本题选择 B。

16. 【答案】A 【解析】本题考查的知识点是通货膨胀水平对企业财务活动的影响。主要表现在以下几个方面：（1）引起资金占用的大量增加，从而增加企业的资金需求。（2）引起企业利润虚增，造成企业资金由于利润分配而流失。（3）引起利率上升，加大企业筹资成本。（4）引起有价证券价格下降，增加企业的筹资难度。（5）引起资金供应紧张，增加企业的筹资困难。

17. 【答案】A 【解析】本题考查的知识点是金融工具具备的特征。一般认为，金融工具具有流动性、风险性和收益性的特征。流动性是指金融工具在必要时迅速转变为现金而不致遭受损失的能力。风险性是购买金融工具的本金和预定收益遭受损失的可能性，一般包括信用风险和市场风险。收益性是指金融工具能定期或不定期地给持有人带来收益。

18. 【答案】B 【解析】本题考查的知识点是金融市场上资金的转移方式。在金融市场上，资金的转移方式有两种：（1）直接转移。它是需要资金的企业或其他资金不足者直接将股票或债券出售给资金供应者，从而实现资金转移的一种方式。（2）间接转移。它是需要资金的企业或其他资金不足者，通过金融中介机构，将股票或债券出售给资金供应者；或者以他们自身所发行的证券来交换资金供应者手中的资金，再将资金转移到各种股票或债券的发行者（即资金需求者）手中，从而实现资金转移的一种方式。题目中转移方式属于直接转移方式。

19.【答案】C【解析】本题考查的知识点是货币金融市场的特点。货币市场的主要功能是调节短期资金融通。其主要特点如下：（1）期限短。一般为3~6个月，最长不超过1年。（2）交易目的是解决短期资金周转。它的资金来源主要是资金所有者暂时闲置的资金，融通资金的用途一般是弥补短期资金的不足。（3）货币市场上的金融工具有较强的"货币性"，具有流动性强、价格平稳、风险较小等特性。

20.【答案】B【解析】本题考查的知识点是货币市场的分类。货币市场的主要功能是调节短期资金融通，货币市场主要有拆借市场、票据市场、大额定期存单市场和短期债券市场等。

21.【答案】D【解析】本题考查的知识点是资本市场包含的市场分类。资本市场主要包括债券市场、股票市场、期货市场和融资租赁市场等。货币市场主要包含同业拆借市场、票据市场、大额定期存单市场和短期债券市场等。

22.【答案】A【解析】本题考查的知识点是金融市场分类。金融市场可以分为资本市场和货币市场，货币市场是指以期限在1年以内的金融工具为媒介的市场，比如同业拆借市场、票据市场、大额定期存单市场和短期债券市场。资本市场是指以期限在1年以上的金融工具为媒介的市场，比如股票市场、债券市场、期货市场和融资租赁市场等。选项BCD均为货币市场。

二、多选题

1.【答案】AB【解析】本题考查的知识点是合伙企业的分类。合伙企业通常是由两个或两个以上的自然人（有时也包括法人或其他组织）合伙经营的企业。它是由各合伙人遵循自愿、平等、公平、诚实信用原则订立合伙协议，共同出资、合伙经营、共享收益、共担风险的营利性组织。合伙企业分为普通合伙企业和有限合伙企业。因此，正确选项是AB。

2.【答案】BC【解析】本题考查的知识点是个人独资企业的特点。个人独资企业是由一个自然人投资、全部资产为投资者个人所有、全部债务由投资者个人承担的经营实体。个人独资企业是非法人企业，不具有法人资格。个人独资企业具有创立容易、经营管理灵活自由、不需要缴纳企业所得税等优点，但个人独资企业也存在一些缺点：业主对企业债务需要承担无限责任；难以从外部获得大量资金用于经营；企业所有权的转移比较困难；企业生命有限等。因此，选项AD正确，选项BC错误。

3.【答案】ACD【解析】本题考查的知识点是公司制企业的优点。公司制企业的优点如下：容易转让所有权；有限债务责任；可以无限存续；融资渠道较多。选项B不属于公司制企业的优点，因此，正确选项是ACD。

4.【答案】ABC【解析】本题考查的知识点是利润最大化目标的优缺点。利润最大化目标的主要优点是，有利于企业资源的合理配置，有利于企业整体经济效益的提高。但是，以利润最大化作为财务管理目标存在以下缺陷：（1）没有考虑利润实现时间和资金时间价值。（2）没有考虑风险问题。（3）没有反映创造的利润与投入资本之间的关系。（4）可能导致企业短期行为倾向，影响企业长远发展。因此，正确选项是ABC。

5.【答案】BD【解析】本题考查的知识点是财务管理目标理论。股东财富最大化目标通常只适用于上市公司，选项A错误；以利润最大化作为财务管理目标没有考虑风险问题，选项C错误；选项BD表述正确。

6.【答案】ABCD【解析】本题考查的知识点是利益相关者最大化目标的优点。以相关者利益最大化作为财务管理目标，具有以下优点：（1）有利于企业长期稳定发展。（2）体现了合作共赢的价值理念，有利于实现企业经济效益和社会效益的统一。（3）这一目标本身是一个多元化、多层次的目标体系，较好地兼顾了各利益主体的利益。（4）体现了前瞻性和现实性的统一。以上选项均是利益相关者最大化目标的优点。因此，正确选项是 ABCD。

7. 【答案】BCD 【解析】本题考查的知识点是财务管理目标的优缺点。利润最大化作为目标，可能导致企业短期行为倾向，影响企业长远发展。由于利润指标通常按年计算，因此，企业决策也往往会服务于年度指标的完成或实现。因此，正确选项是 BCD。

8. 【答案】ABC 【解析】本题考查的知识点是股东财富最大化目标的优缺点。股东财富最大化目标的优点包括：考虑了风险因素；能避免企业短期行为；比较容易量化。股东财富最大化目标的缺点包括：只适用于上市公司；不能完全准确反映企业财务管理状况；强调股东利益，对其他相关者的利益重视不够。因此，正确选项是 ABC。

9. 【答案】ABCD 【解析】本题考查的知识点是所有者与经营者利益冲突与协调。协调这一利益冲突通常采取以下方式：（1）解聘。（2）接收。（3）激励。激励的方式有股票期权与绩效股两种方式。以上选项都归属于协调利益冲突的方式。解聘经营者是解聘方式；市场约束经营者属于接收方式；将经营者报酬与绩效挂钩与使用股票期权激励经营者属于激励方式。因此，正确选项是 ABCD。

10. 【答案】ABCD 【解析】本题考查的知识点是股东与债权人之间的利益冲突解决方式。可以采取以下方式解决：（1）限制性借债。债权人通过事先规定借债用途限制、借债担保条款和借债信用条件，使股东不能通过以上两种方式削弱债权人的债权价值。（2）收回借款或停止借款。当债权人发现企业有侵蚀其债权价值的意图时，采取收回债权或不再给予新的借款的措施，从而保护自身权益。因此，正确选项是 ABCD。

11. 【答案】ABCD 【解析】本题考查的知识点是财务管理环节。财务环节是企业财务管理的工作步骤与一般工作程序。一般而言，企业财务管理包括财务预测、财务决策、财务计划、财务预算、财务控制、财务分析与财务考核七个环节。因此，正确选项是 ABCD。

12. 【答案】AD 【解析】本题考查的知识点是集权型财务管理体制的缺点。它的缺点：集权过度会使各所属单位缺乏主动性、积极性，丧失活力，也可能因为决策程序相对复杂而失去适应市场的弹性，丧失市场机会。因此，正确选项是 AD。

13. 【答案】BCD 【解析】本题考查的知识点是集权型财务管理体制的优点。采用集权型财务管理体制的优点是企业内部的各项决策均由企业总部制定和部署，企业内部可充分展现其一体化管理的优势，利用企业的人才和信息资源，努力降低资金成本和风险损失，使决策的统一化、制度化得到有力的保障。采用集权型财务管理体制，有利于在整个企业内部优化配置资源，有利于实行内部调拨价格，有利于内部采取避税措施及防范汇率风险等。因此，正确选项是 BCD。

14. 【答案】BC 【解析】本题考查的知识点是财务管理体制。财务管理体制可分为集权型、分权型、集权与分权相结合型，选项 A 错误；企业规模小、财务管理工作简单量小时，多采用集权型财务管理体制。反之，企业规模大，财务管理工作复杂量大时，采用分权型财务管理体制，选项 D 错误。

15. 【答案】CD 【解析】本题考查的知识点是集权与分权相结合型财务管理体制的实践。总结我国企业的实践，集权与分权相结合型财务管理体制的核心内容是企业总部应做到制度统一、资金集中、信息集成和人员委派，分散经营自主权、人员管理权、业务定价权、费用开支审批权。因此，正确选项是 CD。

16. 【答案】ABC 【解析】本题考查的知识点是财务管理环境，在影响财务管理的各种外部环境中，经济环境是最为重要的。经济环境内容十分广泛，包括经济体制、经济周期、经济发展水平、宏观经济政策及通货膨胀水平等。金融工具属于金融环境内容。因此，正确选项是 ABC。

17. 【答案】ABC 【解析】本题考查的知识点是财务管理环境中的经济环境。为了减轻通货膨胀对企业造成的不利影响，企业应当采取措施予以防范。在通货膨胀初期，货币面临贬值的风险，这时企业进行投资可以避免风险，实现资本保值；与客户应签订长期购货合同，以减少物价上涨造成的损失；取得长期负债，保持资本成本的稳定。因此，正确选项是 ABC。

18. 【答案】ABD 【解析】本题考查的知识点是衍生金融工具。衍生金融工具又称派生金融工具，是在基本金融工具的基础上通过特定技术设计形成的新的金融工具。常见的衍生金融工具包括远期合同、期货合同、互换合同和期权合同等，种类非常复杂、繁多，具有高风险、高杠杆效应的特点。因此，正确选项是 ABD。

19. 【答案】BCD 【解析】本题考查的知识点是金融市场的分类。资本市场又称长期金融市场，是指以期限在 1 年以上的金融工具为媒介，进行长期资金交易活动的市场，包括股票市场、债券市场、期货市场和融资租赁市场等。发行市场又称一级市场，它主要处理金融工具的发行与最初购买者之间的交易；基础性金融市场是指以基础性金融产品为交易对象的金融市场，如商业票据、企业债券、企业股票的交易市场。因此，正确选项是 BCD。

20. 【答案】ABCD 【解析】本题考查的知识点是资本市场主要的特点。资本市场的主要功能是实现长期资本融通。其主要特点如下：（1）融资期限长。至少 1 年以上，最长可达 10 年甚至 10 年以上。（2）融资的目的是解决长期投资性资本的需要，用于补充长期资本，扩大生产能力。（3）资本借贷量大。（4）收益较高但风险也较大。因此，正确选项是 ABCD。

21. 【答案】ABCD 【解析】本题考查的知识点是货币市场的主要特点。货币市场的主要功能是调节短期资金融通。其主要特点如下：（1）期限短。一般为 3～6 个月，最长不超过 1 年。（2）交易目的是解决短期资金周转，它的资金来源主要是资金所有者暂时闲置的资金，融通资金的用途一般是弥补短期资金的不足。（3）货币市场上的金融工具有较强的"货币性"，具有流动性强、价格平稳、风险较小等特性。因此，正确选项是 ABCD。

三、判断题

1. 【答案】× 【解析】本题考查的知识点是个人独资企业的特征。个人独资企业的业主对企业债务承担无限责任。因此，本题的说法是错误的。

2. 【答案】× 【解析】本题考查的知识点是有限合伙人承担的责任。有限合伙人以认缴的出资额为限对企业债务承担责任，普通合伙人对合伙企业债务承担无限连带责任。因此，本题说法是错误的。

3. 【答案】× 【解析】本题考查的知识点是企业的定义与功能。企业的目标是创造财富，但是在创造财富的过程中必须承担相应的社会责任。因此，本题说法是错误的。

4. 【答案】√ 【解析】本题考查的知识点是财务管理内容中的成本管理。成本管理是企业日常经营管理的一项中心工作，成本管理涉及从成本预测、成本决策、成本计划、成本控制、成本核算、成本分析到成本考核的全部过程。因此，本题说法是正确的。

5. 【答案】√ 【解析】本题考查的知识点是企业财务管理目标理论。企业财务管理目标有 4 种代表性的理论：利润最大化、股东财富最大化、企业价值最大化和相关者利益最大化。因此，本题说法是正确的。

6. 【答案】√ 【解析】本题考查的知识点是财务管理目标理论中的股东财富最大化。股东财富最大化的主要缺点是通常只适用于上市公司，非上市公司难以应用。因此，本题说法正确。

7. 【答案】× 【解析】本题考查的知识点是企业的社会责任。对利润超常的公司来说，适当地从事一些社会公益活动，有助于提高公司的知名度，促进其业务活动的开展，进而使股价升高。但不管怎样，任何企业都无法长期单独地负担因承担社会责任而增加的成本。因此，本题说法是错误的。

8. 【答案】√ 【解析】本题考查的知识点是财务管理目标各自的优缺点，与企业价值最大化相比，利润最大化的缺点是可能导致企业短期行为倾向，影响企业长远发展。因此，本题说法正确。

9. 【答案】√ 【解析】本题考查的知识点是企业价值最大化目标的缺点。以企业价值最大化作为财务管理目标过于理论化，不易操作。

对于非上市公司而言，只有对企业进行专门的评估才能确定其价值，而在评估企业的资产时，由于受评估标准和评估方法的影响，很难做到客观和准确。因此，本题说法是正确的。

10. 【答案】√【解析】没有股东财富最大化的目标，利润最大化、企业价值最大化以及相关者利益最大化的目标也就无法实现。

11. 【答案】×【解析】本题考查的知识点是相关者利益最大化的具体内容。相关者利益最大化目标强调的是股东的首要地位，然后关心本企业其他相关者利益。因此，本题说法是错误的。

12. 【答案】×【解析】本题考查的知识点是所有者和经营者利益冲突的解决手段。解聘是股东约束经营者的一种手段，如果经营者绩效不佳，就会被解聘。因此，本题说法是错误的。

13. 【答案】×【解析】本题考查的知识点是所有者与债权人利益冲突的内容。股东可能要求经营者改变举债资金的原定用途，将其用于风险更高的项目，这会增大偿债风险，债权人的负债价值也必然会降低，造成债权人风险与收益的不对称。因为高风险的项目一旦成功，额外的利润就会被所有者独享；但若失败，债权人却要与股东共同负担由此而造成的损失。综上，债务人投资于风险更高的项目，会增加债权人的风险，降低了债权人的负债价值和收益。因此，本题说法是错误的。

14. 【答案】×【解析】本题考查的知识点是企业社会责任的主要内容。企业社会责任主要内容包括对员工的责任、对债权人的责任、对消费者的责任、对社会公益的责任。公司对债权人承担的社会责任主要有：(1) 按照法律、法规和公司章程的规定，真实、准确、完整、及时地披露公司信息。(2) 诚实守信，不滥用公司人格。(3) 主动偿债，不无故拖欠。(4) 确保交易安全，切实履行合法订立的合同。因此，本题说法是错误的。

15. 【答案】×【解析】本题考查的知识点是财务预测的方法，财务预测的方法主要有定性预测和定量预测两类。定性预测法，主要是利用直观材料，依靠个人的主观判断和综合分析能力，对事物未来的状况和趋势作出预测的一种方法；定量预测法，主要是根据变量之间存在的数量关系建立数学模型来进行预测的方法。因此，本题说法是错误的。

16. 【答案】√【解析】本题考查的知识点是集权与分权结合型财务管理体制的特点。集权与分权相结合型财务管理体制．其实质就是集权下的分权，企业对各所属单位在所有重大问题的决策与处理上实行高度集权，各所属单位则对日常经营活动具有较大的自主权。因此，本题说法是正确的。

17. 【答案】√【解析】本题考查的知识点是影响企业财务管理体制集权与分权选择的因素——企业战略因素。那些实施纵向一体化战略的企业，要求各所属单位保持密切的业务联系，各所属单位之间业务联系越密切，就越有必要采用相对集中的财务管理体制，反之，则采取分权型财务管理体制。因此，本题说法是正确的。

18. 【答案】×【解析】本题考查的知识点是集权与分权相结合型财务管理体制的实践。集中制度制定权，企业总部根据国家法律、法规和《企业会计准则》《企业财务通则》的要求，结合企业自身的实际情况和发展战略、管理需要，制定统一的财务管理制度，在全企业范围内统一施行。各所属单位只有制度执行权，而无制度制定和解释权。但各所属单位可以根据自身需要制定实施细则和补充规定。因此，本题说法是错误的。

19. 【答案】√【解析】本题考查的知识点是通货膨胀对企业财务活动的影响。主要表现在以下几个方面：(1) 引起资金占用的大量增加，从而增加企业的资金需求。(2) 引起企业利润虚增，造成企业资金由于利润分配而流失。(3) 引起利率上升，加大企业筹资成本。(4) 引起有价证券价格下降，增加企业的筹资难度。(5) 引起资金供应紧张，增加企业的筹资困难。因此，本题说法是正确的。

20. 【答案】√【解析】本题考查的知识点是金融市场不同的标准分类。以期限为标准，金融市场可分为货币市场和资本市场。货币市场又称短期金融市场，是指以期限在 1 年以内的金融工具为媒介，进行短期资金融通的市场，包括同业拆借市场、票据市场、大额定期存单市场和短期债券市场等；资本市场又称长期金融市场，是指以期限在1年以上的金融工具为媒介，进行长期资金交易活动的市场，包括债券市场、股票市场、期货市场、融资租赁市场等。因此，本题说法是正确的。

21. 【答案】√【解析】本题考查的知识点是货币市场和金融市场分类。资本市场主要包括债券市场、股票市场、期货市场和融资租赁市场等。因此，本题说法是正确的。

22. 【答案】×【解析】本题考查的知识点是基础性金融市场与货币市场的分类。基础性金融市场是指以基础性金融产品为交易对象的金融市场，如商业票据、企业债券、企业股票的交易市场；资本市场又称长期金融市场，是指以期限在1年以上的金融工具为媒介，进行长期资金交易活动的市场，包括股票市场、债券市场等。因此，本题说法是错误的。

23. 【答案】×【解析】本题考查的知识点是金融市场上资金的转移方式。具体有以下两种方式：(1) 直接转移。它是需要资金的企业或其他资金不足者直接将股票或债券出售给资金供应者，从而实现资金转移的一种方式。(2) 间接转移。它是需要资金的企业或其他资金不足者，通过金融中介机构，将股票或债券出售给资金供应者；或者以他们自身所发行的证券来交换资金供应者手中的资金，再将资金转移到各种股票或债券的发行者（即资金需求者）手中，从而实现资金转移的一种方式。因此，本题说法是错误的。

24. 【答案】√【解析】本题考查的知识点是金融工具的内容。金融工具是指形成一方的金融资产并形成其他方的金融负债或权益工具的合同。常见的衍生金融工具包括远期合同、期货合同、互换合同和期权合同等。一般认为，金融工具具有流动性、风险性和收益性的特征。因此，本题说法是正确的。

第二章　财务管理基础

考情分析

本章主要内容是货币时间价值、收益与风险、成本性态分析。2019～2023年知识点考查范围如下表所示。本章考查的题型有客观题和主观题，公式较多，但不必死记硬背，考生应从原理上把握并学会应用。本章每年分值为10～15分。

年份	单选题	多选题	判断题	计算分析题
2023	资本资产定价模型；资产的风险及其衡量；固定成本；混合成本；变动成本；利率的计算	固定成本；证券资产组合的收益与风险	货币时间价值的含义；变动成本；利率的计算	资产收益与收益率；证券资产组合的收益与风险；资本资产定价模型
2022	风险与收益；年金	—	复利终值与现值；风险与收益	资本资产定价模型；风险与收益
2021	实际利率的计算；货币时间价值的年金现值和复利现值；系统性风险和非系统性风险；资产风险的衡量问题；年资本回收额；复利现值	递延年金现值；资产风险的衡量指标，标准差和标准差率	实际利率计算；货币时间价值；混合成本分解的高低点法；资本资产定价模型	资产收益率的计算；资本资产定价模型
2020	风险的衡量指标；标准差与标准差率；复利现值与复利终值；资产收益计算；风险管理；永续年金	预付年金的测算；系统性风险	实际利率的测算；证券资产组合的收益率；永续年金特点；证券资产组合的收益与风险	资本资产定价模型；成本性态中的总成本模型
2019	年金终值与年金现值；资本资产定价模型；系统性风险与非系统性风险的特点；利率的测算；资产收益率；混合成本	固定成本；变动成本；混合成本；资产的风险衡量	证券资产组合的收益与风险	资本资产定价模型

强化练习题

一、单选题

1. 某公司向银行借入2 000万元，年利率为10%，借款期限为5年，按年复利计息，到期一次还本付息，则到期后公司应该偿还的本利和为（　　）万元。已知：(P/F，10%，5)＝0.6209，(F/P，10%，5)＝1.6105。

A. 3 221　　B. 2 928.2

C. 3 543.2　　D. 3 000

2. （F/P，10%，10）与（F/P，10%，9）分别

表示的是10年期、年利率为10%的复利终值系数，9年期、年利率为10%的复利终值系数，则两者之间的关系表达正确的是（　　）。

A.（F/P，10%，10）=（F/P，10%，9）×（1+10%）

B.（F/P，10%，10）=（F/P，10%，9）+10%

C.（F/P，10%，9）=（F/P，10%，10）×（1-10%）

D.（F/P，10%，9）=（F/P，10%，10）×10%

3. 某工程项目现需要投入3亿元，如果延迟一年建设，投入将增加10%，假设利率为5%，则项目延迟造成的投入现值的增加额为（　　）亿元。

A. 0.14　　B. 0.17

C. 0.3　　D. 0.47

4. 下列关于预付年金的计算公式中，错误的是（　　）。

A. 预付年金现值P=A×（P/A，i，n）×（1+i）

B. 预付年金现值P=A×[（P/A，i，n-1）+1]

C. 预付年金终值F=A×（F/A，i，n）×（1+i）

D. 预付年金终值F=A×[（F/A，i，n-1）-1]

5. 某项银行贷款本金为100万元，期限为10年、利率为8%，每年年末等额偿还本息，则每年偿还额的计算式为（　　）。

A. 100/（F/A，8%，10）

B. 100×（1+8%）/（F/A，8%，10）

C. 100×（1+8%）/（P/A，8%，10）

D. 100/（P/A，8%，10）

6. 某项目在前3年无现金流入，从第4年年末开始连续6年每年流入500万元，按8%的年利率折现的终值是（　　）。

A. 500×（F/A，8%，6）

B. 500×（F/A，8%，5）

C. 500×（P/A，8%，5）×（P/F，8%，2）

D. 500×（P/A，8%，4）×（P/F，8%，1）

7. 某项目在前5年无现金流入，从第6年年末开始连续10年每年流入300万元，按10%的年利率折现的现值是（　　）。

A. 300×（P/A，10%，9）×（P/F，10%，6）

B. 300×（P/A，10%，9）×（P/F，10%，5）

C. 300×（P/A，10%，10）×（P/F，10%，5）

D. 300×（P/A，10%，10）×（P/F，10%，4）

8. 某年金在前两年无现金流入，从第3年开始陆续5年每年年初流入300万元，则该年金按10%的折现率的现值是（　　）万元。

A. 300×（P/A，10%，5）×（P/F，10%，1）

B. 300×（P/A，10%，5）×（P/F，10%，2）

C. 300×（P/A，10%，5）×（F/P，10%，1）

D. 300×（P/A，10%，5）×（P/A，10%，2）

9. 下列各项中，无法计算出准确的结果是（　　）。

A. 预付年金现值　　B. 预付年金终值

C. 永续年金终值　　D. 永续年金现值

10. 下列各项中，说法正确的是（　　）。

A. 永续年金没有终值

B. 递延年金终值与递延期有关

C. 普通年金现值系数与偿债基金系数互为倒数

D. 普通年金终值系数与资本回收系数互为倒数

11. 下列各项中，与复利现值系数互为倒数的是（　　）。

A. 预付年金现值终值系数

B. 复利终值系数

C. 普通年金终值系数

D. 普通年金现值系数

12. 名义利率相同的情况下，一年计息次数与实际利率的关系是（　　）。

A. 计息次数越多，实际利率越小

B. 计息次数越多，实际利率越大

C. 计息次数与实际利率大小没有关系

D. 计息次数越小，实际利率越大

13. 某公司向银行一次性借款500万元，借款期限为3年，年利率为12%，每季度计息一次，到期一次还本付息，按照季复利计息的方法，则在第3年年末公司应该向银行支付的本利和是（　　）万元。

A. 598.72　　B. 712.9

C. 599.2　　D. 598.12

14. 某投资者购买公司债券，年利率为14%，每半年获得一次利息，则投资者实际获得的年收益率为（　　）。

A. 14%　　B. 14.49%

C. 15%　　D. 14.31%

15. 某人向银行借款 100 万元，借款期限为 4 年，每年年末偿还银行贷款 450 000 元，已知：(P/A，20%，4) = 2.07，(P/A，24%，4) = 2.36，则其借款利率是（　　）。

A. 20.1%　　B. 22.07%

C. 21.32%　　D. 22.41%

16. 若实际利率为 8%，通货膨胀率为 5%，则名义利率为（　　）。

A. 12.7%　　B. 13.4%

C. 10%　　D. 8.4%

17. 已知银行存款利率为 4%，通货膨胀率为 1%，则实际利率为（　　）。

A. 2.97%　　B. 2%

C. 3%　　D. 1.98%

18. 某公司预购买一项资产，该资产预计未来收益率有三种可能性，分别为 10%、13% 和 12%，概率分别为 20%、30% 和 50%，则这项资产预期的收益率是（　　）。

A. 11%　　B. 11.9%

C. 12%　　D. 12.1%

19. 市场上短期国债利率为 5%，纯粹利率为 4%，通货膨胀补偿率为 1%，某项证券资产的风险收益率为 6%，则该证券资产所要求的必要收益率是（　　）。

A. 9%　　B. 10%

C. 11%　　D. 12%

20. 企业计划投资一个项目，该项目预计未来的收益率有两种情况，分为 10% 和 12%，概率分布分别为 40% 和 60%，该项目收益率的标准差为 3%，则该项目收益率的标准差率是（　　）。

A. 20%　　B. 26.79%

C. 9%　　D. 12.24%

21. 甲、乙两个投资项目的期望收益率分别为 10%、14%，收益率标准差均为 3.2%，则下列各项说法正确的是（　　）。

A. 乙项目的风险高于甲项目

B. 无法判断两者风险的高低

C. 甲项目的风险高于乙项目

D. 甲项目与乙项目的风险相等

22. 某企业拟进行一项存在一定风险的完整工业项目投资，有甲、乙两个方案可供选择：已知甲方案净现值的期望值为 1 000 万元，标准差为 300 万元；乙方案净现值的期望值为 1 200 万元，标准差为 330 万元。则下列结论中正确的是（　　）。

A. 甲方案优于乙方案

B. 甲方案的风险大于乙方案

C. 甲方案的风险小于乙方案

D. 无法评价甲、乙方案的风险大小

23. 某企业为了降低自身的风险水平，采取与其他企业合营的方式共担风险，实现降低风险的目的，此举措属于（　　）。

A. 风险转移　　B. 风险承担

C. 风险对冲　　D. 风险控制

24. 企业计提风险准备金，该措施属于风险管理对策中的（　　）。

A. 风险规避　　B. 风险控制

C. 风险对冲　　D. 风险补偿

25. 某投资组合由甲、乙两种股票构成，权重各占一半，两种股票的期望收益率分别为 10%，20%，两种股票收益率的相关系数为 0.6，则该投资组合的期望收益率为（　　）。

A. 12%　　B. 13%

C. 14%　　D. 15%

26. 某公司具有一项资产组合，该组合中包含甲、乙、丙三项资产，资产的预期收益率分别为 10%、13%、15%，并且三项资产所占的比重分别为 30%、20%、50%，那么该资产组合预期的收益率是（　　）。

A. 13%　　B. 13.1%

C. 14%　　D. 10.12%

27. 在证券投资中，不能随着资产种类增加而分散的风险是（　　）。

A. 所有风险　　B. 市场风险

C. 系统性风险　　D. 非系统性风险

28. 下列各项中，关于 β 系数的说法错误的是（　　）。

A. 系统性风险可以用 β 系数衡量

B. 资产组合的系统性风险等于各项资产 β 系数的加权平均数

C. 资产的相关系数能够影响资产组合 β 系数的大小

D. 某一资产 β 系数为 0.6，说明该项资产收益率的波动幅度低于市场波动幅度

29. 某企业拟构建一资产组合，组合中有三种债

券A、B、C，每种债券的价值分别为100万元、350万元和400万元，并且每种债券的β系数分别为0.5、1.2和1.5，那么该资产组合的β系数是（　　）。

A. 1.2　　B. 1.07

C. 1.26　　D. 1.31

30. 某资产的必要收益率为R，β系数为1.5，市场收益率为10%，假设无风险收益率和β系数不变，如果市场收益率为15%，则资产收益率为（　　）。

A. R+7.5%　　B. R+12.5%

C. R+10%　　D. R+59%

31. 公司某资产组合的β系数为1.2，市场组合收益率为12%，市场风险收益率为6%，则该项资产组合的必要收益率是（　　）。

A. 13.2%　　B. 12%

C. 18%　　D. 14.4%

32. 下列关于成本性态分析中，说法错误的是（　　）。

A. 在一定期间及特定的业务量范围内，随着销售量增加固定成本总量不变，单位固定成本下降

B. 广告费、员工培训费属于约束性固定成本

C. 在一定期间及特定的业务量范围内，随着销售量增加变动成本总量增加，单位变动成本不变

D. 直接材料、直接人工属于技术性变动成本

33. 下列各项中，属于技术性变动成本的是（　　）。

A. 生产设备的主要零部件成本

B. 加班工资

C. 销售佣金

D. 技术转让费

34. 电信运营商推出“手机10元保号，可免费接听电话和接收短信，主叫国内通话每分钟0.2元”的套餐业务，根据成本性态分析，选用该套餐的消费者每月手机费属于（　　）。

A. 固定成本

B. 阶梯式变动成本

C. 延期变动成本

D. 半变动成本

35. 某企业员工的工资，在正常工作时间内保持不变，但是当工作时间超出正常标准，则需要按照加班时间的长短成比例地增加工资。从成本性态的角度看，此成本属于（　　）。

A. 半变动成本　　B. 半固定成本

C. 延期变动成本　　D. 曲线变动成本

36. 以过去某一会计期间的总成本和业务量资料为依据，从中选取业务量最高点和业务量最低点，将总成本进行分解，此混合成本分解方法是（　　）。

A. 回归直线法　　B. 高低点法

C. 账户分析法　　D. 工业工程法

二、多选题

1. 某人向银行贷款1 000万元，期限为8年，年利率为8%，每年年初需要向银行支付等额本息，每次需要支付的金额为（　　）万元。

A. 1 000/[(P/A，8%，8)×(1+8%)]

B. 1 000/[(P/A，8%，7)×(1+8%)]

C. 1 000/[(P/A，8%，7)+1]

D. 1 000/[(P/A，8%，8)-1]

2. 下列选项中，说法正确的有（　　）。

A. 利率越大，则现值系数越大

B. 利率越小，则现值系数越大

C. 利率越大，则终值系数越大

D. 利率越大，则终值系数越小

3. 下列递延年金现值的计算公式中，正确的有（　　）。

A. P=A×(P/A，i，n)×(P/F，i，m)

B. P=A×(F/A，i，n)×(P/F，i，m)

C. P=A×[(P/A，i，m+n)-(P/A，i，m)]

D. P=A×(F/A，i，n)×(P/F，i，n+m)

4. 某公司计划投资一个项目，该项目前3年无现金流入，从第4年年末开始连续5年每年年末流入净现金50 000元，假设年利率为8%，则下列计算该项目现值的公式中，正确的有（　　）。

A. 50 000×(P/A，8%，5)×(P/F，8%，3)

B. 50 000×(P/A，8%，4)×(P/F，8%，2)

C. 50 000×[(P/A，8%，8)-(P/F，8%，3)]

D. 50 000×[(P/A，8%，7)-(P/F，8%，2)]

5. 某公司计划投资一个项目，该项目前3年无现

金流入，从第4年年初开始连续6年每年年初流入净现金10万元，假设年利率为6%，则下列计算该项目现值公式中，正确的有（　　）。
A. 10×(P/A，6%，6)×(P/F，6%，2)
B. 10×(P/A，6%，6)×(P/F，6%，3)
C. 10×[(P/A，6%，8)-(P/F，6%，2)]
D. 10×[(P/A，6%，9)-(P/F，6%，3)]

6. 下列关于资产收益率的说法中，错误的有（　　）。
A. 无风险收益率等于纯粹利率
B. 无风险收益率就是国债收益率
C. 实际收益率的高低受到通货膨胀的影响
D. 必要收益率等于通货膨胀补偿率与风险收益率之和

7. 市场上短期国债的利率为6%，通货膨胀补偿率为2%，必要收益率为12%，则下列说法中正确的有（　　）。
A. 风险收益率为4%
B. 风险收益率为6%
C. 无风险收益率为6%
D. 无风险收益率为4%

8. 下列指标中，能够反映资产风险的有（　　）。
A. 方差　　B. 标准差
C. 期望值　　D. 标准差率

9. 关于两项证券资产的风险比较，下列说法中正确的有（　　）。
A. 期望值相同的情况下，标准差率越小，风险程度越小
B. 期望值不同的情况下，标准差率越大，风险程度越小
C. 期望值不同的情况下，标准差越大，风险程度越小
D. 期望值相同的情况下，标准差越小，风险程度越小

10. 关于投资项目的风险，下列说法中正确的有（　　）。
A. 项目收益的不确定性越大，则项目的风险就越大
B. 项目收益率的方差可以衡量风险
C. 项目收益率的标准差越大，风险越大
D. 项目收益率的标准差率越大，风险越大

11. 现有两个投资项目A和B，A项目投资收益率的标准差为0.01，B项目投资收益率的标准差为0.04，则下列说法正确的有（　　）。
A. A项目投资收益率的方差是0.1
B. A项目风险比B项目风险高
C. A与B两个项目风险高低无法确定
D. A项目风险比B项目风险高

12. 下列关于风险矩阵的说法中，正确的有（　　）。
A. 风险矩阵为企业确定各项风险重要性等级提供风险管理工具
B. 风险矩阵对风险等级标准，具有主观性，影响其判读正确
C. 风险矩阵无法得出总体风险的重要性等级
D. 风险矩阵表示了企业各类风险重要性等级

13. 下列各项中，属于风险管理原则的有（　　）。
A. 全员性原则　　B. 专业性原则
C. 全面性原则　　D. 二重性原则

14. 下列各项关于二重性原则说法中，正确的有（　　）。
A. 包含风险管理信息系统和风险管理策略
B. 当风险损失不可能避免时，尽量减少损失至最小化
C. 化风险为增加企业价值的机会
D. 具有一套系统的、规范的方法

15. 下列各项中，关于风险应对策略的说法错误的有（　　）。
A. 企业自身的风险准备金属于风险补偿对策
B. 退出某一市场以避免激烈竞争属于风险转移对策
C. 购买董责险降低风险属于风险转换对策
D. 采取合营方式实现风险共担属于风险转移对策

16. 下列关于两项证券资产组合的说法中，正确的有（　　）。
A. 相关系数为-1时，两项资产的风险可以充分消除
B. 相关系数为1时，两项资产的系统性风险可以消除
C. 相关系数为0.5时，资产组合的风险小于两项资产风险之和
D. 相关系数为0.6时，资产组合的风险大于两项资产风险之和

17. 下列各项中，属于某企业非系统性风险的有（　　）。

A. 市场利率上升
B. 新产品研发失败
C. 诉讼失败
D. 国民经济衰退

18. 下列各项中，属于某企业系统性风险的有（　）。
A. 宏观经济形势的变动
B. 国家经济政策的变化
C. 税制改革
D. 企业会计准则改革

19. 下列各项中，关于资本资产定价模型的说法正确的有（　　）。
A. 模型解释了风险收益率的决定因素和度量方法
B. 该模型风险收益率只考虑系统性风险，不考虑非系统性风险
C. 该模型对任何公司、任何资产都是适用的
D. 该模型首次将高收益伴随着高风险直观认识表达出来

20. 下列各项中，属于固定成本的有（　　）。
A. 房屋的租金　B. 办公费
C. 技术转让费　D. 培养费

21. 下列各项中，属于变动成本的有（　　）。
A. 研发活动直接消耗的材料
B. 专家咨询费
C. 按照销售收入比例支付的销售佣金
D. 技术转让费

22. 下列各项中，属于混合成本的有（　　）。
A. 检验人员的工资　B. 手机流量费
C. 固定电话费　D. 运货员的工资

三、判断题

1. 通常情况下，货币时间价值是指没有风险情况下的社会平均利润率，是利润平均化发生作用的结果。（　　）
2. 国债作为衡量无风险利率的指标，是无风险的有价证券，因此，可以将国债利率作为货币时间的价值。（　　）
3. 由于永续年金持续期限无限，因此永续年金没有终值。（　　）
4. 某人按揭贷款400万元，年限为20年，年利率为10%，每年年末等额还款，则每年年末偿还的金额可以称为年资本回收额。（　　）
5. 某人为了在20年之后获得存款400万元，每年年末向银行存款等额款项，共存款20次。假设银行年利率为10%，按年复利计息，则每年年末存入的等额款项可以称为年偿债基金。（　　）
6. 投资者从债券市场上购买债券，年利率为8%，一年内计息周期越多，则投资者获得的实际利率就越小。（　　）
7. 投资者从债券市场上购买债券，年利率为10%，那么通货膨胀率越大，则投资者获得的实际利率就越小。（　　）
8. 当通货膨胀率小于名义利率时，实际利率为负值。（　　）
9. 投资者对某项资产合理要求的最低收益率称为预期收益率，其由无风险收益率和风险收益率两部分组成。（　　）
10. 无风险资产收益率的方差和标准差均为0。（　　）
11. 标准差率可以用于收益率期望值不同的情况下的风险的对比，标准差率越大，风险就越大，反之，则相反。（　　）
12. 风险管理的过程即是将风险尽可能地降至最低，不需要考虑降低风险的成本。（　　）
13. 某市场竞争激烈，某企业选择退出该市场以规避激烈的竞争，该企业风险应对的对策是风险规避。（　　）
14. 某资产组合中各项资产价值比例不变，各项资产的收益率不变，即使各项资产之间相关系数发生变化，该资产组合的预期收益率也不会发生变化。（　　）
15. 方差、标准差是衡量某项资产风险的有效工具，但一旦这项资产成为某资产组合的一部分，则这些指标可能不再是衡量风险的有效工具。（　　）
16. 某企业具有某项证券资产组合，组合中A资产收益率的标准差是0.04，B资产收益率的标准差是0.06，因此该资产组合收益率的标准差是0.05。（　　）
17. 随着资产组合中资产种类的增加，能够逐渐消除证券资产组合中的系统性风险。（　　）
18. 两项资产的收益率具有完全负相关关系时，两项资产的组合可以最大限度地抵消系统性风险。（　　）

19. β系数用来衡量资产的系统性风险，其大小代表了该资产收益率与整个资产组合收益率波动之间的相关性及相关程度。 （ ）
20. 当两项资产的收益率完全正相关时，两项资产的风险完全不能相互抵消，所以这样的组合不能降低非系统性风险。 （ ）
21. 证券资产组合所包含的系统性风险是各项资产系统性风险的加权平均数，同样，资产组合的风险也等于各项资产风险的加权平均值。 （ ）
22. 市场组合收益率表示的是市场作为整体对风险的容忍程度，是市场整体对风险的厌恶程度。 （ ）
23. 根据资本资产定价模型，系统性风险提升2倍，则资产收益也提升2倍。 （ ）
24. 在特定业务量范围内，固定成本总额不随业务量的变化而保持不变，单位固定成本随着业务量的增加而减少。 （ ）
25. 车辆交强险、房屋租金、管理人员的基本工资等属于约束性固定成本。 （ ）
26. 在应用高低点法进行成本性态分析时，选择高点坐标的依据是最高的成本。 （ ）

快速查答案

一、单选题

序号	1	2	3	4	5	6	7	8	9	10	11	12
答案	A	A	A	D	D	A	C	A	C	A	B	B
序号	13	14	15	16	17	18	19	20	21	22	23	24
答案	B	B	B	B	A	B	C	B	C	B	A	D
序号	25	26	27	28	29	30	31	32	33	34	35	36
答案	D	B	C	C	C	A	A	B	A	D	C	B

二、多选题

序号	1	2	3	4	5	6	7	8	9	10	11	12
答案	AC	BC	ACD	AC	AC	ABD	BC	ABD	AD	ABCD	AC	ABCD
序号	13	14	15	16	17	18	19	20	21	22		
答案	ABD	BC	BC	AC	BC	ABCD	ABCD	ABD	ACD	ABCD		

三、判断题

序号	1	2	3	4	5	6	7	8	9	10	11	12
答案	×	×	√	√	√	×	√	×	×	√	√	×
序号	13	14	15	16	17	18	19	20	21	22	23	24
答案	√	√	√	×	×	×	×	√	×	×	×	√
序号	25	26										
答案	√	×										

参考答案及解析

一、单选题

1.【答案】A 【解析】本题考查的知识点是复利终值的计算。复利终值计算的公式是 F = P ×(F/P，i，n)。因此，应偿还的本利和 = 2 000 ×(F/P，10%，5) = 2 000 × 1.6105 = 3 221（万元），正确选项是 A。

2.【答案】A 【解析】本题考查的知识点是复利终值的计算。复利终值是指现在的特定资金按复利计算方法，折算到将来某一定时点的价值，或者说是现在的一定本金在将来一定时间，按复利计算的本金与利息之和，简称本利和，(F/P，i，n+1) = (F/P，i，n) × (1+i)。因此，选项 A 正确。

3.【答案】A 【解析】本题考查的知识点是复利现值。复利现值是指在未来某一时点的特定资金按复利计算的方法，折算到现在的价值。题目中延迟一年的投入金额为 3 ×(1 + 10%)，折现率为 5%，时间 n 为 1 年，则项目延迟造成的投入现值的增加额 = 3 ×(1 + 10%)/(1 + 5%) − 3 = 0.14（亿元）。因此，正确选项是 A。

4.【答案】D 【解析】本题考查的知识点是预付年金终值和现值的计算。预付年金是指从第 1 期起，在一定时期内每期期初等额收付的系列款项，又称即付年金或先付年金。预付年金与普通年金的区别仅在于收付款时点，普通年金发生在期末，而预付年金发生在期初。预付年金现值和终值都有两种测算方法，预付年金现值等于普通年金期数减 1，系数加 1，预付年金终值等于普通年金期数加 1，系数减 1，所以预付年金终值 = A × [(F/A，i，n+1) − 1]。选项 D 是错误的。

5.【答案】D 【解析】本题考查的知识点是年资本回收额。年资本回收额是指在约定年限内等额回收初始投入资本的金额，即已知普通年金现值，求年金 A。本题相当于已知现值（100 万元）求年金，A ×(P/A，8%，10) = 100，A = 100/(P/A，8%，10)，选项 D 正确。

6.【答案】A 【解析】本题考查的知识点是递延年金终值的计算。其公式与计算普通年金终值的一般公式完全相同。也就是说，对于递延期为 m，等额收付 n 次的递延年金而言，其终值 F = A ×(F/A，i，n)，与递延期无关。本题中递延期 m = 3，等额收付次数 n 为 6，折现率 i 为 8%，因此其终值是 500 ×(F/A，8%，6)，正确选项是 A。

7.【答案】C 【解析】本题考查的知识点是递延年金现值的计算。递延年金由普通年金递延形成，递延的期数称为递延期，一般用 m 表示递延期。递延年金的第一次收付发生在第 m+1 期期末（m 为大于 0 的整数）。递延年金现值是指递延年金中各期等额收付金额在第 1 期期初（0 时点）的复利现值之和。递延年金现值可以按照下面的公式计算：P = A ×(P/A，i，n) ×(P/F，i，m)，式中，n 表示等额收付的次数（即 A 的个数），A × (P/A，i，n) 表示第 m 期期末的复利现值之和，由于从第 m 期期末复利折现到第 1 期期初需要折现 m 期，所以再乘以（P/F，i，m)。本题中，递延期 m = 5，等额收付 n 次数为 10，折现率 i 为 10%，递延年金现值为 300 × (P/A，10%，10) ×(P/F，10%，5)。因此，正确选项是 C。

8.【答案】A 【解析】本题考查的知识点是递延年金求现值。递延年金现值是指递延年金中各期等额收付金额在第 1 期期初（0 时点）的复利现值之和。递延年金现值可以按照下面的公式计算：P = A ×(P/A，i，n) ×(P/F，i，m)。递延的期数称为递延期，一般用 m 表示递延期，n 表示等额收付的次数（即 A 的个数）。此题中 n = 5，m = 1，因为是在第 3 年年初收到，因此，m + 1 = 2，m = 1。因此，正确选项是 A。

9.【答案】C 【解析】本题考查的知识点是永续年金终值。永续年金是普通年金的极限形式，当普通年金的收付次数为无穷大时即为永续年金，永续年金的第一次等额收付发生在第

1 期期末。永续年金可以测算出现值，但是永续年金没有终值。因此，正确选项是 C。

10. 【答案】A 【解析】本题考查的知识点是年金终值和年金现值。永续年金没有终值，但是可以测算出现值。递延年金现值与递延期相关，但是递延年金终值与递延期无关。普通年金终值系数与偿债基金系数互为倒数，普通年金现值系数与资本回收系数互为倒数。所以选项 A 说法正确。

11. 【答案】B 【解析】本题考查的知识点是复利终值与复利现值的内容。复利终值系数与复利现值系数互为倒数。复利终值计算公式 $F = P \times (1+i)^n$，复利现值的计算公式 $P = F \times (1+i)^{-n}$，通过复利现值计算公式与复利终值计算公式，可以发现复利现值系数与复利终值系数是互为倒数的。因此，正确选项是 B。

12. 【答案】B 【解析】本题考查的知识点是一年多次计息时的实际利率。在一年多次计息时，实际利率高于名义利率，并且在名义利率相同的情况下，一年计息次数越多，实际利率越大，两者呈正向关系。因此，正确选项是 B。

13. 【答案】B 【解析】本题考查的知识点是复利终值计算。复利终值是指现在的特定资金按复利计算方法，折算到将来某一定时点的价值，或者说是现在的一定本金在将来一定时间，按复利计算的本金与利息之和，简称“本利和”。$F = P \times (1+i)^n$，P 表示现值（或初始值），i 表示计息期利率，F 表示终值（或本利和），n 表示计息期数。题目中计息期 $n = 3 \times 4 = 12$（期），每期计息利率 $= 12\%/4 = 3\%$，P 为 500 万元。则终值 $F = 500 \times (1+3\%)^{12} = 500 \times 1.4258 = 712.9$（万元）。因此，正确选项是 B。

14. 【答案】B 【解析】本题考查的知识点是一年多次计息的实际利率。一年多次计息时，给出的年利率为名义利率，按照复利计算的年利息与本金的比值为实际利率。公式表达式为：$i = (1 + r/m)^m - 1$，其中 i 表示实际利率，r 表示名义利率，m 表示每年复利计息的次数。根据题目中的已知数据，得知 $i = (1 + 14\%/2)^2 - 1$，实际利率 $i = 14.49\%$，因此正确选项是 B。

15. 【答案】B 【解析】本题考查的知识点是现值或终值系数已知的利率计算。如果在系数表中无法查到相应的数值，则可以使用内插法（也叫插值法）计算，假设所求利率为 i，i 对应的现值（或者终值）系数为 B，B_1、B_2 为现值（或者终值）系数表中与 B 相邻的系数，i_1、i_2 为 B_1、B_2 对应的利率，则计算公式如下：$(i_2 - i)/(i_2 - i_1) = (B_2 - B)/(B_2 - B_1)$。本题中现值为 100 万元，n 为 4，年金为 450 000 元，即 $450\,000 \times (P/A, i, 4) = 1\,000\,000$，则 $(P/A, i, 4) = 2.22$，即 $B = 2.22$，根据题目已知的数据代入公式，$(20\% - i)/(20\% - 24\%) = (2.07 - 2.22)/(2.07 - 2.36)$，解得，$i = 22.07\%$。因此，正确选项是 B。

16. 【答案】B 【解析】本题考查的知识点是通货膨胀的情况下实际利率的测算。如果考虑通货膨胀因素，名义利率与实际利率之间的关系为：1 + 名义利率 = (1 + 实际利率) × (1 + 通货膨胀率)。名义利率 = (1 + 实际利率) × (1 + 通货膨胀率) − 1 = (1 + 8%) × (1 + 5%) − 1 = 13.4%。因此，正确选项是 B。

17. 【答案】A 【解析】本题考查的知识点是在通货膨胀情况下的实际利率的测算。实际利率 = (1 + 名义利率)/(1 + 通货膨胀率) − 1 = (1 + 4%)/(1 + 1%) − 1 = 2.97%。因此，正确选项是 A。

18. 【答案】B 【解析】本题考查的知识点是预期收益率的测算。预期收益率也称为期望收益率，是指在不确定的条件下，预测的某资产未来可能实现的收益率。一般按照加权平均法计算预期收益率，预期收益率 $= \Sigma R_i \times P_i$，R 表示情况 i 出现时的收益率，P 表示情况 i 可能出现的概率。预期收益率 $= 10\% \times 20\% + 13\% \times 30\% + 12\% \times 50\% = 11.9\%$。因此，正确选项是 B。

19. 【答案】C 【解析】本题考查的知识点是必要收益率的计算。必要收益率也称最低报酬率或最低要求的收益率，表示投资者对某资产合理要求的最低收益率。必要收益率 = 无风险收益率 + 风险收益率 = 纯粹利率（货币时间价值）+ 通货膨胀补偿率 + 风险收益率。

通常用短期国债的利率近似地代替无风险收益率。因此，该证券资产的必要收益率=5%+6%=4%+1%+6%=11%。选项C正确。

20.【答案】B【解析】本题考查的知识点是期望收益率和标准差率。标准差率是标准差同期望值之比，该项目标准差为3%，期望值=10%×40%+12%×60%=11.2%，因此标准差率=3%/11.2%=26.79%，选项B正确。

21.【答案】C【解析】本题考查的知识点是资产风险及其衡量。衡量风险的主要指标有收益率的方差、标准差和标准差率等。当两个方案收益率的期望值不同时，比较各自的风险程度只能借助标准差率这一相对指标，标准差率越大，风险越大。甲项目的标准差率=3.2%/10%=0.32，乙项目的标准差率=3.2%/14%=0.228，甲项目的风险高于乙项目的风险，因此，正确选项是C。

22.【答案】B【解析】本题考查的知识点是资产风险的衡量问题。标准差率是以相对数反映决策方案的风险程度，当两个方案收益的期望值不同时，比较风险只能借助于标准差率这一相对指标。标准差率=标准差/期望值，标准差率越大，风险越大；反之，标准差率越小，风险越小。甲方案标准差率=300/1 000=0.3，乙方案的标准差率=330/1 200=0.275，因此甲方案的风险大于乙方案。正确选项是B。

23.【答案】A【解析】本题考查的知识点是风险管理对策中的风险转移。风险转移是指企业通过合同将风险转移到第三方，企业对转移后的风险不再拥有所有权。风险转移不会降低其可能的严重程度，只是从一方移除后转移到另一方。例如购买保险、采取合营方式实现风险共担。因此，正确选项是A。

24.【答案】D【解析】本题考查的知识点是风险管理对策中的风险补偿。风险补偿是指企业对风险可能造成的损失采取适当的措施进行补偿，形式包括财务补偿、人力补偿、物资补偿。常见的财务补偿包括企业自身的风险准备金或应急资本等。因此，正确选项是D。

25.【答案】D【解析】本题考查的知识点是证券资产组合的预期收益率。证券资产组合的预期收益率是组成证券资产组合的各种资产收益率的加权平均数，其权数为各项资产在组合中的价值比例，该投资组合的期望收益率=10%×1/2+20%×1/2=15%，因此，正确选项是D。

26.【答案】B【解析】本题考查的知识点是证券资产组合的预期收益率。证券资产组合的预期收益率是组成证券资产组合的各种资产收益率的加权平均数，其权数为各种资产在组合中的价值比例。因此，该资产组合预期收益率=10%×30%+13%×20%+15%×50%=13.1%，因此，正确选项B。

27.【答案】C【解析】本题考查的知识点是系统性风险和非系统性风险。证券投资组合的风险包括非系统性风险和系统性风险。非系统性风险又称可分散风险或公司特定风险，可以通过投资组合分散掉；系统性风险又称不可分散风险或市场风险，是影响所有资产的，不能通过资产组合而消除的风险，比如国家经济政策的变化，税制改革等。因此，正确选项是C。

28.【答案】C【解析】本题考查的知识点是资产组合系统性风险β的衡量。对于证券资产组合来说，其所含的系统性风险的大小可以用组合β系数来衡量。证券资产组合的β系数是所有单项资产β系数的加权平均数，权数为各种资产在证券资产组合中所占的价值比例，与资产组合的相关系数无关，所以选项C是错误的。

29.【答案】C【解析】本题考查的知识点是资产组合系统性风险β的衡量。对于证券资产组合来说，其所含的系统性风险的大小可以用组合β系数来衡量。证券资产组合的β系数是所有单项资产β系数的加权平均数，权数为各种资产在证券资产组合中所占的价值比例。因此该资产组合的β系数=100/850×0.5+350/850×1.2+400/850×1.5=1.26，正确选项是C。

30.【答案】A【解析】本题考查的知识点是资本资产定价模型，$R=R_f+\beta(R_m-R_f)$。当市场收益率为10%时，资产的必要收益率R=无风险收益率+1.5×(10%－无风险收益率)，当市场收益率为15%时，资产必要收益率=无风险收益率+1.5×(15%－无风险收益率)，无风险收益率不会发生变化，将上述公式代入，求得资产的必要收益率=R+7.5%。因此，正确选项是A。

31.【答案】A【解析】本题考查的知识点是资本资产定价模型。资本资产定价模型的一个主要贡献是解释了风险收益率的决定因素和度量方法，在资本资产定价模型中，资本资产定价模型的完整表达式为：$R = R_f + \beta \times (R_m - R_f)$。$R_f$ 表示无风险收益率，$(R_m - R_f)$ 表示市场组合的风险收益率，R_m 表示市场组合收益率。本题中，$(R_m - R_f) = 12\% - R_f = 6\%$，解得：$R_f = 6\%$。因此，该资产组合的必要收益率 $= 6\% + 1.2 \times 6\% = 13.2\%$，正确选项是A。

32.【答案】B【解析】本题考查的是成本性态的类型。酌量性固定成本是指管理当局的短期经营决策行动能改变其数额的固定成本。例如，广告费、职工培训费、新产品研究开发费用，选项B错误。

33.【答案】A【解析】本题考查的是成本性态的类型。技术性变动成本也称约束性变动成本，是指由技术或设计关系所决定的变动成本。如生产一辆汽车需要耗用一台引擎、一个底盘和若干轮胎等，这种成本只要生产就必然会发生，如果不生产，则不会发生。因此，生产设备的主要零部件成本属于技术性变动成本，选项A正确；加班工资、销售佣金和技术转让费属于酌量性变动成本，选项BCD错误。

34.【答案】D【解析】半变动成本是指在有一定初始量的基础上，随着业务量的变化而呈正比例变动的成本，在初始的固定基数内与业务量的变化无关，在此基数之上的其余部分，则随着业务量的增加呈正比例增加。该手机话费套餐，每月固定费用10元，打电话费用是0.2元/分钟，打电话费用随通话时长同比例变动，属于半变动成本。

35.【答案】C【解析】本题考查的知识点是延期变动成本。延期变动成本在一定的业务量范围内有一个固定不变的基数，当业务量增长超出了这个范围，与业务量的增长呈正比例变动。例如，职工的基本工资，在正常工作时间情况下是不变的；但当工作时间超出正常标准，则需按加班时间的长短成比例地支付加班薪金。正确选项是C。

36.【答案】B【解析】本题考查的知识点是混合成本分解法。高低点法是以过去某一会计期间的总成本和业务量资料为依据，从中选取业务量最高点和业务量最低点，将总成本进行分解，得出成本性态的模型。因此，正确选项是B。

二、多选题

1.【答案】AC【解析】本题考查的知识点是预付年金现值测算的两种方法。预付年金是指从第1期起，在一定时期内每期期初等额收付的系列款项，又称即付年金或先付年金。预付年金与普通年金的区别仅在于收付款时点，普通年金发生在期末，而预付年金发生在期初。预付年金现值和终值都有两种测算方法，预付年金现值等于普通年金期数减1，系数加1，所以预付年金现值 $= A \times [(P/A, i, n-1) + 1]$；第二种方法是将预付年金转为普通年金，等于普通年金乘以 $(1+i)$，$P = A \times (P/A, i, n) \times (1+i)$。题目中是已知P，求A，所以选项AC正确。

2.【答案】BC【解析】本题考查的知识点是现值系数或终值系数未知的利率计算。系数未知情况下，无法通过查表直接确定相邻的利率，需要逐步测试。测算时注意的是现值系数与利率成反向变动，终值系数与利率成正向变动。所以选项BC是正确的。

3.【答案】ACD【解析】本题考查的知识点是递延年金现值的三种测算方法：方法一：先普再折，先将递延期后的年金看成普通年金的形式，其现值 $= A \times (P/A, i, n)$，其现值是年金在m期期末的现值，然后根据复利现值公式对其（m期期末的现值）进行复利折现，所以递延年金的现值 $= A \times (P/A, i, n) \times (P/F, i, m)$。方法二：先补再扣，假设前m期每年年末都有年金A发生，这样的话就是普通年金的形式，所以现值 $= A \times (P/A, i, m+n)$，但是前m期的年金现值是多算的，所以要减去前m期的年金现值，所以现值=

A×(P/A, i, m+n)-A×(P/A, i, m)。方法三：先终再现，先折到终点，先按照普通年金终值的方法计算出递延年金的终值，终值=A×(F/A, i, n)，然后根据复利现值计算公式对终值进行复利折现，计算期为m+n期，所以现值=A×(F/A, i, n)×(P/F, i, m+n)。其中，n为年金期数，m为递延期。因此，正确选项是ACD。

4. 【答案】AC 【解析】本题考查的知识点是递延年金现值计算。递延年金现值的测算一般分为两种方法，一是先将递延年金视为n期的普通年金，求出在m期期末普通年金现值，然后再将其折算到第一期期初：P=A×(P/A, i, n)×(P/F, i, m)；二是先计算m+n期年金现值，然后再减去m期年金现值：P=A×[(P/A, i, m+n)-(P/A, i, m)]。题目中递延期m=3，n=5，因此选项AC是正确的。

5. 【答案】AC 【解析】本题考查的知识点是递延年金现值的计算。递延年金现值的计算一般有两种方法，方法一是先将递延年金视为n期的普通年金，求出在m期期末普通年金现值，然后再将其折算到第一期期初：P=A×(P/A, i, n)×(P/F, i, m)；方法二是先计算m+n期年金现值，然后再减去m期年金现值：P=A×[(P/A, i, m+n)-(P/A, i, m)]。本题中，现金流入是在第4年期初发生，因此递延期m=2，n=6，因此选项AC是正确的。

6. 【答案】ABD 【解析】本题考查的知识点是资产收益率的相关内容。实际收益率表示已经实现或者确定可以实现的收益率，表述为已实现或确定可以实现的利息（股息）率与资本利得收益率之和。当存在通货膨胀时，还应当扣除通货膨胀率的影响，剩余的才是真实的收益率。一般按照加权平均法计算预期收益率；无风险收益率也称无风险利率，它是指无风险资产的收益率，它的大小由纯粹利率（资金的时间价值）和通货膨胀补偿率两部分组成。必要收益率=无风险收益率+风险收益率。无风险收益率=纯粹利率+通货膨胀率。因此，正确选项是ABD。

7. 【答案】BC 【解析】本题考查的知识点是必要收益率相关内容。必要收益率=无风险收益率+风险收益率。无风险收益率也称无风险利率，它是指无风险资产的收益率，它的大小由纯粹利率（货币时间价值）和通货膨胀补偿率两部分组成，通常用短期国债的利率近似地代替无风险收益率。风险收益率是指某资产持有者因承担该资产的风险而要求的超过无风险收益率的额外收益。必要收益率-无风险收益率=风险收益率。本题中，无风险收益率=6%，风险收益率=12%-6%=6%。因此，正确选项是BC。

8. 【答案】ABD 【解析】本题考查的知识点是资产风险的衡量。风险是指收益的不确定性，衡量风险的指标主要有收益率的方差、标准差和标准差率等。因此，正确选项是ABD。

9. 【答案】AD 【解析】本题考查的知识点是资产风险的衡量指标，标准差和标准差率。标准差以绝对数衡量决策方案的风险，只适用于期望值相同的决策方案风险程度的比较。在期望值相同的情况下，标准差越大，风险越大；标准差越小，则风险越小。标准差率是一个相对指标，它以相对数反映决策方案的风险程度，既适用于期望值相同的决策方案，也适用于期望值不同的决策方案。标准差率越大，风险越大；标准差率越小，风险越小。因此，正确选项是AD。

10. 【答案】ABCD 【解析】本题考查的知识点是资产风险及其衡量。风险是收益的不确定性，不确定性越大，说明风险越高，所以选项A正确。衡量风险的指标主要有收益率的方差、标准差和标准差率等，所以选项B正确。标准差以绝对数衡量决策方案的风险，在期望值相同的情况下，标准差越大，风险越大；标准差率是一个相对指标，它以相对数反映决策方案的风险程度，标准差率越大，风险越大。所以选项CD正确。

11. 【答案】AC 【解析】本题考查的知识点是风险的衡量指标标准差与方差。标准差也叫标准离差，是方差的平方根。所以A项目投资收益率的方差是标准差的开平方，是0.1。方差和标准差作为绝对数，只适用于期望值相同的决策方案风险程度的比较。对于期望值不同的决策方案，评价和比较其各自的风险程度只能借助于标准差率这一相对数值。由于 A、B 项目的期望值大小不知道，所以无法比较风险。因此，正确选项是 AC。

12. 【答案】ABCD 【解析】本题考查的知识点是风险矩阵。风险矩阵适用于表示企业各类风险重要性等级，也适用于各类风险的分析评价和沟通报告。风险矩阵的主要优点：为企业确定各项风险重要性等级提供了可视化的工具。风险矩阵的主要缺点：一是需要对风险重要性等级标准、风险发生可能性、后果严重程度等作出主观判断，可能影响使用的准确性；二是应用风险矩阵所确定的风险重要性等级是通过相互比较确定的，因而无法将列示的个别风险重要性等级通过数学运算得到总体风险的重要性等级。因此，正确选项是 ABCD。

13. 【答案】ABD 【解析】本题考查的知识点是风险管理原则。风险管理原则有五个原则，即战略性原则、全员性原则、专业性原则、二重性原则和系统性原则，不包含全面性原则，选项 C 是错误的。正确选项是 ABD。

14. 【答案】BC 【解析】本题考查的知识点是风险管理原则之一的二重性原则。企业全面风险管理的商业使命在于：损失最小化管理、不确定性管理和绩效最优化管理。风险损失不能避免时，尽量减少损失至最小化；风险损失可能发生可能不发生时，设法降低风险发生的可能性；风险预示着机会时，化风险为增加企业价值的机会。选项 BC 正确。

15. 【答案】BC 【解析】本题考查的知识点是风险管理对策包括风险规避、风险承担、风险转移、风险转换、风险对冲、风险补偿、风险控制。风险补偿是指企业对风险可能造成的损失采取适当的措施进行补偿，形式包括财务补偿、人力补偿、物资补偿。例如，企业自身的风险准备金等。因此，选项 A 正确。风险规避是指企业回避、停止或退出蕴含某一风险的商业活动或商业环境，避免成为风险的所有人。例如，退出某一市场以避免激烈竞争；拒绝与信用不好的交易对手进行交易；禁止各业务单位在金融市场上进行投机。因此，选项 B 错误。风险转移是指企业通过合同将风险转移到第三方，企业对转移后的风险不再拥有所有权。例如，购买保险、采取合营方式实现风险共担。因此选项 C 错误，选项 D 正确。本题选择 BC。

16. 【答案】AC 【解析】本题考查的知识点是证券资产组合的风险分散功能。当两项资产的收益率完全负相关时，两项资产的风险可以充分地相互抵消，甚至完全消除。这样的组合能够最大限度地降低风险，所以选项 A 正确；当两项资产的收益率完全正相关时，两项资产的风险完全不能相互抵消，所以这样的组合不能降低任何风险，选项 B 错误。相关系数小于 1 且大于 -1，证券资产组合能够分散风险，但不能完全消除风险，证券资产组合的风险小于组合中各项资产风险的加权平均值，所以选项 C 正确，选项 D 错误。

17. 【答案】BC 【解析】本题考查的知识点是非系统性风险和系统性风险。非系统性风险是个别公司特有事件造成的风险，比如工人罢工、新产品开发失败、失去重要的销售合同、诉讼失败或者宣告发现新矿藏、取得一个重要合同等；系统性风险是不可分散风险，不能通过资产组合而消除，比如宏观经济形势的变动、国家经济政策的变化、税制改革、企业会计准则改革、政治因素等。因此，选项 BC 正确，选项 AD 属于系统性风险。

18. 【答案】ABCD 【解析】本题考查的知识点是系统性风险。系统性风险是指不能随着资产种类增加而分散的风险，也称为市场风险或不可分散风险，包括宏观经济形势的改动、国家经济政策的变化、税制改革、企业会计准则改革、世界能源状况、政治因素等。因此，正确选项是 ABCD。

19. 【答案】ABCD 【解析】本题考查的知识点是资本资产定价模型。以上说法都是正确的。

20. 【答案】ABD 【解析】本题考查的知识点是固定成本的分类。约束性固定成本包括房屋租金、固定的设备折旧、管理人员的基本工资、车辆交强险等；酌量性固定成本是指管理当局的短期经营决策行动能改变其数额的固定成本。例如，广告费、职业培训费、新产品研究开发费用（如研发活动中支出的技术图书资料费、资料翻译费、会议费、差旅费、办公费、外事费、研发人员培训费、培养费、专家咨询费，高新科技研发保险费用等)。因此，选项 ABD 是正确的。

21. 【答案】ACD 【解析】本题考查的知识点是变动成本分类。(1) 约束性变动成本。如生产一台汽车需要耗用一台引擎、一个底盘和若干轮胎等。(2) 酌量性变动成本。如按销售收入的一定百分比支付的销售佣金、新产品研制费（如研发活动直接消耗的材料、燃料和动力费用等)、技术转让费等。正确选项是 ACD。

22. 【答案】ABCD 【解析】本题考查的知识点是混合成本的分类。固定电话费属于半变动成本，手机流量费属于延期变动成本，检验人员的工资和运货员的工资属于半固定成本，以上选项都属于混合成本。

三、判断题

1. 【答案】× 【解析】本题考查的知识点是货币时间价值概念的内容。货币时间价值，是指一定量货币在不同时点上的价值量差额。通常情况下，它是指没有风险也没有通货膨胀情况下的社会平均利润率，是利润平均化规律发生作用的结果。

2. 【答案】× 【解析】本题考查的知识点是货币时间价值的概念。货币时间价值，是指在没有风险和没有通货膨胀的情况下，货币经历一定时间的投资和再投资所增加的价值，也称为资金的时间价值。货币时间价值是在无风险和无通货膨胀的情况下体现的，而题目中只体现了无风险，并没有体现无通货膨胀，所以是错误的。

3. 【答案】√ 【解析】本题考查的知识点是永续的终值。永续年金是普通年金的极限形式，当普通年金的收付次数为无穷大时即为永续年金。永续年金的第一次等额收付发生在第 1 期期末。永续年金的现值可以看成是一个 n 无穷大时普通年金的现值，永续年金的现值可以通过对普通年金现值的计算公式导出：$P = A/i$，永续年金现值可以测算出具体值，但无终值。所以本题说法是正确的。

4. 【答案】√ 【解析】本题考查的知识点是年资本回收额。年资本回收额是指在约定年限内等额回收初始投入资本的金额。年资本回收额的计算实际上是已知普通年金现值 P，求年金 A。本题属于已知现值 P = 400 万元，求年金 A。

5. 【答案】√ 【解析】本题考查的知识点是年偿债基金。年偿债基金是指为了在约定的未来某一时点清偿某笔债务或积聚一定数额的资金而必须分次等额形成的存款准备金，也就是为使年金终值达到既定金额的年金数额（即已知终值 F，求年金 A)，在普通年金终值公式中解出 A，这个 A 就是年偿债基金。本题属于已知终值 F = 400 万元，求年金 A 的问题。因此，是正确的。

6. 【答案】× 【解析】本题考查的知识点是一年多次计息时的实际利率。在一年多次计息时，实际利率高于名义利率，并且在名义利率相同的情况下，一年计息次数越多，实际利率越大。因此本题说法错误。

7. 【答案】√ 【解析】本题考查的知识点是通货膨胀的情况下实际利率。如果考虑通货膨胀因素，名义利率与实际利率之间的关系为：1 + 名义利率 = (1 + 实际利率) × (1 + 通货膨胀率)。实际利率 = (1 + 名义利率)/(1 + 通货膨胀率) − 1，通过公式可以发现在名义利率一定的情况下，通货膨胀率越高，实际利率就越小。

8. 【答案】× 【解析】本题考查的知识点是通货膨胀情况下实际利率的计算。实际利率 = (1 + 名义利率)/(1 + 通货膨胀率) − 1，当通货膨胀率小于名义利率时，(1 + 名义利率)/(1 + 通货膨胀率) 将大于 1，导致实际利率为正值，所以本题说法是错误的。

9. 【答案】× 【解析】本题考查的知识点是必要收益率的概念及计算。必要收益率也称最低报酬率或最低要求的收益率，表示投资者对某资产合理要求的最低收益率。必要收益率由两部分构成：无风险收益率和风险收益率。

10. 【答案】√ 【解析】本题考查的知识点是无风险资产收益率方差和标准差的计算。由于无风险资产没有风险，所以，无风险资产的标准差和方差都等于零，所以本题说法是正确的。

11. 【答案】√ 【解析】本题考查的知识点是标

准差率。标准差率是一个相对指标，它以相对数反映决策方案的风险程度。对于期望值不同的决策方案，评价和比较其各自的风险程度只能借助于标准差率这一相对数值。在期望值不同的情况下，标准差率越大，风险越大；反之，标准差率越小，风险越小。

12. 【答案】× 【解析】本题考查的知识点是风险管理。风险管理过程包括对风险的量度、评估和制定策略，企业需要在降低风险的收益与成本之间进行权衡并决定采取何种措施，在尽可能降低风险的同时要考虑成本与收益，不能一味地降低风险。

13. 【答案】√ 【解析】本题考查的知识点是风险管理对策中的风险规避。风险规避是指企业回避、停止或退出蕴含某一风险的商业活动或商业环境，避免成为风险的所有人。例如，退出某一市场以避免激烈竞争；拒绝与信用不好的交易对手进行交易；禁止各业务单位在金融市场上进行投机。因此本题说法是正确的。

14. 【答案】√ 【解析】本题考查的知识点是证券资产组合的预期收益率。证券资产组合的预期收益率是组成证券资产组合的各种资产收益率的加权平均数，其权数为各种资产在组合中的价值比例。资产组合预期收益率与相关系数大小没有关系，因此即使其发生变化，预期收益率也不会发生变化，因此本题是正确的。

15. 【答案】√ 【解析】本题考查的知识点是资产组合的收益与风险。证券资产组合的收益与风险具有与单个资产不同的特征。尽管收益率的方差、标准差、标准差率是衡量风险的有效工具，但当某项资产或证券成为投资组合的一部分时，这些指标就可能不再是衡量风险的有效工具。

16. 【答案】× 【解析】本题考查的知识点是证券资产组合的风险及其衡量。资产组合中的证券资产具有相关性，相关系数的取值范围是［-1，1］，因此证券资产组合收益率的标准差小于组合中各资产收益率标准差的加权平均值，也即证券资产组合的风险小于组合中各项资产风险之加权平均值。因此，题目中该证券资产组合的标准差不能简单是两项资产组合标准差的平均值，要根据相关系数以及资产组合中的两项资产所占的价值比例进行测算，即两项证券资产组合的收益率的标准差 = $(W_1^2\sigma_1^2 + W_2^2\sigma_2^2 + 2W_1W_2\rho_1\rho_2\sigma_1\sigma_2)^{1/2}$，根据上述计算公式，本题的计算是错误的。

17. 【答案】× 【解析】本题考查的知识点是资产组合的系统性风险与非系统性风险。在证券资产组合中，能够随着资产种类增加而降低直至消除的风险，被称为非系统性风险；不能随着资产种类增加而分散的风险，被称为系统性风险。因此，本题说法是错误的。

18. 【答案】× 【解析】本题考查的知识点是证券资产组合的收益与风险、系统性风险与非系统性风险。当两项资产的收益率完全负相关时，两项资产的非系统性风险可以充分地相互抵消，甚至完全消除。但是系统性风险不能通过资产种类增加而分散。因此，本题说法错误。

19. 【答案】× 【解析】本题考查的知识点是系统性风险及衡量。度量一项资产的系统性风险的指标是 β 系数，它告诉我们相对于市场组合而言特定资产的系统性风险是多少，某一资产 β 值的大小反映了该资产收益率波动与整个市场报酬率波动之间的相关性及程度，不是资产组合收益率波动之间的相关性及程度。

20. 【答案】√ 【解析】本题考查的知识点是证券资产组合的收益与风险。两项资产的收益率具有完全正相关的关系，即它们的收益率变化方向和变化幅度完全相同，这种情况下，两项资产的风险完全不能相互抵消，所以这样的组合不能降低任何风险，包括非系统性风险。

21. 【答案】× 【解析】本题考查的知识点是资产组合风险的衡量和资产组合系统性风险的衡量。对于证券资产组合来说，其所含的系统性风险的大小可以用组合 β 系数来衡量。证券资产组合的 β 系数是所有单项资产 β 系数的加权平均数，权数为各种资产在证券资产组合中所占的价值比例。只有当两项资产的收益率具有完全正相关时，组合的风险等于组合中各项资产风险的加权平均值，因此本题说法是错误的。

22.【答案】×【解析】本题考查的知识点是资本资产定价模型。市场组合的风险收益率或股票市场的风险收益率，它反映的是市场作为整体对风险的平均“容忍”程度，也就是市场整体对风险的厌恶程度，市场整体对风险越是厌恶和回避，要求的补偿就越高，因此，市场风险溢酬的数值就越大。市场组合收益率=无风险收益率+市场组合的风险收益率，因此，本题说法是错误的。

23.【答案】×【解析】本题考查的知识点是资本资产定价模型。根据资本资产定价模型的完整表达式 $R=R_f+\beta\times(R_m-R_f)$。β代表资本的系统性风险系数，$R_f$ 代表无风险收益率，β提高2倍，R资产收益率并不会提高2倍。

24.【答案】√【解析】本题考查的知识点是固定成本的基本特征。固定成本总额不因业务量的变动而变动，但单位固定成本（单位业务量负担的固定成本）会与业务量的增减呈反向变动。因此，本题说法是正确的。

25.【答案】√【解析】本题考查的知识点是约束性固定成本。约束性固定成本是指管理当局的短期经营决策行动不能改变其数额的固定成本。例如，车辆交强险、房屋租金、固定的设备折旧、管理人员的基本工资等。因此本题说法正确。

26.【答案】×【解析】本题考查的知识点是混合成本分解的高低点法。高低点法是以过去某一会计期间的总成本和业务量资料为依据，从中选择业务量最高点和业务量最低点，将总成本进行分解，得出成本性态的一种方法。在这种方法下，选择高点和低点坐标的依据是最高点的业务量和最低点的业务量，而不是最高和最低的成本。

第三章　预算管理

考情分析

本章主要学习预算管理概述、预算的编制方法与程序、预算编制、预算的执行与考核。2019 ~ 2023 年知识点考查范围如下表所示，本章的题型涉及客观题和主观题，内容较为简单，难度不大，学习此部分内容时，考生应以理解为先，注意总结，并勤加练习，巩固知识点。本章每年分值为 9 分左右。

年份	单选题	多选题	判断题	计算分析题	综合题
2023	经营预算的编制	预算的编制方法；经营预算的编制	预算的编制方法	—	经营预算的编制；财务预算的编制
2022	预算管理的概述及预算的编制方法与程序	预算管理的概述及预算的编制方法与程序	预算编制	生产预算、制造费用预算；现金收入及应收账款余额	—
2021	经营预算编制中的直接材料预算；预算的编制方法；财务预算编制中的资金预算；专门决策预算的编制；经营预算编制中的销售预算；弹性预算法下的列表法的运用	预计利润表编制；生产预算；预算编制方法中的弹性预算	—	—	—
2020	制造费用预算编制；生产预算的编制；销售预算；零基预算法	财务预算	增量预算法；资金预算法；经营预算	—	—
2019	预算编制的方法；销售预算；生产预算；制造费用预算；资产负债表预算	经营预算	—	经营预算编制；财务预算编制	—

强化练习题

一、单选题

1. 编制直接材料预算时，下列各项因素中，不考虑的是（　　）。
   A. 生产量　　B. 期末存量
   C. 生产成本　　D. 期初存量
2. 下列各项中，不属于财务预算方法的是（　　）。
   A. 固定预算法与弹性预算法
   B. 增量预算法与零基预算法

C. 定性预算法和定量预算法

D. 定期预算法和滚动预算法

3. 某企业正编制8月的“现金预算”。预计8月初短期借款为100万元，月利率为1%，该企业不存在长期负债，预计8月现金余缺为-50万元。现金不足时，通过银行借款解决（利率不变），借款额为1万元的倍数，8月末现金余额要求不低于10万元。假设企业每月支付一次利息，借款在期初，还款在期末，则应向银行借款的最低金额为（　　）万元。

A. 60　　B. 61

C. 62　　D. 63

4. 下列关于专门决策预算的说法中，不正确的是（　　）。

A. 专门决策预算又称资本支出预算

B. 编制依据是项目财务可行性分析资料以及企业筹资决策资料

C. 与现金预算和预计资产负债表的编制无关

D. 是编制现金预算和预计资产负债表的依据

5. 预算编制方法按其业务量基础的数量特征不同，可以分为（　　）。

A. 定期预算法与滚动预算法

B. 增量预算法与零基预算法

C. 固定预算法与弹性预算法

D. 增量预算法与定期预算法

6. 某公司1月、2月、3月的预计销售额分别为20 000元、25 000元、22 000元。每月销售额在当月收回30%，次月收回70%。预计3月末的应收账款余额为（　　）元。

A. 14 100　　B. 13 500

C. 20 100　　D. 15 400

7. 某公司采用弹性预算法编制修理费预算，该修理费为混合成本，业务量为100件时，费用预算为5 000元；业务量为200件时，费用预算为7 000元；业务量为180件时，修理费预算为（　　）元。

A. 7 200　　B. 9 000

C. 6 300　　D. 6 600

8. 下列预算编制中，属于经营预算的是（　　）。

A. 资金预算　　B. 预计利润表

C. 直接材料预算　　D. 预计资产负债表

9. 预算管理以业务为先导，以财务为协同，将预算管理嵌入企业经营管理活动的各个领域，属于预算管理原则是（　　）。

A. 权变原则　　B. 融合性原则

C. 战略导向原则　　D. 平衡原则

10. 在编制预算时，以固定会计期间（如日历年度）作为预算期的预算编制方法是（　　）。

A. 固定预算法　　B. 弹性预算法

C. 滚动预算法　　D. 定期预算法

11. 以历史期实际经济活动及其预算为基础，结合预算期经济活动及相关影响因素的变动情况，调整历史期经济活动形成预算的预算编制方法是（　　）。

A. 增量预算法　　B. 定期预算法

C. 固定预算法　　D. 滚动预算法

12. 以预算期正常的，最可实现的某一业务量水平为固定基础的，不考虑可能发生的变动的预算编制方法是（　　）。

A. 固定预算法　　B. 弹性预算法

C. 定期预算法　　D. 增量预算法

13. 企业业务量水平变化复杂，存在多种不同的业务量，该企业预算编制适用方法是（　　）。

A. 弹性预算法　　B. 零基预算法

C. 固定预算法　　D. 滚动预算法

14. 某企业采用弹性预算法编制生产某零件的部门的生产预算，生产零部件400件时，需要耗费成本费用5 000元，生产零部件500件时，需要耗费成本费用6 000元，那么预计生产450件时，预期消耗的成本费用是（　　）元。

A. 4 600　　B. 5 500

C. 5 000　　D. 5 400

15. 某企业制造费用与生产工时密切相关，预算期制造费用中的固定制造费用5 000元，单位生产工时的变动制造费用40元；预计预算期工时为500小时，测算预算期的制造费用是（　　）元。

A. 25 000　　B. 30 000

C. 35 000　　D. 43 000

16. 定期预算法是以固定会计期间作为预算期的一种预算编制方法，相比滚动预算法，定期预算法编制方法不足之处是（　　）。

A. 预算工作量大

B. 容易导致一些短期行为

C. 可比性和适用性强

D. 预算成本大

17. 随着预算的执行，继续补充新的预算，使整个预算期保持一个固定的长度的预算编制方法是（ ）。

A. 零基预算法 B. 弹性预算法

C. 滚动预算法 D. 定期预算法

18. 某企业当年实际销售费用为6 000万元，占销售额的30%，企业预计下年销售额增加5 000万元，于是就将下年销售费用预算简单地确定为7 500万元（6 000 + 5 000 × 30%）。从中可以看出，该企业采用的预算编制方法为（ ）。

A. 弹性预算法 B. 零基预算法

C. 滚动预算法 D. 增量预算法

19. 全面预算系统的起始点的预算是（ ）。

A. 生产预算 B. 销售预算

C. 财务预算 D. 直接材料预算

20. 某企业每季度销售收入，本季度只收到现金60%，下季度收回另外的40%。企业2021年末应收账款为24 000元，2022年第一季度销售额为60 000元，则企业在2022年第一季度的现金收入合计为（ ）元。

A. 60 000 B. 56 000

C. 57 800 D. 61 200

21. 甲公司正在编制下一季度的销售费用预算，已知销量为100万件时，销售费用为100万元，单位变动销售费用为0.6元/件，每季度固定销售费用为40万元，预计下一季度的销量为120万件，则下季度的销售费用预算为（ ）万元。

A. 120 B. 140

C. 72 D. 112

22. 某企业预计在2022年第一季度销售产品3 000件，第二季度销售产品3 600件，第三季度销售产品4 000件，期末产品存货数量是下期销售量的20%，2021年末产品存货500件，则第二季度预计生产量是（ ）件。

A. 3 580 B. 3 680

C. 4 000 D. 4 100

23. 通常情况下，编制生产预算不需要考虑的因素是（ ）。

A. 生产成本 B. 销售量

C. 期末产成品 D. 产成品存货

24. 某公司2022年预计生产产品，第一季度生产产品4 000件，第二季度生产产品4 500件，单位产品材料用量为2千克/件。每季度期末材料存量是下季度生产需用量的20%，2021年末材料存量3 000千克，则第一季度产品材料预计采购（ ）千克。

A. 6 000 B. 6 800

C. 6 500 D. 6 100

25. 某公司2022年预计生产产品，第一季度生产产品4 000件，第二季度生产产品4 500件，单位产品材料用量为2千克/件，材料单价为3元/千克。每季度期末材料存量是下季度生产需用量的20%，材料采购的货款有60%在本季度支付，另外40%在下季度支付，2021年末材料存量3 000千克，则第一季度应付账款为（ ）元。

A. 8 160 B. 8 200

C. 8 000 D. 7 900

26. 某公司2022年第一季度预计生产350件产品，单位变动制造费用为4元/件，固定制造费用合计5 000元，其中折旧费用2 000元，则公司预计第一季度制造费用现金支出是（ ）元。

A. 3 000 B. 4 400

C. 4 000 D. 6 400

27. 某公司2022年预计第一季度现金收入3 000万元，第二季度现金收入为2 300万元，第三季度现金收入为1 200万元，第四季度现金收入为1 900万元，则公司现金收入年度预算金额为（ ）万元。

A. 8 400 B. 1 900

C. 1 200 D. 3 000

28. 下列各项预算中，不以生产预算作为编制基础的是（ ）。

A. 直接人工预算

B. 直接材料预算

C. 销售费用预算

D. 变动制造费用预算

二、多选题

1. 下列各项中，通常以生产预算为编制基础的预算有（ ）。

A. 变动制造费用预算

B. 直接人工预算

C. 销售预算编制

D. 直接材料预算

2. 下列各项中，属于预计利润表编制依据的有（　　）。

A. 销售预算

B. 现金预算

C. 产品成本预算

D. 资产负债表预算

3. 在编制生产预算时，计算某种产品预计生产量应考虑的因素有（　　）。

A. 预计材料采购量

B. 预计产品销售量

C. 预计期初产品存货量

D. 预计期末产品存货量

4. 与固定预算法相比，下列各项中，属于弹性预算法特点的有（　　）。

A. 更贴近企业经营管理实际情况

B. 预算编制工作量小

C. 预算项目与业务量之间依存关系的判断水平会对弹性预算的合理性造成较大影响

D. 市场及其变动趋势预测的准确性会对弹性预算的合理性造成较大影响

5. 预算作为企业实现目标而对各种资源和企业活动所做的详细安排，主要的特征有（　　）。

A. 数量化　　B. 计划性

C. 可执行性　　D. 全面性

6. 与增量预算法相比，关于零基预算法的表述正确的有（　　）。

A. 更能够灵活应对企业内外部环境的变化

B. 更适用于预算编制基础变化较大的预算项目

C. 以历史期经营活动及其预算为基础编制预算

D. 有助于降低预算编制的工作量

7. 下列各项中，属于总预算内容的有（　　）。

A. 管理费用预算

B. 预计利润表

C. 生产预算

D. 资金预算

8. 企业进行预算管理，一般遵循的原则有（　　）。

A. 战略导向原则　　B. 权变性原则

C. 融合性原则　　D. 过程控制原则

9. 关于直接人工预算，下列说法正确的有（　　）。

A. 直接以销售预算为基础进行编制

B. 需要反映预算期内人工工时消耗水平

C. 需要在人工总成本基础上单独预计现金支出

D. 是编制产品成本预算的数据来源之一

10. 按照业务量基础的数量特征不同，可以将预算编制方法划分为（　　）。

A. 增量预算法　　B. 固定预算法

C. 弹性预算法　　D. 静态预算法

11. 下列各项中，关于零基预算编制方法说法正确的有（　　）。

A. 零基预算是以零为起点编制预算

B. 零基预算有利于增加预算编制的透明度

C. 零基预算编制工作量大、成本较高

D. 零基预算容易造成预算上的浪费

12. 下列关于全面预算的说法中，正确的有（　　）。

A. 全面预算包含业务预算、财务预算和专门决策预算

B. 财务预算是全面预算的终点

C. 经营预算多为短期预算

D. 资本支出预算属于资金预算

13. 预算编制工作量较大的预算编制方法有（　　）。

A. 增量预算法

B. 零基预算法

C. 弹性预算法

D. 滚动预算法

14. 相比弹性预算法，固定预算编制方法的不足有（　　）。

A. 适用性比较差，只适用于某个业务量

B. 可比性差

C. 导致企业短期行为的出现

D. 预算编制工作量大

15. 下列各项中，属于短期滚动预算的有（　　）。

A. 逐月滚动　　B. 逐季滚动

C. 混合滚动　　D. 逐年滚动

16. 下列关于预算编制方法分类的说法中，正确

的有（　　）。

A. 以出发点特征不同，分为增量预算法与零基预算法

B. 以业务量基础的数量特征不同，分为固定预算法与弹性预算法

C. 以时间特征不同，分为定期预算法与滚动预算法

D. 以内容不同，分为经营预算与财务预算

17. 与定期预算相比，关于滚动预算法，下列说法正确的有（　　）。

A. 滚动预算使企业经营活动管理工作有序地进行

B. 滚动预算编制工作量大

C. 滚动预算具有强化预算的决策与控制职能

D. 滚动预算增加管理层的不稳定感

18. 销售预算作为全面预算编制的起点，可以在销售预算表看到（　　）。

A. 单价　　B. 销售量

C. 销售收入　　D. 应收账款

19. 下列各项中，编制直接材料预算需要考虑的项目有（　　）。

A. 生产产量　　B. 期初存量

C. 应付账款　　D. 应收账款

20. 下列各项中，通常以生产预算为基础编制的预算有（　　）。

A. 变动制造费用预算

B. 直接人工预算

C. 销售预算

D. 直接材料预算

21. 下列各项中，关于制造费用预算编制说法正确的有（　　）。

A. 制造费用预算分为固定制造费用预算和变动制造费用预算

B. 变动制造费用以生产预算为基础

C. 制造费用预算中的现金支出不包括折旧费用

D. 固定制造费用以本期产量为基础

22. 下列预算编制，与产品成本预算编制有关联的有（　　）。

A. 生产预算

B. 直接材料预算

C. 直接人工预算

D. 固定制造费用预算

23. 资金预算作为专门反映预算期内预计现金收入与现金支出的预算，与其他预算相联系的预算有（　　）。

A. 经营预算　　B. 专门决策预算

C. 销售费用预算　　D. 利润表预算

24. 下列等式中，表述正确的有（　　）。

A. 可供使用现金 - 期初现金余额 = 现金收入

B. 可供使用现金 - 现金支出 = 现金余缺

C. 可供使用现金 - 现金支出 + 现金筹措 = 期末现金余额

D. 现金余缺 + 现金筹措 - 现金运用 = 期末现金余额

25. 关于直接人工预算，下列说法正确的有（　　）。

A. 直接以销售预算为基础进行编制

B. 需要反映预算期内人工工时消耗水平

C. 需要在人工总成本基础上单独预计现金支出

D. 是编制产品成本预算的数据来源之一

26. 预计资产负债表反映企业在计划期末预计的财务状况，是全面预算编制的终点，其编制的依据有（　　）。

A. 资金预算　　B. 利润表预算

C. 经营预算　　D. 专门决策预算

三、判断题

1. 以历史期实际经济活动及其预算为基础，结合预算期经济活动及相关影响因素变动情况编制预算的方法是零基预算法。（　　）

2. 资金预算是以经营预算和专门决策预算为依据编制的。（　　）

3. 销售预算要在生产预算的基础上编制。（　　）

4. 财务预算是全面预算体系的最后环节，称为总预算，经营预算则称为辅助预算或分预算，因此，财务预算在全面预算体系中发挥重要作用。（　　）

5. 预算管理应通过及时监控、分析等把握预算目标的实现进度并实施有效评价，对企业经营决策提供有效支撑，属于战略导向原则。（　　）

6. 根据内容不同，投融资决策预算属于财务预

算，与资金收支有关的预算。（ ）

7. 相对于弹性预算，固定预算以事先确定的目标业务量作为预算编制基础，适应性比较差。（ ）

8. 零基预算的准确性受到企业管理水平和相关数据标准准确性影响较大，并且编制工作成本较高。（ ）

9. 由于弹性预算编制的准确性取决于成本性态分析的可靠性，所以可以依据总成本性态模型预测预算期的成本费用额。（ ）

10. 按照弹性预算法编制预算，制造单一产品或零件的部门可以选择人工工时作为业务量计量单位。（ ）

11. 在业务量范围内依据已划分的若干个不同等级，分别计算并列示该预算项目与业务量相关的不同可能预算方案的方法称为弹性预算编制方法中的列表法。（ ）

12. 相对于滚动预算，定期预算编制法会使管理人员缺乏长远打算，引发短期行为的出现。（ ）

13. 生产预算是以销售预算为基础编制的，只涉及实务量指标，因此，在生产预算表中找不到价值的指标。（ ）

14. 直接材料预算是以销售预算为基础编制的，同时考虑原材料存货水平的预算。（ ）

15. 直接人工预算编制以生产预算为基础编制，主要内容包含生产量、人工总成本等，涉及工资现金支出，不能直接参加资金预算的编制。（ ）

16. 产品成本预算主要包含的内容是产品单位成本和总成本，所以产品成本预算仅以生产预算为基础编制。（ ）

17. 在企业预算体系中，产品成本预算是编制销售及管理费用预算的基础。（ ）

18. 专门决策预算是指与项目投资决策相关的专门预算，反映项目资金投资支出与筹资计划，是资金预算与预计利润表编制的依据。（ ）

19. 销售预算既能够反映经营业务，也能够反映现金收入的内容。（ ）

20. 在企业预算体系中，预计利润表的编制先于预计资产负债表，并且是编制预计资产负债表的依据之一。（ ）

21. 年度预算经批准后，原则上不作调整，但是当内外战略环境发生重大变化或突发重大事件等，导致预算编制的基本假说发生重大变化时，可以进行预算调整。（ ）

22. 企业预算管理委员会应当定期组织预算审计，纠正预算执行中存在的问题，同时预算年度终了，应当向董事会报告预算执行情况，并依据预算完成情况对执行单位考核。（ ）

快速查答案

一、单选题

序号	1	2	3	4	5	6	7	8	9	10	11	12
答案	C	C	C	C	C	D	D	C	B	D	A	A
序号	13	14	15	16	17	18	19	20	21	22	23	24
答案	A	B	A	B	C	D	B	A	D	B	A	B
序号	25	26	27	28								
答案	A	B	A	C								

二、多选题

序号	1	2	3	4	5	6	7	8	9	10	11	12
答案	ABD	ABC	BCD	ACD	AC	AB	BD	ABCD	BD	BCD	ABC	ABC
序号	13	14	15	16	17	18	19	20	21	22	23	24
答案	BCD	AB	ABC	ABC	ABCD	ABCD	ABC	ABD	ABC	ABCD	ABCD	ABD
序号	25	26										
答案	BD	ABCD										

三、判断题

序号	1	2	3	4	5	6	7	8	9	10	11	12
答案	×	√	×	√	×	×	√	√	√	×	√	√
序号	13	14	15	16	17	18	19	20	21	22		
答案	√	×	×	×	×	×	√	√	√	√		

参考答案及解析

一、单选题

1. 【答案】C 【解析】本题考查的知识点是经营预算编制中的直接材料预算。预计采购量 = 生产需用量 + 期末存量 - 期初存量。直接材料预算编制不包括生产成本因素。
2. 【答案】C 【解析】本题考查的知识点是预算的编制方法，常见的预算编制方法通常包括固定预算法与弹性预算法、增量预算法与零基预算法、定期预算法和滚动预算法等，不包括定性预算法和定量预算法。
3. 【答案】C 【解析】本题考查的知识点是财务预算编制中的资金预算，可供使用的现金 - 现金支出 = 现金余缺，现金余缺 + 现金筹措 - 现金运用 = 期末现金余额。假设借入 X 万元，则 8 月份支付的利息 = (100 + X) × 1%，则 X - 50 - (100 + X) × 1% ≥ 10，X ≥ 61.62 万元，X 为 1 万元的倍数，可得，X 最小值为 62，即应向银行借款的最低金额为 62 万元。
4. 【答案】C 【解析】本题考查的知识点是专门决策预算的编制内容，专门决策预算主要是长期投资预算（又称资本支出预算），通常是指与项目投资决策相关的专门预算，它往往涉及长期建设项目的资金投放与筹集，并经常跨越多个年度。编制专门决策预算的依据，是项目财务可行性分析资料以及企业筹资决策资料。专门决策预算的要点是准确反映项目资金投资支出与筹资计划，它同时也是编制资金预算和预计资产负债表的依据。所以选项 C 说法不正确。
5. 【答案】C 【解析】选项 A 是根据预算期的时间特征不同进行的分类。选项 B 是按预算出发点的特征不同进行的分类。选项 C 是按业务量基础的数量特征不同进行的分类。没有选项 D 这种分类。
6. 【答案】D 【解析】本题考查的知识点是经营预算编制的销售预算。销售预算包括预计现金收入的计算，本季度（本月）未收到的货款将成为应收账款。3 月末的应收账款余额 = 22 000 × 70% = 15 400（元）。

7. 【答案】D 【解析】本题考查的知识点是弹性预算法下的列表法的运用。列表法首先要确定业务量范围内，划分为若干个不同水平，然后分别计算各项预算值，并汇总列入一个预算表格。运用列表法编制预算，在评价和考核实际成本时，采用插值法计算实际业务量的预算成本。使用插值法计算，设业务量为 180 件时的修理费为 W 元，则：(W-5 000)/(7 000-5 000)=(180-100)/(200-100)，W=(180-100)/(200-100)×(7 000-5 000)+5 000=6 600（元），因此正确选项是 D。

8. 【答案】C 【解析】本题考查的知识点是经营预算。经营预算指与企业日常业务直接相关的一系列预算。包括销售预算、生产预算、采购预算、费用预算、人力资源预算等。因此，选项 C 正确。

9. 【答案】B 【解析】本题考查的知识点是预算管理的原则——融合性原则。预算管理应以业务为先导、以财务为协同，将预算管理嵌入企业经营管理活动的各个领域、层次、环节。根据融合性原则的内容，选项 B 正确。

10. 【答案】D 【解析】本题考查的知识点是预算的编制方法。固定预算法是指以预算期内正常的，最可实现的某一业务量水平为固定基础；弹性预算法又称动态预算法，是指企业在分析业务量与预算项目之间数量依存关系的基础上，分别确定不同业务量及其相应预算项目所消耗资源的预算编制方法；滚动预算法是指企业根据上一期预算执行情况和新的预测结果，按既定的预算编制周期和滚动频率，对原有的预算方案进行调整和补充、逐期滚动、持续推进的预算编制方法；定期预算法指在编制预算时，以固定会计期间（如日历年度）作为预算期的一种预算编制方法。因此，本题的正确选项为 D。

11. 【答案】A 【解析】本题考查的知识点是增量预算编制方法。增量预算法，是指以历史期实际经济活动及其预算为基础，结合预算期经济活动及相关影响因素的变动情况，通过调整历史期经济活动项目及金额形成预算的编制方法。因此选项 A 正确。

12. 【答案】A 【解析】本题考查的知识点是固定预算编制方法。固定预算法又称静态预算法，是指以预算期内正常的、最可实现的某一业务量（是指企业产量、销售量、作业量等与预算项目相关的弹性变量）水平为固定基础，不考虑可能发生的变动的预算编制方法。本题属于固定预算编制方法的内容。

13. 【答案】A 【解析】本题考查的知识点是弹性预算编制方法。理论上，弹性预算法适用于编制全面预算中所有与业务量有关的预算，弹性预算法所采用的业务量范围，视企业或部门的业务量变化情况而定，务必使实际业务量不至于超出相关的业务范围。因此，本企业适用的预算编制方法是弹性预算法。

14. 【答案】B 【解析】本题考查的知识点是弹性预算编制法中的列表法。运用列表法编制预算，在评价和考核实际成本时，需要使用插值法来计算预算成本。假设预期消耗 X 元，本题计算如下：(450-400)/(500-400)=(X-5 000)/(6 000-5 000)，得到 X 即是生产 450 件的预算成本，X=5 500 元。

15. 【答案】A 【解析】本题考查的知识点是弹性预算编制方法中的公式法。公式法是运用总成本性态模型，测算预算期的成本费用数额，并编制成本费用预算的方法。根据成本性态，成本与业务量之间的数量关系可用公式表示为：$y=a+bx$，式中，y 表示某项预算成本总额，a 表示该项成本中的固定基数，b 表示与业务量相关的弹性定额，x 表示预计业务量。根据公式法，预算期制造费用=5 000+40×500=25 000（元）。

16. 【答案】B 【解析】本题考查的知识点是定期预算编制方法的缺点。定期预算法是以固定会计期间（如 1 年）为预算期，在执行一段时期之后，往往使管理人员只考虑剩下时间的业务量，缺乏长远打算，导致一些短期行为的出现。因此，选项 B 正确。

17. 【答案】C 【解析】本题考查的知识点是滚动预算。滚动预算法是指企业根据上一期预算执行情况和新的预测结果，按既定的预算编制周期和滚动频率，对原有的预算方案进行调整和补充、逐期滚动、持续推进的预算编制方法。比如短期滚动预算通常使预算期始终保持 12 个月，每过 1 个月或 1 个季度，立即在期末增列1个月或1个季度的预算，逐期往后滚动，因而在任何一个时期都使预算保持为12个月的时间长度。所以本题属于滚动预算。

18. 【答案】D 【解析】增量预算法，是指以历史期实际经济活动及其预算为基础，结合预算期经济活动及相关影响因素的变动情况，通过调整历史期经济活动项目及金额形成预算的预算编制方法。

19. 【答案】B 【解析】本题考查的知识点是销售预算。销售预算是指在销售预测的基础上根据销售计划编制的，用于规划预算期销售活动的一种经营预算。销售预算是整个预算的编制起点，其他预算的编制都以销售预算作为基础。选项B正确。

20. 【答案】A 【解析】本题考查的知识点是销售预算的编制。销售预算本季度现金收入合计等于本季度收到的现金加上本季度的应收账款，应收账款是由上一季度未收到的现金组成。因此，2022年第一季度现金收入合计 = 24 000 + 60 000 × 60% = 60 000（元），选项A正确。

21. 【答案】D 【解析】下季度的销售费用预算 = 40 + 120 × 0.6 = 112（万元）。

22. 【答案】B 【解析】本题考查的知识点是生产预算的编制。生产预算的"预计销售量"来自销售预算，期末产成品存货数量通常按下期销售量的一定百分比确定，本例按20%安排期末产成品存货，其他数据通过公式计算得出。预计期末产成品存货 = 下季度销售量 × 20%；预计期初产成品存货 = 上季度期末产成品存货；预计生产量 = 预计销售量 + 预计期末产成品存货 - 预计期初产成品存货。因此，本季度预计生产量 = 3 600 + 4 000 × 20% - 3 600 × 20% = 3 680（件）。

23. 【答案】A 【解析】本题考查的知识点是生产预算编制。生产预算是为规划预算期生产规模而编制的一种经营预算，它是在销售预算的基础上编制的，其主要内容有销售量、期初和期末产成品存货、生产量，不包含生产成本。因此，选项A是编制生产预算不需要考虑的因素。

24. 【答案】B 【解析】本题考查的知识点是直接材料预算编制。直接材料预算是为了规划预算期直接材料采购业务的一种经营预算。直接材料预算以生产预算为基础编制，同时要考虑原材料存货水平。预计各季度"采购量"根据公式计算确定：预计采购量 = 生产需用量 + 期末存量 - 期初存量。因此，第一季度预计采购量 = 4 000 × 2 + 4 500 × 2 × 20% - 3 000 = 6 800（千克）。选项B正确。

25. 【答案】A 【解析】本题考查的知识点是直接材料预算编制。直接材料预算是为了规划预算期直接材料采购业务的一种经营预算。直接材料预算以生产预算为基础编制，同时要考虑原材料存货水平。预计各季度"采购量"根据公式计算确定：预计采购量 = 生产需用量 + 期末存量 - 期初存量。直接材料预算通常也要预计材料采购各季度的现金支出。每个季度的现金支出包括偿还上期应付账款和本期应支付的采购货款。第一季度预计采购量 = 4 000 × 2 + 4 500 × 2 × 20% - 3 000 = 6 800（千克）。本季度应付账款等于本季度未支付的货款 = 本季度采购的原材料 × 单价 × 未支付货款的比例 = 6 800 × 3 × 40% = 8 160（元）。

26. 【答案】B 【解析】本题考查的知识点是制造费用预算编制。制造费用中，除折旧费外都需支付现金，根据每个季度制造费用数额扣除折旧费后，即可得出现金支出的费用。本季度现金支出 = 变动制造费用 + 固定制造费用 - 折旧 = 350 × 4 + 5 000 - 2 000 = 4 400（元）。

27. 【答案】A 【解析】本题考查的知识点是资金预算编制。全年现金收入预算等于各季度现金收入预算之和，现金收入年度预算 = 3 000 + 2 300 + 1 200 + 1 900 = 8 400（万元）。因此，选项A正确。

28. 【答案】C 【解析】销售费用预算是指为了实现销售预算所需支付的费用预算。它以销售预算为基础，不以生产预算为基础。

二、多选题

1. 【答案】ABD 【解析】本题考查的知识点是生产预算编制。生产预算是以销售预算编制为基础的预算，直接材料预算、直接人工预算、变动制造费用预算都是以生产预算为编制基础的。因此，正确选项是 ABD。

2. 【答案】ABC 【解析】本题考查的知识点是预计利润表编制的知识点，编制预计利润表的依据是各经营预算、专门决策预算和资金预算。预计利润表是编制预计资产负债表的依据，所以选项 D 不正确。

3. 【答案】BCD 【解析】本题考查的知识点是生产预算的编制，预计生产量 = 预计销售量 + 预计期末产成品存货 - 预计期初产成品存货。预计生产量因素不包括材料采购量。

4. 【答案】ACD 【解析】本题考查的知识点是预算编制方法中的弹性预算。与固定预算法相比，弹性预算法的主要优点是考虑了预算期可能的不同业务量水平，更贴近企业经营管理实际情况。弹性预算法的主要缺点有：预算编制工作量大；市场及其变动趋势预测的准确性、预算项目与业务量之间依存关系的判断水平等会对弹性预算的合理性造成较大影响。

5. 【答案】AC 【解析】本题考查的知识点是预算特征。预算具有两个特征：首先，预算与企业的战略目标保持一致，因为预算是为实现企业目标而对各种资源和企业活动所做的详细安排；其次，预算是数量化的并具有可执行性，因为预算作为一种数量化的详细计划，它是对未来活动的细致安排，是未来经营活动的依据。数量化和可执行性是预算最主要的特征。

6. 【答案】AB 【解析】本题考查预算的编制方法。零基预算法，是指企业不以历史期经济活动及其预算为基础，以零为起点，从实际需要出发分析预算期经济活动的合理性，经综合平衡，形成预算的预算编制方法。以历史期经营活动及其预算为基础编制预算是增量预算法的特点，选项 C 错误。零基预算法的优点有：（1）以零为起点编制预算，不受历史期经济活动中的不合理因素影响，能够灵活应对内外环境的变化，预算编制更贴近预算期企业经济活动需要；（2）有助于增加预算编制透明度，有利于进行预算控制，选项 AB 正确。零基预算法的缺点包括：（1）预算编制工作量较大、成本较高；（2）预算编制的准确性受企业管理水平和相关数据标准准确性影响较大，故选项 D 错误。

7. 【答案】BD 【解析】总预算即财务预算，是指与企业资金收支、财务状况或经营成果等有关的预算，包括资金预算、预计资产负债表、预计利润表等。

8. 【答案】ABCD 【解析】本题考查的知识点是预算管理的原则。企业进行预算管理，一般遵循的原则是战略导向原则、过程控制原则、融合性原则、平衡管理原则和权变性原则。以上选项都属于预算管理原则，因此选项 ABCD 正确。

9. 【答案】BD 【解析】直接人工预算是以生产预算为基础编制的，选项 A 错误。由于人工工资都需要使用现金支付，所以，不需要另外预计现金支出，可直接参加资金预算的汇总，选项 C 错误。

10. 【答案】BCD 【解析】本题考查的知识点是固定预算与弹性预算编制法。编制预算的方法按其业务量基础的数量特征不同，可分为固定预算法和弹性预算法。固定预算法又称静态预算法。因此选项 BCD 都正确。

11. 【答案】ABC 【解析】本题考查的知识点是零基预算编制法的优缺点。零基预算法的优点表现在：一是以零为起点编制预算，不受历史期经济活动中的不合理因素影响，能够灵活应对内外环境的变化，预算编制更贴近预算期企业经济活动需要；二是有助于增加预算编制透明度，有利于进行预算控制。
其缺点主要表现在：一是预算编制工作量较大、成本较高；二是预算编制的准确性受企业管理水平和相关数据标准准确性影响较大。增量预算法容易造成预算上的浪费，使得不必要开支合理化。因此，选项 ABC 正确。

12. 【答案】ABC 【解析】本题考查的知识点是预算的分类。根据内容不同，企业预算可以分为经营预算（即业务预算，下同）、专门决策预算和财务预算；专门决策预算直接反映相关决策的结果，是实际中已选方案的进一步规划，如资本支出预算；财务预算作为全面预算体系的最后环节，它是从价值方面总括地反映企业经营预算与专门决策预算的结果，故也称为总预算；企业的经营预算和财务预算多为 1 年期的短期预算。因此，正确选项是 ABC。

13. 【答案】BCD 【解析】本题考查的知识点是预算编制方法的缺陷。零基预算法的缺点主要表现在：一是预算编制工作量较大、成本较高；二是预算编制的准确性受企业管理水平和相关数据标准准确性影响较大。弹性预算法的主要缺点是编制工作量大，市场及其变动趋势预测的准确性对弹性预算的合理性造成影响。滚动预算法主要缺点主要表现在：一是预算编制工作量大；二是增加管理层的不稳定感，导致预算执行者无所适从。因此，选项 BCD 预算编制方法都会引起编制工作量大。

14. 【答案】AB 【解析】本题考查的知识点是固定预算编制法的缺点。固定预算法的缺点表现在两个方面：一是适应性差。因为编制预算的业务量基础是事先假定的某个业务量，在这种方法下，不论预算期内业务量水平实际可能发生哪些变动，都只按事先确定的某一个业务量水平作为编制预算的基础。二是可比性差，当实际的业务量与编制预算所依据的业务量发生较大差异时，有关预算指标的实际数与预算数就会因业务量基础不同而失去可比性。因此，选项 AB 正确。

15. 【答案】ABC 【解析】本题考查的知识点是短期滚动预算。短期滚动预算通常以 1 年为预算编制周期，以月度、季度作为预算滚动频率。短期滚动预算通常使预算期始终保持 12 个月，每过 1 个月或 1 个季度，立即在期末增列 1 个月或 1 个季度的预算，逐期往后滚动，因而在任何一个时期都使预算保持为 12 个月的时间长度。以年度作为预算滚动频率的是中期滚动预算。因此，选项 D 属于中期滚动预算。

16. 【答案】ABC 【解析】本题考查的知识点是预算的编制方法。按其出发点的特征不同，编制预算的方法可分为增量预算法和零基预算法两大类。编制预算的方法按其业务量基础的数量特征不同，可分为固定预算法和弹性预算法。编制预算的方法按其预算期的时间特征不同，可分为定期预算法和滚动预算法两大类。因此，选项 ABC 正确。

17. 【答案】ABCD 【解析】本题考查的知识点是滚动预算的相关内容。滚动预算的主要优点：通过持续滚动预算编制、逐期滚动管理，实现动态反映市场、建立跨期综合平衡，从而有效指导企业营运，强化预算的决策与控制职能。滚动预算的主要缺点：一是预算滚动的频率越高，对预算沟通的要求越高，预算编制的工作量越大；二是过高的滚动频率容易增加管理层的不稳定感，导致预算执行者无所适从。因此，选项 ABCD 都正确。

18. 【答案】ABCD 【解析】本题考查的知识点是销售预算。销售预算的主要内容是销量、单价和销售收入。通常也包括预计现金收入的预算，比如收回上季度的应收账款。因此，选项 ABCD 均可以在销售预算表中发现。

19. 【答案】ABC 【解析】本题考查的知识点是直接材料预算编制。直接材料预算是为了规划预算期直接材料采购业务的一种经营预算。直接材料预算以生产预算为基础编制，同时要考虑原材料存货水平。其主要内容有材料的单位产品用量、生产需用量、期初和期末存量等，为了便于以后编制资金预算，通常也要预计材料采购各季度的现金支出。每个季度的现金支出包括偿还上期应付账款和本期应支付的采购货款。直接材料预算需要编制应付账款，销售预算需要考虑应收账款。因此，正确选项是 ABC。

20. 【答案】ABD 【解析】直接材料预算、直接人工预算、变动制造费用预算都以生产预算为基础编制。销售预算是整个预算的编制起点，其他预算的编制都以销售预算作为基础。

21. 【答案】ABC 【解析】本题考查的知识点是制造费用预算编制。制造费用预算通常分为变动制造费用预算和固定制造费用预算两部分。变动制造费用预算是以生产预算为基础来编制，固定制造费用需要逐项进行预计，通常与本期产量无关；制造费用中，除折旧费外都需支付现金，所以，根据每个季度制造费用数额扣除折旧费后，即可得出现金支出的费用。因此，选项 ABC 正确。

22.【答案】ABCD【解析】本题考查的知识点是产品成本预算编制。产品成本预算，是销售预算、生产预算、直接材料预算、直接人工预算、制造费用预算的汇总。其主要内容是产品的单位成本和总成本。单位产品成本的有关数据，来自直接材料预算、直接人工预算和制造费用预算。生产量、期末存货量来自生产预算，销售量来自销售预算。因此，选项ABCD都正确。

23.【答案】ABCD【解析】本题考查的知识点是资金预算编制内容。资金预算是以经营预算和专门决策预算为依据编制的，专门反映预算期内预计现金收入与现金支出，以及为满足理想现金余额而进行筹资或归还借款等的预算。预计利润表是以资金预算为基础编制的，所以选项ABCD都正确。

24.【答案】ABD【解析】本题考查的知识点是资金预算编制。资金预算由可供使用现金、现金支出、现金余缺、现金筹措与运用四部分构成。其中计算公式如下：可供使用现金=期初现金余额+现金收入；可供使用现金-现金支出=现金余缺；现金余缺+现金筹措-现金运用=期末现金余额。因此，选项C错误，正确选项是ABD。

25.【答案】BD【解析】直接人工预算是以生产预算为基础编制的，选项A错误。由于人工工资都需要使用现金支付，所以，不需要另外预计现金支出，可直接参加资金预算的汇总，选项C错误。

26.【答案】ABCD【解析】本题考查的知识点是资产负债表预算。资产负债表的编制需以计划期开始日的资产负债表为基础，结合计划期间各项经营预算、专门决策预算、资金预算和预计利润表进行编制。它是编制全面预算的终点，是以其他全部预算编制为依据的。因此，选项ABCD正确。

三、判断题

1.【答案】×【解析】本题考查的知识点是零基预算法。零基预算法，是指企业不以历史期经济活动及其预算为基础，以零为起点，从实际需要出发分析预算期经济活动的合理性，经综合平衡，形成预算的编制方法。因此，本题是错误的。

2.【答案】√【解析】本题考查的知识点是资金预算编制。资金预算是以经营预算和专门决策预算为依据编制的，专门反映预算期内预计现金收入与现金支出，以及为满足理想现金余额而进行筹资或归还借款等的预算。因此，本题是正确的。

3.【答案】×【解析】本题考查的知识点是销售预算编制。销售预算是整个预算的编制起点，其他预算的编制都以销售预算作为基础。生产预算是在销售预算的基础上编制的。

4.【答案】√【解析】本题考查的知识点是财务预算的内容。财务预算作为全面预算体系的最后环节，它是从价值方面总括地反映企业经营预算与专门决策预算的结果，故也称为总预算，其他预算则相应称为辅助预算或分预算。显然，财务预算在全面预算中占有举足轻重的地位。因此，本题是正确的。

5.【答案】×【解析】本题考查的知识点是预算管理原则中的过程控制原则。过程控制原则是指预算管理应通过及时监控、分析等把握预算目标的实现进度并实施有效评价，对企业经营决策提供有效支撑。因此，本题是错误的。

6.【答案】×【解析】本题考查的知识点是专门决策预算。专门决策预算是指企业重大的或不经常发生的、需要根据特定决策编制的预算，包括投融资决策预算等。投融资预算属于专门决策预算，不属于财务预算。因此，本题的说法是错误的。

7.【答案】√【解析】固定预算是以某一业务量为基础编制的预算，弹性预算是以一系列可能的业务量为基础编制的预算，因此固定预算相比弹性预算来说适应性比较差。

8.【答案】√【解析】本题考查的知识点是零基预算的缺点。零基预算的缺点主要表现在：一是预算编制工作量较大、成本较高；二是预算编制的准确性受企业管理水平和相关数据标准准确性影响较大。因此，本题说法是正确的。

9.【答案】√【解析】本题考查的知识点是弹性预算编制方法。弹性预算法编制预算的准确性，在很大程度上取决于成本性态分析的可靠性。其中弹性预算编制法中的公式法即是运用总成本性态模型，测算预算期的成本费用数额，并编制成本费用预算的方法。因此，本题说法是正确的。

10.【答案】× 【解析】本题考查的知识点是弹性预算编制业务量的确定。编制弹性预算，要选用一个最能代表生产经营活动水平的业务量计量单位。例如，以手工操作为主的车间，就应选用人工工时；制造单一产品或零件的部门，可以选用实物数量；修理部门可以选用直接修理工时等。

11.【答案】√ 【解析】本题考查的知识点是弹性预算编制方法的列表法。列表法是指企业通过列表的方式，在业务量范围内依据已划分出的若干个不同等级，分别计算并列示该预算项目与业务量相关的不同可能预算方案的方法。因此，本题说法是正确的。

12.【答案】√ 【解析】本题考查的知识点是定期预算编制法的缺点。定期预算法是指在编制预算时，以固定会计期间（如日历年度）作为预算期的一种预算编制方法，这种方法以固定会计期间（如1年）为预算期，在执行一段时期之后，往往使管理人员只考虑剩下时间的业务量，缺乏长远打算，导致一些短期行为的出现。因此，本题说法是正确的。

13.【答案】√ 【解析】本题考查的知识点是生产预算的编制。生产预算是为规划预算期生产规模而编制的一种经营预算，它是在销售预算的基础上编制的，并可以作为编制直接材料预算和产品成本预算的依据，其主要内容有销售量、期初和期末产成品存货、生产量。在生产预算中，只涉及实物量指标，不涉及价值量指标。因此，本题说法是正确的。

14.【答案】× 【解析】本题考查的知识点是直接材料预算。直接材料预算是为了规划预算期直接材料采购业务的一种经营预算。直接材料预算以生产预算为基础编制，同时要考虑原材料存货水平。因此，本题说法是错误的。

15.【答案】× 【解析】本题考查的知识点是直接人工预算。直接人工预算是一种既要反映预算期内人工工时消耗水平，又要规划人工成本开支的经营预算。直接人工预算也是以生产预算为基础编制的。其主要内容有预计产量、单位产品工时、人工总工时、每小时人工成本和人工总成本。由于人工工资都需要使用现金支付，所以不需要另外预计现金支出，可直接参加资金预算的汇总。因此，本题说法是错误的。

16.【答案】× 【解析】本题考查的知识点是产品成本预算编制。产品成本预算，是销售预算、生产预算、直接材料预算、直接人工预算、制造费用预算的汇总。其主要内容是产品的单位成本和总成本。单位产品成本的有关数据，来自直接材料预算、直接人工预算和制造费用预算。生产量、期末存货量来自生产预算，销售量来自销售预算。因此，产品成本预算不仅以生产预算为编制基础，本题的说法是错误的。

17.【答案】× 【解析】销售费用预算以销售预算为基础编制。管理费用大多为固定成本项目，一般是以过去的实际开支为基础，按预算期的可预见变化来调整。

18.【答案】× 【解析】本题考查的知识点是专门投资决策预算。专门决策预算的要点是准确反映项目资金投资支出与筹资计划，它同时也是编制资金预算和预计资产负债表的依据。因此，本题说法是错误的。

19.【答案】√ 【解析】本题考查的知识点是销售预算编制。销售预算反映了公司经营活动的情况，同时也包括预计现金收入的计算。因此，本题说法是正确的。

20.【答案】√ 【解析】预计资产负债表是编制全面预算的终点，需以计划期开始日的资产负债表为基础，然后根据计划期间各项预算（经营预算、专门决策预算、资金预算和预计利润表）的有关资料作必要的调整。

21.【答案】√ 【解析】本题考查的知识点是预算调整。年度预算经批准后，原则上不作调整。企业应在制度中严格明确预算调整的条件、主体、权限和程序等事宜，当内外战略环境发生重大变化或突发重大事件等，导致预算编制的基本假设发生重大变化时，可进行预算调整。因此，本题说法是正确的。

22.【答案】√【解析】本题考查的知识点是预算的分析与考核中预算管理委员的职责。企业预算管理委员会应当定期组织预算审计，纠正预算执行中存在的问题，充分发挥内部审计的监督作用，维护预算管理的严肃性。预算年度终了，预算管理委员会应当向董事会或者经理办公会报告预算执行情况，并依据预算完成情况和预算审计情况对预算执行单位进行考核。因此，本题的说法是正确的。

第四章 筹资管理（上）

考情分析

本章要掌握筹资管理的内容与原则，银行借款、发行公司债券和租赁等债务筹资方式，吸收直接投资、发行股票、留存收益等股权筹资方式，可转换债券、认股权证、优先股等衍生工具筹资方式。本章历年考试题型主要以客观题为主，考生在学习过程中应侧重于理解掌握，不必死记硬背。本章每年考试分值为6~9分。2019~2023年知识点考查范围如下表所示。

年份	单选题	多选题	判断题	计算分析题	综合题
2023	银行借款；债务筹资；发行普通股股票；私募股权投资；租赁	租赁；债务筹资的优点；发行公司债券；股权筹资的优缺点；筹资方式	筹资的分类；债务筹资；可转换债券	—	租赁
2022	可转换债券的转换比率；银行借款及公司债券；筹资管理的概述；衍生工具筹资；租赁	衍生工具筹资；发行普通股股票及留存收益；筹资管理的概述	衍生工具筹资；筹资实务创新；筹资管理的概述	—	—
2021	债务筹资中银行借款的种类；融资租赁的基本形式；筹资方式的类型	—	衍生工具筹资可转换债券；内部筹资与外部筹资的适用范围；筹资方式中商业信用	—	—
2020	筹资的分类；筹资方式；发行普通股股票；债务筹资	股权筹资中的留存收益；优先股股利；银行借款特点	永续债；吸收直接投资；短期借款	—	—
2019	银行借款；直接筹资与间接筹资；优先股筹资；可转换债券；认股权证；发行普通股股票；筹资的分类；留存收益	发行股票；留存收益	留存收益；优先股的权利	—	—

强化练习题

一、单选题

1. 某公司为了偿还到期债务，进行债务结构内部调整，需要进行筹集资金，这种筹资动机属于（　　）。

A. 创立性筹资动机

B. 支付性筹资动机

C. 扩张性筹资动机

D. 调整性筹资动机

2. 某企业为了对外实施产权投资，公开发行公司债券以获得产权投资所需要的资金，这种筹资动机属于（　　）。

A. 扩张性筹资动机

B. 调整性筹资动机

C. 混合性筹资动机

D. 支付性筹资动机

3. 某企业计划购买新的生产线以扩大再生产能力，向银行举债获得大量资金，以满足生产线的需求，这种筹资动机属于（　　）。

A. 支付性筹资动机

B. 扩张性筹资动机

C. 混合性筹资动机

D. 调整性筹资动机

4. 企业根据借款合同从银行或非银行金融机构取得资金的筹资方式是（　　）。

A. 租赁　　B. 商业信用

C. 吸收直接投资　　D. 向金融机构借款

5. 下列筹资方式中，属于股权筹资的是（　　）。

A. 向金融机构借款　　B. 商业信用

C. 发行优先股股票　　D. 留存收益

6. 下列关于永续债的说法中，正确的是（　　）。

A. 是一种债权融资工具

B. 发行人能够无条件地避免交付现金或者其他金融资产合同义务情况发生的永续债属于金融负债

C. 利率一般低于同期国债收益率

D. 不设定债券的到期日

7. 关于直接筹资与间接筹资，下列表述中，正确的是（　　）。

A. 发行股票属于直接筹资

B. 银行借款属于直接筹资

C. 租赁属于直接筹资

D. 发行债券属于间接筹资

8. 下列关于直接筹资方式的说法中，错误的是（　　）。

A. 直接筹资的筹资费用较高

B. 直接筹资有利于提高企业的知名度

C. 直接筹资方式包含债务资金

D. 直接筹资是企业直接从社会取得资金

9. 企业筹资需要充分利用各种筹资渠道，股权筹资与债务筹资相结合，选择经济、可行的资金来源。以上符合筹资管理原则中的（　　）。

A. 规模适当　　B. 筹措合法

C. 结构合理　　D. 来源经济

10. 某企业以公司的股票作为质押物向银行获取贷款的筹资方法是（　　）。

A. 抵押贷款　　B. 质押贷款

C. 保证贷款　　D. 信用贷款

11. 下列各项中，不属于担保贷款的是（　　）。

A. 质押贷款　　B. 保证贷款

C. 抵押贷款　　D. 信用贷款

12. 企业可以将某些资产作为质押品向商业银行申请质押贷款，下列各项中，不可以作为质押品的是（　　）。

A. 依法可以转让的股票

B. 依法可以转让的商标专用权

C. 依法可以转让的厂房

D. 依法可以转让的债券

13. 下列各项中，属于长期借款的例行性保护条款的是（　　）。

A. 及时清偿债务

B. 借款用途不得改变

C. 保持企业的资产流动性

D. 限制公司的长期投资

14. 下列各项中，关于长期借款的保护性条款，说法错误的是（　　）。

A. 例行性保护条款在大多数借款合同中都会出现

B. 一般性保护条款是对企业流动性等方面的要求条款

C. 限制企业非经营性支出属于例行性保护条款

D. 限制公司的长期投资属于一般性保护条款

15. 与发行公司债券相比，下列各项中，不属于银行借款筹资的特点是（　　）。

A. 筹资速度快　　B. 资本成本较低

C. 筹资使用限制少　　D. 限制条款多

16. 仅凭公司自身的信用发行的，没有抵押品作抵押担保的债券是（　　）。

A. 担保债券　　B. 信用债券

C. 可转换债券　　D. 不可转换债券

17. 根据《公司法》规定，债券的发行主体需是股份有限公司中的上市公司的是（　　）。

A. 可转换债券　　B. 不可转换债券

C. 担保债券　　D. 抵押债券

18. 下列各项中，不属于发行公司债券筹资的特点是（　　）。
A. 一次筹资数额大
B. 筹资使用限制少
C. 资本成本高
D. 财务风险高，财务优势明显
19. 通过签订资产出让合同的方式，使用资产的一方通过支付租金，向出让资产的一方取得资产使用权的筹资方式是（　　）。
A. 出租　　B. 租赁
C. 银行借款　　D. 商业信用
20. 某租赁公司购进设备并出租，设备价款为 1 000 万元。该公司出资 200 万元，余款通过设备抵押贷款解决，并用租金偿还贷款。该租赁方式是（　　）。
A. 售后回租　　B. 经营租赁
C. 杠杆租赁　　D. 直接租赁
21. 出租人只垫付购买资产所需资金的一部分，其余部分则通过将该资产以抵押担保的方式向第三方申请贷款解决的租赁形式是（　　）。
A. 杠杆租赁　　B. 售后回租
C. 直接租赁　　D. 间接租赁
22. 下列各项中，不属于每期租赁租金测算包含的因素是（　　）。
A. 设备原价　　B. 管理人员的工资
C. 利息费用　　D. 业务人员的工资
23. 下列各项中，关于债务筹资缺点说法错误的是（　　）。
A. 不能形成企业稳定的资本基础
B. 财务风险较大
C. 筹资数额有限
D. 筹资速度较慢
24. 下列筹资方式中，筹资速度较快，但筹资资金使用的限制条件较多的是（　　）。
A. 银行借款　　B. 债券筹资
C. 股权筹资　　D. 租赁
25. 吸收直接投资的实际出资额，注册资本部分形成实收资本，超过注册资本的部分形成公司的（　　）。
A. 留存收益　　B. 实收资本
C. 资本公积　　D. 现金
26. 下列关于吸收直接投资的说法中，错误的是（　　）。
A. 吸收直接投资能够尽快形成生产能力
B. 吸收直接投资的公司与投资者易于沟通
C. 吸收直接投资容易造成公司控制权集中，不利于公司治理
D. 相对于股票筹资，吸收直接投资成本较低
27. 下列各项中，属于股票不具备的特点是（　　）。
A. 永久性　　B. 流通性
C. 参与性　　D. 杠杆性
28. 下列各项中，不属于上网竞价发行的优点的是（　　）。
A. 经济性
B. 高效性
C. 市场性
D. 有效缓解新股发行期间资金大规模跨行流动
29. 下列关于股票的发行的表述，正确的是（　　）。
A. 储蓄存单发行通过公开摇号抽签确定中签者
B. 上网竞价发行方式按抽签决定认购成功者
C. 上网定价发行方式按价格优先、同等价位时间优先原则决定认购成功者
D. 与全额预缴款发行相比，储蓄存款发行的资金占用时间短，发行效率更高
30. 下列各项中，属于上市公司向社会公众发售股票的方式的是（　　）。
A. 定向增发　　B. 非公开增发
C. 公开增发　　D. 配股
31. 下列关于定向增发的说法中，错误的是（　　）。
A. 定向增发是上市公司向特定对象发行股票的再融资方式
B. 定向增发有利于引入战略投资者
C. 定向增发有利于上市公司的市场化估值溢价
D. 定向增发有利于维持公司的控制权
32. 下列各项中，属于留存收益筹资的特点是（　　）。
A. 资本成本较高
B. 不易及时形成生产能力

C. 能够维持公司的控制权分布

D. 不便于进行产权交易

33. 下列关于股权筹资的说法中，错误的是（　　）。

A. 相对于债务筹资，股权筹资资本成本较高

B. 股权筹资有可能引发控制权变更

C. 股权筹资信息沟通与披露成本较大

D. 股权筹资财务风险大

34. 下列各项中，不属于衍生工具筹资的是（　　）。

A. 可转换债券　　B. 认股权证

C. 优先股　　D. 产业基金

35. 某可转换债券面值为100元，转换价格为20元/股，当前标的股票的市价为25元/股，则该可转换债券的转换比率为（　　）。

A. 5　　B. 1.25

C. 0.8　　D. 4

36. 关于可转换债券，下列表述正确的是（　　）。

A. 可转换债券的赎回条款有利于降低投资者的持券风险

B. 可转换债券的转换权是授予持有者的一定买入期权

C. 可转换债券的转换比率为标的股票市值与转换价格之比

D. 可转换债券的回售条款有利于可转换债券顺利转换成股票

37. 下列关于可转换债券的说法中，错误的是（　　）。

A. 可转换债券兼具债券与证券期权性质

B. 可分离交易的可转换债券是认股权证与公司债券的结合

C. 投资者不可放弃转换权

D. 可转换债券具有资本双重性

38. 下列关于可转换债券基本要素的说法中，错误的是（　　）。

A. 可转换债券票面利率低于普通债券的票面利率

B. 转换价格是可转换债券在转换期内据以转换为普通股的折算价格

C. 转换比率等于转换价格与债券面值的比值

D. 转换期可以与债券的期限相同，也可以短于债券的期限

39. 下列关于认股权证的说法，正确的是（　　）。

A. 认股权证属于看跌权证

B. 认股权证本质上是一种股票期权，具有普通股的红利收入

C. 认股权证是一种投资工具

D. 认股权证属于股权融资方式

40. 下列关于优先股的说法中，错误的是（　　）。

A. 优先股股利收益是事先约定的，绝对固定

B. 根据是否强制分红，可以分为强制分红优先股和非强制分红优先股

C. 优先股筹资有利于丰富资本市场的投资结构

D. 优先股筹资属于混合筹资

41. 下列关于优先股筹资特点的说法中，错误的是（　　）。

A. 优先股筹资有利于为投资者提供多元化投资渠道

B. 优先股是股份公司股权资本结构调整的重要方式

C. 优先股发行不会稀释原普通股的权益

D. 优先股股息不能抵税，且有固定性，会给公司增加财务风险

42. 可参与“优先股”中的参与，指优先股股东按确定股息率优先获得股息外，还能与普通股股东一起进行（　　）。

A. 剩余利润分配

B. 认购公司增长的新股

C. 要求公司回购优先股

D. 公司经营决策

43. 下列各项中，属于优先股筹资的特点是（　　）。

A. 不能达到调整公司股权资本结构的目的

B. 优先股股息可以抵减所得税

C. 有利于保障普通股股东的控制权

D. 有利于减轻公司现金支付的财务压力

44. 下列关于非公开定向债务融资工具说法中，错误的是（　　）。

A. 发行对象是银行间市场特定机构投资人

B. 是一种混合筹资方式

C. 发行规模没有明确限制

D. 非公开定向债务融资工具限定在特定投资人范围内流通转让

45. 对于政府出资产业投资基金的认定需要符合的条件不包括（　　）。

A. 省级人民政府批复设立，且批复文件明确了政府出资的，政府认缴出资比例不低于基金总规模的10%

B. 党中央、国务院批准设立的，政府认缴出资比例不低于基金总规模的5%

C. 基金投向符合产业政策

D. 基金运作涉及新增地方政府隐性债务

二、多选题

1. 下列各项中，属于企业筹资动机类型的有（　　）。

A. 创立性筹资动机

B. 支付性筹资动机

C. 扩张性筹资动机

D. 调整性筹资动机

2. 下列各项中，属于筹资管理的内容有（　　）。

A. 科学预计资金需要量

B. 优化公司投资决策

C. 合理安排筹资渠道、选择筹资方式

D. 降低资本成本、控制财务风险

3. 下列各项中，属于股权筹资方式的有（　　）。

A. 吸收直接投资　　B. 发行公司债券

C. 发行股票　　D. 留存收益

4. 下列各项中，属于债务筹资方式的有（　　）。

A. 租赁　　B. 发行债券

C. 发行可转换债券　　D. 商业信用

5. 下列各项中，属于兼具股权筹资和债务筹资性质的衍生工具筹资方式的有（　　）。

A. 发行优先股　　B. 发行可转换债券

C. 租赁　　D. 私募股权投资

6. 关于直接筹资与间接筹资，下列表述中，正确的有（　　）。

A. 租赁属于间接筹资

B. 发行股票属于间接筹资

C. 直接筹资的筹资费用较高

D. 直接筹资仅可筹集股权资金

7. 筹资按照企业所取得资金的权益特性不同，可以分类为（　　）。

A. 股权筹资　　B. 债务筹资

C. 衍生工具筹资　　D. 间接筹资

8. 下列筹资方式中，既属于直接筹资，也属于外部筹资的有（　　）。

A. 公开发行股票　　B. 留存收益

C. 银行借款　　D. 发行债券

9. 下列关于间接筹资的说法中，正确的有（　　）。

A. 间接筹资的形成主要是债务资金

B. 间接筹资手续相对简单

C. 间接筹资费用较低

D. 间接筹资融资受到金融政策的影响

10. 债务筹资和股权筹资是企业筹集和取得资金的两种基本方式，下列选项中既不属于债务筹资，也不属于股权筹资的有（　　）。

A. 租赁

B. 发行可转换债券

C. 商业信用

D. 发行优先股股票

11. 下列各项中，属于筹资管理原则的有（　　）。

A. 筹措合法　　B. 规模适当

C. 取得及时　　D. 来源经济

12. 银行借款按照提供贷款机构，可以划分为（　　）。

A. 政策性银行贷款

B. 商业银行贷款

C. 其他金融机构贷款

D. 信用贷款

13. 下列各项中，说法正确的有（　　）。

A. 抵押贷款的抵押不转移债务人或第三人的财产权利

B. 抵押贷款的抵押转移债务人或第三人的财产权利

C. 质押贷款的质押不转移债务人或第三人的财产权利

D. 质押贷款的质押转移债务人或第三人的财产权利

14. 长期借款特殊性保护条款是针对某些特殊情况而出现在部分借款合同中的条款，下列各项中属于长期借款特殊性保护条款的有（　　）。

A. 保持存货储备量

B. 及时清偿债务

C. 借款用途不得改变

D. 要求公司的主要领导人购买人身保险

15. 银行借款筹资的特点有（　　）。

A. 筹资速度快　　B. 资本成本低

C. 限制条款多　　D. 筹资数额有限

16. 抵押债券按其抵押品的不同，可以将抵押债券分为（　　）。

A. 不动产抵押债券

B. 动产抵押债券

C. 证券信托抵押债券

D. 不可转换债券

17. 关于债券的提前偿还，下列说法正确的有（　　）。

A. 提前偿还支付的价格通常低于债券面值

B. 当预测利率下降后，可以提前赎回债券

C. 当公司资金有结余时，可以提前赎回债券

D. 提前偿还条款可以使公司筹资更加灵活

18. 下列关于发行公司债券筹资的说法中，正确的有（　　）。

A. 与银行借款相比，公司债券筹资规模较大

B. 公司债券筹资主要用于公司扩展

C. 相比银行借款，公司债券筹资成本较高

D. 无须大量资金就能迅速筹资

19. 下列各项中，属于影响租金的因素有（　　）。

A. 设备原价及预计残值

B. 利息

C. 租赁手续费

D. 利润

20. 承租人通过得到所需资产的使用权，完成筹资的行为，这种交易行为具备的特征有（　　）。

A. 使用权与所有权相分离

B. 融资与融物相结合

C. 租金分期支付

D. 筹资数额有限

21. 下列关于杠杆租赁的说法中，正确的有（　　）。

A. 杠杆租赁的出租人既是债权人也是债务人

B. 杠杆租赁的资金出借人也是承租人

C. 杠杆租赁涉及承租人、出租人和资金出借人

D. 杠杆租赁出租人既要收取租金，又要支付债务

22. 关于租赁筹资方式，下列表述错误的有（　　）。

A. 与银行借款相比，租赁筹资成本较低

B. 财务优势明显

C. 不会给企业带来财务杠杆效应

D. 是将融资与融物相结合的一种特定筹资方式

23. 与银行借款相比，租赁所具备的筹资特点有（　　）。

A. 限制条件少

B. 能延长资金融通的期限

C. 资本成本高

D. 提高社会声誉

24. 下列关于债务筹资不足的说法中，正确的有（　　）。

A. 不能形成稳定的资本基础

B. 财务风险大

C. 债权人无法参加公司经营管理

D. 筹资数额有限

25. 下列各项中，属于吸收直接投资的出资人的有（　　）。

A. 吸收国家投资

B. 吸收法人投资

C. 吸收外商投资

D. 吸收社会公众投资

26. 下列各项中，可以成为吸收直接投资的出资方式的有（　　）。

A. 货币资产　　B. 实物资产

C. 特定债权　　D. 土地使用权

27. 下列各项中，属于股份有限公司股东最基本的权利的有（　　）。

A. 公司管理权　　B. 收益分享权

C. 股份转让权　　D. 剩余财产要求权

28. 下列各项中，属于我国曾经采用的股票发行方式的有（　　）。

A. 认购发行　　B. 储蓄存单发行

C. 上网定价发行　　D. 网下发行

29. 下列关于上市公司股票发行的表述中，错误的有（　　）。

A. 股票发行方式分为公开发行和非公开发行

B. 公开发行股票需满足上市公司最近24个月内财务会计文件无虚假记载，且不存在重大违法行为

C. 非公开发行的特定对象应当不超过30名

D. 非公开发行股票的发行价格不低于定价基准日前一个交易日公司股票均价的 80%

30. 下列关于非公开直接发行的说法中，正确的有（　　）。

A. 非公开发行股票不需要中介机构承销

B. 非公开直接发行方式弹性较大

C. 非公开直接发行节省费用

D. 非公开直接发行有利于提高公司知名度

31. 下列各项中，属于公司股票上市的不利影响的有（　　）。

A. 上市成本较高

B. 可能会暴露公司的商业机密

C. 可能会分散公司的控制权

D. 可能不利于公司治理股价

32. 下列各项中，属于配股应当符合的条件有（　　）。

A. 拟配售股份数量不超过本次配售股份前股本总额的 20%

B. 控股股东应当在股东大会召开前公开承诺认配股份的数量

C. 采用证券法规定的代销方式发行

D. 控股股东不履行认配股份的承诺，原股东认购股票的数量未达到拟配售数量 75% 的，发行人应当按照发行价返还已经认购的股东

33. 下列关于作为战略投资者的基本要求的说法中，正确的有（　　）。

A. 战略投资者要具有相当的资金实力

B. 战略投资者要出于长期投资目的而较长时期持有股票

C. 战略投资者要与公司的经营业务联系紧密

D. 战略投资者的持股数量没有要求

34. 下列各项中，属于股票上市交易对公司不利影响的有（　　）。

A. 上市手续复杂，成本较高

B. 分散公司控制权

C. 信息披露成本高

D. 股价有可能扭曲公司的实际情况

35. 下列各项中，属于发行普通股股票筹资特点的有（　　）。

A. 两权分离，有利于公司自主经营管理

B. 资本成本较高

C. 便于股权的流通和转让

D. 不易及时形成生产能力

36. 与债务筹资相比，股权筹资的优势有（　　）。

A. 股权筹资是企业稳定的资本基础

B. 股权筹资是企业良好的信誉基础

C. 股权筹资财务风险较小

D. 股权筹资有利于丰富资本结构

37. 相对于普通股筹资，属于银行借款筹资特点的有（　　）。

A. 财务风险低

B. 不分散公司控制权

C. 可以利用财务杠杆

D. 筹资速度快

38. 下列各项中，属于留存收益筹资途径的有（　　）。

A. 盈余公积金　　B. 资本公积

C. 未分配利润　　D. 实收资本

39. 下列关于留存收益的说法中，正确的有（　　）。

A. 筹资途径包括提取盈余公积和未分配利润

B. 资本成本较高

C. 不能及时形成生产能力

D. 筹资数额有限

40. 下列筹资方式中，可以降低财务风险的有（　　）。

A. 银行借款筹资　　B. 留存收益筹资

C. 普通股筹资　　D. 租赁筹资

41. 关于债券提前偿还条款，下列表述正确的有（　　）。

A. 提前偿还条款可以使公司筹资有较大弹性

B. 提前偿还所支付的价格通常低于债券面值

C. 当预测利率下降时，公司可提前赎回债券后以较高利率发行新债券

D. 当公司资金有结余时，可提前赎回债券

42. 下列关于可转换债券筹资特点的说法中，正确的有（　　）。

A. 与普通债券相比，可转换债券筹资较灵活

B. 与普通债券相比，可转换债券资本成本较低

C. 可转换债券筹资效率高

D. 如果公司股价持续低迷，会给公司带来财务压力

43. 下列关于认股权证的说法中，正确的有（　　）。

第四章

A. 认股权证的发行人是标的股票的上市公司
B. 认股权证有助于改善上市公司的治理结构
C. 认股权证有利于推进上市公司的股权激励机制
D. 认股权证是一种融资促进工具

44. 关于债券和优先股的共同特点，下列表述正确的有（　）。
A. 优先股股息和债券利息都属于公司的法定债务
B. 在分配剩余财产时，优先股股东和债权的清偿顺序都先于普通股股东
C. 优先股股息和债券利息都会产生所得税抵减效应
D. 都不会影响普通股股东对公司的控制权

45. 下列各项中，属于优先股种类的有（　）。
A. 固定股息率优先股与浮动股息率优先股
B. 强制分红优先股与非强制分红优先股
C. 累积优先股与非累积优先股
D. 参与优先股与非参与优先股

46. 下列关于非公开定向债务融资工具的特点中，正确的有（　）。
A. 发行规模没有明确限制
B. 发行方案灵活
C. 融资工具有限度流通
D. 发行价格存在流动性溢价

三、判断题

1. 企业创建时期，需要资金购买厂房设备等，形成企业的经营能力。因此，需要筹措股权资金，不足部分筹集债务资金，企业筹资动机属于创立性筹资动机。（　）
2. 企业进行混合性筹资动机一般是基于企业规模扩张和调整资本结构的目的，兼具支付性筹资动机和调整性筹资动机的特性。（　）
3. 筹资渠道是指企业筹集资金的来源方向与通道，一般来说，企业最基本的筹资渠道有两条：股权筹资和债务筹资渠道。（　）
4. 由于商业信用筹资无须支付利息，所以不属于债务筹资。（　）
5. 处于成长期的企业主要依靠内部筹资获得所需资金。（　）
6. 按照筹资的来源范围不同，可以将其分为股权筹资和债务筹资。（　）
7. 与股权筹资相比，债务筹资可以迅速获得资金，通常有固定的债息负担和固定的到期日，财务风险较大。（　）
8. 企业筹资管理要综合考虑各种筹资方式，优化资本结构，这是遵循筹资管理中的筹措合法原则。（　）
9. 信用贷款由于无须以财产作抵押，相比担保贷款，信用贷款风险较高，因此，银行对信用贷款通常收取较高的利息，还附加一定的限制条件。（　）
10. 与商业银行贷款相比，信托投资贷款期限较长，要求的利率较低，对借款企业的信用要求和担保的选择比较放松。（　）
11. 与公司债券相比，银行借款利息负担较低、筹资数额有限，且程序相对简单。（　）
12. 公司通过发行公司债券筹集的资金，不得用于弥补亏损和非生产性支出。（　）
13. 公开发行债券可以向公众投资者公开发行，也可以自主选择仅向专业投资者公开发行；非公开发行的公司债券应当向专业投资者发行。（　）
14. 公开发行公司债券，最近5年平均可分配利润足以支付公司债券1年的利息。（　）
15. 相对于银行借款，发行公司债券筹资使用限制少，且筹资规模大。（　）
16. 按照租金支付间隔期长短，将租金的支付方式分为年付、半年付、季付和月付等方式。（　）
17. 债务筹资资本成本低于股权筹资，一是由于取得资金的手续费用较低；二是由于用资费用比股权资本低；三是由于利息可以抵税。（　）
18. 吸收直接投资可以以货币、实物、土地使用权、劳务等方式进行出资。（　）
19. 股份有限公司股东的优先权是指优于剩余财产分配的权利。（　）
20. A股是我国境内公司发行，境内上市交易；B股是我国境内公司发行，境外上市交易；H股是香港上市交易，在纽约和新加坡上市的股票分别是N股或S股。（　）
21. 上网定价发行是发行人和主承销商利用证券交易所的交易系统，由主承销商作为新股的唯一卖方，以发行人宣布的发行底价为最低

价，以新股实际发行量为总的卖出数，由投资者在指定的时间内竞价委托申购，发行人和主承销商以价格优先的原则确定发行价格并发行股票。（ ）

22. 留存收益实质上属于股东对企业的追加投资，因此留存收益资金成本的计算也应该像普通股筹资一样考虑筹资费用。（ ）

23. 可转换债券筹资有利于丰富资本市场，筹资功能灵活、资本成本低、不存在财务压力，是债务筹资的一种重要方式。（ ）

24. 可转换债券的票面利率一般会低于普通债券的票面利率，有时甚至还低于同期银行存款利率。（ ）

25. 可转换债券一般都会有赎回条款，当公司股票价格在一段时期内连续低于转股价格达到某一幅度时，公司会按事先约定的价格买回未转股的可转换公司债券。（ ）

26. 认股权证本质上是一种股票期权，公司可通过发行认股权证实现融资和股票期权激励双重功能。（ ）

27. 优先股股东要优先于普通股股东分配股利。（ ）

28. 持有人除可按规定的股息率优先获得股息外，还可与普通股股东分享公司的剩余收益的优先股，称为参与优先股。（ ）

快速查答案

一、单选题

序号	1	2	3	4	5	6	7	8	9	10	11	12
答案	D	C	B	D	D	D	A	C	D	B	D	B
序号	13	14	15	16	17	18	19	20	21	22	23	24
答案	A	C	C	B	A	D	B	C	A	B	D	A
序号	25	26	27	28	29	30	31	32	33	34	35	36
答案	C	D	D	D	A	C	D	C	D	D	A	B
序号	37	38	39	40	41	42	43	44	45			
答案	C	C	C	A	D	A	C	B	D			

二、多选题

序号	1	2	3	4	5	6	7	8	9	10	11	12
答案	ABCD	ACD	ACD	ABD	AB	AC	ABC	AD	ABCD	BD	ABCD	ABC
序号	13	14	15	16	17	18	19	20	21	22	23	24
答案	AD	CD	ABCD	ABC	BCD	ABC	ABCD	ABC	ACD	AC	ABC	ABD
序号	25	26	27	28	29	30	31	32	33	34	35	36
答案	ABCD	ABCD	ABCD	AB	BCD	ABC	ABC	BC	ABC	ABCD	ABCD	ABC
序号	37	38	39	40	41	42	43	44	45	46		
答案	BCD	AC	AD	BC	AD	ABCD	ABCD	BD	ABCD	ABCD		

三、判断题

序号	1	2	3	4	5	6	7	8	9	10	11	12
答案	√	×	×	×	×	×	√	×	√	×	√	×
序号	13	14	15	16	17	18	19	20	21	22	23	24
答案	√	×	√	√	√	×	×	×	×	×	×	√
序号	25	26	27	28								
答案	×	√	√	√								

参考答案及解析

一、单选题

1. 【答案】D 【解析】本题考查的知识点是企业筹资的动机。主要包括：创立性筹资动机、支付性筹资动机、扩张性筹资动机、调整性筹资动机、混合性筹资动机。其中，调整性筹资动机有两方面：一是优化资本结构，合理利用财务杠杆效应；二是偿还到期债务，进行债务结构内部调整。

2. 【答案】C 【解析】本题考查的知识点是筹资动机中的混合性筹资动机。企业筹资的目的可能不是单纯和唯一的，通过追加筹资，既满足了经营活动、投资活动的资金需要，又达到了调整资本结构的目的，可以称为混合性筹资动机。如企业对外产权投资需要大额资金，其资金来源通过增加长期贷款或发行公司债券解决，这种情况既扩张了企业规模，又使得企业的资本结构有较大的变化。混合性筹资动机一般是基于企业规模扩张和调整资本结构两种目的，兼具扩张性筹资动机和调整性筹资动机的特性，同时增加了企业的资产总额和资本总额，也导致企业的资产结构和资本结构同时变化。因此，选项C正确。产权投资既扩大了企业规模，也使企业的资本结构有较大的变化。

3. 【答案】B 【解析】本题考查的知识点是筹资动机中的扩张性筹资动机。扩张性筹资动机，是指企业因扩大经营规模或满足对外投资需要而产生的筹资动机。企业维持简单再生产所需要的资金是稳定的，通常不需要或很少追加筹资。一旦企业扩大再生产，扩张经营规模、开展对外投资，就需要大量追加筹资。具有良好发展前景、处于成长期的企业，往往会产生扩张性的筹资动机。扩张性筹资的直接结果，往往是企业资产总规模的增加和资本结构的明显变化。购买新的生产线是为了扩大企业的规模，并不是为了调整资本结构，因此，选项B正确。

4. 【答案】D 【解析】本题考查的知识点是筹资方式中的向金融机构借款。向金融机构借款，是指企业根据借款合同从银行或非银行金融机构取得资金的筹资方式。这种筹资方式广泛适用于各类企业，它既可以筹集长期资金，也可以用于短期融通资金，具有灵活、方便的特点。向金融机构借款，是一种债务筹资方式。因此，选项D是正确的。

5. 【答案】D 【解析】本题考查的知识点是筹资方式。一般来说，企业最基本的筹资方式有股权筹资和债务筹资两种。其中，股权筹资包括：直接吸收投资、发行股票、留存收益。因此，本题选择D。

6. 【答案】D 【解析】本题考查的知识点是永续债。永续债与普通债券的主要区别在于：第一，不设定债券的到期日（选项D正确）；第二，票面利率较高，永续债的利率一般远远高于同期国债收益率（选项C错误）；第三，大多数永续债的附加条款中包括赎回条款以及利率调整条款。永续债实质是一种介于债权和股权之间的融资工具（选项 A 错误）。永续债是分类为权益工具还是金融负债，应把“是否能无条件避免交付现金或其他金融资产的合同义务”作为判断永续债分类的关键，发行人能够无条件地避免交付现金或者其他金融资产合同义务情况发生的永续债属于权益工具（选项 B 错误），结合永续债募集说明书条款，按照经济实质重于法律形式原则判断。

7. 【答案】A 【解析】本题考查的知识点是筹资的分类中的直接筹资与间接筹资。按是否借助于金融机构为媒介来获取社会资金，企业筹资分为直接筹资和间接筹资两种类型。直接筹资是企业直接与资金供应者协商融通资金的筹资活动。直接筹资不需要通过金融机构来筹措资金，是企业直接从社会取得资金的方式。直接筹资方式主要有发行股票、发行债券、吸收直接投资等。直接筹资方式既可以筹集股权资金，也可以筹集债务资金。间接筹资是企业借助于银行和非银行金融机构而筹集资金。在间接筹资方式下，银行等金融机构发挥中介作用，预先集聚资金，然后提供给企业。间接筹资的基本方式是银行借款，此外还有租赁等方式。选项 A 正确。

8. 【答案】C 【解析】本题考查的知识点是直接筹资。直接筹资是企业直接与资金供应者协商融通资金的筹资活动，直接筹资不需要通过金融机构来筹措资金，是企业直接从社会取得资金的方式。直接筹资方式主要有发行股票、发行债券、吸收直接投资等。直接筹资方式既可以筹集股权资金，也可以筹集债务资金。相对来说，直接筹资的筹资手续比较复杂，筹资费用较高；但筹资领域广阔，能够直接利用社会资金，有利于提高企业的知名度和资信度。间接筹资形成的主要是债务资金。因此，选项 C 不属于直接筹资方式，说法是错误的。

9. 【答案】D 【解析】本题考查的知识点是筹资管理的原则中的来源经济原则。来源经济原则是指要充分利用各种筹资渠道选择经济、可行的资金来源。因此，本题选择 D。

10. 【答案】B 【解析】本题考查的知识点是担保贷款。担保贷款是指由借款人或第三方依法提供担保而获得的贷款。担保包括保证责任、财产抵押、财产质押，由此，担保贷款包括保证贷款、抵押贷款和质押贷款三种基本类型。其中，质押贷款是指以借款人或第三方的动产或财产权利作为质押物而取得的贷款。贷款担保的质押品，可以是汇票、支票、债券、存款单、提单等信用凭证，可以是依法可以转让的股份、股票等有价证券，也可以是依法可以转让的商标专用权、专利权、著作权中的财产权等。因此，本题筹资方法属于质押贷款，选项 B 正确。

11. 【答案】D 【解析】本题考查的知识点是债务筹资中银行借款的种类。担保贷款是指由借款方或第三方依法提供担保而获得的贷款，包含保证贷款、抵押贷款和质押贷款。

12. 【答案】B 【解析】本题考查的知识点是担保贷款。作为贷款担保的质押品：可以是不动产、机器设备、交通运输工具等实物资产，可以是依法有权处分的土地使用权，也可以是股票、债券等有价证券等，但它们必须是能够变现的资产。因此本题选择 B。

13. 【答案】A 【解析】本题考查的知识点是长期借款保护性条款——例行性保护条款。这类条款作为例行常规，在大多数借款合同中都会出现。主要包括：（1）定期向提供贷款的金融机构提交公司财务报表，以使债权人随时掌握公司的财务状况和经营成果；（2）保持存货储备量，不准在正常情况下出售较多的非产成品存货，以保持企业正常生产经营能力；（3）及时清偿债务，包括到期清偿应缴纳税金和其他债务，以防被罚款而造成不必要的现金流失；（4）不准以资产作其他承诺的担保或抵押；（5）不准贴现应收票据或出售应收账款，以避免或有负债等。因此，本题选择 A。

14. 【答案】C 【解析】本题考查的知识点是长期借款保护性条款——例行性保护条款。这类条款作为例行常规，在大多数借款合同中都会出现，主要包括：（1）定期向提供贷款的金融机构提交公司财务报表；（2）保持存货储备量，不准在正常情况下出售较多的非产成品存货；（3）及时清偿债务；（4）不准以资产作其他承诺的担保或抵押；（5）不准

第四章

贴现应收票据或出售应收账款，以避免或有负债等。一般性保护条款是对企业资产的流动性及偿债能力等方面的要求条款，这类条款应用于大多数借款合同，主要包括：(1) 保持企业的资产流动性；(2) 限制企业非经营性支出；(3) 限制企业资本支出的规模；(4) 限制公司再举债规模；(5) 限制公司的长期投资。选项 C 属于一般性保护条款，因此说法是错误的。

15. 【答案】C 【解析】本题考查的知识点是银行借款的筹资特点。银行借款的筹资特点是：(1) 筹资速度快。与发行公司债券、租赁等其他债务筹资方式相比，银行借款的程序相对简单，所花时间较短，公司可以迅速获得所需资金。(2) 资本成本较低。利用银行借款筹资，一般都比发行债券和租赁的利息负担要低。(3) 筹资弹性较大。借款筹资对公司具有较大的灵活性，特别是短期借款更是如此。(4) 限制条款多。与发行公司债券相比较，银行借款合同对借款用途有明确规定，通过借款的保护性条款，对公司资本支出额度、再筹资、股利支付等行为有严格的约束，以后公司的生产经营活动和财务政策必将受到一定程度的影响。(5) 筹资数额有限。银行借款的数额往往受到贷款机构资本实力的制约，难以像发行公司债券、股票那样一次筹集到大笔资金，无法满足公司大规模筹资的需要。选项 C 属于发行债券的特点，不属于银行借款特点。因此，选项 C 是正确的。

16. 【答案】B 【解析】本题考查的知识点是公司债券的种类。按有无特定财产担保可以分为担保债权和信用债券。担保债权指以抵押方式担保发行人按期还本付息的债券。信用债券指仅凭公司自身的信用发行的，没有抵押品作抵押担保的债券。因此，本题选择 B。

17. 【答案】A 【解析】本题考查的知识点是可转换债券的特性。可转换债券，是指债券持有者可以在规定的时间内按规定的价格转换为股票的一种债券。这种债券在发行时，对债券转换为股票的价格和比率等都作出详细规定，《公司法》规定，可转换债券的发行主体是股份有限公司中的上市公司。因此，选项 A 是正确的。

18. 【答案】D 【解析】本题考查的知识点是公司债券筹资的特点。公司债券筹资特点如下：(1) 一次筹资数额大；(2) 筹资使用限制少；(3) 资本成本较高；(4) 提高公司社会声誉。选项 D 不是公司债券筹资特点，因此选项 D 是正确的。

19. 【答案】B 【解析】本题考查的知识点是租赁的概念。租赁，是指通过签订资产出让合同的方式，使用资产的一方（承租方）通过支付租金，向出让资产的一方（出租房）取得资产使用权的一种交易行为。在这项交易中，承租方通过得到所需资产的使用权，完成了筹集资金的行为。因此，本题选择 B。

20. 【答案】C 【解析】本题考查的知识点是租赁的基本形式。直接租赁是租赁的主要形式，承租方提出租赁申请时，出租方按照承租方的要求选购设备，然后再出租给承租方。售后回租是指承租方由于急需资金等原因，将自己的资产出售给出租方，然后以租赁的形式从出租方原封不动地租回资产的使用权；杠杆租赁是指涉及承租人、出租人和资金出借人三方的租赁业务。一般来说，当所涉及的资产价值昂贵时，出租方自己只投入部门资金，其余资金则通过将该资产抵押担保的方式，向第三方（通常为银行）申请贷款解决。然后，出租人将购进的设备出租给承租方，用收取的租金偿还贷款。

21. 【答案】A 【解析】本题考查的知识点是租赁的基本形式——杠杆租赁。杠杆租赁是指当所涉及的资产价值昂贵时，出租人只垫付购买资产所需资金的一部分，其余部分则通过将该资产以抵押担保的方式向第三方申请贷款解决。因此，本题选择 A。

22. 【答案】B 【解析】本题考查的知识点是租赁租金的构成。租赁每期租金的多少，取决于以下几项因素：(1) 设备原价及预计残值，包括设备买价、运输费、安装调试费、保险费等，以及设备租赁期满后出售可得的收入；(2) 利息，指租赁公司为承租企业购置设备垫付资金所应支付的利息；(3) 租赁手续费和利润，其中，手续费是指租赁公司承办租赁设备所发生的业务费用，包括业务人员工资、办公费、差旅费等。管理人员的工资不是租金考虑的因素，因此正确选项是 B。

23.【答案】D 【解析】本题考查的知识点是债务筹资的缺点。债务筹资的缺点如下：(1) 不能形成企业稳定的资本基础；(2) 财务风险较大；(3) 筹资数额有限。因此，本题选择 D。

24.【答案】A 【解析】本题考查的知识点是各种筹资方式的特点。银行借款的筹资特点如下：(1) 筹资速度快。(2) 资本成本较低。(3) 筹资弹性较大。(4) 限制条款多。(5) 筹资数额有限。发行公司债券的筹资特点如下：(1) 一次筹资数额大。(2) 筹资使用限制少。(3) 资本成本较高。(4) 提高公司社会声誉。租赁筹资的特点如下：(1) 无须大量资金就能迅速获得资产。(2) 财务风险小，财务优势明显。(3) 筹资的限制条件较少。(4) 能延长资金融通的期限。(5) 资本成本较高。股权筹资是企业最基本的筹资方式，包含吸收直接投资、发行普通股股票和留存收益三种基本的形式。吸收直接投资的特点如下：(1) 能够尽快形成生产能力。(2) 容易进行信息沟通。(3) 资本成本较高。(4) 公司控制权集中，不利于公司治理。(5) 不便于进行产权交易。发行股票筹资的特点如下：(1) 两权分离，有利于公司自主经营管理。(2) 资本成本较高。(3) 能增强公司的社会声誉，促进股权流通和转让。(4) 不易及时形成生产能力。留存收益筹资的特点有：(1) 不用发生筹资费用。(2) 维持公司的控制权分布。(3) 筹资数额有限。根据以上各种筹资方式的特点可以发现，只有银行借款筹资方式具有限制性条款多特点，因此选项 A 正确。

25.【答案】C 【解析】本题考查的知识点是吸收直接投资的特性。吸收直接投资是非股份制企业筹集权益资本的基本方式，采用吸收直接投资的企业，资本不分为等额股份、无须公开发行股票。吸收直接投资的实际出资额中，注册资本部分，形成实收资本；超过注册资本的部分，属于资本溢价，形成资本公积。因此，正确选项是 C。

26.【答案】D 【解析】本题考查的知识点是吸收直接投资特点。吸收直接投资的筹资特点如下：(1) 能够尽快形成生产能力。(2) 容易进行信息沟通。公司与投资者易于沟通。(3) 资本成本较高。相对于股票筹资方式来说，吸收直接投资的资本成本较高。(4) 公司控制权集中，不利于公司治理。采用吸收直接投资方式筹资，投资者一般都要求获得与投资数额相适应的经营管理权。(5) 不便于进行产权交易。吸收直接投资由于没有证券为媒介，不便于产权交易，难以进行产权转让。选项 D 说法是错误的，吸收直接投资成本较高，因此，正确选项是 D。

27.【答案】D 【解析】本题考查的知识点是股票的特点。股票的特点如下：(1) 永久性；(2) 流动性；(3) 风险性；(4) 参与性。因此，正确选项是 D。

28.【答案】D 【解析】除了具有网上发行经济性、高效性的优点之外，还具有以下优点：(1) 市场性。即通过市场竞争最终决定较为合理的发行价格。(2) 连续性。即保证了发行市场与交易市场价格的平稳顺利对接。选项 D 属于网下发行的优点。

29.【答案】A 【解析】本题考查的知识点是股票的发行方式。上网定价发行方式按抽签决定认购成功者，选项 B 错误；上网竞价发行方式按价格优先、同等价位时间优先原则决定认购成功者，选项 C 错误；与单纯的储蓄存款发行相比，全额预缴的资金占用时间短，发行效率更高，选项 D 错误。

30.【答案】C 【解析】本题考查的知识点是上市公司发行股票的程序。上市公司发行股票，包括增发和配股两种方式。增发包括公开增发和非公开增发。公开增发是指上市公司向社会公众发售股票；非公开增发是指上市公司向特定对象发行股票的再融资方式。配股是指上市公司向原有股东配售股票的再融资方式。因此，正确选项是 C。

31.【答案】D 【解析】本题考查的知识点是非公开增发（定向增发）。非公开增发是指上市公司向特定对象发行股票的再融资方式。上市公司定向增发的优势在于：(1) 有利于引入战略投资者和机构投资者。(2) 有利于利用上市公司的市场化估值溢价，将母公司资产通过资本市场放大，从而提升母公司的资产价值。(3) 定向增发是一种主要的并购手段，特别是资产并购型定向增发，有利于集团企业整体上市，并同时减轻并购的现金流压力。因此，正确选项是D。

32. 【答案】C 【解析】本题考查的知识点是留存收益筹资特点。留存收益的筹资特点是：(1) 不用发生筹资费用。(2) 维持公司的控制权分布；利用留存收益筹资，不会改变公司的股权结构，不会稀释原有股东的控制权。(3) 筹资数额有限。因此，正确选项是C。

33. 【答案】D 【解析】本题考查的知识点是股权筹资的缺点。股权筹资的缺点是：(1) 资本成本较高。一般而言，股权筹资的资本成本要高于债务筹资。(2) 控制权变更可能影响企业长期稳定发展。利用股权筹资，由于引进了新的投资者或出售了新的股票，必然会导致公司控制权结构的改变，而控制权变更过于频繁，又势必要影响公司管理层的人事变动和决策效率，影响公司的正常经营。(3) 信息沟通与披露成本较大。选项ABC是正确说法。相比债务筹资，股权筹资的财务风险较小，因此，正确选项是D。

34. 【答案】D 【解析】本题考查的知识点是衍生工具筹资方式。衍生工具筹资，包括兼具股权和债务性质的混合融资和其他衍生工具融资，我国上市公司目前最常见的混合融资方式有可转换债券融资和优先股股票筹资，最常见的其他衍生工具融资是认股权证融资。产业基金是产业投资基金向具有高增长潜力的未上市企业进行股权投资，是一种股权筹资方式，因此，正确选项是D。

35. 【答案】A 【解析】本题考查的知识点是可转换债券的转换比率，转换比率 = 债券面值/转换价格，所以该可转换债券的转换比率 = 100/20 = 5，所以选项A正确。

36. 【答案】B 【解析】本题考查的知识点是衍生工具筹资中可转换债券的基本要素。赎回条款是指发债公司按事先约定的价格买回未转股债券的条件规定，赎回一般发生在公司股票价格一段时期内连续高于转股价格达到某一幅度时。设置赎回条款最主要的功能是强制债券持有者积极行使转股权，因此又被称为加速条款。同时也能使发债公司避免在市场利率下降后，继续向债券持有人按照较高的票面利率支付利息所蒙受的损失，并没有体现降低投资者的持券风险，选项A错误；回售条款是指债券持有人有权按照事先约定的价格将债券卖回给发债公司的条件规定。回售一般发生在公司股票价格在一段时期内连续低于转股价格达到某一幅度时。回售对于投资者而言实际上是一种卖权，有利于降低投资者的持券风险。与赎回一样，回售条款也有回售时间、回售价格和回售条件等规定。因此，选项D错误。转换比率是指每一张可转换债券在既定的转换价格下能转换为普通股股票的数量。在债券面值和转换价格确定的前提下，转换比率为债券面值与转换价格之商，不是股票市值与转换价格之比，因此选项C错误。可转换债券实质上是一种未来的买入期权。因此，选项B正确。

37. 【答案】C 【解析】本题考查的知识点是可转换债券。可转换债券是一种混合型证券，是公司普通债券与证券期权的组合体，选项A正确；可分离交易的可转换债券，这类债券在发行时附有认股权证，是认股权证与公司债券的组合，选项B正确；可转换债券在正常持有期，属于债权性质；转换成股票后，属于股权性质，具有资本双重性，选项D正确；投资者可以选择将债券转换为普通股票，也可以放弃转换权利，持有至债券到期还本付息，选项C说法错误。因此，正确选项是C。

38. 【答案】C 【解析】本题考查的知识点是可转换债券的基本要素：票面利率。可转换债券的票面利率一般会低于普通债券的票面利率，有时甚至还低于同期银行存款利率。转换价格是指可转换债券在转换期内据以转换为普通股的折算价格；转换期指的是可转换债券持有人能够行使转换权的有效期限。可转换债券的转换期可以与债券的期限相同，也可以短于债券的期限。选项ABD说法是正确的。在债券面值和转换价格确定的前提下，转换比率为债券面值与转换价格之商：转换比率 = 债券面值/转换价格，选项C说法错误。因此，正确选项是C。

39.【答案】C 【解析】本题考查的知识点是认股权证的基本性质。按买或卖的不同权利，可分为认购权证和认沽权证，又称为看涨权证和看跌权证。认股权证，属于认购权证，是看涨权证。选项 A 错误；认股权证本质上是一种股票期权，属于衍生金融工具，具有实现融资和股票期权激励的双重功能。但认股权证本身是一种认购普通股的期权，它没有普通股的红利收入，也没有普通股相应的投票权。选项 BD 错误；认股权证是一种投资工具。因此，正确选项是 C。

40.【答案】A 【解析】本题考查的知识点是优先股。优先股股利收益是事先约定的，相对固定。因此选项 A 错误。

41.【答案】D 【解析】本题考查的知识点是优先股筹资的特点。优先股筹资的特点如下：（1）有利于丰富资本市场的投资结构，选项 A 的说法是正确的。（2）有利于股份公司股权资本结构的调整，选项 B 的说法是正确的。（3）有利于保障普通股收益和控制权，选项 C 的说法是正确的。（4）有利于降低公司财务风险，选项 D 的说法是错误的。（5）可能给股份公司带来一定的财务压力。因此，正确选项是 D。

42.【答案】A 【解析】本题考查的知识点是优先股的基本权利，优先股在利润分配及剩余财产清偿分配的权利方面，优先股持有人优先于普通股股东，但在参与公司决策管理等方面，优先股的权利受到限制。

43.【答案】C 【解析】本题考查的知识点是衍生工具筹资中优先股筹资的特点。优先股既像公司债券，又像公司股票，因此优先股筹资属于混合筹资，其筹资特点兼有债务筹资和股权筹资性质。其具有如下特点：（1）有利于丰富资本市场的投资结构。（2）有利于股份公司股权资本结构的调整。（3）有利于保障普通股收益和控制权。（4）有利于降低公司财务风险。（5）可能给股份公司带来一定的财务压力。选项 C 属于优先股筹资的特点，是正确选项。

44.【答案】B 【解析】本题考查的知识点是非公开定向债务融资工具。非公开定向债务融资工具是具有法人资格的非金融企业，向银行间市场特定机构投资人发行债务融资工具取得资金的筹资方式，是一种债务筹资创新方式。选项 A 说法正确，选项 B 说法是错误的，因为它属于债务筹资工具，不是混合筹资工具；非公开定向债务融资工具具有如下特点：（1）简化的信息披露要求；（2）发行规模没有明确限制；（3）发行方案灵活；（4）融资工具有限度流通；（5）发行价格存在流动性溢价。选项 CD 说法是正确的。因此，正确选项是 B。

45【答案】D 【解析】本题考查的知识点是政府出资产业投资基金的认定需要符合的条件。对于政府出资产业投资基金的认定需要符合以下 4 个条件：（1）中央、省级或计划单列市人民政府（含所属部门、直属机构）批复设立，且批复文件或其他文件中明确了政府出资的；政府认缴出资比例不低于基金总规模的 10%，其中，党中央、国务院批准设立的，政府认缴出资比例不低于基金总规模的 5%。（2）符合《政府出资产业投资基金管理暂行办法》（发改财金规〔2016〕2800 号）和《政府投资基金暂行管理办法》（财预〔2015〕210 号）有关规定。（3）基金投向符合产业政策、投资政策等国家宏观管理政策。（4）基金运作不涉及新增地方政府隐性债务（选项 D 错误）。

二、多选题

1.【答案】ABCD 【解析】本题考查的知识点是企业筹资动机的类型。包括：创立性筹资动机、支付性筹资动机、扩张性筹资动机、调整性筹资动机、混合性筹资动机。因此，本题选择 ABCD。

2.【答案】ACD 【解析】本题考查的知识点是筹资管理的内容。筹资管理要求解决企业为什么要筹资、需要筹集多少资金、从什么渠道筹集、以什么方式筹集，以及如何协调财务风险和资本成本、合理安排资本结构等问题。要科学预计资金需要量；要合理安排筹资渠道、选择筹资方式；要降低资本成本、控制财务风险。选项 B 属于投资决策的相关内容，不属于筹资管理的内容，因此，选项 ACD 都是正确选项。

3.【答案】ACD【解析】本题考查的知识点是筹资方式中的股权筹资方式。股权筹资形成企业的股权资金，通过吸收直接投资、公开发行股票等方式取得。吸收直接投资，是指企业以投资合同、协议等形式定向地吸收国家、法人单位、自然人等投资主体资金的筹资方式。吸收直接投资，是一种股权筹资方式。发行股票，是指企业以发售股票的方式取得资金的筹资方式。只有股份有限公司才能发行股票，因此这种筹资方式只适用于股份有限公司，而且必须以股票作为载体，发行股票，是一种股权筹资方式。留存收益，是指企业从税后利润中提取的盈余公积金以及从企业可供分配利润中留存的未分配利润。留存收益，是企业将当年利润转化为股东对企业追加投资的过程，是一种股权筹资方式。因此，选项ACD是正确的。

4.【答案】ABD【解析】本题考查的知识点是筹资方式中的债务筹资方式。债务筹资形成企业的债务资金，通过向银行借款、发行公司债券、利用商业信用等方式取得。发行债券，是指企业以发售公司债券的方式取得资金的筹资方式。发行债券，是一种债务筹资方式。商业信用，是指企业之间在商品或劳务交易中，由于延期付款或延期交货所形成的借贷信用关系。商业信用，是一种债务筹资方式。租赁，是指在一定期间内，出租人将资产的使用权让与承租人以获取对价的合同。租赁，是一种债务筹资方式。可转换债券，是指由发行公司发行并规定债券持有人在一定期间内依据约定条件可将其转换为发行公司股票的债券。可转换债券兼有股权筹资和债务筹资性质，是一种混合筹资方式，也称为衍生工具筹资。因此，选项ABD是正确的。

5.【答案】AB【解析】本题考查的知识点是筹资方式中的混合筹资方式。发行可转换债券、发行优先股股票筹集资金的方式，属于兼有股权筹资和债务筹资性质的混合筹资方式。租赁，是指在一定期间内，出租人将资产的使用权让与承租人以获取对价的合同，属于债务筹资方式；私募股权投资是指通过私募基金对非上市公司进行的权益性投资。非上市公司获得私募股权投资，是一种股权筹资方式。优先股股票，是指有优先权的股票，优先股的股东优先于普通股股东分配公司利润和剩余财产，但对公司事务无表决权。优先股股票筹资兼有股权筹资和债务筹资性质，是一种混合筹资方式，也称为衍生工具筹资。可转换债券，是指由发行公司发行并规定债券持有人在一定期间内依据约定条件可将其转换为发行公司股票的债券。可转换债券兼有股权筹资和债务筹资性质，是一种混合筹资方式，也称为衍生工具筹资。因此，选项AB是正确的。

6.【答案】AC【解析】本题考查的知识点是筹资的分类中的直接筹资与间接筹资。按是否借助于金融机构为媒介来获取社会资金，企业筹资分为直接筹资和间接筹资两种类型。直接筹资是企业直接与资金供应者协商融通资金的筹资活动。直接筹资不需要通过金融机构来筹措资金，是企业直接从社会取得资金的方式。直接筹资方式主要有发行股票（选项B错误）、发行债券、吸收直接投资等。直接筹资方式既可以筹集股权资金，也可以筹集债务资金。间接筹资是企业借助于银行和非银行金融机构而筹集资金。在间接筹资方式下，银行等金融机构发挥中介作用，预先集聚资金，然后提供给企业。间接筹资的基本方式是银行借款，此外还有租赁等方式。间接筹资形成的主要是债务资金，主要用于满足企业资金周转的需要。以上可知，直接筹资方式不仅有股权筹资，也可以有债务筹资，选项D错误。

7.【答案】ABC【解析】本题考查的知识点是不同方式的筹资分类。按企业所取得资金的权益特性不同，企业筹资分为股权筹资、债务筹资、衍生工具筹资三类；股权筹资和债务筹资分别形成股权资本、债务资本，衍生工具筹资，包括兼具股权与债务筹资性质的混合融资和其他衍生工具融资。间接筹资是按照是否借助于金融机构为媒介来获取社会资金的。因此，选项ABC是正确的。

8.【答案】AD【解析】本题考查的知识点是筹资分类中的直接筹资和外部筹资。直接筹资是企业直接与资金供应者协商融通资金的筹资活动。直接筹资不需要通过金融机构来筹措资金，是企业直接从社会取得资金的方式。直接筹资方式主要有发行股票、发行债券、吸收直接投资等；外部筹资是指企业向外部筹措资金而形成的筹资来源。处于初创期的企业，内部筹资的可能性是有限的；处于成长期的企业，内部筹资往往难以满足需要，这就需要企业广泛地开展外部筹资，如发行股票、债券，取得商业信用、银行借款等。留存收益属于内部筹资，银行借款属于间接筹资，因此，选项 AD 是正确的。

9. 【答案】ABCD 【解析】本题考查的知识点是筹资分类中的间接筹资。间接筹资是企业借助于银行和非银行金融机构而筹集资金。在间接筹资方式下，银行等金融机构发挥中介作用，预先集聚资金，然后提供给企业。间接筹资的基本方式是银行借款，此外还有租赁等方式。间接筹资形成的主要是债务资金，主要用于满足企业资金周转的需要。间接筹资手续相对比较简便，筹资效率高，筹资费用较低，但容易受金融政策的制约和影响。因此，本题说法都是正确的，正确选项是 ABCD。

10. 【答案】BD 【解析】本题考查的知识点是筹资方式。股权筹资方式包括：吸收直接投资、发行股票、留存收益；债务筹资方式包括：发行债券、向金融机构借款、租赁、商业信用；衍生工具筹资方式包括：发行可转换债券、发行优先股股票。因此，本题选择 BD。

11. 【答案】ABCD 【解析】本题考查的知识点是筹资管理的原则。包括：筹措合法、规模适当、取得及时、来源经济、结构合理。因此，本题选择 ABCD。

12. 【答案】ABC 【解析】本题考查的知识点是银行借款的种类。银行借款按提供贷款的机构，分为政策性银行贷款、商业银行贷款和其他金融机构贷款。信用贷款是依据贷款有无担保要求进行的划分。因此，选项 ABC 是正确的。

13. 【答案】AD 【解析】本题考查的知识点是抵押贷款和质押贷款。抵押贷款是指以借款人或第三方的财产作为抵押物而取得的贷款。抵押是指债务人或第三方并不转移对财产的占有，只将该财产作为对债权人的担保。质押贷款是指以借款人或第三方的动产或财产权利作为质押物而取得的贷款。质押是指债务人或第三方将其动产或财产权利移交给债权人占有，将该动产或财产权利作为债权的担保。抵押不转移财产权，但质押需要转移财产权给债权人，因此，选项 AD 是正确的。

14. 【答案】CD 【解析】本题考查的知识点是长期借款特殊性保护条款的内容。主要包括：要求公司的主要领导人购买人身保险、借款用途不得改变等。因此，本题选择 CD。

15. 【答案】ABCD 【解析】本题考查的知识点是银行借款的筹资特点。银行借款的筹资特点是：（1）筹资速度快。与发行公司债券、租赁等其他债务筹资方式相比，银行借款的程序相对简单，所花时间较短，公司可以迅速获得所需资金。（2）资本成本较低。利用银行借款筹资，一般都比发行债券和租赁的利息负担要低。（3）筹资弹性较大。借款筹资对公司具有较大的灵活性，特别是短期借款更是如此。（4）限制条款多。与发行公司债券相比较，银行借款合同对借款用途有明确规定，通过借款的保护性条款，对公司资本支出额度、再筹资、股利支付等行为有严格的约束，以后公司的生产经营活动和财务政策必将受到一定程度的影响。（5）筹资数额有限。银行借款的数额往往受到贷款机构资本实力的制约，难以像发行公司债券、股票那样一次筹集到大笔资金，无法满足公司大规模筹资的需要。因此，选项 ABCD 均正确。

16. 【答案】ABC 【解析】本题考查的知识点是抵押债券的分类。担保债券，是指以抵押方式担保发行人按期还本付息的债券，主要是指抵押债券。抵押债券按其抵押品的不同，又分为不动产抵押债券、动产抵押债券和证券信托抵押债券。因此，选项 ABC 是正确的。

17. 【答案】BCD 【解析】本题考查的知识点是债券的偿还。提前偿还又称提前赎回或收回，是指在债券尚未到期之前就予以偿还。提前偿还所支付的价格通常要高于债券的面值（选项 A 错误），并随到期日的临近而逐渐下降。具有提前偿还条款的债券可使公司筹资有较大的弹性：当公司资金有结余时，可提前赎回债券；当预测利率下降时，也可提前赎回债券，而后以较低的利率来发行新债券。因为各批债券的到期日不同，它们各自的发行价格和票面利率也可能不相同，从而导致发行费较高；到期一次偿还。多数情况下，发行债券的公司在债券到期日，一次性归还债券本金，并结算债券利息。本题应该选择 BCD。

18. 【答案】ABC 【解析】本题考查的知识点是发行公司债券筹资特点。发行公司债券的筹资特点主要包含以下几点：(1) 一次筹资数额大，利用发行公司债券筹资，能够筹集大额的资金，满足公司大规模筹资的需要。这是与银行借款、租赁等债务筹资方式相比，企业选择发行公司债券筹资的主要原因。(2) 与银行借款相比，发行债券募集的资金在使用上具有相对的灵活性和自主性。期限较长、额度较大，用于公司扩展、增加大型固定资产和基本建设投资的需求多采用发行债券方式筹资。(3) 资本成本较高。相对于银行借款筹资，发行债券的利息负担和筹资费用都比较高，而且债券不能像银行借款一样进行债务展期，加上大额的本金和较高的利息，在固定的到期日，将会对公司现金流量产生巨大的财务压力。因此，选项 ABC 是正确的。无须大量资金就能迅速筹资属于租赁筹资的特点，选项 D 是错误的。

19. 【答案】ABCD 【解析】本题考查的知识点是影响租金的因素。包括：(1) 设备原价及预计残值：设备买价、运输费、安装调试费、保险费及租赁期满后出售可得的收入等；(2) 利息：指租赁公司为承租企业购置设备垫付资金所应支付的利息；(3) 租赁手续费和利润：其中，手续费是指租赁公司承办租赁设备所发生的业务费用，包括人员工资、办公费、差旅费等。因此本题选择 ABCD。

20. 【答案】ABC 【解析】本题考查的知识点是租赁的基本特征。租赁作为债务筹资的方式之一，具备的基本特征是：(1) 所有权与使用权相分离；(2) 融资与融物相结合；(3) 租金可以分期支付。因此，选项 D 是错误的，正确选项是 ABC。

21. 【答案】ACD 【解析】本题考查的知识点是杠杆租赁。杠杆租赁是指涉及承租人、出租人和资金出借人三方的租赁业务。一般来说，当所涉及的资产价值昂贵时，出租方自己只投入部分资金，通常为资产价值的 20% ~ 40%，其余资金则通过将该资产抵押担保的方式，向第三方（通常为银行）申请贷款解决。然后，出租人将购进的设备出租给承租方，用收取的租金偿还贷款，该资产的所有权属于出租方。出租人既是债权人也是债务人，既要收取租金又要支付债务。因此，正确选项是 ACD。

22. 【答案】AC 【解析】本题考查的知识点是租赁的基本特征和筹资特点。租赁的基本特征有：所有权与使用权相分离、融资与融物相结合（选项 D 正确）、租金的分期支付。租赁的筹资特点有：无须大量资金就能迅速获得资产；财务风险小，财务优势明显（选项 B 正确）；筹资的限制条件较少；能延长资金融通的期限；资本成本较高。租赁筹资属于债务筹资，会给企业带来财务杠杆效应，选项 C 错误。一般在企业的资本结构有限制，无法获得银行借款时，才会使用租赁方式融资，所以，站在出租人角度，他们的投资风险高于银行借款，要求的必要报酬率就高，相应的租赁成本就高，因此租赁的资本成本高于银行借款的资本成本（选项 A 错误）。

23. 【答案】ABC 【解析】本题考查的知识点是租赁的筹资特点。租赁的筹资特点如下：(1) 无须大量资金就能迅速获得资产。(2) 财务风险小，财务优势明显。(3) 筹资的限制条件较少。企业运用股票、债券、长期借款等筹资方式，都受到相当多的资格条件的限制，如足够的抵押品、银行贷款的信用标准、发行债券的政府管制等。相比之下，租赁筹资的限制条件很少。(4) 能延长资金融通的期限。通常为购置设备而贷款的借款期限比该资产的物理寿命要短得多，而租赁的融资期限却可接近其全部使用寿命期限；并且其金额随设备价款金额而定，无融资额度的限制。(5) 资本成本较高。租赁的租金通常比银行借款或发行债券所负担的利息高得多，租金总额通常要比设备价值高出30%。因此，正确选项是ABC。

24. 【答案】ABD 【解析】本题考查的知识点是债务筹资的缺点。债务筹资的缺点如下：不能形成企业稳定的资本基础、财务风险较大、筹资数额有限。选项C不属于债务筹资的不足，因此，正确选项是ABD。

25. 【答案】ABCD 【解析】本题考查的知识点是吸收直接投资的种类。吸收直接投资的种类包括：吸收国家投资、吸收法人投资、吸收外商投资和吸收社会公众投资，是直接吸收国家、个人、法人和外商投入资金的一种筹资方式。因此，正确选项是ABCD。

26. 【答案】ABCD 【解析】本题考查的知识点是吸收直接投资的出资方式。吸收直接投资的出资方式可以是以货币资产出资、以实物资产出资、以土地使用权出资、以知识产权出资、以特定债权出资。因此正确选项是ABCD。

27. 【答案】ABCD 【解析】本题考查的知识点是股东的权利。公司股东最基本的权利是公司管理权、收益分享权、股份转让权、优先认股权和剩余财产要求权。以上选项都属于股东最基本的权利。因此，正确选项是ABCD。

28. 【答案】AB 【解析】本题考查的知识点是股票的发行方式。1995年后股票发行改用全电脑上网定价发行方式，从此股票认购证成了绝版的“断代现代文物”，选项A当选。虽然储蓄存单发行有利于降低一级市场成本，但是极易引发投机行为，此外，认购范围的扩大与当时仍处于初期的资本市场不匹配，实行不久便被取消了，选项B当选。

29. 【答案】BCD 【解析】本题考查的知识点是上市公司股票发行的条件。公开发行股票需满足上市公司最近36个月内财务会计文件无虚假记载，且不存在重大违法行为，选项B错误。非公开发行股票，发行对象不超过35名。发行对象为境外战略投资者的，应当遵守国家的相关规定，选项C错误。非公开发行股票，发行价格不低于定价基准日前20个交易日公司股票均价的80%，选项D错误。本题选择BCD。

30. 【答案】ABC 【解析】本题考查的知识点是非公开直接发行。非公开直接发行股票，是指股份公司只向少数特定对象直接发行股票，不需要中介机构承销。这种发行方式弹性较大，企业能控制股票的发行过程，节省发行费用但发行范围小，不易及时足额筹集资本，发行后股票的变现性差。而公开间接发行有利于提高公司的知名度，扩大其影响力，因此，正确选项是ABC。

31. 【答案】ABC 【解析】本题考查的知识点是公司股票上市的不利影响。包括：(1) 上市成本较高，手续复杂严格；(2) 公司将负担较高的信息披露成本；(3) 可能会暴露公司的商业机密；(4) 有时会歪曲公司的实际情况，影响公司声誉；(5) 可能会分散公司的控制权。因此，本题选择ABC。

32. 【答案】BC 【解析】本题考查的知识点是股票的发行方式。根据《上市公司证券发行管理办法》规定向原股东配售股份（以下简称配股），除符合一般规定外，还应当符合下列规定：(1) 拟配售股份数量不超过本次配售股份前股本总额的30%；(2) 控股股东应当在股东大会召开前公开承诺认配股份的数量；(3) 采用证券法规定的代销方式发行。控股股东不履行认配股份的承诺，或者代销期限届满，原股东认购股票的数量未达到拟配售数量70%的，发行人应当按照发行价并加算银行同期存款利息返还已经认购的股东。因此，本题选择BC。

33. 【答案】ABC 【解析】本题考查的知识点是作为战略投资者的基本要求。包括：要与公司的经营业务联系紧密；要出于长期投资目的而较长时期持有股票；要具有相当的资金实力，且持股数量较多。因此，本题选择ABC。

34. 【答案】ABCD 【解析】本题考查的知识点是股票上市对公司的不利影响。股票上市对公司也有不利影响的一面，主要有以下几点：上市成本较高，手续复杂严格；公司将负担较高的信息披露成本；信息公开的要求可能会暴露公司的商业机密；股价有时会歪曲公司的实际情况，影响公司声誉；可能会分散公司的控制权，造成管理上的困难。因此，正确选项是ABCD。

35.【答案】ABCD【解析】本题考查的知识点是发行普通股股票筹资特点。发行普通股股票的筹资特点是：（1）两权分离，有利于公司自主经营管理；（2）资本成本较高；（3）能增强公司的社会声誉，促进股权流通和转让；（4）不易及时形成生产能力。因此，正确选项是ABCD。

36.【答案】ABC【解析】本题考查的知识点是股权筹资的优点。股权筹资的优点是：（1）股权筹资是企业稳定的资本基础；（2）股权筹资是企业良好的信誉基础；（3）股权筹资的财务风险较小。选项ABC是正确的。有利于丰富资本结构是优先股筹资的优点，因此，选项D是错误的。

37.【答案】BCD【解析】本题考查的知识点是银行借款的筹资特点和发行普通股股票筹资特点的比较。银行借款的筹资特点包括：筹资速度快、资本成本较低、筹资弹性较大、限制条款多、筹资数额有限。发行普通股股票的筹资特点包括：两权分离，有利于公司自主经营管理；资本成本较高；能增强公司的社会声誉，促进股权流通和转让；不易及时形成生产能力。银行借款属于债务筹资，所以财务风险高，选项A错误。银行借款会产生固定利息，利息属于固定性资本成本，能产生财务杠杆效应，选项C正确。银行借款筹资不会增加普通股股数所以不分散公司控制权，选项B正确。银行借款的程序相对简单，所花时间较短公司可以迅速获得所需资金，选项D正确。

38.【答案】AC【解析】本题考查的知识点是留存收益的筹资途径。留存收益的筹资途径有两个：一是提取盈余公积金；二是未分配利润。因此，正确选项是AC。

39.【答案】AD【解析】本题考查的知识点是留存收益筹资途径和筹资特点。留存收益的筹资途径包括提取盈余公积和未分配利润。留存收益的筹资特点是：（1）不用发生筹资费用。（2）维持公司的控制权分布；利用留存收益筹资，不会改变公司的股权结构，不会稀释原有股东的控制权。（3）筹资数额有限。因此，本题选择AD。

40.【答案】BC【解析】本题考查的知识点是筹资方式的股权筹资与债务筹资的优缺点。债务筹资的优点是筹资速度较快，筹资弹性较大，资本成本较低，可以利用财务杠杆，稳定公司的控制权。债务筹资的缺点是不能形成企业稳定的资本基础，财务风险较大，筹资数额有限。股权筹资的优点是股权筹资是企业稳定的资本基础，是企业良好的信誉基础，股权筹资的财务风险较小。股权筹资的缺点是资本成本较高，控制权变更可能影响企业长期稳定发展，信息沟通与披露成本较大。相比债务筹资，股权筹资风险较小。财务风险，是指企业无法足额偿付到期债务的本金和利息的风险，主要表现为偿债风险。尽管债务资金的资本成本较低，但由于债务资金有固定的合同还款期限，到期必须偿还，故企业承担的财务风险比股权资金要大一些。银行借款和租赁筹资属于债务筹资，留存收益和普通股筹资属于股权筹资，因此，选项BC正确。

41.【答案】AD【解析】本题考查的知识点是债券的偿还——提前偿还。提前偿还是指债券尚未到期之前就予以偿还，提前偿还所支付的价格通常高于债券的面值，并随到期日的临近而逐渐下降。当公司资金有结余时，可提前赎回债券，当预测利率下降时，也可提前赎回债券，而后以较低的利率来发行新债券，因此，选项AD正确。

42.【答案】ABCD【解析】本题考查的知识点是可转换债券的筹资特点。可转换债券的筹资特点是：（1）筹资灵活性。可转换债券是将传统的债务筹资功能和股票筹资功能结合起来，筹资性质和时间上具有灵活性。（2）资本成本较低。可转换债券的利率低于同一条件下普通债券的利率，降低了公司的筹资成本。（3）筹资效率高。（4）存在一定的财务压力。可转换债券存在不转换的财务压力。如果在转换期内公司股价处于恶化性的低位，持券者到期不会转股，会造成公司因集中兑付债券本金而带来财务压力。以上选项说法都是正确的，因此，正确选项是

ABCD。

43. 【答案】ABCD 【解析】本题考查的知识点是认股权证筹资的特点。认股权证的筹资特点是：（1）认股权证是一种融资促进工具。认股权证的发行人是发行标的股票的上市公司。（2）有助于改善上市公司的治理结构。（3）有利于推进上市公司的股权激励机制。认股权证是常用的员工激励工具。以上选项说法都是正确的。因此，正确选项是 ABCD。

44. 【答案】BD 【解析】本题考查的知识点是发行公司债券的筹资特点和优先股的筹资特点。发行公司债券的筹资特点：（1）一次筹资数额较大；（2）筹资使用限制少；（3）资本成本较高；（4）提高社会声誉。优先股在年度利润分配和剩余财产清偿分配方面，具有比普通股股东优先的权利，优先股可以先于普通股获得股息，公司的可分配利润先分配给优先股股东，剩余部分再分配给普通股股东，在剩余财政方面，优先股的清偿顺序先于普通股而次于债权人。优先股的优先权：与公司债权人不同，优先股股东不可以要求经营成果不佳无法分配股利的公司支付固定股息，并且优先股股东一般没有选举权和被选举权。优先股的特点：优先股既像公司债券，又像公司股票，优先股有利于保障普通股收益和控制权，优先股的每股收益是固定的，不影响普通股股东对企业的控制权，也不会稀释原普通股的权益；优先股有利于降低公司财务风险，优先股股利不是公司必须偿付的一项法定债务；优先股可能给股份公司带来一定的财务压力，优先股股息不能抵减所得税，而债务利息可以抵减所得税。选项 AC 说法不符合优先股的特点，因此，正确选项是 BD。

45. 【答案】ABCD 【解析】本题考查的知识点是优先股的种类。包括固定股息率优先股与浮动股息率优先股、强制分红优先股与非强制分红优先股、累积优先股与非累积优先股、参与优先股与非参与优先股、可转换优先股与不可转换优先股、可回购优先股与不可回购优先股。因此本题选择 ABCD。

46. 【答案】ABCD 【解析】本题考查的知识点是非公开定向债务融资工具的特点。包括：简化的信息披露要求；发行规模没有明确限制；发行方案灵活；融资工具有限度流通；发行价格存在流动性溢价。因此，本题选择 ABCD。

三、判断题

1. 【答案】√ 【解析】本题考查的知识点是企业筹资的创立性筹资动机。创立性筹资动机，是指企业设立时，为取得资本金并形成开展经营活动的基本条件而产生的筹资动机。任何一个企业或公司在设立时都要求有符合企业章程或公司章程规定的全体股东认缴的出资额。企业创建时，要按照企业经营规模预计长期资本需要量和流动资金需要量、购建厂房设备等，安排铺底流动资金，形成企业的经营能力。这样，就需要筹措注册资本和资本公积等股权资金，不足部分需要筹集银行借款等债务资金。因此，本题说法是正确的。

2. 【答案】× 【解析】本题考查的知识点是筹资动机中的混合性筹资动机。企业筹资的目的可能不是单纯和唯一的，通过追加筹资，既满足了经营活动、投资活动的资金需要，又达到了调整资本结构的目的，可以称为混合性筹资动机。混合性筹资动机一般是基于企业规模扩张和调整资本结构两种目的，兼具扩张性筹资动机和调整性筹资动机的特性，同时增加了企业的资产总额和资本总额，也导致企业的资产结构和资本结构同时变化。因此，本题说法错误。

3. 【答案】× 【解析】本题考查的知识点是筹资渠道与筹资方式。筹资渠道，是指企业筹集资金的来源方向与通道。一般来说，企业最基本的筹资渠道有两条：直接筹资和间接筹资。直接筹资是企业通过与投资者签订协议或发行股票、债券等方式直接从社会取得资金；间接筹资，是企业通过银行等金融机构以信贷关系间接从社会取得资金。筹资方式，是指企业筹集资金所采取的具体形式，一般来说，企业最基本的筹资方式有两种：股权筹资和债务筹资。因此，本题的说法是错误的，股权筹资和债务筹资属于筹资方式，不属于筹资渠道。

4. 【答案】× 【解析】本题考查的知识点是筹

资方式中的商业信用。商业信用是指企业之间在商品或劳务交易中，由于延期付款或延期交货所形成的借款信用关系，商业信用是一种债务筹资方式。

5. 【答案】× 【解析】本题考查的知识点是内部筹资与外部筹资的适用范围。处于成长期的企业，内部筹资往往难以满足需要。这就需要企业广泛地开展外部筹资，如发行股票、债券，取得商业信用、银行借款等。

6. 【答案】× 【解析】本题考查的知识点是筹资分类中的内部筹资和外部筹资。按资金的来源范围不同，企业筹资分为内部筹资和外部筹资两种类型，按照企业所取得资金的权益特性不同将其分为股权筹资和债务筹资，因此本题说法错误。

7. 【答案】√ 【解析】本题考查的知识点是债务筹资的优缺点。优点包括：筹资速度较快、筹资弹性较大、资本成本较低、可以利用财务杠杆、稳定公司的控制权；缺点包括：不能形成企业稳定的资本基础、财务风险较大、筹资数额有限。由于债务资金到期要归还本金和支付利息，债权人对企业的经营状况不承担责任，因而债务资金具有较大的财务风险，但付出的资本成本相对较低。而股权资本一般不用偿还本金，形成企业的永久性资本，因此财务风险小，但资本成本相对较高。本题说法正确。

8. 【答案】× 【解析】本题考查的知识点是筹资管理的原则。其中结构合理原则是指企业筹资管理要综合考虑各种筹资方式，优化资本结构，即要综合考虑股权资本与债务资本的关系、长期资本与短期资本的关系、内部筹资与外部筹资的关系，合理安排资本结构，保持适当偿债能力，防范企业财务危机。筹措合法原则是指企业筹资要遵循国家法律法规，合法筹措资金。本题说法错误。

9. 【答案】√ 【解析】本题考查的知识点是银行借款分类中的信用贷款。信用贷款是指以借款人的信誉或保证人的信用为依据而获得的贷款。企业取得这种贷款，无须以财产做抵押。对于这种贷款，由于风险较高，银行通常要收取较高的利息，往往还附加一定的限制条件。本题说法是正确的。

10. 【答案】× 【解析】本题考查的知识点是其他金融机构贷款的特征。其他金融机构贷款，如从信托投资公司取得实物或货币形式的信托投资贷款，从财务公司取得的各种中长期贷款，从保险公司取得的贷款等。其他金融机构贷款一般较商业银行贷款的期限要长，要求的利率较高，对借款企业的信用要求和担保的选择比较严格。因此，本题说法是错误的。

11. 【答案】√ 【解析】本题考查的知识点是银行借款的筹资特点。与发行公司债券、租赁等其他债务筹资方式相比，银行借款的程序相对简单，所花时间较短，公司可以迅速获得所需资金；利用银行借款筹资，一般都比发行债券和租赁的利息负担要低；银行借款的数额往往受到贷款机构资本实力的制约，难以像发行公司债券、股票那样一次筹集到大笔资金，无法满足公司大规模筹资的需要。因此，本题说法是正确的。

12. 【答案】× 【解析】本题考查的知识点是发行债券的条件。公司债券可以公开发行，也可以非公开发行。公开发行公司债券筹集的资金，必须按照公司债券募集办法所列资金用途使用；改变资金用途，必须经债券持有人会议作出决议，公开发行债券筹措的资金，不得用于弥补亏损和非生产性支出。本题没有区分公开发行债券和非公开发行债券。因此，本题说法是错误的。

13. 【答案】√ 【解析】本题考查的知识点是公开发行债券和非公开发行债券。资信状况符合规定标准的公司债券可以向公众投资者公开发行，也可以自主选择仅面向专业投资者公开发行。未达到规定标准的公司债券公开发行应当面向专业投资者。非公开发行的公司债券应当向专业投资者发行。因此，本题说法是正确的。

14. 【答案】× 【解析】本题考查的知识点是公司债券的发行条件。其中包括最近 3 年平均可分配利润足以支付公司债券 1 年的利息。本题说法错误。

15. 【答案】√ 【解析】本题考查的知识点是发行公司债券筹资的特点。相对于银行借款筹资而言，公司债券筹资使用限制少，使用上具有相对的灵活性和自主性；相对于银行借款筹资，公司债券筹资能够筹集大额的资金，满足公司大规模筹资的需要。因此，本题说法是正确的。

16. 【答案】√【解析】本题考查的知识点是租金的支付方式。租金的支付，有以下几种分类方式：（1）按支付间隔期长短，分为年付、半年付、季付和月付等方式。（2）按在期初和期末支付，分为先付和后付。（3）按每次支付额，分为等额支付和不等额支付。实务中，承租企业与租赁公司商定的租金支付方式，大多为后付等额年金。因此，本题说法是正确的。

17. 【答案】√【解析】本题考查的知识点是债务筹资的优点之一资本成本较低。一般来说，债务筹资的资本成本要低于股权筹资。其一是取得资金的手续费用等筹资费用较低；其二是利息、租金等用资费用比股权资本要低；其三是利息等资本成本可以在税前支付。因此，本题说法是正确的。

18. 【答案】×【解析】本题考查的知识点是吸收直接投资的出资方式。其中，可以出资的方式包括：货币、实物、土地使用权、知识产权、特定债券。不可以出资的方式包括：劳务、信用、自然人姓名、商誉、特许经营权、设定担保的财产。本题说法错误。

19. 【答案】×【解析】本题考查的知识点是股东的权利。股东的优先权是优先认股权，原有股东拥有优先认购公司增发股票的权利。因此，本题说法是错误的。

20. 【答案】×【解析】本题考查的知识点是股票的种类。A 股即人民币普通股票，由我国境内公司发行，境内上市交易，它以人民币标明面值，以人民币认购和交易。B 股即人民币特种股票，由我国境内公司发行，境内上市交易，它以人民币标明面值，以外币认购和交易。H 股是注册地在内地、在香港上市的股票。在纽约和新加坡上市的股票，分别称为 N 股和 S 股。B 股是境内发行，境内上市。因此，本题说法是错误的。

21. 【答案】×【解析】本题考查的知识点是上网定价发行和上网竞价发行。上网定价发行是事先规定发行价格，再利用证券交易所交易系统来发行股票的发行方式，即主承销商利用交易系统，按已确定的发行价格向投资者发售股票。题目中的表述是上网竞价发行的含义。

22. 【答案】×【解析】本题考查的知识点是留存收益的特性。留存收益具有资本成本低优势，主要是因为留存收益不需要发生筹资费用，再测算留存收益资本成本的时候不需要考虑筹资费用，筹资费用为零。因此，本题说法是错误的。

23. 【答案】×【解析】本题考查的知识点是可转换债券筹资。可转换债券是一种混合型证券，是公司普通债券与证券期权的组合体。发行可转换债券筹集资金的方式属于混合筹资方式。可转换债券存在不转换的财务压力。如果在转换期内公司股价处于恶化性的低位，持券者到期不会转股，会造成公司因集中兑付债券本金而带来财务压力。可转换债券还存在回售的财务压力。若可转换债券发行后，公司股价长期低迷，在设计有回售条款的情况下，投资者集中在一段时间内将债券回售给发行公司，加大了公司的财务支付压力。本题说法错误。

24. 【答案】√【解析】本题考查的知识点是可转换债券。由于可转换债券的投资收益中，除了债券的利息收益外，还附加了股票买入期权的收益部分，即可转换债券赋予了债券持有者转换成股票的选择权，所以债券利息收益就会相应缩减。因此，可转换债券的票面利率一般会低于普通债券的票面利率，甚至还低于同期银行存款利率。本题说法正确。

25. 【答案】×【解析】本题考查的知识点是可转换债券的基本性质：赎回与回售。公司股票价格在一段时期内连续高于转股价格达到某一幅度时，公司会按事先约定的价格买回未转股的可转换公司债券。同样，可转换债券一般也会有回售条款，公司股票价格在一段时期内连续低于转股价格达到某一幅度时，债券持有人可按事先约定的价格将所持债券回售给发行公司。因此，本题说法是错误的。

26. 【答案】√【解析】本题考查的知识点是认股权证的基本性质，认股权证本质上是一种股票期权，属于衍生金融工具，具有实现融资和股票期权激励的双重职能，因此，本题说法是正确的。

27. 【答案】√【解析】本题考查的知识点是优先股的基本性质，权利优先。优先股在年度利润分配和剩余财产清偿分配方面，具有比普通股股东优先的权利，优先股可以先于普通股获得股息，公司的可分配利润先分给优先股股东，剩余部分再分给普通股股东，在剩余财产方面，优先股的清偿顺序先于普通股而次于债权人，一旦公司清算，剩余财产先分给债权人，再分给优先股股东，最后分给普通股股东。优先股的优先权，主要体现在优于普通股股东，不得优于债权人。因此，本题说法正确。

28. 【答案】√【解析】本题考查的知识点是参与优先股和非参与优先股。根据优先股股东按照确定的股息率分配股息后，是否有权同普通股股东一起参加剩余税后利润分配，可分为参与优先股和非参与优先股。持有人只能获取一定股息但不能参加公司额外分红的优先股，称为非参与优先股。持有人除可按规定的股息率优先获得股息外，还可与普通股股东分享公司的剩余收益的优先股，称为参与优先股。因此，本题说法是正确的。

第五章 筹资管理（下）

考情分析

本章主要内容是资金需求量预测的方法、资本成本的计算、经营杠杆、财务杠杆和总杠杆的原理及其杠杆系数的测算方法、资本结构理论和资本结构优化的分析方法。本章考查的题型分布广泛，各种题型都会涉及，是本书的重点章节。考生在学习本章节时应注意公式总结，进行对比记忆，并勤加练习以巩固。本章每年考试分值占 12～15 分。2019～2023 年知识点考查范围如下表所示。

年份	单选题	多选题	判断题	计算分析题	综合题
2023	资本结构理论；销售百分比法；资本成本的含义；总杠杆效应；个别资本成本的计算	经营杠杆效应；财务杠杆效应	销售百分比法；个别资本成本的计算	经营杠杆效应；财务杠杆效应；总杠杆效应；资本资产定价模型	个别资本成本的计算；平均资本成本的计算；销售百分比法；个别资本成本的计算；平均资本成本的计算
2022	资本结构优化的公司价值分析法；杠杆效应；资本结构；资金需求量预测	资金需求量预测；资本结构；杠杆效应	杠杆效应；资金需求量预测	项目资本成本采用可比公司法估计投资项目资本成本；每股收益无差别法	—
2021	资本结构理论；留存收益的资本成本率计算；银行借款的资本成本率	平均资本成本的计算	优先股资本成本率的测算；杠杆效应中总杠杆系数的测算；资金需要量预测法中的销售百分比法	经营杠杆、财务杠杆、总杠杆系数；每股收益无差别点；平均资本成本率	—
2020	资本结构理论中的优先融资理论；公司债券资本成本的测算；银行借款的资本成本的测算；普通股资本成本的计算；优先股资本成本的计算；财务杠杆效应	经营杠杆；债券资本成本；资本结构；净现值；内含收益率；年金净流量；资本成本的含义与作用	筹资费用；债权筹资成本，股权筹资成本	银行借款资本成本率；股票资本成本；每股收益无差别点；长期借款资本成本测算；债券资本成本率的测算；普通股资本成本率的测算；平均资本成本率的测算；外部融资需求预测	—
2019	筹资费用；资本成本的影响因素；资本结构理论；经营杠杆系数	平均资本成本的测算；银行借款成本；经营杠杆	平均资本成本	经营杠杆；财务杠杆；总杠杆；每股收益无差别点；息税前利润；资金需求量的销售百分比法；外部融资需求量；个别资本成本的计算；资本结构优化	—

强化练习题

一、单选题

1. 以项目基期年度的平均资金需求量为基础，根据预测年度的生产经营任务和资金周转加速的要求，进行分析调整，来预测资金需求量的方法是（　　）。

A. 销售百分比法

B. 因素分析法

C. 资金习性预测法

D. 每股收益无差别法

2. 某公司 2023 年资金平均占用额为 600 万元，其中不合理部分为 200 万元，预计 2023 年销售增长 5%，资金周转加速 2%，则公司 2024 年度预计资金需求量为（　　）万元。

A. 400　　B. 411.76

C. 500　　D. 412.3

3. 某公司 2023 年资金平均占用额为 600 万元，其中不合理部分为 200 万元，预计 2023 年销售下降 5%，资金周转放缓 2%，则公司 2024 年度预计资金需求量为（　　）万元。

A. 387.76　　B. 350

C. 400　　D. 384.12

4. 某公司 2023 年资金平均占用额为 300 万元，其中不合理部分为 100 万元，由于外部环境变差，预计 2024 年销售增长 6%，资金周转速度不变，则公司 2024 年度预计资金需求量为（　　）万元。

A. 212　　B. 210

C. 200　　D. 214

5. 某公司敏感性资产与销售额的占比为 20%，敏感性负债与销售额的占比为 10%，公司 2023 年销售额为 2 500 万元，2024 年预计销售额为 4 000 万元，销售净利率为 15%，利润留存率为 20%。不考虑其他因素的影响下，公司预计 2024 年外部融资需求量为（　　）万元。

A. 25　　B. 40

C. 30　　D. 32

6. 某公司敏感性资产与销售额的占比为 50%，敏感性负债与销售额的占比为 20%，公司 2023 年销售额为 1 500 万元，2023 年销售额预计增长 20%，销售净利率为 16%，股利支付率为 80%。不考虑其他因素的影响下，公司预计 2024 年外部融资需求量为（　　）万元。

A. 32.4　　B. 30

C. 34　　D. 40

7. 某公司 2020 ~ 2023 年度销售量和资金占用的数据分布如下：(4 000 件，80 万元)、(4 800 件，54 万元)、(5 300 件，72 万元)、(3 100 件，42 万元)。运用高低点法测算资金中的变动资金和不变资金，应该选择的历史数据是（　　）。

A. (4 000 件，80 万元)、(3 100 件，42 万元)

B. (4 000 件，80 万元)、(4 800 件，54 万元)

C. (5 300 件，72 万元)、(4 800 件，54 万元)

D. (5 300 件，72 万元)、(3 100 件，42 万元)

8. 采用一般模式计算个别资本成本时，与资本成本率之间存在负向关系的是（　　）。

A. 筹资总额　　B. 筹资费用

C. 年资金用资费用　　D. 筹资费用率

9. 资本成本是取得资本使用权所付出的代价，包括筹资费用和用资费用，下列选项中不属于用资费用的是（　　）。

A. 向股东支付的股利

B. 向银行支付的利息

C. 银行借款的手续费用

D. 向债权人支付的利息

10. 资本成本包括筹资费用和用资费用两个部分，下列各项中，属于筹资费用的是（　　）。

A. 借款手续费　　B. 借款利息费

C. 信贷公证费　　D. 股票股利

11. 某公司取得 5 年期长期借款 400 万元，年利率 8%，每年付息 1 次，到期一次还本，筹资费用率为 1%。企业所得税税率为 25%，不考虑时间价值，该借款的资本成本率为（　　）。

A. 6%　　B. 6.06%

C. 6.03%　　D. 7.5%

12. 某公司取得10年期长期借款500万元，年利率为10%，每年付息一次，到期一次还本，筹资费用率为1.5%，企业所得税税率为25%。不考虑货币时间价值，则企业长期借款的资本成本率为（ ）。
A. 6.96% B. 7%
C. 7.61% D. 8%

13. 某公司以980元的价格，折价发行面值为1 000元，期限为6年，票面利率为8%的公司债券。采用每年付息一次，到期一次还本付息，发行费用率为2%，所得税税率为25%，请问该债券的资本成本率为（ ）。
A. 8% B. 7.2%
C. 6.25% D. 6.69%

14. 某公司发行面值100元的优先股，年股息率为8%。该优先股溢价发行，发行价格为130元，发行时筹资费用率为发行价格的2%。则该优先股的资本成本率为（ ）。
A. 6.28% B. 6%
C. 8% D. 8.23%

15. 某公司普通股市价为12元，筹资费用率为0.5%，当期支付的股利每股0.5元，预期股利年增长率为6%，请问该公司普通的资本成本率是（ ）。
A. 10.39% B. 8.68%
C. 10% D. 9%

16. 某公司当期普通股市价为20元，筹资费用率为1%，下一年度支付的股利每股0.6元，预期股利年增长率为5%，请问该公司普通的资本成本率是（ ）。
A. 8% B. 8.12%
C. 7.92% D. 8.03%

17. 某公司普通股β系数为2.4，无风险利率为6%，市场风险收益率为10%，则公司普通股的资本成本率为（ ）。
A. 30.3% B. 30%
C. 15.6% D. 24.4%

18. 某公司发行优先股，面值总额为10 000万元，年股息率为8%，股息不可税前扣除。发行价格为12 000万元，发行费用占发行价格的3%，则该优先股的资本成本率为（ ）。
A. 6.47% B. 6.4%
C. 7% D. 7.12%

19. 在计算资本成本率时，下列各种筹资方式中，企业无须支付筹资费用的是（ ）。
A. 发行股票 B. 发行债券
C. 留存收益 D. 发行短期票据

20. 某公司当期普通股市价为20元，筹资费用率为2%，下一年度支付的股利每股1.2元，预期股利年增长率为5%，该公司留存收益的资本成本率是（ ）。
A. 11% B. 7%
C. 10% D. 12%

21. 某公司发行普通股的筹资费用率为6%，当前股价为10元/股，本期已支付的现金股利为2元/股，未来各期股利按2%的速度持续增长。则该公司留存收益的资本成本率为（ ）。
A. 23.70% B. 22.4%
C. 21.2% D. 20.4%

22. 某公司2023年资本结构构成如下：长期债券200万元，银行借款100万元，股东权益400万元。其中个别资本成本分别为：10%、12%和15%。该公司2023年平均资本成本率是（ ）。
A. 13.14% B. 13.28%
C. 12.33% D. 12.36%

23. 某公司目标资本结构为：普通股60%，长期借款20%，公司债券20%。2022年计划筹资2 000万元，个别资本成本率预计是：普通股20%、长期借款15%、公司债券18%，请问该公司追加筹资2 000万元的边际资本成本是（ ）。
A. 18% B. 17.89%
C. 19.23% D. 18.6%

24. 某公司计划投资新能源项目，目前市场上新能源上市公司的$\beta_{权益}$为2，产权比率为1.5，企业所得税税率为25%。该公司投资新能源项目后，权益乘数为1.6，请问该公司含有负债的$\beta_{权益}$是（ ）。
A. 0.62 B. 1.36
C. 0.71 D. 0.68

25. 某企业发行公司债券，面值为1 000元，票面利率为6%，每年年末支付利息，6年期，到期还本。假设投资者要求的最低报酬率为8%，则公司债券的价值是（ ）。
A. 1 000×（P/A，8%，6）+1 000×（P/F，

第五章

8%，6）

B. 60 ×（P/A，8%，6）+ 1 000 ×（P/F，8%，6）

C. 60 ×（P/A，6%，6）+ 1 000 ×（P/F，6%，6）

D. 1 000 ×（P/A，6%，6）+ 1 000 ×（P/F，6%，6）

26. 某公司发行一个永续债，每年支付利息 80 元，市场利率为 10%，请问该债券的价值是（　　）元。

A. 88.89　　B. 88

C. 800　　D. 80

27. 假设投资者要求达到 10% 的收益率，某公司当期每股股利（D_0）为 0.5 元，预计股利增长率为 5%，则该公司每股股票的价值为（　　）元。

A. 10　　B. 10.5

C. 5　　D. 5.25

28. 假设公司 2023 年股利为 1.2 元，预计每年股利增长率为 6%，投资者要求的必要报酬率为 10%，则公司 2022 年股票价值是（　　）元。

A. 31.8　　B. 12

C. 30　　D. 29.12

29. 某公司优先股，每年每股股利为 10 元，投资者要求的必要报酬率为 12%，则公司每股优先股的价值是（　　）元。

A. 10　　B. 83.33

C. 90　　D. 79.12

30. 某公司基期固定成本为 30 万元，基期息税前利润为 200 万元，则公司经营杠杆系数为（　　）。

A. 1.15　　B. 2.12

C. 1.78　　D. 2.09

31. 某公司基期数据如下：销售额为 100 万元，变动成本率为 40%，固定成本总额为 30 万元，利息费用为 4 万元，不考虑其他因素的影响，则公司经营杠杆系数为（　　）。

A. 2.12　　B. 2.31

C. 1.98　　D. 1.78

32. 下列因素中，与财务杠杆系数呈负向关系的是（　　）。

A. 息税前利润水平　　B. 债务成本比重

C. 固定的资本成本　　D. 优先股股息

33. 某公司基期净利润为 300 万元，利息费用为 120 万元，公司所得税税率为 25%，则公司财务杠杆系数为（　　）。

A. 1.4　　B. 1.9

C. 1.3　　D. 2.1

34. 某公司基期净利润为 300 万元，利息费用为 120 万元，固定成本总额为 90 万元，公司所得税税率为 25%，则公司总杠杆系数为（　　）。

A. 1.52　　B. 1.32

C. 1.71　　D. 1.41

35. 下列各项中，属于最初的 MM 理论观点的是（　　）。

A. 企业可以利用财务杠杆增加企业价值

B. 财务困境成本会降低有负债企业的价值

C. 企业负债有助于降低两权分离所带来的代理成本

D. 企业价值不受资本结构影响

36. 有一种资本结构理论认为，有负债企业的价值等于无负债企业价值加上税赋节约现值，再减去财务困境成本的现值，这种理论是（　　）。

A. 代理理论　　B. 权衡理论

C. MM 理论　　D. 优先融资理论

37. 下列财务决策中，能用于资本结构优先决策，且考虑风险因素的方法是（　　）。

A. 公司价值分析法

B. 每股收益无差别点法

C. 平均资本成本比较法

D. 内含收益率法

二、多选题

1. 下列关于销售百分比法测算资金需求量的说法中，正确的有（　　）。

A. 销售百分比法能够提供短期预计的财务报表

B. 交易性金融资产属于敏感性资产

C. 库存现金属于敏感性资产

D. 销售百分比法假设前提是某些资产与销售额存在稳定的百分比关系

2. 下列各项中，属于经营性负债项目的有（　　）。

A. 应付票据　　B. 应付账款
C. 短期借款　　D. 长期负债

3. 根据销售百分比法预测融资需求时，下列选项中，随着销售额变动而呈正比例变动的有（　　）。
A. 库存现金　　B. 应收账款
C. 存货　　D. 长期负债

4. 下列关于销售百分比法的优点的说法中，正确的有（　　）。
A. 易于使用
B. 计算简单
C. 能够为筹资管理提供短期预计的财务报表
D. 容易掌握

5. 按照资金变动与一定范围内产销量变动之间的依存关系，可以把资金分为不变资金、变动资金和半变动资金，下列说法正确的有（　　）。
A. 厂房、机器设备等固定资产占用的资金属于不变资金
B. 直接构成产品实体的原材料所占用的资金属于变动资金
C. 某些辅助材料上占用的资金属于变动资金
D. 原材料的保险储备所占用的资金属于半变动资金

6. 根据资金习性将资金划分为不变资金、变动资金和半变动资金，下列选项中属于不变资金的有（　　）。
A. 原材料的保险储备占用的资金
B. 为维持营业而占用的最低数额的现金
C. 必要的成品储备占用的现金
D. 直接构成产品实体的原材料占用的资金

7. 采用高低点法预测变动资金时，需要考虑的因素有（　　）。
A. 最高业务量
B. 最低业务量
C. 最高业务量期的资金占用量
D. 最高资金占用量

8. 下列关于资本成本的说法中，错误的有（　　）。
A. 资本成本是对投资获得经济收益的最高要求
B. 资本成本表现为让渡资本所有权所带来的投资收益
C. 资本成本由筹资费用和用资费用组成
D. 资本成本是投资项目可行性的唯一标准

9. 下列关于资本成本影响因素的说法中，正确的有（　　）。
A. 通货膨胀率越高，筹资的资本成本率就越低
B. 证券市场流动性越高，筹资的资本成本就越高
C. 企业经营风险和财务风险越高，筹资成本就越高
D. 融资规模与资本成本之间存在正向相关性

10. 下列选项中，影响银行借款资本成本率的有（　　）。
A. 公司所得税税率　　B. 银行借款利息
C. 借款手续费用　　D. 银行借款期限

11. 关于银行借款筹资的资本成本，下列说法错误的有（　　）。
A. 银行借款手续费会影响银行借款的资本成本
B. 银行借款的资本成本仅包含银行借款利息支出
C. 银行借款的资本成本率一般等于无风险利率
D. 银行借款的资本成本与还本付息方式无关

12. 下列各项中，能够影响债券价值的因素有（　　）。
A. 所得税税率
B. 债券面值
C. 投资者要求的最低报酬率
D. 债券利息

13. 下列各项中，影响优先股资本成本率的因素有（　　）。
A. 优先股股息率
B. 优先股发行费用
C. 优先股发行价格
D. 优先股股息支付方式

14. 下列各项中，资本成本率的测算需要考虑筹资费用的有（　　）。
A. 公司债券资本成本
B. 普通股资本成本
C. 银行借款资本成本
D. 留存收益资本成本

15. 下列各项中，筹资方式的资本成本测算需要考虑所得税的影响有（　　）。

A. 银行借款资本成本

B. 留存收益资本成本

C. 公司债券资本成本

D. 优先股资本成本

16. 下列关于运用可比公司法估计投资项目资本成本的说法中，正确的有（　　）。

A. 项目风险与企业当前资产的平均风险不同时可以使用可比公司法

B. 可比公司法要寻找一个经营业务与待估投资项目类似的上市公司

C. 将可比公司的 $\beta_{权益}$ 转换为 $\beta_{资产}$，称为加载财务杠杆

D. 将 $\beta_{资产}$ 转换为 $\beta_{权益}$，该过程为卸载财务杠杆

17. 下列各项中，影响债券资本成本的有（　　）。

A. 债券发行费用　　B. 债券票面利率

C. 债券发行价格　　D. 利息支付频率

18. 下列有关价值权数的说法，错误的有（　　）。

A. 账面价值权数不适合评价现时的资本结构

B. 市场价值权数以各项个别资本的历史市价为基础计算

C. 账面价值权数能够反映现时机会成本

D. 市场价值权数能够反映现时的资本成本水平

19. 下列各项中，会直接影响企业平均资本成本的有（　　）。

A. 个别资本成本

B. 各种资本在资本总额中占的比重

C. 筹资速度

D. 企业的经营杠杆

20. 在息税前利润为正的前提下，下列因素与经营杠杆系数保持反向变化的有（　　）。

A. 单位变动成本　　B. 固定成本总额

C. 产品销售数量　　D. 产品销售价格

21. 下列因素中，影响经营杠杆的因素有（　　）。

A. 债务利息　　B. 销售量

C. 所得税　　D. 固定性经营成本

22. 下列关于经营杠杆效应的说法中，正确的有（　　）。

A. 单位变动成本与经营杠杆系数反向变动

B. 经营杠杆系数是普通股收益变动率与息税前利润变动率的比值

C. 经营杠杆系数与经营风险成正比

D. 由于固定性经营成本存在而产生的

23. 下列各项中，在其他条件保持不变的情况下，能够降低公司经营风险的有（　　）。

A. 提高固定成本总额

B. 提高单位售价

C. 降低单位变动成本

D. 降低销售数量

24. 下列关于财务杠杆效应的说法中，正确的有（　　）。

A. 财务杠杆效应是由固定性资本成本存在而产生的

B. 财务杠杆系数是普通股收益变动率与息税前利润变动率的比值

C. 其他条件不变的情况下，存在固定股息优先股的企业财务杠杆系数小于不存在优先股股息的财务杠杆系数

D. 财务杠杆的存在，使得普通股收益下降的速度高于息税前利润下降的速度

25. 下列各项中，影响总杠杆系数的因素有（　　）。

A. 普通股收益变动率

B. 产销业务量变动率

C. 基期利润总额

D. 基期税后利润

26. 下列关于总杠杆效应的说法中，正确的有（　　）。

A. 普通股每股收益变动率大于产销业务量变动率的效应称为总杠杆效应

B. 总杠杆系数可以评价企业整体风险水平

C. 在保持一定的总杠杆系数，经营杠杆和财务杠杆可以有不同的组合

D. 总杠杆效应是经营杠杆和财务杠杆综合发挥作用的结果

27. 下列资本结构理论中，认为资本结构影响企业价值的有（　　）。

A. 最初的 MM 理论　　B. 修订的 MM 理论

C. 代理理论　　D. 权衡理论

28. 下列关于资本结构理论的说法中，正确的有（　　）。

A. MM 理论认为有负债企业的价值与无负债

企业的价值相等

B. 权衡理论认为有负债企业的价值等于无负债企业价值加上赋税节约的价值

C. 代理理论认为债务融资可以发挥外部监督作用

D. 优序融资理论认为内部筹资优于外部筹资

29. 下列关于资本结构影响因素的说法中，正确的有（　　）。

A. 经营状况稳定的企业，可以采用高负债资本结构

B. 以技术研发为主的企业，可以提高负债比例

C. 风险规避性管理层偏好选择低负债的资本结构

D. 处于初创阶段的企业，资本结构上应当控制负债比例

30. 下列关于每股收益分析法的说法中，正确的有（　　）。

A. 预期息税前利润大于每股收益无差别点时，应该选择高财务杠杆的筹资方式

B. 预期息税前利润大于每股收益无差别点时，应该选择低财务杠杆的筹资方式

C. 预期息税前利润小于每股收益无差别点时，应该选择高财务杠杆的筹资方式

D. 预期息税前利润小于每股收益无差别点时，应该选择低财务杠杆的筹资方式

31. 下列关于资本结构优化的说法中，正确的有（　　）。

A. 资本结构优化分析方法包括每股收益分析法、平均资本成本比较法、公司价值分析法等

B. 每股收益分析法以每股收益的变化来判断资本结构是否合理

C. 平均资本成本比较法侧重于从资本收益的角度对筹资方案和资本结构进行优化分析

D. 双重股权结构一般适用于科技创新企业

32. 下列关于双重股权结构的说法中，正确的有（　　）。

A. 双重股权结构一般适用于科技创新企业

B. 可以保障公司创始人对企业的控制权

C. 有利于提高企业运行效率

D. 加剧控股股东与非控股股东之间的代理问题

三、判断题

1. 企业按照销售百分比法预测资金需要量，能为筹资管理提供长期预计的财务报表，以适应外部筹资的需要。（　　）

2. 采用销售百分比法预测筹资需求量的前提条件是公司所有资产及负债与销售额保持稳定百分比关系。（　　）

3. 某企业为取得扩大销售所需的资产，需要筹集资金，这些资金全都来源于预测期的收益留存和外部筹资。（　　）

4. 随着经营性资产的增加，相应的经营性短期债务也会增加，此类短期债务称为自动性债务，可以为企业提供暂时性资金。（　　）

5. 资金习性是指资金的变动同销量变动之间的依存关系。按照资金习性可以将资金区分为不变资金和变动资金。（　　）

6. 在一定的产销量范围内，不受产销量变动的影响而保持固定不变的那部分资金是半变动资金。（　　）

7. 资本成本是衡量资本结构优化程度的标准，在选择筹资方式时，企业应该选择资本成本率最低的方式。（　　）

8. 将债务未来还本付息或股权未来股利分红的贴现值与目前筹资净额相等时的贴现率作为资本成本率，该计算模式是一般模式。（　　）

9. 对于金额大、时间超过一年的长期资本，更适合采用贴现模式计算资本成本率。（　　）

10. 公司债券资本成本，包含债券利息和借款发行费用，债券无论是溢价发行，还是折价发行，都不影响其资本成本率。（　　）

11. 债券利息与债券面值的比率是债券的实际利率，是发行人承诺后一定时期支付给债券持有人报酬的计算标准。（　　）

12. 普通股资本成本的测算，既可以选择一般模式，也可以采用贴现模式。（　　）

13. 对于固定股息率优先股而言，各期支付的固定股息和公司所得税税率同时影响其资本成本率高低。（　　）

14. 其他条件不变的情况下，优先股价格越高，其资本成本率越高。（　　）

15. 对于固定股息率的优先股来说，其他条件相同的情况下，折价发行的优先股资本成本低，溢价发行的优先股资本成本率高。 ( )
16. 留存收益是由企业税后净利润形成的，是一种所有者权益，并且企业利用留存收益筹资无须发生筹资费用，因此，留存收益无资本成本，其资本成本等于零。 ( )
17. 以账面价值确定加权平均资本的权数，可以反映现时的资本结构，但不适用于未来的筹资决策。 ( )
18. 边际资本成本的计算，存在着权数价值的选择问题，即各项个别资本按什么权数来确定资本比重。 ( )
19. 使用企业当前综合资本成本作为投资项目资本成本，前提条件要满足其中的一个：一是项目的风险与公司当前资产的平均风险相同；二是公司继续采用相同的资本结构作为新项目筹资。 ( )
20. 由于经营性固定成本的存在，产生经营杠杆效应。当经营性固定成本等于0时，则经营杠杆系数也为0。 ( )
21. 财务杠杆系数是普通股收益变动率与息税前利润变动率的比值。 ( )
22. 只要企业存在固定性经营成本和固定性资本成本，企业就会存在总杠杆效应，反映公司整体风险。 ( )
23. 因为总杠杆系数等于经营杠杆系数与财务杠杆系数的乘积，所以经营杠杆系数降低，则总杠杆系数也随之降低。 ( )
24. 基于优先融资理论，在成熟的金融市场中，企业筹资方式的优先顺序依次为内部筹资、股权筹资和债务筹资。 ( )
25. 使得企业利润最大化的资本结构是最佳资本结构。 ( )
26. 双重股权结构已应用于我国主板上市公司，特别表决权股份拥有的表决权大于普通股股东的表决权。 ( )

快速查答案

一、单选题

序号	1	2	3	4	5	6	7	8	9	10	11	12
答案	B	B	A	A	C	A	D	A	C	A	B	C
序号	13	14	15	16	17	18	19	20	21	22	23	24
答案	C	A	A	D	B	A	C	A	B	A	D	B
序号	25	26	27	28	29	30	31	32	33	34	35	36
答案	B	C	B	A	B	A	B	A	C	A	D	B
序号	37											
答案	A											

二、多选题

序号	1	2	3	4	5	6	7	8	9	10	11	12
答案	ACD	AB	ABC	AC	AB	ABC	ABC	ABD	BCD	ABCD	BCD	BCD
序号	13	14	15	16	17	18	19	20	21	22	23	24
答案	ABCD	ABC	AC	AB	ABCD	BC	AB	CD	BD	CD	BC	ABD
序号	25	26	27	28	29	30	31	32				
答案	ABCD	ABCD	BCD	CD	ACD	AD	ABD	ABCD				

三、判断题

序号	1	2	3	4	5	6	7	8	9	10	11	12
答案	×	×	×	√	×	×	×	×	√	×	×	×
序号	13	14	15	16	17	18	19	20	21	22	23	24
答案	×	×	×	×	×	×	×	×	√	×	×	×
序号	25	26										
答案	×	×										

参考答案及解析

一、单选题

1. 【答案】B 【解析】本题考查的知识点是资金需求量预测方法因素分析法。因素分析法又称分析调整法，是以有关项目基期年度的平均资金需要量为基础，根据预测年度的生产经营任务和资金周转加速的要求，进行分析调整，来预测资金需要量的一种方法。这种方法计算简便，容易掌握，但预测结果不太精确。因此，正确选项是 B。

2. 【答案】B 【解析】本题考查的知识点是资金需求量预测方法因素分析法。因素分析法又称分析调整法，是以有关项目基期年度的平均资金需要量为基础，根据预测年度的生产经营任务和资金周转加速的要求，进行分析调整，来预测资金需要量的一种方法。这种方法计算简便，容易掌握，但预测结果不太精确。因素分析法的计算公式如下：资金需要量 =（基期资金平均占用额 − 不合理资金占用额）×（1 + 预测期销售增长率）÷（1 + 预测期资金周转速度增长率）。根据因素分析法测算公式，公司 2024 年度资金需求量 =（600 − 200）×（1 + 5%）÷（1 + 2%）= 411.76（万元）。因此，正确选项是 B。

3. 【答案】A 【解析】本题考查的知识点是资金需求量预测方法因素分析法。因素分析法又称分析调整法，是以有关项目基期年度的平均资金需要量为基础，根据预测年度的生产经营任务和资金周转加速的要求，进行分析调整，来预测资金需要量的一种方法。这种方法计算简便，容易掌握，但预测结果不太精确。因素分析法的计算公式如下：资金需要量 =（基期资金平均占用额 − 不合理资金占用额）×（1 + 预测期销售增长率）÷（1 + 预测期资金周转速度增长率）。根据因素分析法测算公式，公司 2024 年度资金需求量 =（600 − 200）×（1 − 5%）÷（1 − 2%）= 387.76（万元）。因此，正确选项是 A。

4. 【答案】A 【解析】本题考查的知识点是资金需求量预测方法因素分析法。因素分析法又称分析调整法，是以有关项目基期年度的平均资金需要量为基础，根据预测年度的生产经营任务和资金周转加速的要求，进行分析调整，来预测资金需要量的一种方法。这种方法计算简便，容易掌握，但预测结果不太精确。因素分析法的计算公式如下：资金需要量 =（基期资金平均占用额 − 不合理资金占用额）×（1 + 预测期销售增长率）÷（1 + 预测期资金周转速度增长率）。根据因素分析法测算公式，公司 2024 年度资金需求量 =（300 − 100）×（1 + 6%）÷（1 + 0%）= 212（万元）。因此，正确选项是 A。

5. 【答案】C 【解析】本题考查的知识点是销售百分比法测算外部融资需求量。预计由于销售增长而需要的资金需求增长额，扣除利润留存后，即为所需要的外部筹资额。外部融资需求量 = $A/S_1 \times \Delta S - B/S_1 \times \Delta S - P \times E \times S_2$，式中，A 表示随销售而变化的敏感性资产；B 表示随销售而变化的敏感性负债；S_1 表示基期销售额；S_2 表示预测期销售额；ΔS 表示销售变动额；P 表示销售净利率；E 表示利润留存率；A/S_1 表示敏感性资产与销售额的关系百分比；B/S_1 表示敏感性负债与销售额的关系百分比。因此，2024 年预计外部融资需求量 = 20% ×（4 000 − 2 500）− 10% ×（4 000 − 2 500）− 15% × 20% × 4 000 = 30（万元）。因此，正确选项是 C。

6. 【答案】A 【解析】本题考查的知识点是销售百分比法测算外部融资需求量。预计由于销售增长而需要的资金需求增长额，扣除利润留存后，即为所需要的外部筹资额。外部融资需求量 = $A/S_1 \times \Delta S - B/S_1 \times \Delta S - P \times E \times S_2$，式中，A 表示随销售而变化的敏感性资产；B 表示随销售而变化的敏感性负债；S_1 表示基期销售额；S_2 表示预测期销售额；ΔS 表示销售变动额；P 表示销售净利率；E 表示利润留存率；A/S_1 表示敏感性资产与销售额的关系百分比；B/S_1 表示敏感性负债与销售额的关系百分比。利润留存率 + 股利支付率 = 1。因此，2024 年预计外部融资需求量 = 50% ×（1 500 × 20%）− 20% ×（1 500 × 20%）− 16% ×（1 − 80%）× 1 500 ×（1 + 20%）= 150 − 60 − 57.6 = 32.4（万元）。因此，正确选项是 A。

7. 【答案】D 【解析】本题考查的知识点是资金习性预测法的高低点法。采用高低点法来计算现金占用项目中不变资金和变动资金的数额。变动资金 b =（最高业务量期的资金占用量 − 最低业务量期的资金占用量）/（最高业务量 − 最低业务量）。高低点法要选择最高业务量的资金占用量和最低业务量的资金占用量。公司最高的业务量是 5 300 件，最低业务量是 3 100 件，因此，应该选择（5 300 件，72 万元）、（3 100 件，42 万元）这组数据测算变动资金。因此，正确选项是 D。

8. 【答案】A 【解析】本题考查的知识点是个别资本成本计算模型的一般模式。为了便于分析比较，资本成本通常用不考虑货币时间价值的一般通用模型计算。计算时，将初期的筹资费用作为筹资额的一项扣除，扣除筹资费用后的筹资额称为筹资净额，一般模式通用的计算公式为：资本成本率 =（年资金用资费用）/（筹资总额 − 筹资费用）= 年资金用资费用/[筹资总额 ×（1 − 筹资费用率）]。通过以上公式可以发现，年资金用资费用、筹资费用、筹资费用率与资本成本率之间存在正向关系，筹资总额与资本成本率之间存在负向关系。因此，正确选项是 A。

9. 【答案】C 【解析】本题考查的知识点是资本成本的含义。资本成本是指企业为筹集和使用资本而付出的代价，包括筹资费用和用资费用。用资费用是指企业在资本使用过程中因占用资本而付出的代价，如向银行等债权人支付的利息，向股东支付的股利等。用资费用是因为占用了他人资金而必须支付的，是资本成本的主要内容。筹资费用是指企业在资本筹措过程中为获取资本而付出的代价，如向银行支付的借款手续费，因发行股票、公司债券而支付的发行费等，选项 C 属于筹资费用。因此，正确选项是 C。

10. 【答案】A 【解析】本题考查的知识点是资本成本中的筹资费用。包括向银行支付的借款手续费；因发行股票、公司债券而支付的发行费等。因此，正确选项是 A。

11. 【答案】B 【解析】本题考查的知识点是银行借款的资本成本率。K = 年利率 ×（1 − 所得税税率）/（1 − 手续费率），长期借款的资本成本率 = 8% ×（1 − 25%）/（1 − 1%）= 6.06%。因此，正确选项是 B。

12. 【答案】C 【解析】本题考查的知识点是银行借款的资本成本率的计算。不考虑货币时间价值的采用一般模式计算：一般模式下银行借款资本成本率 = 年利率 ×（1 − 所得税税率）/（1 − 手续费用率），长期借款资本成本率 = 10% ×（1 − 25%）/（1 − 1.5%）= 7.61%。因此，正确选项是 C。

13. 【答案】C 【解析】本题考查的知识点是公司债券的资本成本率。不考虑货币时间价值的一般模式：公司债券资本成本率 = 年利息 ×（1 − 所得税税率）/（债券筹资总额 − 手续费），根据题目的信息得知公司债券资本成本率 = 1 000 × 8% ×（1 − 25%）/（980 − 980 × 2%）= 60/960.4 = 6.25%。因此，正确选项是 C。

14. 【答案】A 【解析】本题考查的知识点是优

先股资本成本率。优先股资本成本率按一般模式计算：K_S = 年固定股息/优先股发行价格 ×（1 − 筹资费用率）。资本成本率 = 100 × 8%/130 ×（1 − 2%）= 6.28%。因此，正确选项是 A。

15. 【答案】A 【解析】本题考查的知识点是普通股资本成本率。假定资本市场有效，股票市场价格与价值相等。假定某股票本期支付的股利为 D。未来各期股利按 g 速度永续增长。目前股票市场价格为 P_0，则普通股资本成本率为：$K_S = D_0(1+g)/P_0(1-f)+g$ = 0.5 ×（1 + 6%）/12 ×（1 − 0.5%）+ 6% = 10.39%。因此，正确选项是 A。

16. 【答案】D 【解析】本题考查的知识点是普通股资本成本率。假定资本市场有效，股票市场价格与价值相等。假定某股票本期支付的股利为 D_0，未来各期股利按 g 速度永续增长。目前股票市场价格为 P_0，D_1 为下一期股利。则普通股资本成本率为：$K_S = D_0(1+g)/P_0(1-f)+g = D_1/P_0(1-f)+g$ = 0.6/[20 ×（1 − 1%）] + 5% = 8.03%，因此，正确选项是 D。

17. 【答案】B 【解析】本题考查的知识点是普通股资本成本率。假定资本市场有效，股票市场价格与价值相等。假定无风险收益率为 R_f，市场平均收益率为 R_m，某股票贝塔系数为 β，则普通股资本成本率为：$K_S = R_m + \beta \times (R_f - R_m)$，其中（$R_f - R_m$）为市场风险收益率。因此，普通股资本成本率 = 6% + 2.4 × 10% = 30%。正确选项是 B。

18. 【答案】A 【解析】本题考查的知识点是优先股资本成本率。优先股资本成本率按一般模式计算：K_S = 年固定股息/优先股发行价格 ×（1 − 筹资费用率）。K_S = 10 000 × 8%/12 000 ×（1 − 3%）= 6.47%。因此，正确选项是 A。

19. 【答案】C 【解析】本题考查的知识点是留存收益的资本成本率。留存收益的筹资特点是不用发生筹资费用。发行股票、发行债券和发行短期票据在资本筹措过程中为获取资本付出的代价，都会产生筹资费用。留存收益的资本成本率，表现为股东追加投资要求的收益率，其计算与普通股成本相同。因此，正确选项是 C。

20. 【答案】A 【解析】本题考查的知识点是留存收益资本成本。留存收益的资本成本率，表现为股东追加投资要求的收益率，其计算与普通股成本相同，也分为股利增长模型法和资本资产定价模型法，不同点在于其不考虑筹资费用。股利增长模型下留存收益资本成本：$K_S = D_0(1+g)/P_0+g = D_1/P_0+g$。留存收益资本成本 = 1.2/20 + 5% = 11%。因此，正确选项是 A。

21. 【答案】B 【解析】本题考查的知识点是留存收益的资本成本率。留存收益的资本成本率计算与普通股成本相同，分为股利增长模型和资本资产定价模型法，$K = D_0/P_0(1-f)+g$ = 2 ×（1 + 2%）/10 + 2% = 22.4%，D_0 表示本期支付的股利，P_0 表示目前股票的价格，g 表示速度持续增长率。

22. 【答案】A 【解析】本题考查的知识点是平均资本成本的计算。企业平均资本成本，是以各项个别资本在企业总资本中的比重为权数，对各项个别资本成本率进行加权平均而得到的总资本成本率。因此，公司平均资本成本率 = 10% ×（200/700）+ 12% ×（100/700）+ 15% ×（400/700）= 13.14%。因此，正确选项是 A。

23. 【答案】D 【解析】本题考查的知识点是边际资本成本的计算。边际资本成本是企业追加筹资的成本。筹资方案组合时，边际资本成本的权数采用目标价值权数。追加普通股筹资额 = 60% × 2 000 = 1 200（万元），追加长期借款筹资额 = 20% × 2 000 = 400（万元），追加公司债券筹资额 = 20% × 2 000 = 400（万元）。追加筹资边际资本成本 = 60% × 20% + 20% × 15% + 20% × 18% = 18.6%。因此，正确选项是 D。

24. 【答案】B 【解析】本题考查的知识点是可比公司法。运用可比公司法时，应当注意：如果可比公司的资本结构与估计项目的资本结构不同，则在估计项目的 β 值时，应针对资本结构差异作出相应调整。首先卸载可比公司的财务杠杆，然后加载待估计的投资项目财务杠杆。可比公司 $\beta_{资产} = \beta_{权益}/[1+(1-T)\times(负债/权益)]$ = 2/[1 +（1 − 25%）×

1.5] = 2/2.125 = 0.94，待估项目含有负债的 $\beta_{权益} = \beta_{资产} \times [1 + (1 - T) \times (负债/权益)] = 0.94 \times [1 + (1 - 25\%) \times (1.6 - 1)] = 0.94 \times 1.45 = 1.36$。因此，正确选项是B。

25. 【答案】B 【解析】本题考查的知识点是公司债券价值评估方法。采用典型债券估值方法，债券价值是指债券投资者的未来现金流入量（利息与本金）的现值。债券价值等于债券利息的现值加上债券面值的现值，贴现率一般采用当时的市场利率或投资者要求的最低（必要）报酬率。债券利息等于债券面值乘以债券票面利率。因此，正确选项是B。

26. 【答案】C 【解析】本题考查的知识点是永续债的估值方法。永续债券，又称无期债券，没有到期日。若每年的利息相同，则其债券价值的计算公式如下：V = I/i，其中，I表示利息，i为贴现率。因此，债券价值 = 80/10% = 800（元）。因此，正确选项是C。

27. 【答案】B 【解析】本题考查的知识点是固定成长股票的估值。企业的股利通常不是固定不变的，而应当不断成长，当其增长率固定时的价值估价即为固定成长股票的估值。假设某公司今年的股利为 D_0，股利每年的增长率为g，必要报酬率为R，则公司股票价值公式：$V = D_0 \times (1 + g)/(R - g)$。公司股票价值 = 0.5 × (1 + 5%)/(10% − 5%) = 10.5（元）。因此，正确选项是B。

28. 【答案】A 【解析】本题考查的知识点是股票价值评估——固定成长股票的估值。企业的股利通常不是固定不变的，而应当不断成长，当其增长率固定时的价值估价即为固定成长股票的估值。假设某公司今年的股利为 D_0，股利每年的增长率为g，必要报酬率为R，则公司股票价值公式：$V = D_0 \times (1 + g)/(R - g)$。公司股票价值 = 1.2 × (1 + 6%)/(10% − 6%.) = 31.8（元）。因此，正确选项是A。

29. 【答案】B 【解析】本题考查的知识点是优先股价值评估。优先股价值是指优先股投资者预期的未来现金流入的现值。其未来现金流入为每年固定的股利。当优先股存续期内采用固定股利率时，每期股息就形成了无限期的年金，即永续年金，则其估值公式为：V = D/R，式中，V为优先股的价值，D为每年的股息，R为一般采用该股票的资本成本率或投资该股票的必要报酬率。因此，优先股价值 = 10/12% = 83.33（元）。因此，正确选项是B。

30. 【答案】A 【解析】本题考查的知识点是经营杠杆系数。经营杠杆系数等于基期边际贡献/基期息税前利润。基期边际贡献等于基期息税前利润加上固定成本。因此，DOL = (200 + 30)/200 = 1.15。因此，正确选项是A。

31. 【答案】B 【解析】本题考查的知识点是经营杠杆系数。测算经营杠杆效应程度，常用指标为经营杠杆系数。经营杠杆系数(DOL)，是息税前利润变动率与产销业务量变动率的比值。经营杠杆系数等于基期边际贡献/基期息税前利润。边际贡献 = 销售额 × (1 − 变动成本率) = 100 × 60% = 60（万元），息税前利润 = 销售额 − 变动成本 − 固定成本 − 利息费用 = 100 − 40 − 30 − 4 = 26（万元）。经营杠杆系数 = 60/26 = 2.31。因此，正确选项是B。

32. 【答案】A 【解析】本题考查的知识点是财务杠杆系数。根据财务杠杆系数公式可以发现影响财务杠杆的因素包括：企业资本结构中的债务资金比重；普通股收益水平；所得税税率水平。其中，普通股收益水平又受息税前利润、固定性资本成本高低的影响。债务成本比重越高、固定的资本成本支付额越高、息税前利润水平越低，财务杠杆效应越大，反之则相反。息税前利润水平越大，财务杠杆系数越小，存在相反的关系。因此，正确选项是A。

33. 【答案】C 【解析】本题考查的知识点是财务杠杆系数。不存在优先股股息的情况下，财务杠杆系数等于基期息税前利润/基期利润总额 = 基期息税前利润/(基期息税前利润 − 利息费用)。息税前利润 = 净利润/(1 − 所得税税率) + 利息费用 = 300/(1 − 25%) + 120 = 520（万元）。财务杠杆系数 = 520/(520 − 120) = 1.3。因此，正确选项是C。

34. 【答案】A 【解析】本题考查的知识点是总杠杆效应。只要企业同时存在固定性经营成本和固定性资本成本，就存在总杠杆效应。

产销量变动通过息税前利润的变动，传导至普通股收益，使得每股收益发生更大的变动。用总杠杆系数（DTL）表示总杠杆效应程度，可见，总杠杆系数是经营杠杆系数和财务杠杆系数的乘积。公司财务杠杆系数等于基期息税前利润/基期利润总额 = 基期息税前利润/(基期息税前利润 - 利息费用)。息税前利润 = 净利润/(1 - 所得税税率) + 利息费用 = 300/(1 - 25%) + 120 = 520（万元）。财务杠杆系数 = 520/(520 - 120) = 1.3。经营杠杆系数 = (基期息税前利润 + 固定成本总额)/基期息税前利润，经营杠杆系数 = (520 + 90)/520 = 1.17。总杠杆系数 = 1.17 × 1.3 = 1.52。因此，正确选项是 A。

35. 【答案】D 【解析】本题考查的知识点是资本结构理论。资本结构理论主要是 MM 理论、权衡理论、代理理论和优先融资理论。MM 理论认为不考虑企业所得税，有无负债不改变企业的价值，因此企业价值不受资本结构的影响。权衡理论认为，有负债企业的价值等于无负债企业的价值加上税赋节约现值，再减去财务困境成本的现值；代理理论认为债务融资具有很强的激励作用，并将债务视为一种担保机制。优先融资理论认为外部融资需要支付各种成本，企业偏好内部融资，当需要进行外部融资时，债务筹资优先于股权筹资。修正 MM 理论认为企业可利用财务杠杆增加企业价值，同时要考虑企业所得税和个人所得税的 MM 资本结构理论模型。因此，本题选择 D。

36. 【答案】B 【解析】本题考查的知识点是权衡理论。权衡理论通过放宽 MM 理论完全信息以外的各种假定，考虑在税收、财务困境成本存在的条件下，资本结构如何影响企业市场价值。权衡理论认为，有负债企业的价值等于无负债企业的价值加上税赋节约现值，再减去财务困境成本的现值。因此，正确选项是 B。

37. 【答案】A 【解析】本题考查的知识点是资本结构优化方法。每股收益无差别法和平均资本成本比较法，都是从账面价值的角度进行资本结构优化风险，没有考虑市场反应，即没有考虑风险因素。公司价值分析法，是在考虑市场风险的基础上，以公司市场价值为标准，进行资本结构优化。因此，正确选项是 A。

二、多选题

1. 【答案】ACD 【解析】本题考查的知识点是销售百分比法。其中，敏感性资产包括库存现金（选项 C 正确）、银行存款、应收账款、存货等；非敏感性资产包括交易性金融资产、应收利息、债权投资、固定资产等。因此选项 B 错误。销售百分比法的优点，是能为筹资管理提供短期预计的财务报表，以适应外部筹资的需要，且易于使用，选项 A 正确。销售百分比法，是假设某些资产和负债与销售额存在稳定的百分比关系，根据这个假设预计外部资金需要量的方法，选项 D 正确。本题选择 ACD。

2. 【答案】AB 【解析】本题考查的知识点是经营性负债项目。经营性负债项目包括应付票据、应付账款等项目，不包括短期借款、短期融资券、长期负债等筹资性负债。因此，正确选项是 AB。

3. 【答案】ABC 【解析】本题考查的知识点是销售百分比法的基本步骤。采用销售百分比预测外部融资需求时，首先确定随销售额变动而变动的资产和负债项目。随着销售额的变化，经营性资产项目将占用更多的资金。同时，随着经营性资产的增加，相应的经营性短期债务也会增加，如存货增加会导致应付账款增加，此类债务称为“自动性债务”，可以为企业提供暂时性资金。经营性资产与经营性负债的差额通常与销售额保持稳定的比例关系。这里，经营性资产项目包括库存现金、应收账款、存货等项目；而经营性负债项目包括应付票据、应付账款等项目，不包括短期借款、短期融资券、长期负债等筹资性负债。随着销售额变动的资产和负债项目是经营性资产和经营性负债。而长期负债属于筹资性负债，不属于经营性负债。因此，正确选项是 ABC。

4. 【答案】AC 【解析】本题考查的知识点是销售百分比法的优势。销售百分比法的优点是能为筹资管理提供短期预计的财务报表，以适应外部筹资的需要，且易于使用。因素分析法又称分析调整法，是以有关项目基期年度的平均资金需要量为基础，根据预测年度的生产经营任务和资金周转加速的要求，进行分析调整，来预测资金需要量的一种方法。这种方法计算简便，容易掌握，但预测结果不太精确。选项 BD 是因素分析法的优点。因此，正确选项是 AC。

5. 【答案】AB 【解析】本题考查的知识点是资金习性预测法。按照资金同产销量之间的依存关系，可以把资金区分为不变资金、变动资金和半变动资金。不变资金是一定的产销量范围内，不受产销量变动的影响而保持固定不变的资金，包括原材料的保险储备（选项 D 错误）、必要成品储备、厂房、机器设备等固定资产占用的资金；变动资金主要包括直接构成产品实体的原材料、外购件等占用的资金，最低储备以外的现金、存货等具有变动资金的性质；半变动资金包括一些辅助材料占用的资金（选项 C 错误）。因此，正确选项是 AB。

6. 【答案】ABC 【解析】本题考查的知识点是资金习性预测法。资金习性预测法，是指根据资金习性预测未来资金需要量的一种方法。所谓资金习性，是指资金的变动同产销量变动之间的依存关系。按照资金同产销量之间的依存关系，可以把资金区分为不变资金、变动资金和半变动资金。变动资金是指随产销量的变动而同比例变动的那部分资金。它一般包括直接构成产品实体的原材料（选项 D）、外购件等占用的资金。另外，在最低储备以外的现金、存货、应收账款等也具有变动资金的性质。选项 BC 属于变动资金；不变资金是指在一定的产销量范围内，不受产销量变动的影响而保持固定不变的那部分资金。也就是说，产销量在一定范围内变动，这部分资金保持不变。这部分资金包括：为维持营业而占用的最低数额的现金，原材料的保险储备，必要的成品储备，厂房、机器设备等固定资产占用的资金。因此正确选项是 ABC。

7. 【答案】ABC 【解析】本题考查的知识点是资金习性预测法中的高低点法。高低点法预测变动资金，b =（最高业务量期的资金占用量 - 最低业务量期的资金占用量）/（最高业务量 - 最低业务量）。通过测算变动资金的公式，可以发现最高业务量、最低业务量和最高业务量期的资金占用量、最低业务量期的资金占用量，是测算变动资金的四个因素。因此，正确选项是 ABC。

8. 【答案】ABD 【解析】本题考查的知识点是资本成本的含义及作用。资本成本是衡量资本结构优化程度的标准，也是对投资获得经济效益的最低要求，通常用资本成本率表示。选项 A 错误；资本成本是指企业为筹集和使用资本而付出的代价，包括筹资费用和用资费用，选项 C 正确；资本成本是资本所有权与资本使用权分离的结果。对出资者而言，由于让渡了资本使用权，必须要求取得一定的补偿，资本成本表现为让渡资本使用权所带来的投资收益，选项 B 错误；资本成本是评价投资项目可行性的主要标准。任何投资项目，如果它预期的投资收益率超过该项目使用资金的资本成本率，则该项目在经济上就是可行的，选项 D 错误。因此，正确选项是 ABD。

9. 【答案】BCD 【解析】本题考查的知识点是影响资本成本的因素。（1）总体经济环境，如果国民经济保持健康、稳定、持续增长，整个社会经济的资金供给和需求相对均衡且通货膨胀水平低。资金所有者投资的风险小，预期收益率低，筹资的资本成本率相应就比较低。相反，如果经济过热，通货膨胀率持续居高不下，投资者投资的风险大，预期收益率高，筹资的资本成本率就高；因此，选项 A 错误。（2）资本市场条件。资本市场条件包括资本市场的效率和风险。如果资本市场缺乏效率，证券的市场流动性低，投资者投资风险大，要求的预期收益率高，那么通过资本市场融通的资本，其成本水平就比较高。因此，选项 B 正确。（3）企业经营状况和融资状况。企业的经营风险和财务风险共同构成企业总体风险。如果企业经营风险高，财务风险大，则企业总体风险水平高，投资者要求的预期收益率高，企业筹资的资本成本相应就大。因此，选项 C 正确。（4）企业对筹资规模和时限的需求。在一定时期内，国民经济体系中资金供给总量是一定的，资本是一种稀缺资源。因此企业一次性需要筹集的资金规模大、占用资金时限长，资本成本就高。当然，融资规模、时限与资本成本呈正向相关性并非线性关系。因此，选项D正确。因此，正确选项是BCD。

10.【答案】ABCD【解析】本题考查的知识点是银行借款的资本成本率。一般模式下银行借款资本成本率=年利率×(1-所得税率)/(1-手续费用率)，贴现模式下资本成本率等于所采用的贴现率，使得筹资净额现值-未来资本清偿额现金流量现值=0。借款额×(1-手续费用率)=年利息×(1-所得税率)×(P/A，K_b，n)+借款额×(P/F，K_b，n)，公式中的K_b即是银行借款资本成本率。通过一般模式和贴现模式的计算，可以发现公司所得税率、银行借款利息、借款手续费用、银行借款期限都会影响银行借款资本成本率。因此，正确选项是ABCD。

11.【答案】BCD【解析】本题考查的知识点是银行借款资本成本。银行借款资本成本包括借款利息和借款手续费用，手续费用是筹资费用的具体表现。因此，选项A正确，选项B错误。无风险利率是指无风险资产的收益率，而银行借款是有风险的，因此，选项C错误。贴现模式下资本成本率等于所采用的贴现率，使得筹资净额现值-未来资本清偿额现金流量现值=0。借款额×(1-手续费用率)=年利息×(1-所得税税率)×(P/A，K_b，n)+借款额×(P/F，K_b，n)，公式中的K_b即是银行借款资本成本率。贴现模式下，还本付息的方式会影响折现系数，选项D说法错误。因此，正确选项是BCD。

12.【答案】BCD【解析】本题考查的知识点是债券价值评估。债券价值是指债券投资者的未来现金流入量（利息与本金）的现值。债券价值等于债券利息的现值加上债券面值的现值，贴现率一般采用当时的市场利率或投资者要求的最低（必要）报酬率。债券面值、债券利息和投资者要求的最低报酬率都能影响债券价值，而所得税率不是影响债券价值的因素，而是影响债券资本成本率的因素。因此，正确选项是BCD。

13.【答案】ABCD【解析】本题考查的知识点是优先股资本成本。如果各期股利是相等的，优先股资本成本率按一般模式计算：K_S=年固定股息/优先股发行价格×(1-筹资费用率)。通过一般模式计算公式可以发现，股息率、发行费用和发行价格都会影响优先股资本成本率。采用固定股息支付方式采用一般模式测算资本成本率，采用浮动股息率支付方式采用贴现模式计算资本成本率。因此，正确选项是ABCD。

14.【答案】ABC【解析】本题考查的知识点是个别资本成本的计算。留存收益是由企业税后净利润形成的，是一种所有者权益，其实质是所有者向企业的追加投资。企业利用留存收益筹资无须发生筹资费用。因此，选项D错误。其他选项资本成本的测算都要考虑筹资费用。因此，正确选项是ABC。

15.【答案】AC【解析】本题考查的知识点是资本成本的计算。由于利息费用的支出可以税前扣除，所以债务筹资方式需要考虑所得税的影响，而股权筹资方式支付的股利是税后利润支付的，不能发挥抵税作用，所以不考虑所得税的影响。因此，正确选项是AC。

16.【答案】AB【解析】本题考查的知识点是可比公司法估计投资项目资本成本。可比公司法，是寻找一个经营业务与待估计的投资项目类似的上市公司，以该上市公司的β值替代待评估项目的系统风险，这种方法也称为“替代公司法”。运用可比公司法时，应当注意：如果可比公司的资本结构与估计项目的资本结构不同，则在估计项目的β值时，应针对资本结构差异作出相应调整。将可比公司的$\beta_{权益}$转换为$\beta_{资产}$，称为卸载财务杠杆，将$\beta_{资产}$转换为$\beta_{权益}$，该过程为加载财务杠杆。因此，正确选项是AB。

17.【答案】ABCD【解析】本题考查的知识点是公司债券的资本成本率。不考虑货币时间价值的一般模式：K_b=年利息×(1-所得税税率)/(债券筹资总额-手续费)，采用贴现模型（每年支付一次利息）的资本成本率：筹资总额×(1-手续费用率)=年利息×(1-所得税税率)×(P/A，K_b，n)+债券面值×

第五章

(P/F，K_b，n)。通过式中可以发现，债券发行费用和债券发行价格影响筹资总额，债券票面利率影响了年利息，利息支付频率影响了折现率。因此，正确选项是 ABCD。

18. 【答案】BC 【解析】本题考查的知识点是平均资本成本的计算中权数价值的确定。账面价值权数的优点是资料容易取得，且计算结果比较稳定；缺点是当债券和股票的市价与账面价值差距较大时，导致按账面价值计算出来的资本成本不能反映目前从资本市场上筹集资本的现时机会成本（选项 C 错误），不适合评价现时的资本结构。市场价值权数以各项个别资本的现行市价（选项 B 错误）为基础来计算资本权数，优点是能够反映现时的资本成本水平，有利于进行资本结构决策；缺点是现行市价处于经常变动之中，不容易取得，而且现行市价反映的只是现时的资本结构，不适用于未来的筹资决策。

19. 【答案】AB 【解析】本题考查的知识点是平均资本成本的计算。平均资本成本是以各项个别资本在企业总资本中的比重为权数，对各项个别资本成本率进行加权平均而得到的总资本成本率。平均资本成本的计算公式为：平均资本成本 = $\sum$（某种资本占总资本的比重 × 该种资本的成本）。因此，本题选择 AB。

20. 【答案】CD 【解析】本题考查的知识点是经营杠杆效应。影响经营杠杆的因素包括：企业成本结构中的固定成本比重，息税前利润水平。其中，息税前利润水平又受产品销售数量、销售价格、成本水平（单位变动成本和固定成本总额）高低的影响。固定成本比重越高、成本水平越高、产品销售数量和销售价格水平越低，经营杠杆效应越大，反之则相反。因此，正确选项是 CD。

21. 【答案】BD 【解析】本题考查的知识点是经营杠杆效应。影响经营杠杆的因素包括：企业成本结构中的固定成本比重，息税前利润水平。其中，息税前利润水平又受产品销售数量、销售价格、成本水平（单位变动成本和固定成本总额）高低的影响。因此，正确选项是 BD。

22. 【答案】CD 【解析】本题考查的知识点是经营杠杆效应。经营杠杆，用以评价企业的经营风险，指在企业生产经营中由于存在固定性经营成本而使息税前利润变动率大于业务量变动率的现象。其中，单位变动成本与经营杠杆系数同向变动，因此，选项 A 错误。经营杠杆系数是息税前利润变动率与产销业务量变动率的比值，选项 B 错误。因此，本题选择 CD。

23. 【答案】BC 【解析】本题考查的知识点是经营杠杆。影响经营杠杆的因素包括：企业成本结构中的固定成本比重；息税前利润水平。其中，息税前利润水平又受产品销售数量、销售价格、成本水平（单位变动成本和固定成本总额）高低的影响。固定成本比重越高、成本水平越高、产品销售数量和销售价格水平越低，经营杠杆效应越大，反之则相反。因此，正确选项是 BC。

24. 【答案】ABD 【解析】本题考查的知识点是财务杠杆。财务杠杆，是指由于固定性资本成本的存在，而使得企业的普通股收益（或每股收益）变动率大于息税前利润变动率的现象。常用指标为财务杠杆系数（DFL），是普通股收益变动率与息税前利润变动率的比值。选项 ABD 说法都是正确的。如果企业既存在固定利息的债务，也存在固定股息的优先股，则财务杠杆系数的计算公式为：$DFL = EBIT_0/EBIT_0 - I_0 - (D_P/1 - T)$。通过以上公式可以发现，存在优先股财务杠杆系数大于不存在优先股的财务杠杆系数，选项 C 错误。因此，正确选项是 ABD。

25. 【答案】ABCD 【解析】本题考查的知识点是总杠杆系数。其计算公式为：DTL = 普通股收益变动率/产销业务量变动率 = 基期边际贡献/基期利润总额 = 基期税后边际贡献/基期税后利润。因此，本题选择 ABCD。

26. 【答案】ABCD 【解析】本题考查的知识点是总杠杆。经营杠杆和财务杠杆可以独自发挥作用，也可以综合发挥作用，总杠杆是用来反映二者之间共同作用结果的。总杠杆系数是经营杠杆系数和财务杠杆系数的乘积，是普通股收益变动率与产销量变动率的倍数。总杠杆系数反映了经营杠杆和财务杠杆之间的关系，用以评价企业的整体风险水平。在总杠杆系数一定的情况下，经营杠杆系数与财务杠杆系数此消彼长。总杠杆效应的意义在于：第一，能够说明产销业务量变动对普通股收益的影响；第二，揭示了财务管理的风险管理策略，即要保持一定的风险状况水平，需要维持一定的总杠杆系数，经营杠杆和财务杠杆可以有不同的组合。因此，正确选项是 ABCD。

27. 【答案】BCD 【解析】本题考查的知识点是 MM 理论。最初的 MM 理论认为，不考虑企业所得税，有无负债不改变企业的价值。因此企业价值不受资本结构的影响。而且，有负债企业的股权成本随着负债程度的增大而增大。在考虑企业所得税带来的影响后，提出修正的 MM 理论。该理论认为企业可利用财务杠杆增加企业价值，因负债利息可带来避税利益，企业价值会随着资产负债率的增加而增加。只有最初的 MM 理论认为企业价值不受资本结构的影响。因此，正确选项是 BCD。

28. 【答案】CD 【解析】本题考查的知识点是资本结构理论。最初的 MM 理论认为不考虑企业所得税，有无负债不改变企业的价值。因此企业价值不受资本结构的影响；修正的 MM 理论认为有负债企业的价值等于相同风险等级的无负债企业的价值加上赋税节余的价值；权衡理论认为，有负债企业的价值等于无负债企业的价值加上税赋节约现值，再减去财务困境成本的现值；代理理论认为债务筹资有很强的激励作用，降低股权代理成本；优序融资理论认为偏好内部融资，外部融资需要支付各种成本。因此，正确选项是 CD。

29. 【答案】ACD 【解析】本题考查的知识点是影响资本结构的因素。影响资本结构的因素是：（1）企业经营状况的稳定性和成长率；经营发展能力表现为未来产销业务量的增长率，企业可以采取高负债的资本结构。（2）企业的资产结构，资产适用于抵押贷款的企业负债较多，以技术研发为主的企业则负债较少。（3）企业投资者和管理当局的态度。稳健的管理当局偏好于选择低负债比例的资本结构。（4）行业特征和企业发展周期，企业初创阶段，经营风险高，在资本结构安排上应控制负债的比例。（5）经济环境的税务政策和货币政策。选项 B 错误，正确选项是 ACD。

30. 【答案】AD 【解析】本题考查的知识点是每股收益分析法。每股收益受到经营利润水平、债务资本成本水平等因素的影响，分析每股收益与资本结构的关系，可以找到每股收益无差别点。所谓每股收益无差别点，是指不同筹资方式下每股收益都相等时的息税前利润或业务量水平。当预期息税前利润或业务量水平大于每股收益无差别点时，应当选择债务筹资方案，反之选择股权筹资方案。因此，正确选项是 AD。

31. 【答案】ABD 【解析】本题考查的知识点是资本结构优化。资本结构优化分析方法包括每股收益分析法、平均资本成本比较法、公司价值分析法。其中每股收益分析法、平均资本成本比较法两种方法都是从账面价值的角度进行资本结构优化分析，没有考虑市场反应，亦即没有考虑风险因素。公司价值分析法，是在考虑市场风险的基础上，以公司市场价值为标准，进行资本结构优化。平均资本成本比较法侧重于从资本投入的角度对筹资方案和资本结构进行优化分析，选项 C 错误。本题选择 ABD。

32. 【答案】ABCD 【解析】本题考查的知识点是双重股权结构。双重股权结构一般适用于科技创新企业。（1）双重股权结构的优点：同股不同权制度能避免企业内部股权纷争，保障企业创始人或管理层对企业的控制权，防止公司被恶意收购；提高企业运行效率，有利于企业的长期发展。（2）双重股权结构的缺点：容易导致管理中独裁行为的发生，控股股东为自己谋利而损害非控股股东的利益，不利于非控股股东利益的保障；可能加剧企业治理中实际经营者的道德风险和逆向选择。因此，正确选项是 ABCD。

三、判断题

1.【答案】× 【解析】本题考查的知识点是销售百分比法的优点。销售百分比法能为筹资管理提供短期预计的财务报表，以适应外部筹资的需要，且易于使用。本题表述为“能为筹资管理提供长期预计的财务报表”，说法错误。

2.【答案】× 【解析】本题考查的知识点是销售百分比法。销售百分比法，是假设某些资产和负债与销售额存在稳定的百分比关系，根据这个假设预计外部资金需要量的方法。某些资产并不是指企业所有资产，可以是流动资产，也可以是敏感性资产。因此，本题说法是错误的。

3.【答案】× 【解析】本题考查的知识点是销售百分比法。销售百分比法，是假设某些资产和负债与销售额存在稳定的百分比关系，根据这个假设预计外部资金需要量的方法。为取得扩大销售所需增加的资产，企业需要筹措资金。这些资金，一部分来自随销售收入同比例增加的流动负债，还有一部分来自预测期的收益留存，另一部分通过外部筹资取得。资金主要来源于以上三个部分，测算外部融资需求同样是根据以上三个来源进行的测算。因此，本题说法是错误的。

4.【答案】√ 【解析】本题考查的知识点是销售百分比法。销售百分比法首先要确定随着销售额变动而变动的资产和负债项目。销售额增加，经营性资产项目将占用更多的资金。同时，随着经营性资产的增加，相应的经营性短期债务也会增加，比如存货增加会导致应付账款的增加，此类债务称为自动性债务。因此，本题说法是正确的。

5.【答案】× 【解析】本题考查的知识点是资金习性预测法。资金习性预测法，是指根据资金习性预测未来资金需要量的一种方法。所谓资金习性，是指资金的变动同产销量变动之间的依存关系。按照资金同产销量之间的依存关系，可以把资金区分为不变资金、变动资金和半变动资金。因此，本题说法是错误的。

6.【答案】× 【解析】本题考查的知识点是资金习性预测法。按照资金同产销量之间的依存关系，可以把资金区分为不变资金、变动资金和半变动资金。不变资金是指在一定的产销量范围内，不受产销量变动的影响而保持固定不变的那部分资金。也就是说，产销量在一定范围内变动，这部分资金保持不变。因此，本题说法是错误的。

7.【答案】× 【解析】本题考查的知识点是资本成本的作用。资本成本是比较筹资方式、选择筹资方案的依据。各种资本的资本成本率，是比较、评价各种筹资方式的依据。在评价各种筹资方式时，一般会考虑的因素包括对企业控制权的影响、对投资者吸引力的大小、融资的难易和风险、资本成本的高低等，而资本成本是其中的重要因素。在其他条件相同时，企业筹资应选择资本成本率最低的方式。资本成本率是比较选择筹资方式的重要依据，但不是唯一依据。因此，本题说法是错误的。

8.【答案】× 【解析】本题考查的知识点是贴现模式。对于金额大、时间超过1年的长期资本，更为准确的资本成本计算方式是采用贴现模式，即将债务未来还本付息或股权未来股利分红的贴现值与目前筹资净额相等时的贴现率作为资本成本率。因此，本题说法是错误的。

9.【答案】√ 【解析】本题考查的知识点是个别资本成本的计算模型。为了便于分析比较，资本成本通常用不考虑货币时间价值的一般通用模型计算。对于金额大、时间超过1年的长期资本，更为准确的资本成本计算方式是采用贴现模式，即将债务未来还本付息或股权未来股利分红的贴现值与目前筹资净额相等时的贴现率作为资本成本率。因此，本题说法是正确的。

10.【答案】× 【解析】本题考查的知识点是公司债券的资本成本率。公司债券溢价发行和折价发行影响了公司债券的筹资总额，而公司债券资本成本 = 年利息 ×（1 – 所得税率）/ 债券筹资总额 ×（1 – 手续费用率）。因此，本题说法是错误的。

11.【答案】× 【解析】本题考查的知识点是债券的概念。债券是发行者为筹集资金，按照法定程序发行并向债权人承诺于指定日期还本付息的有价证券。债券的基本要素：票面利率。票面利率是指债券利息与债券面值的比率，是发行人承诺以后一定时期支付给债券持有人报酬的计算标准。因此，本题说法是错误的。

12. 【答案】× 【解析】本题考查的知识点是普通股资本成本。由于各期股利并不一定固定，并且随着各期收益波动，因此普通股的资本成本只能按贴现模式计算，并假定各期股利的变化呈一定规律性。如果是上市公司普通股，其资本成本还可以根据该公司股票收益率与市场收益率的相关性，按资本资产定价模型法估计。因此，本题说法是错误的。

13. 【答案】× 【解析】本题考查的知识点是优先股的资本成本率。优先股资本成本主要是向优先股股东支付的各期股利，如果各期股利是相等的，优先股资本成本率按一般模式计算：K_S = 年固定股息/优先股发行价格 ×（1 - 筹资费用率）。通过一般模式测算可以发现，固定股息影响了资本成本率，而所得税率并没有影响资本成本，是因为优先股股息不能税前扣除，发挥抵税作用，因此本题说法是错误的。

14. 【答案】× 【解析】本题考查的知识点是优先股资本成本率的测算。优先股资本成本率 $K=\frac{D}{P(1-f)}$，其中分母 P 代表的是优先股的价格，可以发现优先股价格与其资本成本率成反比，优先股价格越高，其资本成本率就越低，因此本题说法错误。

15. 【答案】× 【解析】本题考查的知识点是优先股资本成本率。采用固定股息的优先股，按照一般模式计算资本成本：K_S = 年固定股息/优先股发行价格 ×（1 - 筹资费用率）。发行价格位于分子的位置，溢价发行，则优先股资本成本率越低，折价发行，则资本成本率越高。因此，本题说法是错误的。

16. 【答案】× 【解析】留存收益是由企业税后净利润形成的，是一种所有者权益，其实质是所有者向企业的追加投资。企业利用留存收益筹资无须发生筹资费用。留存收益的资本成本率，表现为股东追加投资要求的收益率，其计算与普通股成本相同，也分为股利增长模型法和资本资产定价模型法，不同点在于其不考虑筹资费用。留存收益存在资本成本，因此，本题说法是错误的。

17. 【答案】× 【解析】本题考查的知识点是平均资本成本率的价值权数。账面价值权数是以各项个别资本的会计报表账面价值为基础来计算资本权数，确定各类资本占总资本的比重。其优点是资料容易取得，可以直接从资产负债表中得到，而且计算结果比较稳定。其缺点是当债券和股票的市价与账面价值差距较大时，导致按账面价值计算出来的资本成本不能反映目前从资本市场上筹集资本的现时机会成本，不适合评价现时的资本结构。因此，本题说法是错误的。

18. 【答案】× 【解析】本题考查的知识点是平均资本成本的计算。其存在着权数价值的选择问题，即各项个别资本按什么权数来确定资本比重，通常有账面价值、市场价值、目标价值等。边际资本成本是指：企业在追加筹资时，不能仅仅考虑目前所使用资本的成本，还要考虑新筹集资金的成本。边际资本成本，是企业进行追加筹资的决策依据。筹资方案组合时，边际资本成本的权数采用目标价值权数。本题说法错误。

19. 【答案】× 【解析】本题考查的知识点是项目资本成本。使用企业当前综合资本成本作为投资项目资本成本，应具备两个条件：项目的风险与企业当前资产的平均风险相同；公司继续采用相同的资本结构为项目筹资。其中两个条件必须同时具备才能使用企业当前综合资本成本作为投资项目资本成本。因此，本题说法是错误的。

20. 【答案】× 【解析】本题考查的知识点是经营杠杆效应。经营杠杆，是指由于固定性经营成本的存在，而使得企业的资产收益（息税前利润）变动率大于业务量变动率的现象。经营杠杆系数 = 1 + 基期固定成本/基期息税前利润。只要有固定性经营成本的存在，经营杠杆系数总是大于 1 的。当固定性经营成本等于 0 时，经营杠杆系数等于 1。因此，本题说法是错误的。

21. 【答案】√ 【解析】本题考查的知识点是财

务杠杆。财务杠杆，是指由于固定性资本成本的存在，而使得企业的普通股收益（或每股收益）变动率大于息税前利润变动率的现象。财务杠杆反映了权益资本收益的波动性，用以评价企业的财务风险。

$$DFL=\frac{\text{普通股收益变动率}}{\text{息税前利润变动率}}=\frac{\text{EPS 变动率}}{\text{EBIT 变动率}}$$

因此，本题说法是正确的。

22. 【答案】× 【解析】本题考查的知识点是总杠杆效应。只要企业同时存在固定性经营成本和固定性资本成本，就存在总杠杆效应。产销量变动通过息税前利润的变动，传导至普通股收益，使得每股收益发生更大的变动。总杠杆效应存在的前提是固定性经营成本和固定性资本成本是同时存在的。因此，本题说法是错误的。

23. 【答案】× 【解析】本题考查的知识点是杠杆效应中总杠杆系数的测算。总杠杆系数等于经营杠杆系数与财务杠杆系数的乘积，在财务杠杆系数不变的情况下，经营杠杆系数降低，则总杠杆系数也随之降低。

24. 【答案】× 【解析】本题考查的知识点是优序融资理论。企业偏好内部融资，当需要进行外部融资时，债务筹资优于股权筹资。从成熟的证券市场来看，企业的筹资优序模式首先是内部筹资，其次是借款、发行债券、可转换债券，最后是发行新股筹资。因此，本题说法是错误的。

25. 【答案】× 【解析】本题考查的知识点是资本结构含义。所谓最佳资本结构，是指在一定条件下使企业平均资本成本率最低、企业价值最大的资本结构。资本结构优化的目标，是降低平均资本成本率或提升公司价值。因此，本题说法是错误的。

26. 【答案】× 【解析】本题考查的知识点是双重股权结构。2018 年 9 月，国务院出台《国务院关于推动创新创业高质量发展打造“双创”升级版的意见》，明确允许科技企业实行“同股不同权”的股权结构。我国现在科创板上市公司可以使用双重股权结构。因此，本题说法是错误的。

第六章　投资管理

考情分析

本章重点介绍了投资项目流量的测算、投资项目财务评价指标的计算、投资项目财务决策方法、债券与股票的估值方法、证券投资管理等。本章属于难度高且重要的章节，各种题型都会涉及，是主观题考查的重点。每年预计的分值为 14 ~ 15 分。2019 ~ 2023 年知识点考查范围如下表所示。

年份	单选题	多选题	判断题	计算分析题
2023	投资项目财务评价指标；债券到期日价值与净损益；债券价值及影响因素；证券投资基金及风险；项目投资决策	回收期；内含收益率；净现值；年金净流量；现值指数；证券投资的风险	债券投资；项目投资决策；现值指数；	股票净现值；项目现金流量；年金净流量；净现值；证券投资管理；内含收益率
2022	项目现金流量；现值指数、内含报酬率及回收期	项目现金流量、净现值及年金净流量	—	固定资产更新决策（考虑所得税）；项目现金流量、净现值及年金净流量；证券投资管理；营业现金流量、净现值、静态回收期、现值指数
2021	内含收益率测算；互斥投资方案的决策；项目现金流；内含收益率；证券投资基金	财务可行性评价指标，现值指数、动态回收期、年金净流量和内含收益法；债券的票面利率与实际利率的关系	现值指数	年营业现金净现值；净现值；年金净流量；静态回收期
2020	静态回收期；证券投资风险；回收期	净现值、年金净流量、内含收益率、回收期	—	现金净流量；现值指数；固定资产更新决策
2019	债券估价；净现值；内含收益率；系统性风险；股票收益率	内含收益率	净现值；现值指数；债券的票面利率；债券价值；项目现金流量	静态回收期；动态回收期；净现值；现值指数；年金净流量；付现成本；年金成本

强化练习题

一、单选题

1. 下列投资项目评价指标中，可以反映项目投资方案本身收益率的是（　　）。

A. 净现值　　B. 年金净流量

C. 现值指数　　D. 内含收益率

2. 在对某投资方案进行分析时发现，当折现率为 8%，净现值为 25 万元，当折现率为 10%，净现值为8万元，当折现率为12%，净现值为-12万元，若投资方案只存在一个内含收益率，则其内含收益率的区间为（ ）。

A. 介于8%与10%之间

B. 介于10%与12%之间

C. 大于12%

D. 小于8%

3. 某投资方案，当折现率为15%时，其净现值为45元，当折现率为17%时，其净现值为-10元。该方案的内含收益率为（ ）。

A. 14.88% B. 16.86%

C. 16.64% D. 17.14%

4. 某项目投产后的销售收入为1 000万元，年付现成本为600万元，年折旧费为100万元，假定不存在利息与其他费用，企业所得税税率为25%，则投产后的年营业现金净流量是（ ）万元。

A. 325 B. 300

C. 1 225 D. 1 775

5. 下列各项中，不会影响项目投资内含收益率大小的是（ ）。

A. 项目寿命期 B. 营业现金净流量

C. 资本成本率 D. 原始投资额

6. 对于寿命期不同的互斥投资方案，下列各项中，最为适用的决策指标是（ ）。

A. 动态回收期 B. 净现值

C. 内含收益率 D. 年金净流量

7. 关于证券投资基金的特点，下列说法错误的是（ ）。

A. 通过集合理财实现专业化管理

B. 基金投资风险主要由基金管理人和基金托管人承担

C. 通过组合投资实现分散风险的目的

D. 基金操作权利与资金管理权力相互隔离

8. 关于互斥投资方案的决策，假设两个方案的折现率相同，下列表述错误的是（ ）。

A. 两方案寿命期相等，而原始投资额不等，应选择净现值较大的方案

B. 两方案寿命期相等，而原始投资额不等，应选择年金净流量较大的方案

C. 两方案寿命期不等，而原始投资额相等，应选择净现值较大的方案

D. 两方案寿命期不等，而原始投资额相等，应选择年金净流量较大的方案

9. 采用静态回收期法进行项目评价时，下列表述错误的是（ ）。

A. 若每年现金净流量不相等，则无法计算静态回收期

B. 静态回收期法没有考虑资金时间价值

C. 若每年现金净流量相等，则静态回收期等于原始投资额除以每年现金净流量

D. 静态回收期没有考虑回收期后的现金流量

10. 下列关于证券投资风险的表述，说法错误的是（ ）。

A. 基金投资风险由基金托管人和基金管理人承担

B. 系统性风险不能随着资产种类的增加而降低

C. 非系统性风险能随着资产种类的增加而降低

D. 国家经济政策的变化属于系统性风险

11. 某投资项目只有第一年年初产生现金净流出，随后各年均产生现金净流入，且其动态回收期短于项目的寿命期，则该投资项目的净现值（ ）。

A. 大于0 B. 无法判断

C. 等于0 D. 小于0

12. 如果某投资项目在建设起点一次性投入资金，随后每年都有正的现金净流量，在采用内含收益率对该项目进行财务可行性评价时，下列说法正确的是（ ）。

A. 如果内含收益率大于折现率，则项目净现值大于1

B. 如果内含收益率大于折现率，则项目现值指数大于1

C. 如果内含收益率小于折现率，则项目现值指数小于0

D. 如果内含收益率等于折现率，则项目动态回收期小于项目寿命期

13. 由于市场利率上升，而使证券资产价格具有普遍下跌的可能，投资者由此蒙受损失，此类证券投资风险是指（ ）。

A. 购买力风险 B. 价格风险

C. 再投资风险 D. 变现风险

14. 按照投资活动与企业本身生产经营活动的关系，可以将企业投资分为（ ）。

A. 项目投资与证券投资
B. 发展性投资与维持性投资
C. 直接投资与间接投资
D. 对内投资与对外投资

15. 下列投资活动中，既是间接投资也是证券投资的是（　　）。
A. 购买债券　B. 购建厂房
C. 兼并合并的投资　D. 更新替换旧设备

16. 下列各项中，属于间接投资活动的是（　　）。
A. 建设新的生产线　B. 合并其他企业
C. 基金投资　D. 开发新产品

17. 下列关于投资管理原则的说法中，正确的是（　　）。
A. 可行性分析主要是对投资的资金来源的可行性分析
B. 结构平衡原则要求资源合理配置，发挥资源最大的效用
C. 动态监控是对投资项目实施后的控制评价
D. 只有遵循可行性分析，投资项目才会正常顺利运行

18. 下列各项中，不属于非付现成本的是（　　）。
A. 固定资产折旧费
B. 长期资产待摊费用
C. 资产减值损失
D. 改良支出

19. 甲企业 2023 年的营业收入为 1 000 万元，付现成本为 700 万元，折旧费为 80 万元，适用的所得税税率为 25%，那么 2023 年产生的营业现金净流量为（　　）万元。
A. 55　B. 165
C. 155　D. 245

20. 某企业计划购买固定资产，该固定资产原值 300 万元，使用年限为 4 年，预计残值率为 10%，4 年后价值 100 万元，公司所得税税率为 25%，则该固定资产 4 年后现金净流量是（　　）万元。
A. 100　B. 82.5
C. 200　D. 30

21. 某公司对某投资项目的分析与评价资料如下：该投资项目适用的所得税税率为 30%，年税后营业收入为 700 万元，税后付现成本为 350 万元，税后净利润 210 万元。那么，该项目年营业现金净流量为（　　）万元。
A. 1 000　B. 500
C. 210　D. 410

22. 某公司预计建设一条生产线扩大生产规模，预计投资 1 000 万元，建设期为 2 年，每年年末等额支付，投产运营后每年新增税后营业利润 100 万元，该生产线寿命期为 5 年，无残值，假设企业所得税税率为 25%，投资者所要求的最低收益率为 10%，则该生产线的净现值为（　　）万元。已知（P/A，10%，2）= 1.74，（P/A，10%，7）= 4.87。
A. 80　B. 67
C. 81　D. 60

23. 下列关于年金净流量的计算公式中，正确的是（　　）。
A. 现金净流量总现值 = 年金净流量 × 年金现值系数
B. 现金净流入量现值 = 年金净流量 × 年金终值系数
C. 年金净流量 = 现金净流量总现值 × 年金终值系数
D. 年金净流量 = 现金净流出量现值 × 资本回收系数

24. 下列评价方法中，适用于两个寿命期不同的互斥方案决策的是（　　）。
A. 净现值　B. 静态回收期
C. 现值指数　D. 年金净流量

25. 已知某投资项目的使用寿命是 5 年，资金于建设起点一次投入，当年完工并投产，若投产后每年的现金净流量相等，经预计该项目的静态回收期是 3.6 年，则计算内含报酬率时确定的年金现值系数是（　　）。
A. 3.5　B. 2.4
C. 3.6　D. 2.5

26. 某公司有一个投资方案，需要一次性投资 1 000 万元，可用 4 年，无残值，第一年取得税后营业利润 100 万元，以后每年递增 8%，假设折现率为 6%，则投资方案的年金净流量是（　　）万元。已知（P/F，6%，1）= 0.943，（P/F，6%，2）= 0.89，（P/F，6%，3）= 0.84，（P/F，6%，4）= 0.792，（P/A，6%，4）= 3.465。

A. 70　　B. 68.92
C. 78　　D. 73.40

27. 某公司有一个投资方案，需要一次性投资1 000万元，可用4年，无残值，第一年取得税后营业利润200万元，以后每年递增10%，假设折现率为6%，则投资方案的现值指数是（　　）。已知（P/F，6%，1）=0.943，（P/F，6%，2）=0.89，（P/F，6%，3）=0.84，（P/F，6%，4）=0.792。
A. 1.67　　B. 1.72
C. 1.89　　D. 1.23

28. 某公司计划投资一台设备，设备原值500万元，使用寿命为5年，无残值。设备投产后，每年新增营业现金净流量90万元，则该投资方案的内含收益率为（　　）。
A. 5.22%　　B. 5.17%
C. 5.89%　　D. 6.24%

29. 已知某投资项目的原始投资额为100万元，投资期为2年，投产后第1~3年每年NCF=25万元，第4~10年每年NCF=20万元。则该项目包括投资期的静态回收期为（　　）。
A. 4.25年　　B. 6.25年
C. 4年　　D. 5年

30. 在对多个相互独立，互不依赖的投资方案决策时，通常采用的决策方法是（　　）。
A. 内含收益率法　　B. 净现值法
C. 现值指数法　　D. 回收期法

31. 对寿命期相同的固定资产更新决策，应该采用的评价方法是（　　）。
A. 净现值法　　B. 年金净流量法
C. 内含收益率法　　D. 静态回收期法

32. 证券资产的价值是由它带来未来的现金流量，按未来现金流量折现的资本化价值，体现了证券资产的（　　）。
A. 可分割性　　B. 持有目的多元性
C. 价值虚拟性　　D. 强流动性

33. 某企业为了稳定货源，对其供应商进行投资，购买供应商的股票，以达到对供应商的控制，则企业进行证券投资的目的是（　　）。
A. 分散资金投向　　B. 增加企业收益
C. 保障生产经营　　D. 提高资产流动性

34. 根据债券估值基本模型，若不考虑其他因素的影响，下列表述错误的是（　　）。
A. 债券的面值越大，债券的价值越大
B. 折现率越大，债券的价值越大
C. 债券的票面利率越大，债券的价值越大
D. 利息的支付频率越高，债券的价值越大

35. 下列因素中，不影响股票价值高低的是（　　）。
A. 股利　　B. 持有期限
C. 股价　　D. 贴现率

36. 某公司计划投资A公司股票，要求的投资收益率为10%，并准备长期持有。A公司计划2023年发放每股股利0.6元，预计股利以每年8%的速度增长，则该公司股票的价值是（　　）元。
A. 40　　B. 32.4
C. 35.8　　D. 41.2

37. 某公司股票的当前市场价格为10元/股，2023年发放的现金股利为0.2元/股（即D_0=0.2），预计未来每年股利增长率为5%，则该股票的内部收益率为（　　）。
A. 7.1%　　B. 8.7%
C. 5%　　D. 2%

38. 某基金资产中，81%的基金资产投资于股票，10%的基金资产投资于债券，9%的基金资产投资于货币基金，则该基金被认定为（　　）。
A. 股票基金　　B. 债券基金
C. 混合基金　　D. 货币市场基金

39. 某基金近四年的收益率分别为5%、7%、4%、6%，则该基金的算术平均收益率是（　　）。
A. 5.2%　　B. 5.5%
C. 5.9%　　D. 6%

40. 关于投资者买入看涨期权的净损失，下列表述正确的是（　　）。
A. 净损失最大为0
B. 净损失最大为标的资产市场价格
C. 净损失最大为期权费用
D. 净损失最大为执行价格

41. 某投资者2022年初以90元的价格购入A公司股票，2022年获得每股0.8元股利，2022年末股票价格为103元，则该投资者持有期间的收益率是（　　）。
A. 15.33%　　B. 16.12%

C. 15.26%　　D. 14.89%

42. 假设某股票看涨期权的执行价格为100元，期权费用为8元，到期日股价为109元，对于看涨期权的买方，则该期权的净损益为（　　）元。

A. 9　　B. 1

C. 8　　D. 2

二、多选题

1. 下列各项中，会影响投资项目内含收益率计算结果的有（　　）。

A. 必要投资收益率

B. 原始投资额

C. 项目的使用年限

D. 项目建设期的长短

2. 下列各项财务评价指标中，属于动态评价指标的有（　　）。

A. 净现值　　B. 现值指数

C. 静态回收期　　D. 内含报酬率

3. 某项目的原始投资在建设期起点一次性投入，若不考虑其他因素的影响，当贴现率下降时，下列指标会变大的有（　　）。

A. 动态回收期　　B. 净现值

C. 内含收益率　　D. 现值指数

4. 下列情形中，债券的实际利率与票面利率不一致的有（　　）。

A. 债券溢价发行，每年年末付息一次，到期一次偿还本金

B. 债券折价发行，按年复利计息，到期一次还本付息

C. 债券按面值发行，每年年末付息一次，到期一次偿还本金

D. 债券按面值发行，按年复利计息，到期一次还本付息

5. 在债券票面利率大于市场利率的情形下，基于债券估价基本模型，若不考虑其他因素的影响，下列说法正确的有（　　）。

A. 付款频率提高，债券价值下降

B. 票面利率上升，债券价值上升

C. 市场利率上升，债券价值下降

D. 债券期限延长，债券价值下降

6. 下列项目投资评价指标中，考虑了资金时间价值因素的有（　　）。

A. 内含收益率　　B. 净现值

C. 年金净流量　　D. 动态回收期

7. 企业投资按投资对象的存在形态和性质，划分为（　　）。

A. 项目投资　　B. 证券投资

C. 发展性投资　　D. 维持性投资

8. 下列投资活动中，属于战略性投资活动的有（　　）。

A. 企业兼并合并的投资

B. 开发新产品

C. 更新替换旧设备的投资

D. 扩大生产规模的投资

9. 下列投资活动中，既属于对内投资，也属于直接投资的有（　　）。

A. 联合投资

B. 购买并配置劳动力

C. 购买生产经营活动的设备

D. 合作经营

10. 为了适应投资项目的要求，实现投资管理目标，制定投资管理的基本原则有（　　）。

A. 可行性分析原则

B. 结构平衡原则

C. 经济与效益原则

D. 动态监控原则

11. 投资决策中的现金流量指现金净流量，则下列各项中，属于现金流量的现金有（　　）。

A. 库存现金

B. 银行存款

C. 原材料的变现价值

D. 设备的变现价值

12. 根据现金流量时点假设，现金流量涉及的价值指标无论是时点指标，还是时期指标，均作为年初或年末的时点指标，下列关于时点指标的说法中正确的有（　　）。

A. 建设投资在年度年初发生

B. 流动资金投资在年初发生

C. 经营期内的收入在年末发生

D. 经营期内的折旧在年初发生

13. 项目投资的生命周期大致分为投资期、营业期和终结期，其中投资期的现金流量主要包括（　　）。

A. 长期资产投资　　B. 营业收入

C. 营业资金垫支　　D. 营业利润

第六章

14. 如果考虑所得税的影响，下列关于营业期间现金净流量（NCF）表示正确的有（　　）。

A. NCF = 营业收入 - 付现成本 - 所得税

B. NCF = 税后营业利润 + 非付现成本

C. NCF = 收入 ×（1 - 所得税税率）- 付现成本 ×（1 - 所得税税率）+ 非付现成本 × 所得税税率

D. NCF =（营业收入 - 付现成本 - 非付现成本）×（1 - 所得税税率）+ 非付现成本

15. 投资项目终结期的现金流量，其主要包括的现金流量项目有（　　）。

A. 固定资产折旧费

B. 固定资产变价净收入

C. 固定资产变现净损益

D. 垫支营运资金的收回

16. 采用净现值法评价投资项目可行性时，折现率选择的依据通常有（　　）。

A. 市场利率

B. 期望最低投资报酬率

C. 企业平均资本成本率

D. 投资项目的内含报酬率

17. 下列各项中，属于净现值指标缺点的有（　　）。

A. 不能对寿命期相等的互斥投资方案作比较

B. 当各项目投资额不等时，仅用净现值无法确定独立投资方案的优劣

C. 所采用的折现率不易确定

D. 没有考虑投资的风险性

18. 下列关于现值指数的说法中，正确的有（　　）。

A. 现值指数等于未来现金净流量终值与原始投资额现值的比值

B. 现值指数大于1，说明方案的投资收益率高于必要收益率

C. 现值指数是相对指标，反映了投资效率

D. 现值指数可以比较与原始投资额现值不同的独立投资方案

19. 下列关于年金净流量指标的说法中，正确的有（　　）。

A. 在进行互斥方案分析时，年金净流量越大越好

B. 年金净流量法适用于原始投资额不相等的独立方案决策

C. 寿命期相同的情况下，年金净流量法等同于净现值法

D. 对寿命期不等的投资方案不适用

20. 某企业甲乙两个投资方案的资料如下：甲方案寿命期8年，净现值为600万元，内含收益率为12%；乙方案寿命期8年，净现值为400万元，内含收益率为16%。据此可以认定（　　）。

A. 若甲乙两方案是独立方案，则甲方案较好

B. 若甲乙两方案是独立方案，则乙方案较好

C. 若甲乙两方案是互斥方案，则甲方案较好

D. 若甲乙两方案是互斥方案，则乙方案较好

21. 某项目需要在第一年年初投资76万元，寿命期为6年，每年年末产生现金净流量20万元。已知（P/A，14%，6）= 3.8887，（P/A，15%，6）= 3.7845。若公司根据内含收益率法认定该项目具有可行性，则该项目的必要投资收益率不可能为（　　）。

A. 16%　　B. 13%

C. 14%　　D. 15%

22. 对寿命期不同的设备重置决策采用年金成本方式决策时，应考虑的现金流量有（　　）。

A. 新旧设备目前的市场价值

B. 新旧设备残值变价收入

C. 新旧设备的年营运成本

D. 新旧设备的年营业收入

23. 关于证券投资的系统风险，下列说法正确的有（　　）。

A. 系统性风险无法通过投资多元化组合而分散

B. 资本需求量增加，市场利率上升，证券资产价格下降

C. 投资短期证券资产有利于降低市场利率下降的再投资风险

D. 通货膨胀使货币购买力下降引发的风险即是购买力风险

24. 下列各项中，属于证券资产的非系统风险的有（　　）。

A. 公司研发风险　　B. 破产风险

C. 再投资风险　　D. 违约风险

25. 下列影响债券价值的说法中，正确的有（　　）。

A. 债券期限越短，债券票面利率对债券价

值的影响越小

B. 市场利率与债券价值呈反向变动关系

C. 长期债券对市场利率的敏感性小于短期债券

D. 市场利率低于票面利率时，债券价值对市场利率的变化较为敏感

26. 下列关于折价发行，说法正确的有（　　）。

A. 债券价值低于债券面值

B. 债券价值高于债券面值

C. 贴现率高于债券票面利率

D. 贴现率低于债券票面利率

27. 关于股票投资收益，下列说法正确的有（　　）。

A. 股票投资收益由股利收益、股利再投资收益及转让价差收益组成

B. 零增长模式下，股票内部收益率 $R=\frac{D}{P}$

C. 固定增长模式下，股票内部收益率 $R=\frac{D_1}{P_0}+g$

D. 投资者要求的最低收益率高于内部收益率，投资者才会愿意投资

28. 下列各项投资基金中，适用于未上市公司的股权投资的有（　　）。

A. 股票　　B. 私募股权基金

C. 风险投资基金　　D. 对冲基金

29. 按照投资对象的不同，可以将基金分为（　　）。

A. 股票基金　　B. 债券基金

C. 主动型基金　　D. 被动型基金

30. 与私募投资基金相比，下列关于公募投资基金中，说法正确的有（　　）。

A. 募集对象不确定

B. 投资金额较低

C. 单个投资资金量大

D. 采取非公开方式发售

31. 下列关于期权合约的说法中，正确的有（　　）。

A. 买入看涨期权方最大净损失为期权费用，净收益则没有上限

B. 买入看跌期权方的净损失最大为期权费用，净收益上限为执行价格－期权费用

C. 卖出看涨期权方的净损失为期权费用，净收益没有下限

D. 卖出看跌期权的净收益最大为期权费用，净损失最大为执行价格－期权费用

三、判断题

1. 如果投资项目 A 的动态回收期小于投资项目 B，那么项目 A 的收益率大于项目 B。（　　）

2. 动态回收期考虑了项目寿命期内的全部现金流量。（　　）

3. 投资项目是否具备财务可行性，完全取决于该项目在整个寿命周期内获得的利润总额是否超过整个项目投资成本。（　　）

4. 内含收益率指标有时无法对互斥方案做出正确决策。（　　）

5. 不考虑其他因素的影响，如果债券的票面利率大于市场利率，则该债券的期限越长，其价值就越低。（　　）

6. 由于债券的面值、期限和票面利息通常是固定的，因此债券给持有者带来的未来收益仅为利息收益。（　　）

7. 企业投资是企业为了获取未来收益而向一定对象投资资金的行为，比如购建厂房、购买设备等属于投资行为，而购买股票等金融资产不属于投资行为。（　　）

8. 企业的生产经营是企业资产的运用和资产形态的转换过程，先有经营活动才有投资活动，经营活动指导投资活动的投资方向与目标。（　　）

9. 企业对非例行投资活动的管理属于非程序化管理，主要体现在涉及资金数额较大、投资项目影响的时间较长。（　　）

10. 直接投资与间接投资、项目投资与证券投资，两种投资分类方式的内涵和范围相同，但分类角度不同。（　　）

11. 对内投资都是直接投资，反之，对外投资都是间接投资。（　　）

12. 投资项目可行性分析均是以净利润为对象进行的可行性分析，如果净利润为正，则该投资项目可行。（　　）

13. 根据现金流量的全投资假设，计算固定资产原值时，不区分自有资金和借入资金，不需要考虑借款利息因素。（　　）

14. 终结阶段的现金流量主要是现金流入量，其

中固定资产变现损益会引起现金净流量的增加。（ ）

15. 采用投资者所期望的最低投资收益率为折现率，当净现值大于0时，说明该方案投资者所要求的投资报酬率高于该方案的实际收益率，反之，则相反。（ ）

16. 若净现值大于0，年金净流量一定大于0。（ ）

17. 假设每年营业现金净流量为正数，当净现值小于0时，则项目动态回收期小于项目寿命期。（ ）

18. 项目投资决策时，对于独立方案决策要以获利数额作为评价标准，对于互斥投资方案决策时要以获利程度作为评价标准。（ ）

19. 债券按面值发行，每年年末付息一次，到期一次偿还本金，债券的实际利率与票面利率不一致。（ ）

20. 假设其他条件不变，市场利率变动后，债券价格反方向变动，即市场利率上升，债券价格下降。（ ）

21. 企业投资于某公司证券可能因该公司破产而引发无法收回其本金的风险，这种风险属于非系统性风险。（ ）

22. 名义利息收益属于股票投资收益。（ ）

23. 对于溢价债券来说，其债券内部收益率高于票面利率，对于折价债券来说，折价债券的内部收益率低于票面利率。（ ）

24. 当标的资产的市场价格低于执行价格时，看跌期权的买方则行权，看涨期权的买方则不会行权。（ ）

快速查答案

一、单选题

序号	1	2	3	4	5	6	7	8	9	10	11	12
答案	D	B	C	A	C	D	B	C	A	A	A	B
序号	13	14	15	16	17	18	19	20	21	22	23	24
答案	B	C	A	C	B	D	D	B	D	B	A	D
序号	25	26	27	28	29	30	31	32	33	34	35	36
答案	C	D	A	A	B	A	A	C	C	B	C	B
序号	37	38	39	40	41	42						
答案	A	A	B	C	A	B						

二、多选题

序号	1	2	3	4	5	6	7	8	9	10	11	12
答案	BCD	ABD	BD	AB	BC	ABCD	AB	ABD	BC	ABD	ABCD	BC
序号	13	14	15	16	17	18	19	20	21	22	23	24
答案	AC	ABCD	BCD	ABC	BC	BCD	AC	BC	AD	ABC	ABD	ABD
序号	25	26	27	28	29	30	31					
答案	ABD	AC	ABC	BC	AB	AB	ABD					

三、判断题

序号	1	2	3	4	5	6	7	8	9	10	11	12
答案	×	×	×	√	×	×	×	×	√	√	×	×
序号	13	14	15	16	17	18	19	20	21	22	23	24
答案	×	×	×	√	×	×	×	√	√	×	×	√

参考答案及解析

一、单选题

1.【答案】D 【解析】本题考查的是内含收益率的基本原理。净现值、年金净流量、现值指数都是依据一个设定的贴现率来评价项目是否可行，但并未反映项目本身的收益率，而内含收益率可以反映投资项目可能达到的收益率，故选项D正确。

2.【答案】B 【解析】本题考查的知识点是内含收益率。内含收益率是指对投资方案未来的每年现金净流量进行贴现，使得现值恰好与原始投资额现值相等，从而使净现值等于零时的贴现率，因此该投资方案的贴现率介于10%与12%之间，因为净现值等于零时介于两者之间，因此，正确选项是B。

3.【答案】C 【解析】本题考查的是内含收益率的计算。内含收益率是使净现值为0时的折现率。根据（i－15%）/(17%－15%)＝(0－45)/(－10－45）可知，内含收益率＝16.64%。

4.【答案】A 【解析】本题考查的知识点是营业期间现金净流量。考虑所得税的影响后，营业现金净流量（NCF）＝营业收入－付现成本－所得税；或：＝税后营业利润＋非付现成本；或：＝收入×(1－所得税税率)－付现成本×(1－所得税税率)＋非付现成本×所得税税率。NCF＝(1 000－600－100)×(1－25%)＋100＝325（万元）。因此，正确选项是A。

5.【答案】C 【解析】本题考查的知识点是内含收益率。内含收益率是指对投资方案未来的每年现金净流量进行贴现，使所得的现值恰好与原始投资额现值相等，从而使净现值等于零时的贴现率。每年现金净流量相等是一种年金形式，通过查年金现值系数表，可计算出未来现金净流量现值，并令其净现值为零，有：未来每年现金净流量×年金现值系数－原始投资额现值＝0。计算出净现值为零时的年金现值系数后，通过查年金现值系数表，利用插值法即可计算出相应的贴现率i，该贴现率就是方案的内含收益率。选项ABD都是测算内含收益率的变量，因此，正确选项是C。

6.【答案】D 【解析】本题考查的是互斥投资方案的决策。在互斥投资方案中，如果两个项目寿命期不同，可采用共同年限法或者年金净流量法。

7.【答案】B 【解析】本题考查的知识点是证券投资基金。投资者利益共享且风险共担：基金投资者可以获取的收益等于基金投资收益减去基金应当承担的相关费用，各投资者依据所持有的份额比例进行分配，当收益上升或下降时，各基金投资者获取的收益也按照其持有比例上升或下降相应的金额。参与基金运作的基金管理人和基金托管人仅按照约定的比例收取管理费用和托管费用，无权参与基金收益的分配。基金管理人和基金托管人无权参与基金收益的分配，因此，无须承担投资风险。因此，正确选项是B。

8.【答案】C 【解析】本题考查的是项目投资决策。在两个方案的折现率相同的情况下，关于互斥投资方案的决策，不考虑原始投资额的大小，若寿命期相等，应选择净现值或年金净流量较大的方案，若寿命期不相等，

第六章

应选择年金净流量较大的方案。

9.【答案】A 【解析】本题考查的知识点是静态回收期。静态回收期没有考虑货币时间价值，直接用未来现金净流量累计到原始投资数额时所经历的时间作为静态回收期。选项B说法是正确的；静态回收期有两种计算方案：一是未来现金净流量相等时，静态回收期等于原始投资额除以每年现金净流量；二是未来每年现金净流量不相等时。在这种情况下，应把未来每年的现金净流量逐年加总，根据累计现金流量来确定回收期，选项A说法是错误的，选项C说法是正确的；静态回收期和动态回收期还有一个共同局限，就是它们计算回收期时只考虑了未来现金净流量（或现值）总和中等于原始投资额（或现值）的部分，没有考虑超过原始投资额（或现值）的部分。选项D说法是正确的。因此，正确选项是A。

10.【答案】A 【解析】本题考查的是证券投资风险。参与基金运作的基金管理人和基金托管人仅按照约定的比例收取管理费和托管费用，无权参与基金收益的分配，故选项A错误。

11.【答案】A 【解析】本题考查的知识点是动态回收期。动态回收期需要将投资引起的未来现金净流量进行贴现，以未来现金净流量的现值，等于原始投资额现值时所经历的时间为动态回收期。动态回收期小于项目寿命期，说明项目未来现金净流量现值大于项目原始投资额现值，所以净现值大于0。因此，正确选项是A。

12.【答案】B 【解析】本题考查的知识点是内含收益率。内含收益率是指对投资方案未来的每年现金净流量进行贴现，使所得的现值恰好与原始投资额现值相等，从而使净现值等于零时的贴现率。这个贴现率就是投资方案实际可能达到的投资收益率。计算方案的净现值时，以必要投资收益率作为贴现率计算，净现值的结果往往是大于零或小于零，这就说明方案实际可能达到的投资收益率大于或小于必要投资收益率。内含收益率大于贴现率时，则净现值大于0，同时现值指数大于1。选项AC说法是错误的。内含收益率等于折现率时，净现值等于0，动态回收期等于项目寿命期。因此，正确选项是B。

13.【答案】B 【解析】本题考查的是证券投资风险。价格风险是指由于市场利率上升，而使证券资产价格普遍下跌的可能性。

14.【答案】C 【解析】本题考查的知识点是企业投资的分类。按投资活动与企业本身生产经营活动的关系，企业投资可以划分为直接投资和间接投资；按投资对象的存在形态和性质，企业投资可以划分为项目投资和证券投资；按投资活动对企业未来生产经营前景的影响，企业投资可以划分为发展性投资和维持性投资；按投资活动资金投出的方向，企业投资可以划分为对内投资和对外投资。因此，正确选项是C。

15.【答案】A 【解析】本题考查的知识点是直接投资。间接投资，是指将资金投放于股票、债券等资产上的企业投资；企业可以通过投资，购买证券资产，通过证券资产上所赋予的权利，间接控制被投资企业的生产经营活动，获取投资收益。这类投资，称为证券投资，即购买属于综合生产要素的权益性权利资产的企业投资。证券投资也属于间接投资，两个只是分类角度不同。因此，正确选项是A。

16.【答案】C 【解析】本题考查的知识点是间接投资。间接投资，是指将资金投放于股票、债券等资产上的企业投资。之所以称为间接投资，是因为股票、债券的发行方，在筹集到资金后，再把这些资金投放于形成生产经营能力的实体性资产，以获取经营利润。基金投资也是一种间接投资，通过投资于股票、债券等的投资组合获取收益。因此，正确选项是C。

17.【答案】B 【解析】本题考查的知识点是投资管理的原则。可行性分析是对投资项目实施的可行性进行科学的论证；如何合理配置资源，使有限的资金发挥最大的效用，是投资管理中资金投放所面临的重要问题。投资项目在实施后，资金就较长期地固化在具体项目上，退出和转向都不太容易。只有遵循结构平衡原则，投资项目实施后才能正常顺利地运行，才能避免资源的闲置和浪费。投资的动态监控，是指对投资项目实施过程中的进程控制。选项 ACD 说法是错误的。因此，正确选项是 B。

18. 【答案】D 【解析】本题考查的知识点是营业期的现金流出。现金流出主要是营运各年的付现营运成本。营业期内某一年发生的改良支出是一种投资，应作为该年的现金流出。非付现成本主要是固定资产年折旧费用、长期资产摊销费用、资产减值损失等。其中，长期资产摊销费用主要有跨年的大修理摊销费用、改良工程折旧摊销费用、筹建费摊销费用等。因此，正确选项是 D。

19. 【答案】D 【解析】本题考查的是年营业现金净流量。营业现金净流量 = 税后营业利润 + 非付现成本。税后营业利润 =（1 000 − 700 − 80）×（1 − 25%）= 165（万元），营业现金净流量 = 165 + 80 = 245（万元）。

20. 【答案】B 【解析】本题考查的知识点是终结期的现金流量。终结阶段的现金流量主要是现金流入量，包括固定资产变价净收入、固定资产变现净损益和垫支营运资金的收回。本题无垫支营运资本的收回。固定资产变价净收入，是指固定资产出售或报废时出售价款或残值收入扣除清理费用后的净额。固定资产变现净损益对现金净流量的影响 =（账面价值 − 变价净收入）× 所得税税率。固定资产 4 年后的账面价值 = 30 万元，变现净收入为 100 万元，固定资产变现净损益对现金净流量影响额 =（30 − 100）× 25% = −17.5（万元）。现金净流量 = 变现净收入 + 固定资产变现净损益 = 100 − 17.5 = 82.5（万元）。因此，正确选项是 B。

21. 【答案】D 【解析】本题考查的是年营业现金净流量。年营业现金净流量 = 营业收入 ×（1 − 所得税税率）− 付现成本 ×（1 − 所得税税率）+ 非付现成本 × 所得税税率。营业收入 = 700/（1 − 30%）= 1 000（万元），付现成本 = 350/（1 − 30%）= 500（万元），（1 000 − 500 − 折旧）×（1 − 30%）= 210（万元），折旧额为 200 万元，现金流量 = 700 − 350 + 200 × 30% = 410（万元）。

22. 【答案】B 【解析】本题考查的知识点是净现值评价方法。一个投资项目，其未来现金净流量现值与原始投资额现值之间的差额，称为净现值。计算公式为：净现值（NPV）= 未来现金净流量现值 − 原始投资额现值。每年折旧额 = 1 000/5 = 200（万元），营业期现金净流量 = 税后营业利润 + 折旧 = 300 万元。未来现金净流量现值 = 300 ×（P/A，10%，7）− 300 ×（P/A，10%，2）= 300 × 4.87 − 300 × 1.74 = 937（万元）。原始投资额现值 = 500 ×（P/A，10%，2）= 870（万元）。净现值 = 937 − 870 = 67（万元）。因此，正确选项是 B。

23. 【答案】A 【解析】本题考查的知识点是年金净流量。项目期内全部现金净流量的总现值或总终值折算为年金形式的现金净流量，称为年金净流量（ANCF）。年金净流量的计算公式为：年金净流量 = 现金净流量总现值/年金现值系数，或现金净流量总终值/年金终值系数。因此，正确选项是 A。

24. 【答案】D 【解析】本题考查的知识点是年金净流量。年金净流量法是净现值法的辅助方法，在各方案寿命期相同时，实质上就是净现值法。因此它适用于期限不同的投资方案决策。但同时，它也具有与净现值法同样的缺点，不便于对原始投资额不相等的独立投资方案进行决策。因此，正确选项是 D。

25. 【答案】C 【解析】本题考查的是年金现值系数的计算。当未来每年现金流量相等时，静态回收期 = 原始投资额/每年现金净流量 = 3.6，每年现金净流量 ×（P/A，IRR，5）− 原始投资额 = 0，（P/A，IRR，5）= 原始投资额/每年现金净流量 = 3.6。

26. 【答案】D 【解析】本题考查的知识点是年金净流量。项目期内全部现金净流量的总现值或总终值折算为年金现值形式的现金净流量，称为年金净流量。年金净流量 = 现金净流量总现值/年金现值系数；或 = 年金净流量总终值/年金终值系数。投资方案每年折旧 = 1 000/4 = 250（万元），第一年营业现金净流量 = 100 + 250 = 350（万元），第二年营业现金净流量 = 100 ×（1 + 8%）+ 250 = 358（万元），第三年营业现金净流量 = $100 \times (1 + 8\%)^2 + 250 = 366.64$（万元），第四年营业现金净流量 = $100 \times (1 + 8\%)^3 + 250 =$

375.97（万元）。现金净流量总现值 = 350 × 0.943 + 358 × 0.89 + 366.64 × 0.84 + 375.87 × 0.792 − 1 000 = 254.34（万元）。年金净流量 = 254.34/（P/A，6%，4）= 73.40（万元）。

27.【答案】A【解析】本题考查的知识点是现值指数评价方法。现值指数是投资项目的未来现金净流量现值与原始投资现值之比。计算公式为：现值指数 = 未来现金净流量现值/原始投资额现值。投资方案每年折旧 = 1 000/4 = 250（万元），第一年营业现金净流量 = 200 + 250 = 450（万元），第二年营业现金净流量 = 200 ×（1 + 10%）+ 250 = 470（万元），第三年营业现金净流量 = $200 \times (1 + 10\%)^2 + 250 = 492$（万元），第四年营业现金净流量 = $200 \times (1 + 10\%)^3 + 250 = 516.2$（万元）。现值指数 =（450 × 0.943 + 470 × 0.89 + 492 × 0.84 + 516.2 × 0.792）/1 000 = 1.67。

28.【答案】A【解析】本题考查的知识点是内含收益率法。内含收益率是指对投资方案未来的每年现金净流量进行贴现，使所得的现值恰好与原始投资额现值相等，从而使净现值等于零时的贴现率。未来每年现金净流量相等时，每年现金净流量相等是一种年金形式，通过查年金现值系数表，可计算出未来现金净流量现值，并令其净现值为零，有：未来每年现金净流量 × 年金现值系数 − 原始投资额现值 = 0。计算出净现值为零时的年金现值系数后，通过查年金现值系数表，利用插值法即可计算出相应的贴现率 i，该贴现率就是方案的内含收益率。方案的原始投资额为 500 万元，未来现金净流量现值 = 90 ×（P/A，i，5），90 ×（P/A，i，5）= 500，（P/A，i，5）= 5.55，（P/A，4%，5）= 5.416，（P/A，5%，5）= 5.526，采用插值法：（i − 4%）/（5% − 4%）=（5.55 − 5.416）/（5.526 − 5.416），求得内含收益率 = 5.22%。因此，正确选项是 A。

29.【答案】B【解析】本题考查的是静态回收期的计算。静态回收期 = 原始投资额/每年现金净流量。不包括投资期的静态回收期 = 4 + 5/20 = 4.25（年）。包括投资期的静态回收期 = 2 + 4.25 = 6.25（年）。

30.【答案】A【解析】本题考查的知识点是独立投资方案的决策。独立投资方案，是指两个或两个以上项目互不依赖，可以同时存在，各方案的决策也是独立的。独立投资方案的决策属于筛分决策，评价各方案本身是否可行，即方案本身是否达到某种要求的可行性标准。独立投资方案之间比较时，决策要解决的问题是如何确定各种可行方案的投资顺序，即各独立方案之间的优先次序。一般采用内含收益率法进行比较决策。因此，正确选项是 A。

31.【答案】A【解析】本题考查的知识点是固定资产更新决策。固定资产更新决策所采用的决策方法是净现值法和年金净流量法，一般不采用内含收益率法。对于寿命期相同的设备重新决策采用净现值法，对于寿命期不同的设备重置决策采用净现值指标可能无法得出正确决策的结果，应该采用年金净流量法决策。因此，正确选项是 A。

32.【答案】C【解析】本题考查的知识点是证券资产的特点。价值虚拟性：证券资产不能脱离实体资产而完全独立存在，但证券资产的价值不完全由实体资本的现实生产经营活动决定，而是取决于契约性权利所能带来的未来现金流量，是一种未来现金流量折现的资本化价值。因此，正确选项是 C。

33.【答案】C【解析】本题考查的知识点是证券投资的目的。证券投资有如下目的：（1）分散资金投向，降低投资风险。（2）利用闲置资金，增加企业收益。（3）稳定客户关系，保障生产经营；为了保持与供销客户良好而稳定的业务关系，可以对业务关系链的供销企业进行投资，购买其债券或股票，甚至达到控制。（4）提高资产流动性，增强偿债能力。因此，正确选项是 C。

34.【答案】B【解析】本题考查的是债券价值及影响因素。折现率与债券价值反向变动，折现率越大，债券的价值越小，选项 B 错误。

35.【答案】C【解析】本题考查的知识点是股票价值估值。与债券价值估值不同的是持有期限，股利和贴现率是影响股票价值的重要因素。股票估值模型中不包括股价因素，因此，正确选项是 C。

36.【答案】B【解析】本题考查的知识点是股

票价值的估值。固定增长模式下，股票价值 $V=D_0\times(1+g)/(R_s-g)$。其中 R_s 是为估价所采用的贴现率即期望的最低收益率；g 为股利增长速度；D_0 为本期股利。根据固定股利增长模型：公司股票的价值 $=0.6\times(1+8\%)/(10\%-8\%)=32.4$（元）。

37. 【答案】A 【解析】本题考查的是股票内部收益率。股票的内部收益率 $=D_1/P_0+g=0.2\times(1+5\%)/10+5\%=7.1\%$。

38. 【答案】A 【解析】本题考查的知识点是证券投资分类。依据投资对象可以将基金分为股票基金、债券基金、货币市场基金和混合基金等。根据中国证监会对基金类别的分类标准，股票基金为基金资产 80% 以上投资于股票的基金，债券基金为基金资产 80% 以上投资于债券的基金。因此，正确选项是 A。

39. 【答案】B 【解析】本题考查的知识点是基金投资的绝对收益－算术平均收益率。算术平均收益率等于所有收益率之和的平均值。因此，该基金算术平均收益率 $=(5\%+7\%+4\%+6\%)/4=5.5\%$。因此，正确选项是 B。

40. 【答案】C 【解析】本题考查的是期权投资。买入看涨期权的净损益 = max(期权到期日标的资产市场价格－执行价格，0)－期权费用，因此买入看涨期权的到期日价值最小值为 0，所以买入看涨期权的净损失最大为期权费用，选项 C 正确。

41. 【答案】A 【解析】本题考查的知识点是证券投资基金持有期间收益率。持有期间收益率 =(期末资产价格－期初资产价格＋持有期间红利收入)/期初资产价格 ×100%，股票持有期间收益率 $=(103-90+0.8)/90=15.33\%$。因此，正确选项是 A。

42. 【答案】B 【解析】本题考查的知识点是期权到期日价格与净损益的计算。对于买入看涨期权的买方来说，当股价高于执行价格时，期权到期日价值为股价－执行价格；当股价低于执行价格时，期权买方不会行权，期权到期日价值为 0。由于该股票的股价高于执行价格，买方进行行权，期权价值 $=109-100=9$（元），期权净损益 = 期权价值－期权费用 = 1（元）。因此，正确选项是 B。

二、多选题

1. 【答案】BCD 【解析】本题考查的知识点是内含收益率，内含收益率是指对投资方案未来的每年现金净流量进行折现，使得净现值恰好与原始投资额现值相等，从而使净现值等于零时的折现率，与之相关的变量包含原始投资额、未来每年现金净流量、项目的使用年限及项目的建设期，而必要投资收益率高低与计算内含收益率高低没有关系，因此，正确选项是 BCD。

2. 【答案】ABD 【解析】本题考查的是财务评价指标。静态回收期没有考虑货币时间价值，属于静态评价指标。

3. 【答案】BD 【解析】本题考查的知识点是项目评价方法。净现值、现值指数指标大小与贴现率的变动方向相反，因为贴现率变小，现值系数变大。内含收益率大小与贴现率没有关系。动态回收期指标大小与贴现率的变动方向相同。因此，正确选项是 BD。

4. 【答案】AB 【解析】本题考查的知识点是债券价值。债券的票面利率可能小于、等于或大于市场利率，因而债券价值就可能小于、等于或大于债券票面价值，因此在债券实际发行时就要折价、平价或溢价发行。折价发行是票面利率低于市场利率；平价发行是因为票面利率与市场利率相等，此时票面价值和债券价值是一致的；溢价发行是债券票面利率高于市场利率。因此，正确选项是 AB。

5. 【答案】BC 【解析】本题考查的知识点是债券价值。债券票面利率高于市场利率，债券是溢价发行。付息频率越高，实际收入就会提高，债券价值随之上升。票面利率与债券价值是同向关系，票面利率越高，债券价值越高；市场利率与债券价值是负向关系，市场利率上升，债券价值下降；对于溢价发行债券，债券期限延长，债券价值上升。因此，正确选项是 BC。

6. 【答案】ABCD 【解析】本题考查的知识点是项目评价指标。教材中的评价指标除了静态回收期没有考虑货币时间价值，其他指标都考虑了货币时间价值因素。因此，正确选项是 ABCD。

7. 【答案】AB 【解析】本题考查的是投资的分类。企业投资按投资活动对企业未来生产经营前景的影响，划分为发展性投资和维持性投资。

8. 【答案】ABD 【解析】本题考查的知识点是投资分类——发展性投资。发展性投资是指对企业未来的生产经营发展全局有重大影响的企业投资。发展性投资也可以称为战略性投资，如企业间兼并合并的投资、转换新行业和开发新产品投资、大幅度扩大生产规模的投资等。维持性投资也可以称为战术性投资，如更新替换旧设备的投资、配套流动资金投资等。选项C投资活动属于战术性投资，因此，正确选项是ABD。

9. 【答案】BC 【解析】本题考查的知识点是对内投资与对外投资。对内投资是指在本企业范围内部的资金投放，用于购买和配置各种生产经营所需的经营性资产。对内投资都是直接投资。选项AD属于对外投资，因此，正确选项是BC。

10. 【答案】ABD 【解析】本题考查的知识点是投资管理的原则。投资管理的基本原则有可行性分析原则、结构平衡原则和动态监控原则。因此，正确选项是ABD。

11. 【答案】ABCD 【解析】本题考查的知识点是现金净流量。在一般情况下，投资决策中的现金流量通常指现金净流量（NCF）。这里，所谓的现金既指库存现金、银行存款等货币性资产，也可以指相关非货币性资产（如原材料、设备等）的变现价值。以上选项都属于现金，因此，正确选项是ABCD。

12. 【答案】BC 【解析】本题考查的知识点是现金流量假设——现金流量时点假设，为便于利用货币时间价值的形式，不论现金流量具体内容所涉及的价值指标实际上是时点指标还是时期指标，均假设按照年初或年末的时点指标处理。其中，建设投资在建设期内有关年度的年初或年末发生，流动资金投资则在年初发生；经营期内各年的收入、成本、折旧、摊销、利润、税金等项目的确认均在年末发生；项目最终报废或清理均发生在终结点（但更新改造项目除外）。因此，正确选项是BC。

13. 【答案】AC 【解析】本题考查的知识点是投资期的现金流量。投资阶段的现金流量主要是现金流出量。即在该投资项目的原始投资，包括在长期资产上的投资和垫支的营运资金。因此，正确选项是AC。

14. 【答案】ABCD 【解析】本题考查的知识点是营业期间现金净流量。现金净流量等于现金流入减去现金流出。现金流入主要是营运各年的营业收入，现金流出量主要是营运各年的付现营运成本。所得税是投资项目的现金支出，即现金流出量。营业现金净流量（NCF）= 营业收入 - 付现成本 - 所得税；或：= 税后营业利润 + 非付现成本；或：= 收入 ×（1 - 所得税税率）- 付现成本 ×（1 - 所得税税率）+ 非付现成本 × 所得税税率。税后营业利润 = 营业收入 - 付现成本 - 非付现成本。因此，正确选项是ABCD。

15. 【答案】BCD 【解析】本题考查的知识点是终结期的现金流量。终结阶段的现金流量主要是现金流入量，包括固定资产变价净收入、固定资产变现净损益和垫支营运资金的收回。因此，正确选项是BCD。

16. 【答案】ABC 【解析】本题考查的是净现值法。确定折现率的参考标准主要有：（1）以市场利率为标准；（2）以投资者希望获得的预期最低投资报酬率为标准；（3）以企业平均资本成本率为标准。

17. 【答案】BC 【解析】本题考查的是净现值指标的优缺点。项目寿命期相同的方案，净现值越大，方案越好；净现值法在所设定的折现率中包含对投资风险收益率的要求，因此考虑了投资风险。所以选项AD错误。

18. 【答案】BCD 【解析】本题考查的知识点是现值指数。现值指数是投资项目的未来现金净流量现值与原始投资现值之比；若现值指数大于或等于1，方案可行，说明方案实施后的投资收益率高于或等于必要收益率；若现值指数小于1，方案不可行，说明方案实施后的投资收益率低于必要收益率。现值指数越大，方案越好。由于现值指数是未来现金净流量现值与所需投资额现值之比，是一个相对数指标，反映了投资效率。所以，用现值指数指标来评价独立投资方案，可以克服净现值指标不便于对原始投资额现值不同的独立投资方案进行比较和评价的缺点。因此，正确选项是 BCD。

19. 【答案】AC 【解析】本题考查的是年金现流量指标。在对互斥方案进行分析时，不考虑原始投资额现值差异的影响，只考虑寿命期差异的影响，如果寿命期相同，比较净现值；如果寿命期不同，可以比较年金净流量，由于年金净流量 = 净现值/年金现值系数，所以，在进行互斥方案分析时，如果寿命期相同，净现值大则年金净流量大，因此，不管寿命期是否相同，对于互斥方案而言，都是年金净流量越大越好。即选项 A 和选项 C 的说法正确，选项 D 的说法不正确。由于计算年金净流量时，没有消除原始投资额现值差异的影响，所以，年金净流量法不便于对原始投资额不相等的独立投资方案进行决策。

20. 【答案】BC 【解析】本题考查的是互斥投资方案的决策。独立方案排序依据的是内含收益率，乙项目内含收益率较高，选项 B 正确；互斥方案年限相同则比较净现值，甲项目净现值较高，选项 C 正确。

21. 【答案】AD 【解析】本题考查的是利用内含收益率进行项目决策。根据题目可知：20×(P/A，内含收益率，6)－76＝0，(P/A，内含收益率，6)＝3.8，所以内含收益率在 14%～15%之间。因为项目具有可行性，所以内含收益率需大于必要收益率，因此必要收益率不能大于内含收益率区间的最大值 15%，即必要收益率＜15%，选项 AD 正确。

22. 【答案】ABC 【解析】本题考查的知识点是寿命期不同的设备重置决策。设备重置方案运用年金成本方式决策时，应考虑的现金流量主要有：(1) 新旧设备目前市场价值。(2) 新旧设备残值变价收入。残值变价收入应作为现金流出的抵减。(3) 新旧设备的年营运成本，即年付现成本。如果考虑每年的营业现金流入，应作为每年营运成本的抵减。选项 D 说法是错误的。因此，正确选项是 ABC。

23. 【答案】ABD 【解析】本题考查的知识点是系统性风险。系统性风险影响到资本市场上的所有证券，无法通过投资多元化的组合而加以避免，也称为不可分散风险，选项 A 说法是正确的。价格风险是指由于市场利率上升，而使证券资产价格具有普遍下跌的可能性。资本需求量增加，市场利率上升，证券资产价格下跌；资本供应量增加，市场利率下降，证券资产价格上升，选项 B 说法是正确的。再投资风险，由于市场利率下降所造成的无法通过再投资而实现预期收益的可能性。为了避免市场利率上升的价格风险，投资者可能会投资于短期证券资产，但短期证券资产又会面临市场利率下降的再投资风险，选项 C 说法是错误的。购买力风险是指由于通货膨胀而使货币购买力下降的可能性。因此，正确选项是 ABD。

24. 【答案】ABD 【解析】本题考查的是证券投资风险。系统风险又被称为市场风险或不可分散风险，是影响所有资产的、不能通过资产组合来消除的风险。再投资风险是由于市场利率下降，而造成的无法通过再投资而实现预期收益的可能性。对所有证券资产都产生影响，所以选项 C 属于系统风险，选项 ABD 属于非系统风险。

25. 【答案】ABD 【解析】本题考查的是债券价值的影响因素。长期债券对市场利率的敏感性会大于短期债券，在市场利率较低时，长期债券的价值远高于短期债券，在市场利率较高时，长期债券的价值远低于短期债券，选项 C 错误。

26. 【答案】AC 【解析】本题考查的知识点是债券价值。债券的票面利率可能小于、等于或大于市场利率，债券价值就可能小于、等于或大于债券票面价值，因此在债券实际发行时就要折价、平价或溢价发行。债券价值低于债券票面价值，即是折价；债券价值高于债券票面价值，则为溢价发行。折价发行是对投资者未来少获利息而给予的必要补偿。溢价发行是为了对债券发行者未来多付利息而给予的必要补偿。因此，正确选项是 AC。

27. 【答案】ABC 【解析】本题考查的知识点是股票投资的收益率。股票的内含收益率是使得股票未来现金流量折现值等于目前购买价格时的折现率。当股票的内部收益率高于投资者所要求的最低收益率，投资者才会愿意购买该股票。选项D说法是错误的。因此，正确选项是ABC。

28.【答案】BC 【解析】本题考查的知识点是投资基金种类。投资基金按照投资对象的不同可以分为证券投资基金和另类投资基金。证券投资基金主要投资于证券交易所或银行间市场上公开交易的有价证券，如股票、债券等；另类投资基金包括私募股权基金、风险投资基金、对冲基金以及投资于实物资产如房地产、大宗商品、基础设施等的基金。其中，私募股权基金与风险投资基金均聚焦于未上市企业的股权投资，私募股权基金偏好于成长期的未上市企业，风险投资基金更偏好于初创期的高新技术企业。因此，正确选项是BC。

29.【答案】AB 【解析】本题考查的知识点是证券投资基金的分类。按照投资对象可以将基金分为股票基金、债券基金、货币市场基金和混合基金等。按照投资理念可以将基金分为主动型基金和被动型基金。因此，正确选项是AB。

30.【答案】AB 【解析】本题考查的知识点是投资基金按募集方式分类。依据募集方式可以将基金分为私募证券投资基金和公募证券投资基金。私募证券投资基金采取非公开方式发售，面向特定的投资者，他们往往风险承受能力较高，单个投资者涉及的资金量较大。公募证券投资基金可以面向社会公众公开发售，募集对象不确定，投资金额较低，适合中小投资者，受到更加严格的监管并要求更高的信息透明度。因此，正确选项是AB。

31.【答案】ABD 【解析】本题考查的知识点是期权合约。买入看涨期权方的净损失最大为期权费用，净损益则没有上限；卖出看涨期权方的净损失没有下限，净收益最大为期权费用；买入看跌期权方的净损失最大为期权费用，净收益上限为执行价格－期权费用；卖出看跌期权方的净收益最大为期权费用，净损失最大为执行价格－期权费用。因此，正确选项是ABD。

三、判断题

1.【答案】× 【解析】本题考查的知识点是回收期。静态回收期和动态回收期的共同局限，就是它们计算回收期时只考虑了未来现金净流量（或现值）总和中等于原始投资额（或现值）的部分，没有考虑超过原始投资额（或现值）的部分。显然，回收期长的项目，其超过原始投资额（或现值）的现金流量并不一定比回收期短的项目少。所以不能直接比较收益率。因此，本题说法是错误的。

2.【答案】× 【解析】本题考查投资项目的财务评价指标。动态回收期只考虑了未来现金净流量现值总和中等于原始投资额现值的部分，没有考虑超过原始投资额的部分。

3.【答案】× 【解析】本题考查的知识点是项目现金流量。对于投资方案财务可行性来说，项目的现金流量状况比会计期间盈亏状况更为重要。一个投资项目能否顺利进行，有无经济效益，不一定取决于有无会计期间利润，而在于能否带来正现金流量，即整个项目能否获得超过项目投资的现金回收。因此，本题说法是错误的。

4.【答案】√ 【解析】本题考查的是内含收益率。在互斥方案决策时，如果两个方案的原始投资额现值不相等，内含收益率指标有时无法作出正确的决策。

5.【答案】× 【解析】本题考查的知识点是债券价值对债券期限的敏感性。如果债券票面利率与市场利率之间没有差异，债券期限的变化不会引起债券价值的变动。也就是说，只有溢价债券或折价债券，才会产生不同期限下债券价值有所不同的现象。当票面利率高于市场利率，债券期限越长，价值越高。反之，则相反。因此，本题说法是错误的。

6.【答案】× 【解析】本题考查的知识点是债券投资的收益率。债券收益来源于三个方面：（1）名义利息收益。债券各期的名义利息收益是其面值与票面利率的乘积。（2）利息再投资收益。（3）价差收益。因此，本题说法是错误的。

7.【答案】× 【解析】本题考查的知识点是投资的含义。企业投资，简言之，是企业为获取未来收益而向一定对象投放资金的经济行为。例如，购建厂房设备，兴建电站，购买股票、债券、基金等经济行为，均属于投资行为。因此，本题说法是错误的。

8. 【答案】× 【解析】本题考查的知识点是企业投资管理的特点。企业的投资活动一般涉及企业未来的经营发展方向、生产能力与规模等问题，直接影响本企业未来的经营发展规模和方向，是企业简单再生产得以顺利进行并实现扩大再生产的前提条件。企业的投资活动先于经营活动，对企业经营活动的方向产生重大影响。因此，本题说法是错误的。

9. 【答案】√ 【解析】本题考查的知识点是投资管理的特点：属于企业的非程序化管理。企业有些经济活动往往不会经常性地重复出现，称为非例行性活动。非例行性活动只能针对具体问题，按特定的影响因素、相关条件和具体要求来进行审查和抉择，对这类非重复性特定经济活动进行的管理，称为非程序化管理。因此，本题说法是正确的。

10. 【答案】√ 【解析】本题考查的是投资分类。直接投资与间接投资、项目投资与证券投资，两种投资分类方式的内涵和范围是一致的，只是分类角度不同。直接投资与间接投资强调的是投资的方式性，项目投资与证券投资强调的是投资的对象性。

11. 【答案】× 【解析】本题考查的知识点是对内投资与对外投资。对内投资是指在本企业范围内部的资金投放，用于购买和配置各种生产经营所需的经营性资产。对外投资是指向本企业范围以外的其他单位的资金投放，对外投资多以现金、有形资产、无形资产等资产形式，通过联合投资、合作经营、换取股权、购买证券资产等投资方式，向企业外部其他单位投放资金。对内投资都是直接投资；对外投资主要是间接投资，也可能是直接投资。因此，本题说法是错误的。

12. 【答案】× 【解析】本题考查的知识点是项目现金流量。现金流量是投资项目财务可行性分析的主要分析对象，净现值、内含收益率、回收期等财务评价指标，均是以现金流量为对象进行可行性评价的，而不是以净利润为对象，因此，本题说法是错误的。

13. 【答案】× 【解析】本题考查的知识点是现金流量的假设——全投资假设。在确定项目的现金流量时，仅站在投资者立场考虑全部投资的运行情况，而不具体区分自有资金和借入资金等具体形式的现金流量。即使实际存在借入资金，也将其作为自有资金对待（但在计算固定资产原值和投资总额时，还需要考虑借款利息因素）。因此，本题说法是错误的。

14. 【答案】× 【解析】本题考查的知识点是终结期的现金流量——固定资产变现净损益对现金净流量的影响。固定资产变现净损益对现金净流量的影响 =（账面价值 - 变价净收入）× 所得税税率。如果（账面价值 - 变价净收入）> 0，则意味着发生了变现净损失，可以抵税，减少现金流出，增加现金净流量。如果（账面价值 - 变价净收入）< 0，则意味着实现了变现净收益，应该纳税，增加现金流出，减少现金净流量。固定资产变现损益有可能增加现金净流量，有可能减少现金净流量。因此，本题说法是错误的。

15. 【答案】× 【解析】本题考查的知识点是净现值。计算净现值时，要按预定的折现率对投资项目的未来现金流量和原始投资额进行折现，预定折现率是投资者所期望的最低投资收益率净现值为正，方案可行，说明方案的实际收益率高于所要求的收益率；净现值为负，则方案不可取，说明方案的实际投资收益率低于所要求的收益率。因此，本题说法是错误的。

16. 【答案】√ 【解析】本题考查的是年金净流量和净现值的关系。年金净流量等于净现值除以年金现值系数，所以净现值大于 0，年金净流量一定大于 0。

17. 【答案】× 【解析】本题考查的知识点是动态回收期。动态回收期是以未来现金净流量的现值等于原始投资额现值时所经历的时间为动态回收期。当净现值小于 0 时，说明未来现金净流量现值小于原始投资额现值，则动态回收期大于项目寿命期。因此，本题说法是错误的。

18. 【答案】× 【解析】本题考查的知识点是项目投资管理。独立投资方案之间比较时，决策要解决的问题是如何确定各种可行方案的投资顺序，即各独立方案之间的优先次序。排序分析时，以各独立方案的获利程度作为评价标准；互斥方案选择决策要解决的问题是应该淘汰哪个方案，即选择最优方案。从选定经济效益最大的要求出发，互斥决策以方案的获利数额作为评价标准。因此，本题说法是错误的。

19. 【答案】× 【解析】本题考查的是债券价值影响因素。债券按面值发行的情况下，每年年末付息一次，实际利率与票面利率相同。

20. 【答案】√ 【解析】本题考查的是市场利率与债券价值的关系。债券的内在价值也称为债券的理论价格，是将在债券投资上未来收取的利息和收回的本金折为现值。而市场利率作为折现率，市场利率上升，债券价格是下降的，因此本题说法正确。

21. 【答案】√ 【解析】本题考查的知识点是证券投资非系统性分析。非系统性风险主要包括违约风险、变现风险和破产风险。破产风险是在证券资产发行者破产清算时投资者无法收回应得权益的可能性。因此，本题说法是正确的。

22. 【答案】× 【解析】本题考查的是股票投资收益的构成。股票投资收益是由股利收益、股利再投资收益、转让价差收益三部分构成。名义利息收益是债券投资的利益构成。

23. 【答案】× 【解析】本题考查的知识点是债券的内部投资收益率。债券的内部收益率，是指按当前市场价格购买债券并持有至到期日或转让日所产生的预期收益率，也就是债券投资项目的内含收益率。溢价债券的内部收益率低于票面利率，折价债券的内部收益率高于票面利率，平价债券的内部收益率等于票面利率。因此，本题说法是错误的。

24. 【答案】√ 【解析】本题考查的知识点是期权合约。当标的资产的市场价格低于执行价格时，对于看跌期权的买方来说，期权到期日价值为执行价格减去市场价格，价值大于0，所以要行权。对于看涨期权的买方来说，要是行权的话，期权的价值为负值，不行权期权价值为0，所以选择不行权。因此，本题说法是正确的。

第七章　营运资金管理

考情分析

本章主要的知识点是信用政策决策、现金折扣决策方法、最优存货量的确定、目标现金余缺的确定、现金收支、应收账款日常管理和流动负债管理。本章属于重点章节，考查的题型包含主观题和客观题，历年分值大约占10~12分。2019~2023年知识点考查范围如下表所示。

年份	单选题	多选题	判断题	计算分析题
2023	商业信用；最优存货量的确定；短期融资券；应收账款的成本；营运资金管理策略	—	最优存货量的确定；应收账款的机会成本	最优存货量的确认；存货的成本
2022	应收账款管理；存货管理；现金管理	存货管理	现金管理	应收账款管理；存货管理，最优存货量的确定
2021	信用政策中的信用期限的测算；现金管理中的现金周期的计算；存货管理中经济订货基本模型；流动资产融资策略；应收账款平均收现期；商业信用	营运资金管理策略中的流动资产融资策略；最优存货量的确定；应收账款日常管理	短期借款；最优存货量的确定；现金的含义及持有现金动机	应收账款的机会成本；信用政策；应收账款周转期、存货周转期、经营周期、现金周转期
2020	现金含义及持有现金的动机	最优存货量的确定；营运资金概念及特点	最佳现金持有量；目标现金余额；短期借款	存货周转期；应付账款周转期；应收账款周转期；现金周转期；信用政策；流动资产融资策略；最优存货量；现金支付日常管理，应付账款周期
2019	目标现金余额；持有现金的动机；最优存货量；短期借款	商业信用；短期融资券；流动资产的投资策略	持有现金的动机；短期借款；目标现金余额的确定；商业信用	应收账款机会成本；存货经济订货模型；最优存货量的确定

强化练习题

一、单选题

1. 目前的信用政策为“2/15，N/30”，有占销售额60%的客户在折扣期内付款并享受公司提供的折扣；不享受折扣的应收账款中，有80%可以在信用期内收回，另外20%在信用期满后12.5天（平均数）收回，则企业应收账款平均收现期为（　　）天。

A. 18　　B. 21

C. 22　　D. 41.5

2. 存货周转期为45天，应收账款周转期为60天，应付账款周转期为40天，则现金周转期为（　　）天。
A. 45　　B. 50
C. 60　　D. 65
3. 某公司全年需用X材料18 000件，计划开工360天。该材料订货日至到货日的时间为5天，保险储备量为100件。该材料的再订货点是（　　）件。
A. 100　　B. 150
C. 250　　D. 350
4. 某企业因供应商收回了信用政策，导致资金支付需求增加，需要补充持有大量现金，这种持有现金的动机属于（　　）。
A. 交易性　　B. 投资性
C. 预防性　　D. 调整性
5. 下列有关流动资产投资策略的说法中，正确的是（　　）。
A. 在紧缩的流动资产投资策略下，企业维持高水平的流动资产与销售收入比
B. 只要不可预见的事件没有损坏公司的流动性而导致严重的问题发生，宽松的流动资产投资策略可能是有利可图的
C. 对流动资产的高投资可能导致较低的投资收益率，但由于有较大的流动性，企业的经营风险较大
D. 在宽松的流动资产投资策略下，企业维持较高水平的流动资产与销售收入比
6. 关于保守型流动资产融资策略，下列表述正确的是（　　）。
A. 长期资金来源 = 非流动资产 + 永久性流动资产
B. 长期资金来源 > 非流动资产 + 永久性流动资产
C. 短期资金来源 > 波动性流动资产
D. 长期资金来源 < 非流动资产 + 永久性流动资产
7. 某公司资产总额为400万元，其中波动性流动资产为50万元；全部资金来源中，短期来源占85万元，则该公司的流动资产融资策略属于（　　）。
A. 激进型融资策略
B. 保守型融资策略
C. 期限匹配融资策略
D. 折中型融资策略
8. 下列各项中，不属于营运资金构成的内容的是（　　）。
A. 存货　　B. 应收账款
C. 货币资金　　D. 无形资产
9. 由于供应商不提供商业信用，公司需要准备足够多的现金以满足材料采购的需求，这种现金持有动机属于（　　）。
A. 交易性需求　　B. 投机性需求
C. 预防性需求　　D. 储蓄性需求
10. 企业在销售旺季为方便向客户提供商业信用而持有更多现金，该现金持有动机主要表现为（　　）。
A. 交易性需求　　B. 投资性需求
C. 投机性需求　　D. 预防性需求
11. 通常而言，狭义的营运资金是（　　）。
A. 流动资产减流动负债
B. 流动资产减存货
C. 流动资产减应收账款
D. 流动资产减现金
12. 下列各项中，不属于商业信用筹资方式的是（　　）。
A. 预收账款　　B. 预付账款
C. 应收账款　　D. 应付票据
13. 下列措施中，不能够提高营运资金使用效率的是（　　）。
A. 缩短营业周期
B. 加速变现过程
C. 加快营运资金周转
D. 拓宽融资渠道
14. 下列关于流动资产和流动负债的说法中，错误的是（　　）。
A. 为满足企业长期最低需求的流动资产属于永久性流动资产
B. 永久性流动资产需要用长期融资方式来解决
C. 临时性负债是为了满足企业临时性流动资金需求所发生的负债，比如应付职工薪酬
D. 自发性流动负债属于长期来源，可供企业长期使用
15. 下列各项中，能够影响企业流动资产融资策略的是（　　）。

A. 管理层的风险导向

B. 企业经营环境

C. 资产的收益性与风险性

D. 产业政策

16. 企业流动资产融资策略中，短期融资方式主要来源于（　　）。

A. 自发性流动负债

B. 临时性流动负债

C. 长期负债

D. 股本

17. 下列流动资产融资策略中，具有高风险、高收益特征的策略是（　　）。

A. 期限匹配融资策略

B. 激进型融资策略

C. 保守型融资策略

D. 折中型融资策略

18. 某公司资产总额为 9 000 万元，其中永久性流动资产为 2 400 万元，波动性流动资产为 1 600 万元，该公司长期资金来源金额为 8 100 万元，不考虑其他情形，可以判断该公司的融资策略属于（　　）。

A. 期限匹配融资策略

B. 保守融资策略

C. 激进融资策略

D. 风险匹配融资策略

19. 企业为了应对某大客户违约导致企业发生突发性的大额偿付持有大额现金，则企业持有现金的动机是（　　）。

A. 交易性需求　　B. 投资性需求

C. 投机性需求　　D. 预防性需求

20. 某企业年均现金持有量为 100 万元，假设企业的资本成本为 12%，则企业持有现金的机会成本是（　　）万元。

A. 12　　B. 10

C. 13　　D. 14

21. 无论是目标现金余额确定的成本模型，还是存货模型，都需要考虑持有现金的（　　）。

A. 交易成本　　B. 机会成本

C. 管理成本　　D. 短缺成本

22. 在使用存货模式进行最佳现金持有量的决策时，假设持有现金的机会成本率为 8%，与最佳现金持有量对应的交易成本为 2 000 元，则企业的最佳现金持有量为（　　）元。

A. 30 000　　B. 40 000

C. 50 000　　D. 无法计算

23. 某企业根据现金持有量随机模型进行现金管理。已知现金最低持有量为 15 万元，现金余额回归线为 80 万元。如果公司现有现金 220 万元，此时应当投资于有价证券的金额是（　　）万元。

A. 65　　B. 95

C. 140　　D. 205

24. 已知某企业的现金周转期为 50 天，存货周转期为 30 天，应收账款平均余额为 3 000 万元，每天销售收入 100 万元，则企业应付账款周转期为（　　）天。

A. 19　　B. 13

C. 16　　D. 10

25. 在现金收支管理中，从产品卖出后到收到顾客支付的货款这一时期，称为（　　）。

A. 现金周转期　　B. 经营周期

C. 应收账款周转期　　D. 应付账款周转期

26. 关于应收账款保理的作用，下列表述错误的是（　　）

A. 增强企业资产的流动性

B. 降低企业的经营风险

C. 优化企业的股权结构

D. 减轻企业应收账款的管理负担

27. 根据经济订货基本模型，下列各项中，与计算经济订货批量无关的因素是（　　）。

A. 缺货成本

B. 单位变动储存成本

C. 存货年需要量

D. 每次订货的变动成本

28. 某企业预计下年度销售总额为 2 000 万元，变动成本率为 40%，资本成本率为 9%，该企业采用的信用期限为 60 天，则该企业应收账款的机会成本是（　　）万元。

A. 12　　B. 13

C. 13.89　　D. 13.33

29. 信用申请者获得企业提供信用所必须达到的最低信用水平，是指信用政策中的（　　）。

A. 信用标准　　B. 信用期限

C. 信用条件　　D. 收账政策

30. 某企业为了更好地收回货款，为客户提供现金折扣条件为“6/10，7/20，N/30”，预计有20%的客户选择10天内付款，30%的客户选择20天内付款，50%的客户选择30天内付款。则企业平均收现期为（　　）天。

A. 20　　B. 19

C. 21　　D. 23

31. 企业向顾客提供现金折扣会增加企业收益，但是也会增加成本，其增加的成本是（　　）。

A. 机会成本　　B. 管理成本

C. 价格折扣损失　　D. 坏账损失

32. 某公司2014年3月底在外的平均应收账款为480万元，信用条件为N/30，过去三个月的赊销情况为：1月份240万元、2月份180万元、3月份320万元，则应收账款的平均逾期天数为（　　）天。（一年按360天计算）

A. 28.38　　B. 36.23

C. 58.39　　D. 66.23

33. 某公司全年应收账款平均余额为360万元，平均日赊销额为10万元，信用条件为在30天内按全额付清款项，则该公司应收账款的平均逾期天数为（　　）天。

A. 0　　B. 6

C. 30　　D. 36

34. 供应商将债权转让给保理商，将销售合同转让的情况通知购货商，并与购货商、保理商签订三方合同。供应商向保理商融通货币资金后，如果购货商拒绝付款或无力付款，保理商有权向供应商要求偿还预付的货币资金，此保理的方式是（　　）。

A. 明保理，且无追索权保理

B. 暗保理，且无追索权保理

C. 明保理，且有追索权保理

D. 暗保理，且有追索权保理

35. 下列各项中，属于变动储存成本的是（　　）。

A. 采购机构的基本开支

B. 仓库折旧

C. 存货资金的应计利息

D. 材料供应中断造成的停工损失

36. 下列各项中，不属于订货成本的是（　　）。

A. 差旅费用　　B. 运输费用

C. 保险费用　　D. 邮资费用

37. 假设某公司每年需要原材料为30 000千克，单位成本为10元/千克。每次订货变动成本为10元，单位变动储存成本为1.2元/千克，一年按照360天计算，则公司经济订货批量为（　　）千克。

A. 702.32　　B. 789.12

C. 801.2　　D. 707.2

38. 下列成本费用，不会影响经济订货批量的是（　　）。

A. 差旅费　　B. 存货的保险费

C. 存货变质损失　　D. 仓库的折旧

39. 根据经济订货基本模型，下列公式表述错误的是（　　）。

A. 经济订货平均占用资金 = 经济订货量/2 × 存货单价

B. 经济订货批量 = (2 × 存货年需要量 × 每次订货的变动成本/单位变动储存成本)$^{1/2}$

C. 每年最佳订货次数 = 存货年需求总量/经济订货批量

D. 最佳订货周期 = 1/经济订货批量

40. 某公司存货年需求量为3 000千克，经济订货批量为500千克，一年按照360天计算，则最佳订货次数为（　　）次。

A. 5　　B. 6

C. 7　　D. 9

41. 某企业每日消耗材料30千克，经济订货批量为4 200千克，采购材料到货时间为6天，根据扩展的经济订货基本模型，则企业再次订货时存货量为（　　）千克。

A. 120　　B. 180

C. 200　　D. 210

42. 某企业材料需求总量为3 000千克，每日耗用量为30千克，每日送货量为60千克，单价为200元，订货变动成本为300元，单位储存变动成本是50元，则材料经济订货量为（　　）千克。

A. 269　　B. 250

C. 352　　D. 321

43. 为了防止存货中断，再次订货点要考虑保险储备，那么最佳的保险储备量应该是使（　　）之和达到最低。

A. 取得成本和保险储备的储存成本

B. 缺货损失和取得成本

C. 缺货损失和保险储备的储存成本

D. 订货成本和保险储备的储存成本

44. 某公司与银行签订周转信贷额度为300万

元，年度内企业只使用了 200 万元，承诺费用率为 0.7%，则企业应该向银行支付的承诺费用为（　　）万元。

A. 0.7　　B. 1.2

C. 1.3　　D. 1.4

45. 某企业与银行签订补偿性余额协定，按年利率 10% 向银行借款 20 万元，银行要求保留 20% 的补偿性余额。那么，企业该项借款的实际利率为（　　）。

A. 5%　　B. 12.5%

C. 5.78%　　D. 6.12%

46. 某公司采用加息法向银行支付利息，计划向银行借款 1 000 万元，年利率为 10%，分 12 个月等额偿还利息，则公司该借款的实际年利率是（　　）。

A. 10%　　B. 20%

C. 21%　　D. 19%

47. 企业在商品或劳务交易中形成的，可以作为企业短期资金来源的筹资方式是（　　）。

A. 租赁　　B. 商业信用

C. 短期融资券　　D. 留存收益

48. 某建筑企业按 2/10、n/30 的条件购入货物 100 万元，若该企业在第 30 天付款，则放弃现金折扣的成本为（　　）。

A. 2.00%　　B. 2.04%

C. 36.73%　　D. 73.47%

二、多选题

1. 下列关于应收账款保理的表述中，正确的有（　　）。

A. 有助于改善企业资产的流动性，增强债务清偿能力

B. 可分为有追索权保理和无追索权保理

C. 实质是企业利用未到期应收账款向银行抵押获得短期借款的融资方式

D. 是一项单纯的收账管理业务

2. 企业在制定流动资产融资策略时，下列各项中，被视为长期资金来源的有（　　）。

A. 股东权益资本

B. 临时性流动负债

C. 自发性流动负债

D. 长期负债

3. 关于持有现金的动机，下列表述中，正确的有（　　）。

A. 某企业发现某股票的价格因突发事件而大幅下降，预判有较大的反弹空间，为此而持有的现金属于投机性需求

B. 某企业了解到有一大客户即将破产，可能会使企业发生偿付困难，为防不测，企业准备了大量现金，为此而持有的现金属于预防性需求

C. 某企业预计“双十一”销售量猛增，提前储备存货，为此而持有的现金属于预防性需求

D. 企业的现金持有量一般小于三种需求下的现金持有量之和

4. 下列各项中，对营运资金占用水平产生影响的有（　　）。

A. 货币资金　　B. 应收账款

C. 预付账款　　D. 存货

5. 企业采取的下列措施中，能够减少营运资本需求的有（　　）。

A. 加速应收账款

B. 加速存货周转

C. 加速应付账款的偿还

D. 加速固定资产周转

6. 在存货订货决策中，下列关于保险储备的表述中，正确的有（　　）。

A. 保险储备增加，存货的缺货损失减少

B. 保险储备增加，存货中断的概率变小

C. 保险储备增加，存货的再订货点降低

D. 保险储备增加，存货的储存成本提高

7. 企业采用激进型流动资产投资政策时，下列关于流动资产的说法中，正确的有（　　）。

A. 持有成本较低　　B. 短缺成本较低

C. 管理成本较低　　D. 机会成本较低

8. 下列关于现金持有动机的说法中，正确的有（　　）

A. 由于供应商不提供商业信用，公司需要准备足够多的现金以满足材料采购的需求，属于交易性需求

B. 企业在销售旺季为方便向客户提供商业信用而持有更多现金，属于交易性需求

C. 企业为了应对某大客户违约导致企业发生突发性的大额偿付持有大额现金，属于预防性需求

D. 为满足“双十一”大促销的备货需求而增持现金，属于投机性需求

9. 由于当年经营活动的资金需求，公司计划向银行实施短期借款，形成公司的负债分别称为（ ）。

A. 人为性流动负债

B. 自然性流动负债

C. 有息流动负债

D. 无息流动负债

10. 下列表述中，属于营运资金特点的有（ ）。

A. 来源具有多样性

B. 数量具有稳定性

C. 周转具有短期性

D. 实物形态具有变动性和易变现性

11. 下列各项中，属于营运资金管理原则的有（ ）。

A. 满足正常资金需求

B. 提高资金使用效率

C. 节约资金使用成本

D. 维持长期偿债能力

12. 企业选用流动资产投资策略时需要考虑的影响因素包括（ ）。

A. 企业对资产风险和收益的权衡

B. 企业经营的内外部环境

C. 产业因素

D. 影响企业政策的决策者

13. 下列关于流动资产融资策略的说法中，正确的有（ ）。

A. 期限匹配融资策略，临时性流动负债等于波动性流动资产

B. 激进型融资策略，临时性流动负债大于波动性流动资产

C. 保守性融资策略，非流动资产加永久性流动资产小于长期资本

D. 激进型融资策略，具有高资本成本、高风险、高收益的“三高”特点

14. 下列关于营运资金管理的说法中，正确的有（ ）。

A. 销售稳定且可预测，流动资产投资可以维持在较低水平，反之则相反

B. 管理层偏好风险，则会保持一个较低水平的流动资产与销售收入比例

C. 加速营运资金周转，有助于提高资金使用效率

D. 保持较低水平的流动资产，维持企业短期较强的偿债能力

15. 下列关于成本模型的说法中，正确的有（ ）。

A. 成本模型强调的是持有现金是有成本的，成本模型的现金持有总成本包括交易成本

B. 成本模型认为最佳现金持有量是使得现金持有成本最小化的持有量

C. 现金的机会成本与现金持有量之间为负向关系，持有量越大，机会成本越小

D. 短缺成本与现金持有量负相关，随着持有量的增加而下降

16. 下列关于成本模型的说法中，正确的有（ ）。

A. 成本模型认为最佳现金持有量是使得现金持有成本最小化的持有量

B. 现金的机会成本与现金持有量之间为负向关系，持有量越大，机会成本越小

C. 管理成本在一定的范围内和现金持有量之间保持不变

D. 短缺成本与现金持有量负相关，随着持有量的增加而下降

17. 根据存货模型确定的目标现金余额，现金持有总成本包括（ ）。

A. 交易成本　　B. 机会成本

C. 管理成本　　D. 短缺成本

18. 企业实行“收支两条线”管理模式的主要目的有（ ）。

A. 提高资金使用效率

B. 降低资金的资本成本

C. 提高企业效益

D. 加强现金管理

19. 下列关于集团企业资金集中管理统收统支模式的说法中，正确的有（ ）。

A. 企业的一切现金收入归集团总部的财务部门

B. 有利于企业集团实现全面收支平衡，降低资金成本

C. 不利于调动成员企业开源节流的积极性

D. 该模型适用于规模较大的企业

20. 下列关于现金周转期的表述中，正确的有（ ）。

A. 减缓支付应付账款可以缩短现金周转期

B. 产品生产周期的延长会缩短现金周转期

C. 现金周转期一般短于存货周转期与应收账款周转期之和

D. 现金周转期是介于公司支付现金与收到现金之间的时间段

21. 下列措施中，可以减少现金周转期的有（　　）。

A. 加快制造与销售产成品

B. 加大应收账款的催收力度

C. 减缓支付应付账款

D. 出售部分有价证券

22. 现金支付的管理目标是尽可能延缓现金支出时间，下列措施中，可以推迟现金支出的有（　　）。

A. 汇票替代支票　　B. 透支

C. 使用零余额账户　D. 使用现金浮游量

23. 下列各项中，属于应收账款发挥的功能的有（　　）。

A. 扩大销售额，增加销售

B. 减少存货

C. 降低存货资金占用成本

D. 提高客户的满意度

24. 应收账款作为企业的一种投资，一定会带来成本的增加，下列各项中，属于应收账款的成本的有（　　）。

A. 应收账款机会成本

B. 应收账款管理成本

C. 应收账款的坏账成本

D. 应收账款的短缺成本

25. 关于应收账款机会成本的计算，下列表述中正确的有（　　）。

A. 应收账款的机会成本 = 应收账款占用资金 × 资金成本率

B. 应收账款的机会成本 = 应收账款平均余额 × 变动成本率

C. 应收账款机会成本 = 日销售额 × 应收账款的平均收现期 × 变动成本率 × 资金成本率

D. 应收账款机会成本 = 全年变动成本/360 × 应收账款的平均收现期 × 资金成本率

26. 如果某企业信用标准比较宽松，会给企业带来的影响有（　　）。

A. 增加应收账款的管理成本

B. 减少应收账款的坏账成本

C. 减少企业的销售机会

D. 扩大企业的销售额

27. 5C 信用评价用来评估申请人信用品质的五个方面，下列各项中，属于 5C 评价内容的有（　　）。

A. 资本　　B. 能力

C. 担保　　D. 条件

28. 销货企业要求赊购客户支付货款的条件中，包含的要素有（　　）。

A. 信用期限　　B. 信用标准

C. 折扣期限　　D. 现金折扣

29. 下列关于信用期限的说法中，正确的有（　　）。

A. 缩短信用期会降低坏账损失

B. 延长信用期会增加平均收现期

C. 延长信用期会使销售额增加

D. 缩短信用期会增加收账费用

30. 下列关于应收账款监控说法中，正确的有（　　）。

A. 应收账款周转天数可以反映企业整体的收账效率

B. 应收账款余额模式可以揭示应收账款变化趋势

C. 账龄分析表可以衡量应收账款收账效率以及预测未来的现金流

D. ABC 分析法是一种抓重点、照顾一般的管理方法

31. 下列关于应收账款管理的相关说法中，不正确的有（　　）。

A. 管理应收账款的目标应充分利用赊销以增加企业产品的市场占有率

B. 企业信用政策是管理和控制应收账款余额的政策，它由信用标准、信用条件、收款政策组成

C. 信用期间是企业允许客户从购买商品到付款的最短时间。信用期间越长，越利于企业销售商品

D. 为了减少企业的收账成本，加快应收账款周转速度，企业应当采用积极型收账政策

32. 根据契约，买方将其现在或将来销售合同形成的应收账款转让给保理商，保理商可以发挥的功能作用有（　　）。

A. 贸易融资、金融服务
B. 销售账户管理
C. 信用风险控制与坏账担保
D. 应收账款的催收

33. 存货是指企业生产经营过程中为销售或耗用而储备的物资，那么企业持有存货的目的有（ ）。
A. 降低存货取得成本
B. 降低生产成本，维持均衡生产
C. 增加企业适应市场变化的能力
D. 保证生产正常进行

34. 企业存货最优化的数量是企业存货总成本最小的存货量，存货总成本主要包含的成本有（ ）。
A. 取得成本 B. 储存成本
C. 缺货成本 D. 机会成本

35. 下列各项中，与批量相关的存货总成本包含（ ）。
A. 订货变动成本 B. 订货固定成本
C. 储存变动成本 D. 缺货成本

36. 下列各项中，属于经济订货基本模型的假设有（ ）。
A. 不存在订货提前期，可以随时补充存货
B. 存货一般是陆续入库
C. 存货总需求量是已知常数
D. 无缺货成本

37. 下列关于存货保险储备的表现中，错误的有（ ）。
A. 较低的保险储备可降低存货缺货成本
B. 保险储备的多少取决于经济订货量的大小
C. 最佳保险储备能使缺货损失和保险储备的储存成本之和达到最低
D. 较高的保险储备可降低存货储存成本

38. 补偿性余额对借款企业和银行的影响有（ ）。
A. 补偿性余额可以降低银行的贷款风险
B. 补偿性余额可以降低借款企业的风险损失
C. 补偿性余额可以提高借款企业的实际利率
D. 补偿性余额可以补偿银行可能遭受的风险损失

39. 某公司存货年需求量为36 000千克，经济订货批量为600千克，一年按360天计算，则最佳订货期为（ ）天，最佳订货次数为（ ）次。
A. 6 B. 1.67
C. 100 D. 60

40. 下列关于名义利率和实际利率的说法中，正确的有（ ）。
A. 实际利率是指包括补偿通货膨胀（包括通货紧缩）风险的利率
B. 如果按照短于一年的计息期计算复利，实际利率高于名义利率
C. 名义利率是指剔除通货膨胀率后储户或投资者得到利息回报的真实利率
D. 若每年计算一次复利，实际利率等于名义利率

41. 下列关于短期融资券的说法中，正确的有（ ）。
A. 相比公司债券，短期融资券的筹资成本较低
B. 相比银行借款，短期融资券筹资额比较大
C. 短期融资券属于间接筹资方式
D. 我国规定发行短期融资券的发行人为非金融行业

42. 下列筹资方式中，属于商业信用的形式的有（ ）。
A. 应付票据 B. 应付账款
C. 抵押贷款 D. 预收账款

43. 下列关于流动负债的说法中，正确的有（ ）。
A. 流动负债容易获取
B. 流动负债能够满足企业季节性信贷需求
C. 流动负债需要持续地重新谈判
D. 流动负债具有很大的灵活性

三、判断题

1. 公司为应对未来可能出现的突发事件而持有一定量的现金，该现金持有动机在于满足预防性需求。（ ）
2. 为满足“双十一”促销的备货需求而增持现金，反映了企业持有现金的交易性需求。（ ）
3. 企业维持较高的流动资产存量水平有助于提高资金使用效率和企业总体收益水平。（ ）
4. 应收账款保理的主要意图在于将逾期未能收回的应收账款转让给保理商，从而获取相应

的资金。（ ）

5. 不考虑其他因素的影响，如果企业临时融资能力较强，则其预防性需求的现金持有量一般较低。（ ）
6. 保守型流动资产融资策略中，长期资金来源 > 非流动资产 + 永久性流动资产。（ ）
7. 营运资金一般具有多样性、波动性、短期性和固定性等特点。（ ）
8. 无形资产是营运资金构成的一部分。（ ）
9. 对于季节性企业来说，营运资金数量具有波动性，对于非季节性企业来说，营运资金数量也具有波动性。（ ）
10. 紧缩性流动资产的投资策略的特点是流动资产与销售收入比率维持高水平，财务与经营风险较高，流动资产持有成本较低，企业的收益水平较高。（ ）
11. 企业内外部环境影响流动资产投资策略，对于融资困难的企业来说，适宜采用宽松的流动资产投资策略。（ ）
12. 通常情况下，企业依靠大量的短期负债来满足自身资金需求的做法体现出一种激进性的融资策略。（ ）
13. 企业出于三个动机持有现金，从企业整体来说，企业总的现金持有量大于三种需求下的现金持有量之和。（ ）
14. 为了防止错失某公司证券价格下跌这一机会，企业持有一定量的现金，则该现金动机是出于投机性需求而持有现金。（ ）
15. 有价证券转换回现金所付出的代价，被称为现金的交易成本，并与现金持有量成正比关系，现金持有量越大，交易成本就越高。（ ）
16. 现金管理中的随机模型，当现金余缺达到最高控制线时，需要卖出部分证券，当现金余额达到最低控制线时，需要将部分现金转化为有价证券。（ ）
17. 企业提供赊销增加的收益等于增加的销售量与销售产品单价的乘积。（ ）
18. 对借款企业来说，补偿性余额提高了借款的实际利率，加重了企业负担。（ ）
19. 企业是否决定延长信用期，判断标准是延长信用期限增加的有利影响是否大于延期信用期的不利影响。（ ）
20. 企业信用采用什么程度的现金折扣，判断标准是增加的折扣成本是否小于减少应收账款机会成本、管理成本和坏账成本之和。（ ）
21. 无论是目标现金余额确定的成本模型，还是存货模型，都需要考虑持有现金的机会成本。（ ）
22. 在应收账款保理中，从风险的角度看，有追索权的保理相对于无追索权的保理对供应商更有利，对保理商更不利。（ ）
23. 保理是卖方与保理商间存在的一种契约关系，是卖方采取的一种收账管理策略。（ ）
24. 订货成本是取得订单的成本，无论是订货固定成本，还是订货变动成本都与订货次数相关。（ ）
25. 放宽经济订货基本模型的相关假说，可以拓展经济订货模型，比如存在订货提前期，那么经济订货批量也会随之改变。（ ）
26. 应收账款作为企业的投资，并占用一定量的资金，因投资于应收账款而放弃其他投资所带来的收益，形成的成本是应收账款坏账成本。（ ）
27. 为了防止存货中断，再次订货点要考虑保险储备，那么最佳的保险储备量应该是使缺货损失和保险储备的储存成本之和达到最低。（ ）
28. ABC 库存分类管理法指的是将库存物品按品种和占用资金的多少，分为特别重要的库存（A 类）、一般重要的库存（B 类）和不重要的库存（C 类）三个等级，然后针对不同等级分别进行管理与控制。（ ）
29. 银行向企业发放贷款，先从本金中扣除利息部分，到期时借款企业偿还全部贷款本金的这种利息支付方式称为收款法，采用此利息方式，短期贷款的实际利率就是名义利率。（ ）
30. 非金融行业的公司，为了获得资金，可以向社会公众发放短期融资券，约定一定期限内还本付息。（ ）

快速查答案

一、单选题

序号	1	2	3	4	5	6	7	8	9	10	11	12
答案	C	D	D	A	D	B	A	D	A	A	A	B
序号	13	14	15	16	17	18	19	20	21	22	23	24
答案	D	C	A	B	B	B	D	A	B	C	C	D
序号	25	26	27	28	29	30	31	32	33	34	35	36
答案	C	C	A	A	A	D	C	A	B	C	C	C
序号	37	38	39	40	41	42	43	44	45	46	47	48
答案	D	D	D	B	B	A	C	A	B	B	B	C

二、多选题

序号	1	2	3	4	5	6	7	8	9	10	11	12
答案	ABC	ACD	ABD	ABCD	AB	ABD	ACD	ABC	AC	ACD	ABC	ABCD
序号	13	14	15	16	17	18	19	20	21	22	23	24
答案	ABC	ABC	BD	ACD	AB	ACD	ABC	ACD	ABC	ABCD	ABC	ABC
序号	25	26	27	28	29	30	31	32	33	34	35	36
答案	ACD	AD	ABCD	ACD	ABC	AD	ACD	ABCD	ABCD	ABC	AC	ACD
序号	37	38	39	40	41	42	43					
答案	ABD	ACD	AD	BD	ABD	ABD	ABCD					

三、判断题

序号	1	2	3	4	5	6	7	8	9	10	11	12
答案	√	√	×	×	√	×	×	×	√	×	×	√
序号	13	14	15	16	17	18	19	20	21	22	23	24
答案	×	√	×	×	×	√	√	√	√	×	×	×
序号	25	26	27	28	29	30						
答案	×	×	√	√	×	×						

参考答案及解析

一、单选题

1. 【答案】C 【解析】本题考查的知识点是信用政策中的信用期限的测算。比如，5/10、3/20、N/30，其中，5/10 表示 10 天内付款，可享受 5% 的价格优惠；3/20 表示 20 天内付款，可享受 3% 的价格优惠。应收账款平均收现期 = 15 × 60% + 30 × 40% × 80% + 42.5 × 40% × 20% = 22（天）。
2. 【答案】D 【解析】本题考查的知识点是现金管理中的现金周转期的计算内容。现金周转期 = 存货周转期 + 应收账款周转期 − 应付账款周转期 = 45 + 60 − 40 = 65（天）。
3. 【答案】D 【解析】本题考查的知识点是存货管理中经济订货的基本模型。再订货点是在提前订货的情况下，为确保存货用完时订货刚好到达，企业再次发出订单时应保持的存货库存量，等于平均交货时间和每日平均需用量的乘积。再订货点 = 预计交货期内的需求 + 保险储备，预计交货期内的需求 = 18 000/360 × 5 = 250（件），再订货点 = 250 + 100 = 350（件）。
4. 【答案】A 【解析】本题考查的知识点是持有现金的动机，持有现金动机有三种需求，即交易性需求、预防性需求和投机性需求。企业的交易性需求是指企业为了维持日常周转及正常商业活动所需持有的现金额。企业支付给供应商的现金是由于维持日常经营发生的。
5. 【答案】D 【解析】本题考查的知识点是营运资金的管理策略——宽松的流动资产投资策略。在宽松的流动资产投资策略下，企业通常会维持高水平的流动资产与销售收入比率。也就是说，企业将保持高水平的现金和有价证券、高水平的应收账款和高水平的存货。在这种策略下，由于较高的流动性，企业的财务与经营风险较小。但是，过多的流动资产投资，无疑会承担较大的流动资产持有成本，提高企业的资金成本，降低企业的收益水平。选项 ABC 说法是错误的。因此，正确选项是 D。
6. 【答案】B 【解析】本题考查的知识点是保守型流动资产融资策略。在保守型融资策略中，长期融资支持非流动资产、永久性流动资产和部分波动性流动资产。企业通常以长期融资来源为波动性流动资产的平均水平融资，短期融资仅用于融通剩余的波动性流动资产。因此，正确选项是 B。
7. 【答案】A 【解析】本题考查的知识点是流动资产融资策略。在激进型融资策略中，短期融资方式支持剩下的永久性流动资产和所有的临时性流动资产。这种策略观念下，通常使用更多的短期融资。公司波动性流动资产小于短期资金来源，所以该公司融资策略为激进型融资策略。因此，正确选项是 A。
8. 【答案】D 【解析】本题考查的知识点是营运资金的概念。营运资金是指流动资产减去流动负债后的余额。按占用形态的不同，分为现金、以公允价值计量且其变动计入当期损益的金融资产、应收及预付款项和存货等。而无形资产不属于营运资金，因此，正确选项是 D。
9. 【答案】A 【解析】本题考查的知识点是现金持有动机——交易性需求。企业的交易性需求是指企业为了维持日常周转及正常商业活动所需持有的现金额，企业满足材料采购的需求而准备现金，属于交易性需求，因此，正确选项是 A。
10. 【答案】A 【解析】本题考查的知识点是现金持有动机——交易性需求。企业的交易性需求是指企业为了维持日常周转及正常商业活动所需持有的现金额。在许多情况下，企业向客户提供的商业信用条件和它从供应商那里获得的信用条件不同，使企业必须持有现金。在销售旺季向客户提供商业信用而持有的现金需求是交易性需求。因此，正确选项是 A。
11. 【答案】A 【解析】本题考查的知识点是营

运资金。狭义的营运资金是指流动资产减去流动负债后的余额。这里指的是狭义的营运资金概念。因此，正确选项是A。

12. 【答案】B 【解析】本题考查的是商业信用的形式。主要包括应付账款、应付票据、预收货款、应计未付款。选项B不属于商业信用筹资方式。

13. 【答案】D 【解析】本题考查的知识点是营运资金的管理原则——提高资金使用效率。营运资金的周转是指企业的营运资金从现金投入生产经营开始，到最终转化为现金的过程。加速资金周转是提高资金使用效率的主要手段之一。提高营运资金使用效率的关键是采取得力措施，缩短营业周期，加速变现过程，加快营运资金周转。因此，正确选项是D。

14. 【答案】C 【解析】本题考查的知识点是流动资产的融资策略。流动资产可以被分解为两部分：永久性部分和波动性部分。永久性流动资产是指满足企业长期最低需求的流动资产，其占有量通常相对稳定。与流动资产的分类相对应，流动负债也可以分为临时性负债和自发性负债，一般来说，临时性负债，又称为筹资性流动负债，是指为了满足临时性流动资金需要所发生的负债，比如短期银行借款。临时性负债一般只能供企业短期使用。自发性负债，又称为经营性流动负债，是指直接产生于企业持续经营中的负债，如商业信用、其他应付款，以及应付职工薪酬、应付利息、应交税费等。应付职工薪酬属于自发性流动负债，选项C说法是错误的。因此，正确选项是C。

15. 【答案】A 【解析】本题考查的知识点是流动资产融资策略。融资决策主要取决于管理层的风险导向，此外它还受短期、中期、长期负债的利率差异的影响。企业经营环境、资产的收益性与风险性、产业政策是影响企业流动资产投资策略的影响因素。因此，正确选项是A。

16. 【答案】B 【解析】本题考查的知识点是流动负债。流动资产融资来源于长期融资和短期融资，长期融资方式主要是自发性流动负债、股东权益资本和长期负债，短期来源于临时性流动负债，比如银行短期借款。因此，正确选项是B。

17. 【答案】B 【解析】本题考查的知识点是流动资产融资策略。保守型融资策略具有资本成本高，风险和收益均低的特点，期限匹配融资策略，具有风险收益适中的特征；激进型融资策略，具有资本成本低、风险收益均高的特点，因此，正确选项是B。

18. 【答案】B 【解析】本题考查的知识点是流动资产融资策略。在保守型融资策略中，长期融资支持非流动资产、永久性流动资产和部分波动性流动资产。永久性流动资产为2 400万元，波动性流动资产为1 600万元，所以非流动资产 = 9 000 - 2 400 - 1 600 = 5 000（万元），非流动资产 + 永久性流动资产 = 5 000 + 2 400 = 7 400（万元） < 8 100万元，因此，选项B正确。

19. 【答案】D 【解析】本题考查的知识点是现金持有动机——预防性需求是指企业需要持有一定量的现金，以应付突发事件。这种突发事件可能是社会经济环境发生变化，也可能是企业的某大客户违约导致企业突发性偿付等。因此，正确选项是D。

20. 【答案】A 【解析】本题考查的知识点是现金机会成本。现金的机会成本是指企业因持有一定现金余额丧失的再投资收益。再投资收益是企业不能同时用该现金进行有价证券投资所产生的机会成本，这种成本在数额上等于资金成本。本企业持有现金的资金成本 = 100 × 12% = 12（万元），因此，正确选项是A。

21. 【答案】B 【解析】本题考查的知识点是目标现金余额确定。成本模型的持有总成本需要考虑机会成本、管理成本和短缺成本；存货模型需要考虑机会成本和交易成本，都包含机会成本。因此，正确选项是B。

22. 【答案】C 【解析】本题考查的知识点是存货模型中最佳现金持有量 $C = [(T \times F)/K]^{1/2}$，T表示一定期间的现金需求量，F表示每次出售有价证券以补充现金所需的交易成本；K表示持有现金的机会成本。在存货模式下最佳现金持有量是交易成本等于机会成本的现金持有量，所以与最佳现金持有量对应的机会成本也是 2 000 元，机会成本 = 最佳现金持有量/2 × 机会成本率 = 最佳现金持有量/2 × 8% = 2 000，最佳现金持有量 = 50 000 元。

23.【答案】C 【解析】本题考查的知识点是随机模型。最高控制线 H 的计算公式为：H = 3R − 2L，当企业现金余额在上限和下限之间波动时，表明企业现金持有量处于合理的水平，无须进行调整。当现金余额达到上限时，则将部分现金转换为有价证券；当现金余额下降到下限时，则卖出部分证券。可以得出 H = 3 × 80 − 2 × 15 = 210（万元），由于现金持有量 220 万元高于上限，则投资于有价证券的金额 = 220 − R = 220 − 80 = 140（万元）。因此，正确选项是 C。

24.【答案】D 【解析】本题考查的知识点是现金周转期。经营周期 = 存货周转期 + 应收账款周转期；现金周转期 = 营业周期 − 应付账款周转期。应收账款周转期 = 应收账款平均余额/每天销售收入。应付账款周转期 = 营业周期 − 现金周转期。应收账款周转期 = 3 000/100 = 30（天），经营周期 = 30 + 30 = 60（天），应付账款周转期 = 60 − 50 = 10（天）。因此，正确选项是 D。

25.【答案】C 【解析】本题考查的知识点是现金周转期。产品卖出后到收到顾客支付的货款的这一时期，称为应收账款周转期或收账期。因此，正确选项是 C。

26.【答案】C 【解析】本题考查的是应收账款保理的作用。应收账款保理是指企业将自身未到期的应收账款转让出去，从而获得流动资金。其作用主要包括：(1) 融资功能；(2) 减轻企业应收账款的管理负担；(3) 减少坏账损失、降低经营风险；(4) 改善企业的财务结构，增强企业资产的流动性。故选项 C 错误。

27.【答案】A 【解析】基本模型下经济订货批量 = [(2 × 每次订货变动成本 × 年需要量)/单位变动储存成本]$^{1/2}$，缺货成本与经济订货批量计算无关。

28.【答案】A 【解析】本题考查的知识点是应收账款机会成本的测算。应收账款占用资金的应计利息 = 应收账款占用资金 × 资本成本 = 应收账款平均余额 × 变动成本率 × 资本成本 = 全年销售额/360 × 平均收现期 × 变动成本率 × 资本成本 = 全年变动成本/360 × 平均收现期 × 资本成本。全年销售额为 2 000 万元，平均收现期为 60 天，因此应收账款的机会成本 = 2 000/360 × 60 × 40% × 9% = 12（万元）。因此，正确选项是 A。

29.【答案】A 【解析】本题考查的知识点是信用标准。信用标准是指信用申请者获得企业提供信用所必须达到的最低信用水平，通常以预期的坏账损失率作为判别标准；信用条件是销货企业要求赊购客户支付货款的条件，由信用期限、折扣期限和现金折扣三个要素组成；收账政策是指信用条件被违反时，企业采取的收账策略。因此，正确选项是 A。

30.【答案】D 【解析】本题考查的知识点是平均收现期。既有信用期，又有折扣期的企业，则平均收现期 = 折扣期 × 享受折扣客户的比例 + 信用期 × 放弃折扣客户的比例。平均收现期 = 20% × 10 + 30% × 20 + 50% × 30 = 23（天）。因此，正确选项是 D。

31.【答案】C 【解析】本题考查的知识点是现金折扣。不论是信用期限还是现金折扣，都可能给企业带来收益，但也会增加成本，它使企业增加的成本，则指的是价格折扣损失。因此，正确选项是 C。

32.【答案】A 【解析】本题考查的知识点是应收账款周转天数。应收账款周转天数 = 应收账款平均余额/平均日销售额，平均逾期天数 = 应收账款周转天数 − 平均信用期天数。每季度应收账款周转率 = (240 + 180 + 320)/480 = 1.5417；应收账款周转一次天数 = 计算期天数/应收账款周转率 = 90/1.5417 = 58.38（天）；平均逾期天数 = 应收账款周转天数 − 平均信用期天数 = 58.38 − 30 = 28.38（天）。因此，正确选项是 A。

33.【答案】B 【解析】本题考查的是应收账款逾期天数的计算。平均逾期天数 = 应收账款周转天数 − 平均信用期天数 = 应收账款平均余额/平均日赊销额 − 平均信用期天数 = 360/10 − 30 = 6（天）。因此，正确选项是 B。

34. 【答案】C 【解析】本题考查的知识点是应收账款保理。有追索权保理指供应商将债权转让给保理商，供应商向保理商融通货币资金后，如果购货商拒绝付款或无力付款，保理商有权向供应商要求偿还预付的货币资金，因而保理商具有全部“追索权”。明保理是指保理商和供应商需要将销售合同被转让的情况通知购货商，并签订保理商、供应商、购货商之间的三方合同。此保理方式属于明保理且有追索权的保理。因此，正确选项是 C。

35. 【答案】C 【解析】本题考查的知识点是储存成本。储存成本也分为固定成本和变动成本。固定储存成本与存货数量的多少无关，如仓库折旧、仓库职工的固定工资等。变动储存成本与存货的数量有关，如存货资金的应计利息、存货的破损和变质损失、存货的保险费用等。因此，正确选项是 C。

36. 【答案】C 【解析】本题考查的知识点是订货成本。订货成本是指取得订单的成本，如办公费、差旅费、邮资、电话费、运输费等支出。储存成本是指为保持存货而发生的成本，包括存货占用资金所应计的利息、仓库费用、保险费用、存货破损和变质损失等。保险费用属于储存成本，因此，正确选项是 C。

37. 【答案】D 【解析】本题考查的知识点是经济订货基本模型。经济订货批量 =(2 × 存货年需要量 × 每次订货的变动成本/单位变动储存成本)$^{1/2}$，根据题目中的信息代入，经济订货批量 = (2 × 30 000 × 10/1.2)$^{1/2}$ = 707.2（千克）。因此，正确选项是 D。

38. 【答案】D 【解析】本题考查的知识点是经济订货基本模型。经济订货批量 =(2 × 存货年需要量 × 每次订货的变动成本/单位变动储存成本)$^{1/2}$，影响经济订货批量的成本是每次订货的变动成本和单位变动储存成本，而仓库的折旧属于储存固定成本，因此，正确选项是 D。

39. 【答案】D 【解析】本题考查的知识点是存货经济订货基本模型。最佳订货周期（年）= 1/每年最佳订货次数，选项 D 公式是错误的。因此，正确选项是 D。

40. 【答案】B 【解析】本题考查的知识点是经济订货基本模型。最佳订货次数 = 存货年需求量/经济订货批量 = 3 000/500 = 6（次）。因此，正确选项是 B。

41. 【答案】B 【解析】本题考查的知识点是再订货点。企业再次发出订货单时应保持的存货库存量，它的数量等于平均交货时间和每日平均需用量的乘积，再订货点 = 平均交货时间 × 每日平均需要量 = 6 × 30 = 180（千克）。因此，正确选项是 B。

42. 【答案】A 【解析】本题考查的知识点是存货陆续供应和使用模型。经济订货基本模型是建立在存货一次全部入库的假设之上的。事实上，各批存货一般都是陆续入库，库存量陆续增加。特别是产成品入库和在产品转移，几乎总是陆续供应和陆续耗用的。在这种情况下，经济订货批量 = [2 × 存货年需求量 × 订货变动成本/储存变动成本 × 每日送货量/(每日送货量 − 每日耗用量)]$^{1/2}$，因此，经济订货批量 = [2 × 3 000 × 300/50 × 60/(60 − 30)]$^{1/2}$ = 269（千克）。因此，正确选项是 A。

43. 【答案】C 【解析】本题考查的知识点是保险储备。企业应保持多少保险储备才合适，这取决于存货中断的概率和存货中断的损失。较高的保险储备可降低缺货损失，但也增加了存货的储存成本。因此，最佳的保险储备应该是使缺货损失和保险储备的储存成本之和达到最低。因此，正确选项是 C。

44. 【答案】A 【解析】本题考查的知识点是信贷承诺费用。信贷承诺费用等于未使用金额乘以承诺费用，因此，承诺费用 = (300 − 200) × 0.7% = 0.7（万元）。因此，正确选项是 A。

45. 【答案】B 【解析】本题考查的知识点是补偿性余额。根据实际利率的计算公式：实际利率 = 名义借款金额 × 名义利率/[名义借款金额 × (1 − 补偿性余额)] = 名义利率/(1 − 补偿性余额百分比)。因为保留了 20% 的补偿性余额，所以还有余额：1 − 20% = 80%。实际利率 = 10%/80% = 12.5%。因此，正确选项是 B。

46. 【答案】B 【解析】本题考查的知识点是加息法利息支付方式。实际利率 =（贷款额 × 名义利率）/贷款额 ×2，因此，实际年利率 =（1 000 ×10%）/1 000 ×2 =20%，采用加息法支付利息，实际利率高于名义利率的 2 倍。因此，正确选项是 B。

47. 【答案】B 【解析】本题考查的知识点是商业信用。商业信用是指企业在商品或劳务交易中，以延期付款或预收货款方式进行购销活动而形成的借贷关系，是企业之间的直接信用行为，也是企业短期资金的重要来源。商业信用产生于企业生产经营的商品、劳务交易之中，是一种"自动性筹资"。因此，正确选项是 B。

48. 【答案】C 【解析】本题考查的知识点是放弃现金折扣的信用成本。放弃现金折扣的信用成本率 = 折扣%/（1 - 折扣%）×360/（付款期 - 折扣期），因此放弃现金折扣的信用成本率 =2%/（1 -2%）×360/（30 -10）= 36.73%。因此，正确选项是 C。

二、多选题

1. 【答案】ABC 【解析】本题考查的知识点是应收账款保理的作用。应收账款保理业务是将企业的应收账款与货币资金进行置换。企业通过出售应收账款，将流动性稍弱的应收账款置换为具有高度流动性的货币资金，增强了企业资产的流动性，提高了企业的债务清偿能力，选项 A 正确。保理可分为有追索权保理（非买断型）和无追索权保理（买断型）、明保理和暗保理、折扣保理和到期保理，选项 B 正确。应收账款保理，其实质也是一种利用未到期应收账款这种流动资产作为抵押从而获得银行短期借款的一种融资方式，选项 C 正确。保理是一项综合性的金融服务方式，其同单纯的融资或收账管理有本质区别，选项 D 错误。因此，正确选项是 ABC。

2. 【答案】ACD 【解析】本题考查的知识点是营运资金管理策略中的流动资产融资策略。在流动资产的融资策略中，融资的长期来源包括自发性流动负债、长期负债以及股东权益资本；短期来源主要是指临时性流动负债，例如短期银行借款。

3. 【答案】ABD 【解析】本题考查的知识点是持有现金的动机，持有现金动机有三种需求：交易性需求、预防性需求和投机性需求。企业的交易性需求是指企业为了维持日常周转及正常商业活动所需持有的现金额。企业业务的季节性，要求企业逐渐增加存货以等待季节性的销售高潮，为此而持有的现金出于交易性需求，因此，选项 C 的表述错误。

4. 【答案】ABCD 【解析】本题考查的知识点是营运资本。狭义的营运资金是指流动资产减去流动负债后的余额。流动资产和流动负债金额影响营运资金占用水平。货币资金、应收账款、预付账款和存货均属于流动资产，进而影响营运资金占用水平。因此，正确选项是 ABCD。

5. 【答案】AB 【解析】本题考查的知识点是营运资本。加速应收账款周转会减少应收账款，减少营运资本需求；加速存货周转会减少存货，减少营运资本需求；加速应付账款的偿还，会减少应付账款，增加营运资本需求；加速固定资产周转，不影响流动资产，所以不影响营运资本需求。因此，正确选项是 AB。

6. 【答案】ABD 【解析】本题考查的知识点是保险储备。企业应保持多少保险储备才合适，这取决于存货中断的概率和存货中断的损失。较高的保险储备可降低缺货损失，但也增加了存货的储存成本。因此，最佳的保险储备应该是使缺货损失和保险储备的储存成本之和达到最低。再订货点 = 预计交货期内的需求 + 保险储备。随着保险储备的增加，存货的再订货点会提高。因此，正确选项是 ABD。

7. 【答案】ACD 【解析】本题考查的知识点是流动资产投资策略。激进型流动资产投资政策，表现为较低的流动资产/收入比率。由于持有的流动资产少，则流动资产的持有成本较低，这样会导致较高的短缺成本，该策略下，不考虑管理成本。持有成本低，则机会成本也是低的。

8. 【答案】ABC 【解析】本题考查的知识点是现金持有动机——企业的交易性需求，是指企业为了维持日常周转及正常商业活动所需持有的现金额。比如企业业务的季节性，要求企业逐渐增加存货以等待季节性的销售高潮。这时一般会发生季节性的现金支出，需要增持现金。预防性需求是指企业需要持有一定量的现金，以应付突发事件。这种突发事件可能是社会经济环境发生变化，也可能是企业的某大客户违约导致企业突发性偿付等。因此，正确选项是 ABC。

9.【答案】AC 【解析】本题考查的知识点是流动负债。流动负债是指需要在 1 年或者超过 1 年的一个营业周期内偿还的债务。以流动负债的形成情况为标准，可以分成自然性流动负债和人为性流动负债。自然性流动负债是指不需要正式安排，由于结算程序或有关法律法规的规定等原因而自然形成的流动负债；人为性流动负债是指由财务人员根据企业对短期资金的需求情况，通过人为安排所形成的流动负债，如短期银行借款等。以是否支付利息为标准，可以分为有息流动负债和无息流动负债。由于短期借款需要进行偿还利息，又称为有息流动负债。因此，正确选项是 AC。

10.【答案】ACD 【解析】本题考查的知识点是营运资金的特点。营运资金的特点如下：营运资金的来源具有多样性；营运资金的数量具有波动性；营运资金的周转具有短期性；营运资金的实物形态具有变动性和易变现性。因此，正确选项是 ACD。

11.【答案】ABC 【解析】本题考查的知识点是营运资金管理原则。企业进行营运资金管理，应该遵循的原则是：满足正常资金需求；提高资金使用效率；节约资金使用成本；维持短期偿债能力。选项 D 说法是错误的。因此，正确选项是 ABC。

12.【答案】ABCD 【解析】本题的考点是企业选用流动资产投资策略时需要考虑的影响因素。影响因素如下：需要权衡的是资产的收益性与风险性；企业经营的内外部环境；产业因素的影响；行业特征；企业政策的决策者，保守型决策者会更倾向于宽松的流动资产投资策略，风险承受能力较强的决策者倾向于紧缩的流动资产投资策略。以上选项都是影响企业制定流动资产投资策略需要考虑的因素，因此，正确选项是 ABCD。

13.【答案】ABC 【解析】本题考查的知识点是流动资产融资策略。在期限匹配融资策略中，永久性流动资产和非流动资产以长期融资方式（负债或股东权益）融通，波动性流动资产用短期来源融通，选项 A 说法正确。在激进型融资策略中，企业以长期负债、自发性负债和股东权益资本为所有的非流动资产融资，仅对一部分永久性流动资产使用长期融资方式融资，短期融资方式支持剩下的永久性流动资产和所有的临时性流动资产。短期融资方式通常比长期融资方式具有更低的成本，但过多地使用短期融资会导致较低的流动比率和较高的流动性风险，选项 B 说法正确；选项 D 说法错误，应该是低资本成本。在保守型融资策略中，长期融资支持非流动资产、永久性流动资产和部分波动性流动资产，选项 C 说法正确。因此，正确选项是 ABC。

14.【答案】ABC 【解析】本题考查的知识点是营运资金管理。营运资金管理的原则之一是维持短期偿债能力，合理安排流动资产与流动负债的比例关系，保证企业有足够的短期偿债能力。流动资产较多的企业，流动负债则较少，说明企业短期偿债能力较强，选项 D 说法是错误的。因此，正确选项是 ABC。

15.【答案】BD 【解析】本题考查的知识点是成本模型。成本模型考虑的现金持有总成本包括的项目有：机会成本、管理成本和短缺成本。交易成本是存货模型考虑的成本因素，选项 A 错误。机会成本与现金持有量的多少密切相关，即现金持有量越大，机会成本越大，反之就越小，选项 C 错误。

16.【答案】ACD 【解析】本题考查的知识点是成本模型。成本模型强调的是，持有现金是有成本的，最优的现金持有量是使得现金持有成本最小化的持有量。成本模型考虑的现金持有总成本包括如下项目：机会成本与现金持有量的多少密切相关，即现金持有量越大，机会成本越大，反之就越小；管理成本一般认为这是一种固定成本，这种固定成本在一定范围内和现金持有量之间没有明显的比例关系，保持不变；现金的短缺成本随现金持有量的增加而下降，随现金持有量的减少而上升，即与现金持有量负相关。选项 B 说法是错误的。因此，正确选项是 ACD。

17.【答案】AB 【解析】本题考查的知识点是存货模型。现金的交易成本与现金的机会成本组成了存货模型中的现金持有总成本。管理成本、机会成本、短缺成本构成成本模型中的持有现金总成本。因此，正确选项是 AB。

18.【答案】ACD 【解析】本题考查的知识点是“收支两条线”的管理模式。企业实行“收支两条线”管理模式的目的：第一，对企业范围内的现金进行集中管理，减少现金持有成本，加速资金周转，提高资金使用效率；第二，以实施“收支两条线”为切入点，通过高效的价值化管理来提高企业效益。因此，正确选项是 ACD。

19.【答案】ABC 【解析】本题考查的知识点是统收统支模式。该模式通常适用于规模比较小的企业，选项 D 说法是错误的。因此，正确选项是 ABC。

20.【答案】ACD 【解析】本题考查的知识点是现金周转期。经营周期 = 存货周转期 + 应收账款周转期；现金周转期 = 存货周转期 + 应收账款周转期 - 应付账款周转期。现金周转期就是指介于公司支付现金与收到现金之间的时间段；现金周转期 = 经营周期 - 应付账款周转期，因此，正确选项是 ACD。

21.【答案】ABC 【解析】本题考查的知识点是现金周转期。要减少现金周转期，可以从以下方面着手：加快制造与销售产成品来减少存货周转期；加速应收账款的回收来减少应收账款周转期；减缓支付应付账款来延长应付账款周转期。出售部分有价证券与现金周转期无关，因此，正确选项是 ABC。

22.【答案】ABCD 【解析】本题考查的知识点是付款管理。可以推迟现金支出的方式有：使用现金浮游量、推迟应付款的支付、汇票替代支票、改进员工工资支付模式、透支、争取现金流出与现金流入同步、使用零余额账户。因此，正确选项是 ABCD。

23.【答案】ABC 【解析】本题考查的知识点是应收账款的功能。应收账款的功能是指其在生产经营中的作用。主要有以下两方面：（1）增加销售的功能，会带来企业销售收入和利润的增加。（2）减少存货功能，当产成品存货较多时，一般会采用优惠的信用条件进行赊销，将存货转化为应收账款，减少产成品存货，存货资金占用成本、仓储与管理费用等会相应减少，从而提高企业收益。因此，正确选项是 ABC。

24.【答案】ABC 【解析】本题考查的知识点是应收账款成本。应收账款成本主要包含三个内容：应收账款的机会成本、应收账款的管理成本和应收账款的坏账成本。因此，正确选项是 ABC。

25.【答案】ACD 【解析】本题考查的知识点是应收账款成本。应收账款机会成本 = 应收账款占用资金 × 资金成本率 = 应收账款平均余额 × 变动成本率 × 资金成本率 = 日销售额 × 应收账款的平均收现期 × 变动成本率 × 资金成本率 =（全年销售额/360）× 应收账款的平均收现期 × 变动成本率 × 资金成本率 =（全年销售额 × 变动成本率/360）× 应收账款的平均收现期 × 资金成本率 = 全年变动成本/360 × 应收账款的平均收现期 × 资金成本率。

26.【答案】AD 【解析】本题考查的知识点是信用标准。信用标准是指信用申请者获得企业提供信用所必须达到的最低信用水平，通常以预期的坏账损失率作为判别标准。如果企业执行的信用标准过于宽松，可能会对不符合可接受信用风险标准的客户提供赊销。因此，会增加随后还款的风险并增加应收账款的管理成本与坏账成本，但是会扩大企业的销售量及销售机会。因此，正确选项是 AD。

27.【答案】ABCD 【解析】本题考查的知识点是信用的定性分析——5C。常用的信用定性分析法是 5C 信用评价系统，即评估申请人信用品质的五个方面：品质、能力、资本、抵押和条件。因此，正确选项是 ABCD。

28.【答案】ACD 【解析】本题考查的知识点是信用条件。信用条件是销货企业要求赊购客户支付货款的条件，由信用期限、折扣期限和现金折扣三个要素组成，折扣期限和现金折扣构成折扣条件。因此，正确选项是ACD。

29. 【答案】ABC 【解析】本题考查的知识点是信用期限。信用期限是企业允许顾客从购货到付款之间的时间，或者说是企业给予顾客的最长付款时间，一般简称为信用期。当只有信用期、没有折扣期、没有逾期客户时，平均收现期等于信用期。延长信用期，会使销售额增加，产生有利影响；与此同时，应收账款、收账费用和坏账损失增加，会产生不利影响。当前者大于后者时，可以延长信用期，否则不宜延长。如果缩短信用期，情况则与此相反。因此，正确选项是ABC。

30. 【答案】AD 【解析】本题考查的知识点是应收账款监控。账龄分析表比计算应收账款周转天数更能揭示应收账款的变化趋势；用应收账款账户余额的模式来计划应收账款金额水平，可以衡量应收账款的收账效率以及预测未来的现金流，选项BC说法是错误的，因此，正确选项是AD。

31. 【答案】ACD 【解析】管理应收账款的目的为在适当利用赊销增加企业产品的市场占有率的条件下控制应收账款的余额，因此选项A不正确。信用期间是企业允许客户从购买商品到付款的最长时间，而非最短时间，因此选项C不正确。积极型收账政策，有利于减少坏账损失，加快应收账款周转速度；消极型收账政策，有利于减少收账成本，加大坏账损失，因此选项D不正确。

32. 【答案】ABCD 【解析】本题考查的知识点是保理。保理又称托收保付，是指卖方（供应商或出口商）与保理商间存在的一种契约关系。根据契约，卖方将其现在或将来的基于其与买方（债务人）订立的货物销售（服务）合同所产生的应收账款转让给保理商，由保理商提供下列服务中的至少两项：贸易融资、销售账户管理、应收账款的催收、信用风险控制与坏账担保。可见，保理是一项综合性的金融服务方式，其同单纯的融资或收账管理有本质区别。因此，正确选项是ABCD。

33. 【答案】ABCD 【解析】本题考查的知识点是存货管理目标。存货管理的目标，就是在保证生产或销售需要的前提下，最大限度地降低存货成本。具体包括以下几个方面：保证生产正常进行；提高销售机动性；维持均衡生产，降低产品生产成本；降低存货取得成本；防止意外事件发生。因此，正确选项是ABCD。

34. 【答案】ABC 【解析】本题考查的知识点是存货的成本。存货成本主要有取得成本、储存成本和缺货成本。存货总成本是取得成本、储存成本和缺货成本三者之和的成本。因此，正确选项是ABC。

35. 【答案】AC 【解析】本题考查的知识点是存货成本。与批量相关的存货总成本 = 变动订货成本 + 变动储存成本。因此，正确选项是AC。

36. 【答案】ACD 【解析】本题考查的知识点是经济订货基本模型假设。经济订货基本模型是建立在一系列严格假设基础上的。这些假设包括以下几点：（1）存货总需求量是已知常数。（2）不存在订货提前期，即可以随时补充存货。（3）货物是一次性入库。（4）单位货物成本为常数，无批量折扣。（5）库存储存成本与库存水平呈线性关系。（6）货物是一种独立需求的物品，不受其他货物影响。（7）不允许缺货，即无缺货成本。存货一般是陆续入库的假设是经济订货模型的扩展，因此，正确选项是ACD。

37. 【答案】ABD 【解析】本题考查的知识点是存货保险储备。较高的保险储备可降低缺货损失，但也增加了存货的储存成本。因此，最佳的保险储备应该是使缺货损失和保险储备的储存成本之和达到最低。较高的保险储备会增加存货储备成本，降低存货缺失成本，反之，则相反。因此，正确选项是ABD。

38. 【答案】ACD 【解析】本题考查的知识点是补偿性余额。补偿性余额是银行要求借款企业在银行中保持按贷款限额或实际借用额的一定比例（通常为10%～20%）计算的最低存款余额。对于银行来说，补偿性余额有助于降低贷款风险，补偿其可能遭受的风险损失；对借款企业来说，补偿性余额则提高了借款的实际利率，加重了企业负担。因此，正确选项是 ACD。

39.【答案】AD 【解析】本题考查的知识点是经济订货基本模型。每年最佳订货次数 = 年需求量/经济订货批量 = 36 000/600 = 60（次），所以，最佳订货周期 = 360/每年最佳订货次数 = 360/60 = 6（天）。

40.【答案】BD 【解析】本题考查的知识点是短期借款实际利率的计算。实际利率 = 实际支付的利息/实际可用的贷款金额，是指剔除通货膨胀率后储户或投资者得到利息回报的真实利率。名义利率是指包括补偿通货膨胀（包括通货紧缩）风险的利率。

41.【答案】ABD 【解析】本题考查的知识点是短期融资券。短期融资券的筹资特点：筹资成本较低。相对于发行企业债券筹资而言，发行短期融资券的筹资成本较低；筹资数额比较大。相对于银行借款筹资而言，短期融资券一次性的筹资数额比较大；条件比较严格。只有具备一定的信用等级的实力强的企业，才能发行短期融资券筹资；短期融资券是企业筹资短期资金的直接筹资方式；发行短期融资券的发行人为非金融行业。因此，正确选项是 ABD。

42.【答案】ABD 【解析】本题考查的知识点是商业信用形式。商业信用的具体形式有应付账款、应付票据、预收账款等。

43.【答案】ABCD 【解析】本题考查的知识点是流动负债的利弊。流动负债的主要经营优势是：容易获得、具有灵活性，能够有效满足企业季节性信贷需求；流动负债的经营劣势是需要持续地重新谈判或滚动安排负债。因此，正确选项是 ABCD。

三、判断题

1.【答案】√ 【解析】本题考查的知识点是持有现金的动机——预防性需求。预防性需求是指企业需要持有一定量的现金，以应付突发事件。这种突发事件可能是社会经济环境发生变化，也可能是企业的某大客户违约导致企业突发性偿付等。因此，本题说法是正确的。

2.【答案】√ 【解析】本题考查的知识点是持有现金的动机——企业的交易性需求，是指企业为了维持日常周转及正常商业活动所需持有的现金额。比如，企业业务的季节性，要求企业逐渐增加存货以等待季节性的销售高潮。这时，一般会发生季节性的现金支出，需要增持现金，因此，本题说法是正确的。

3.【答案】× 【解析】本题考查的知识点是流动资产投资策略。企业将保持高水平的流动资产。在这种策略下，由于较高的流动性，企业的财务与经营风险较小。但是，过多的流动资产投资，无疑会承担较大的流动资产持有成本，提高企业的资金成本，降低企业的收益水平。因此，本题说法是错误的。

4.【答案】× 【解析】本题考查的知识点是应收账款保理。应收账款保理是企业将赊销形成的未到期应收账款，在满足一定条件的情况下转让给保理商，以获得流动资金，加快资金的周转，而不是逾期未能收回的应收账款。因此，本题说法是错误的。

5.【答案】√ 【解析】本题考查的知识点是现金持有动机——预防性需求。确定预防性需求的现金数额时，需要考虑以下因素：（1）企业愿冒现金短缺风险的程度。（2）企业预测现金收支可靠的程度。（3）企业临时融资的能力。现金收支预测可靠性程度较高，信誉良好，与银行关系良好的企业，融资能力较强的企业，能够及时获取资金，预防性需求的现金持有量一般较低。因此，本题说法是正确的。

6.【答案】× 【解析】本题考查的知识点是保守型流动资产融资策略。在保守型融资策略中长期融资支持非流动资产、永久性流动资产和部分波动性流动资产。企业通常以长期融资来源作为波动性流动资产的平均水平融资，短期融资仅用于融通剩余的波动性流动资产。因此，本题说法是错误的。

7.【答案】× 【解析】本题考查的知识点是营运资金的特点。营运资金一般具有如下特点：营运资金的来源具有多样性；营运资金的数量具有波动性；营运资金的周期具有短期性；营运资金的实物形态具有变动性和易变现性。因此，本题说法是错误的。

8.【答案】× 【解析】本题考查的知识点是营

运资金的概念。营运资金是指流动资产减去流动负债后的余额。按占用形态的不同，分为现金、以公允价值计量且其变动计入当期损益的金融资产、应收及预付款项和存货等。而无形资产不属于营运资金，因此，本题说法是错误的。

9. 【答案】√【解析】本题考查的知识点是营运资金特点——营运资金的数量具有波动性。流动资产的数量会随企业内外条件的变化而变化，时高时低，波动很大。季节性企业如此，非季节性企业也是如此。随着流动资产数量的变动，流动负债的数量也会相应发生变动。因此，本题说法是正确的。

10. 【答案】×【解析】本题考查的知识点是紧缩的流动资产投资策略。紧缩的流动资产投资策略可以节约流动资产的持有成本，例如节约持有资金的机会成本。与此同时可能伴随着更高风险，这些风险表现为更紧的应收账款信用政策和较低的存货占用水平，以及缺乏现金用于偿还应付账款等。但是，紧缩的流动资产投资策略就是提高企业效益。因此，本题说法是错误的。

11. 【答案】×【解析】本题考查的知识点是流动资产投资的影响因素。制定流动资产投资策略时还应充分考虑企业经营的内外部环境。通常，银行和其他借款人对企业流动性水平非常重视，因为流动性是这些债权人确定信用额度和借款利率的主要依据之一。他们还会考虑应收账款和存货的质量，尤其是当这些资产被用来当作一项贷款的抵押品时。有些企业因为融资困难，通常采用紧缩的流动资产投资策略，因此其获取资金比较困难。因此，本题说法是错误的。

12. 【答案】√【解析】本题考查的知识点是流动资产融资策略。在激进型融资策略中，短期融资方式能满足部分永久性流动资产和所有的临时性流动资产。这种策略观念下，通常使用更多的短期融资，呈现风险高，收益高的特点。因此，本题说法是正确的。

13. 【答案】×【解析】本题考查的知识点是现金持有动机。企业的现金持有量一般小于三种需求下的现金持有量之和，因为为某一需求持有的现金可以用于满足其他需求，企业总的现金持有量小于三种需求下的现金持有量总和。因此，本题说法是错误的。

14. 【答案】√【解析】本题考查的知识点是现金持有动机——投机性需求是企业需要持有一定量的现金以抓住突然出现的获利机会。这种机会大多是一闪即逝的，如证券价格的突然下跌，企业若没有用于投机的现金，就会错过这一机会。因此，本题说法是正确的。

15. 【答案】×【解析】本题考查的知识点是存货模型——交易成本。有价证券转换回现金所付出的代价（如支付手续费用），被称为现金的交易成本。现金交易成本与持有量成反比，持有量越大，现金交易成本就越低。因此，本题说法是错误的。

16. 【答案】×【解析】本题考查的知识点是随机模型。随机模型，认为由于现金流量波动是随机的，只能对现金持有量确定一个控制区域，定出上限和下限。当企业现金余额在上限和下限之间波动时，表明企业现金持有量处于合理的水平，无须进行调整。当现金余额达到上限时，则将部分现金转换为有价证券，使现金余额回到回归线；当现金余额下降到下限时，则卖出部分证券，使现金回归到回归线。因此，本题说法是错误的。

17. 【答案】×【解析】本题考查的知识点是应收账款功能。应收账款功能之一是增加销售的功能，通过提供赊销可有效地促进销售，提供赊销所增加的产品一般不增加固定成本，因此，赊销所增加的收益等于增加的销量与单位边际贡献的乘积，计算公式如下：增加的收益 = 增加的销售量 × 单位边际贡献，因此，本题说法是错误的。

18. 【答案】√【解析】本题考查的知识点是补偿性余额。补偿性余额是银行要求借款企业在银行中保持按贷款限额或实际借用额一定比例（通常为10% ~20%）计算的最低存款余额。对于银行来说，补偿性余额有助于降低贷款风险，补偿其可能遭受的风险损失；对借款企业来说，补偿性余额则提高了借款的实际利率，加重了企业负担。因此，本题说法是正确的。

19. 【答案】√【解析】本题考查的知识点是信用期限。延长信用期，会使销售额增加，产生有利影响；与此同时，应收账款、收账费用和坏账损失增加，会产生不利影响。当前者大于后者时，可以延长信用期，否则不宜延长。如果缩短信用期，情况则与此相反。因此，本题说法是正确的。

20. 【答案】√【解析】本题考查的知识点是现金折扣。现金折扣是与信用期限结合使用的，所以确定折扣程度的方法与程序实际上与前述确定信用期间的方法与程序一致，只不过要把所提供的延期付款时间和折扣综合起来，计算各方案的延期与折扣能取得多大的收益增量，再计算各方案带来的成本变化，最终确定最佳方案。因此，本题说法是正确的。

21. 【答案】√【解析】本题考查的知识点是目标现金余额确定。成本模型的持有总成本需要考虑机会成本、管理成本和短缺成本；存货模型需要考虑机会成本和交易成本，都包含机会成本。因此，本题说法是正确的。

22. 【答案】×【解析】本题考查的知识点是应收账款保理。有追索权保理指供应商将债权转让给保理商，供应商向保理商融通货币资金后，如果购货商拒绝付款或无力付款，保理商有权向供应商要求偿还预付的货币资金，只要有关款项到期未能收回，保理商都有权向供应商进行追索，因而保理商具有全部“追索权”。无追索权保理是指保理商将销售合同完全买断，并承担全部的收款风险。相比无追索权的保理，有追索权保理更有利于保理商。因此，本题说法是错误的。

23. 【答案】×【解析】本题考查的知识点是保理。保理又称托收保付，是指卖方（供应商或出口商）与保理商之间存在的一种契约关系，保理商需提供下列服务中的至少两项：贸易融资、销售账户管理、应收账款的催收、信用风险控制与坏账担保。可见，保理是一项综合性的金融服务方式，其同单纯的融资或收账管理有本质区别。保理与收账管理存在本质区别，因此，本题说法是错误的。

24. 【答案】×【解析】本题考查的知识点是订货成本。订货成本是指取得订单的成本，如办公费、差旅费、邮资、电话费、运输费等支出。订货成本中有一部分与订货次数无关，如常设采购机构的基本开支等，称为订货的固定成本，用F表示；另一部分与订货次数有关，如差旅费、邮资等，称为订货的变动成本。因此，本题说法是错误的。

25. 【答案】×【解析】本题考查的知识点是再订货点。订货提前期对经济订货量并无影响，每次订货批量、订货次数、订货间隔时间等与瞬时补充相同，因此，本题说法是错误的。

26. 【答案】×【解析】本题考查的知识点是应收账款的机会成本。应收账款会占用企业一定量的资金，而企业若不把这部分资金投放于应收账款，便可以用于其他投资并可能获得收益，例如投资债券获得利息收入。这种因投放于应收账款而放弃其他投资所带来的收益，即为应收账款的机会成本。因此，本题说法是错误的。

27. 【答案】√【解析】本题考查的知识点是保险储备。企业应保持多少保险储备才合适，这取决于存货中断的概率和存货中断的损失。较高的保险储备可降低缺货损失，但也增加了存货的储存成本。因此，最佳的保险储备应该是使缺货损失和保险储备的储存成本之和达到最低。因此，本题说法是错误的。

28. 【答案】√【解析】本题考查的知识点是ABC控制系统。ABC控制系统就是把企业种类繁多的存货，依据其重要程度、价值大小或者资金占用等标准分为三大类：A类高价值存货、B类中等价值存货、C类低价值存货，品种数量多。针对不同类别的存货分别采用不同的管理方法，A类存货应作为管理的重点，实行重点控制、严格管理；而对B类和C类存货的重视程度则可依次降低，采取一般管理。因此，本题说法是正确的。

29. 【答案】×【解析】本题考查的知识点是短期借款的利息支付方式。贴现法又称折价法，是指银行向企业发放贷款时，先从本金中扣除利息部分，到期时借款企业偿还全部贷款本金的一种利息支付方式。在这种利息支付方式下，企业可以利用的贷款只是本金减去利息部分后的差额，因此，贷款的实际利率要高于名义利率。因此，本题说法是错误的。

30.【答案】× 【解析】本题考查的知识点是短期融资券。发行短期融资券的规定是发行和交易的对象是银行间债券市场的机构投资者，不向社会公众发行和交易。因此，本题说法是错误的。

第八章　成本管理

考情分析

本章主要要求掌握成本管理的内容、标准成本的制定及差异分析、责任成本，重点要掌握本量利分析技术。其中，成本差异分析也是本章的重点。本章历年考试题型既有客观题，也有主观题。每年分值为10～12分，属于考试的重点章节，需要多加练习。2019～2023年知识点考查范围如下表所示。

年份	单选题	多选题	判断题	计算分析题
2023	本量利分析；责任成本；利润中心考核指标；投资中心考核指标	标准成本差异计算和分析；本量利分析基本假设及模型；盈亏平衡点；责任成本；目标利润分析；边际分析；作业成本	成本差异计算；标准成本控制与分析；	本量利分析；单位边际贡献；边际贡献率；盈亏平衡分析；目标利润分析
2022	本量利分析与应用；标准成本控制与分析；责任成本	标准成本控制与分析；本量利分析与应用	—	利润中心；责任成本；边际贡献；可控边际贡献；本量利分析
2021	盈亏平衡作业率与安全边际率；责任中心的成本中心内容；成本差异分析中的变动制造费用效率差异的测算	作业成本中的作业中心涉及的作业分类	盈亏平衡点	盈亏平衡点的销售额；安全边际率；边际贡献率；盈亏平衡点的业务量；安全边际额；盈亏平衡点作业率
2020	利润的敏感系数	本量利分析中的销售利润率的测算	作业中心	单位边际贡献；边际贡献率；安全边际率；盈亏平衡点的业务量和盈亏平衡作业率；成本差异分析；联合单价；联合变动成本；联合盈亏平衡点的业务量；综合边际贡献率；三大成本中心的评价指标：边际贡献、可控边际贡献、部门边际贡献
2019	安全边际；内部转移价格的定价基础；利润中心的评价；盈亏平衡点；敏感性分析	成本中心内容；成本差异的计算；盈亏平衡分析	成本差异的计算；边际分析；价格型内部转移定价	直接材料成本差异；人工成本差异；边际贡献总额；息税前利润

强化练习题

一、单选题

1. 在企业的日常经营管理活动中，成本管理工作的起点是（　　）。
   A. 成本预测
   B. 成本核算
   C. 成本分析
   D. 成本控制
2. 已知变动成本率为60%，盈亏平衡作业率为70%，则销售利润率为（　　）。
   A. 18%　　B. 12%
   C. 48%　　D. 42%
3. 某产品标准工时为2小时/件，变动制造费用标准分配率为3元/小时，如果实际产量为3 000件，实际工时为6 300小时，实际变动制造费用为20 160元。则变动制造费用效率差异为（　　）元。
   A. 1 260　　B. 630
   C. 2 160　　D. 900
4. 在作业成本法下，划分增值作业与非增值作业的主要依据是（　　）。
   A. 是否有助于提高产品质量
   B. 是否有助于增加产品功能
   C. 是否有助于提升企业技能
   D. 是否有助于增加顾客价值
5. 下列各项中，利用相关成本资料或其他信息，从多个方案中选择最优方案的成本管理活动是（　　）。
   A. 成本分析
   B. 成本计划
   C. 成本预测
   D. 成本决策
6. 下列各项措施中，不能降低盈亏平衡点销售量的是（　　）。
   A. 降低单位边际贡献
   B. 降低单位变动成本
   C. 提高销售单价
   D. 降低固定成本总额
7. 基于本量利分析模式，各相关因素变动对于利润的影响程度的大小可以用敏感系数来反映，其数值等于经营杠杆系数的是（　　）。
   A. 利润对销售量的敏感系数
   B. 利润对单价变动成本的敏感系数
   C. 利润对单价的敏感系数
   D. 利润对固定成本的敏感系数
8. 作业成本法下，产品成本计算的基本程度可以表示为（　　）。
   A. 作业—部门—产品
   B. 资源—作业—产品
   C. 资源—部门—产品
   D. 资源—产品
9. 某企业生产并销售A产品，且产销平衡，其销售单价为25元/件，单位变动成本为18元/件，固定成本为2 520万元，若A产品的正常销售量为600万件，则安全边际率为（　　）。
   A. 32%　　B. 38%
   C. 40%　　D. 49%
10. 在经营决策中应用本量利分析法时，两个备选方案预期成本相同情况下的业务量叫作（　　）。
    A. 成本分界点
    B. 盈亏平衡点
    C. 最佳成本点
    D. 成本临界点
11. 成本管理应与企业生产经营特点和目标相适应，尤其要与企业发展战略或竞争战略相适应，遵循的原则是（　　）。
    A. 融合性原则
    B. 适应性原则
    C. 成本效益原则
    D. 重要性
12. 下列关于本量利分析图的表述中，不正确的是（　　）。
    A. 边际贡献式本量利分析图主要反映销售收入减去变动成本后形成的边际贡献
    B. 传统式本量利关系图是最基本、最常见的本量利关系图形
    C. 在传统式本量利分析图中，销售收入线与

总成本线的交点是盈亏平衡点

D. 在传统式本量利分析图中，在盈亏平衡点以上的销售收入线与总成本线相夹的区域为亏损区

13. 下列各项中，不是保本状态的是（　　）。

A. 营业收入总额与成本总额相等

B. 变动成本与固定成本相等

C. 边际贡献与固定成本相等

D. 营业收入线与总成本线相交

14. 下列各项中，最适宜作为考核利润中心负责人业绩的指标是（　　）。

A. 边际贡献

B. 公司利润总额

C. 部门边际贡献

D. 可控边际贡献

15. 某企业销售甲产品，销售单价为 80 元/件，单位变动成本为 30 元，固定成本总额为 2 000 元，则甲产品的盈亏平衡点的业务量为（　　）件。

A. 30　　B. 41

C. 40　　D. 51

16. 某企业甲产品的正常销售量为 5 000 件，销售单价为 20 元/件，单位变动成本为 14 元，固定成本总额为 23 000 元，则甲产品的盈亏平衡作业率为（　　）。

A. 76.68%　　B. 78.91%

C. 81.21%　　D. 87.94%

17. 下列关于本量利分析基本假设的表述中，不正确的是（　　）。

A. 产销平衡

B. 产品产销结构稳定

C. 营业收入与业务量呈完全线性关系

D. 总成本由营业成本和期间费用两部分组成

18. 某公司销售甲、乙、丙三种产品，销售单价分别为 10 元、20 元和 30 元，单位变动成本分别为 8 元、10 元和 12 元，预计固定成本总额为 21 000 元，估计销售量分别为 1 000 件、2 000 件和 3 000 件，则按照加权平均法测算甲产品的盈亏平衡点的销售额为（　　）元。

A. 1 800　　B. 2 762.94

C. 2 000　　D. 3 868.16

19. 某公司销售甲、乙、丙三种产品，销售单价分别为 10 元、20 元和 30 元，单位变动成本分别为 8 元、10 元和 12 元，预计固定成本总额为 20 000 元，估计销售量分别为 1 000 件、2 000 件和 3 000 件，则按照联合单位法测算乙产品的盈亏平衡点的销售额为（　　）元。

A. 10 520　　B. 10 200

C. 9 836　　D. 10 624

20. 某企业生产销售一种产品，产品的单价为 40 元，单位变动成本为 20 元，固定成本总额为 3 000 元，如果目标利润为 50 000 元，则实现目标利润的销售额为（　　）元。

A. 106 000　　B. 120 000

C. 510 000　　D. 30 000

21. 某公司生产和销售单一产品，预计计划年度销售量为 10 000 件，单价为 300 元，单位变动成本为 200 元，固定成本为 200 000 元。假设销售单价增长了 10%，则销售单价的敏感系数（即息税前利润变化百分比相当于单价变化百分比的倍数）为（　　）。

A. 0.1　　B. 3.75

C. 2　　D. 3

22. 某企业生产一种产品，该产品的年产销量为 30 000 件，售价为 30 元/件，单位变动成本为 20 元，那么该产品的边际贡献总额是（　　）元。

A. 200 000　　B. 120 000

C. 300 000　　D. 800 000

23. 下列关于安全边际及安全边际率的说法中，不正确的是（　　）。

A. 安全边际是正常销售额超过保本销售额的部分

B. 安全边际率是安全边际与正常销售额的比

C. 安全边际率和保本作业率之和为 1

D. 安全边际率数值越大，企业发生亏损的可能性越大

24. 某公司生产销售甲产品，单价为 40 元，单位变动成本为 20 元，固定成本总额为 4 000 元，预计销售量为 1 000 件，则企业销售利润率为（　　）。

A. 40%　　B. 30%

C. 48%　　D. 50%

25. 某企业生产制造甲产品，生产甲产品 3 000 件需要耗费标准总工时是 3600 小时，单位

产品标准工时是1.2小时/件，标准的变动制造费用为9 000元，则甲产品变动制造费用标准成本是（　　）元。

A. 3　　B. 2.5

C. 2.8　　D. 3.2

26. 某企业生产制造甲产品，生产甲产品3 000件需要耗费标准总工时是3 600小时，单位产品标准工时是1.2小时/件，标准的变动制造费用为9 000元，标准固定制造费用总额为3 600元，则甲产品单位制造费用标准成本是（　　）元。

A. 3　　B. 3.7

C. 4　　D. 4.2

27. 下列各项中，关于成本差异的计算公式表述错误的是（　　）。

A. 成本总差异=实际产量下实际成本－标准产量下标准成本

B. 成本总差异=用量差异+价格差异

C. 成本总差异=（实际用量－实际产量下标准用量）×标准价格+实际用量×（实际价格－标准价格）

D. 价格差异=实际用量×（实际价格－标准价格）

28. 某企业生产产品需要甲材料，甲材料的标准单价为40元/千克，标准用量为3千克/件。假设企业生产A产品2 000件，耗用甲材料5 000千克，甲材料实际价格为45元，则甲材料的成本差异为（　　）元。

A. 15 000　　B. 462 000

C. －15 000　　D. 398 000

29. 直接材料价格差异的形成受各种因素的影响，对材料价格差异应该负责的部门是（　　）。

A. 采购部门　　B. 人事处

C. 生产部门　　D. 销售部门

30. 某企业本月生产产品1 200件，使用材料8 000千克，材料单价为0.55元/千克；直接材料的单位产品标准成本为3元，每千克材料的标准价格为0.5元。实际使用工时2 600小时，支付工资13 600元；直接人工的标准成本是10元/件，每件产品标准工时为2小时。则下列结论不正确的是（　　）。

A. 直接材料成本差异为800元

B. 直接材料价格差异为400元

C. 直接人工效率差异为1 000元

D. 直接人工工资率差异为240元

31. 下列各项中，关于变动制造费用差异的计算公式表述错误的是（　　）。

A. 变动制造费用成本差异=变动制造费用耗费差异+变动制造费用效率差异

B. 变动制造费用成本差异=实际工时×实际变动制造费用分配率－实际工时×标准变动制造费用分配率

C. 变动制造费用效率差异=（实际工时－标准工时）×变动制造费用标准分配率

D. 变动制造费用耗费差异=实际工时×（变动制造费用实际分配率－变动制造费用标准分配率）

32. 某企业生产销售甲产品，甲产品标准变动制造费用分配率为2.8元/小时，标准工时为2.1小时/件。假设企业本月实际生产甲产品1 000件，实际工时10 000小时，实际发生变动制造费用20 000元，则变动制造费用成本差异是（　　）元。

A. 13 000　　B. 12 000

C. 14 120　　D. 11 000

33. 企业生产X产品，工时标准为2小时/件，变动制造费用标准分配率为24元/小时，当期实际产量为600件，实际变动制造费用为32 400元，实际工时为1 300小时，则在标准成本法下，当期变动制造费用效率差异为（　　）元。

A. 1 200　　B. 2 304

C. 2 400　　D. 1 296

34. 某产品固定制造费用标准分配率为10元/小时，标准工时为2小时/件，产品预算产量为10 000件，实际生产12 000件，用工10 000小时，实际发生固定制造费用20 000元，则产品固定制造费用效率差异为（　　）元。

A. 140 000　　B. 150 000

C. －140 000　　D. －150 000

35. 作业成本法中的资源识别与资源费用的确认与计量中，下列各项中具体负责的部门是（　　）。

A. 生产部门　　B. 财务部门

C. 人事部门　　D. 销售部门

36. 企业根据受益对象、层次和重要性，将作业分为五类，下列各项中属于产量级作业的是（　　）。
A. 设备调试　　B. 生产准备
C. 产品检验　　D. 新产品设计
37. 采用执行频率或次数计量的成本动因是（　　）。
A. 交易动因
B. 持续时间动因
C. 强度动因
D. 作业动因
38. 作业分析将作业分为增值作业和非增值作业，下列选项中属于非增值作业的是（　　）。
A. 印刷厂最后装订工序
B. 零部件的生产
C. 检验作业
D. 零部件的组装
39. 企业某成本中心，生产产品预算产量 3 000 件，单位预算成本为 130 元，实际产量为 3 500 件，单位实际成本为 100 元，那么该成本中心的预算成本节约率为（　　）。
A. 20%　　B. 30%
C. 23.08%　　D. 32%
40. 下列指标中不属于利润中心业绩考核指标的是（　　）。
A. 边际贡献
B. 可控边际贡献
C. 剩余收益
D. 部门边际贡献
41. 企业某投资中心的利润为 200 万元，投资额为 1 000 万元，假定企业整体的预期最低投资收益率为 13%，则该投资中心的剩余收益为（　　）万元。
A. 70　　B. 67
C. 13　　D. 26
42. 企业内部供求双方为使双方利益相对均衡，通过协商机制制定内部转移价格，该协商价的上限是（　　）。
A. 变动成本
B. 变动成本加固定费用
C. 市场价格
D. 完全成本
43. 下列各项中，不属于成本型内部转移定价的成本基础的是（　　）。
A. 完全成本
B. 完全成本加成
C. 变动成本
D. 市场价格

二、多选题

1. 在作业成本法下，下列各项属于批别级作业的有（　　）。
A. 设备调试　　B. 厂房维护
C. 生产准备　　D. 新产品设计
2. 下列各项中，属于可控成本必须同时具备的条件的有（　　）。
A. 该成本的发生是成本中心可以预见的
B. 该成本是成本中心可以计量的
C. 该成本是成本中心可以调节的
D. 该成本是成本中心可以控制的
3. 基于本量利分析模型，下列各项中能够提高销售利润额的有（　　）。
A. 提高边际贡献率
B. 提高盈亏平衡作业率
C. 提高变动成本率
D. 提高安全边际率
4. 在标准成本差异的计算中，下列各项成本差异属于价格差异的有（　　）。
A. 直接人工工资率差异
B. 变动制造费用耗费差异
C. 固定制造费用能量差异
D. 变动制造费用效率差异
5. 在单一产品盈亏平衡分析中，下列各项公式成立的有（　　）。
A. 盈亏平衡作业率 + 安全边际率 = 1
B. 变动成本率 × 营业毛利率 = 边际贡献率
C. 安全边际率 × 边际贡献率 = 销售利润率
D. 变动成本率 + 边际贡献率 = 1
6. 成本管理是企业日常经营管理的一项中心工作，成本管理的意义主要体现在（　　）。
A. 降低成本，为企业扩大再生产创造条件
B. 增加企业利润，提高企业经济效益
C. 帮助企业获得优势，增加企业的竞争能力和抗风险能力
D. 提高企业的销售量，促进企业的发展

7. 事前成本管理阶段主要是对未来成本水平及其发展趋势所进行的预测与规划，一般包括（　　）。

A. 成本预测　　B. 成本计划

C. 成本决策　　D. 成本分析

8. 下列各项关于本量利分析的基本假设中，说法正确的有（　　）。

A. 产销平衡

B. 产品产销结构稳定

C. 收入与业务量呈完全显性关系

D. 按照成本性态将总成本分为固定成本和变动成本两部分

9. 本量利分析作为一种方法体系，在企业经营管理中可以发挥的作用有（　　）。

A. 预测盈亏平衡点的销售量或销售额

B. 为企业提供降低经营风险的方法和手段

C. 可用于生产决策的可行性分析

D. 为全面预算、成本控制提供理论准备

10. 下列关于本量利的关系式中，正确的有（　　）。

A. 利润 = 销售收入 × 单位边际贡献 - 固定成本

B. 利润 = 销售量 × 单价 - 销售量 × 单位变动成本 - 固定成本

C. 利润 = 销售收入 -（变动成本 + 固定成本）

D. 利润 = 销售量 ×（单价 - 单位变动成本）- 固定成本

11. 下列关于单一产品盈亏平衡点的公式中，描述正确的有（　　）。

A. 盈亏平衡点的业务量 = 固定成本/（单价 - 单位变动成本）

B. 盈亏平衡点的销售额 = 固定成本/（1 - 边际贡献率）

C. 盈亏平衡点的销售额 = 固定成本/变动成本率

D. 盈亏平衡点的业务量 = 固定成本/单位边际贡献

12. 下列关于传统本量利关系图的说法中，正确的有（　　）。

A. 总成本线与固定成本线之间的区域为变动成本，与产量呈正比例变化

B. 销售收入线与总成本线的交点是盈亏平衡点

C. 在盈亏平衡点以上的销售收入线与总成本线相夹的区域为盈利区，反之为亏损区

D. 固定成本与纵轴之间的区域为固定成本值

13. 利量式本量利关系图中，可以直接体现的图线有（　　）。

A. 边际贡献线

B. 利润线

C. 变动成本线

D. 销售收入线

14. 根据本量利分析基本原理，下列各项中，能够提高盈亏平衡点的销售额的有（　　）。

A. 提高固定成本总额

B. 降低单价

C. 降低边际贡献率

D. 提高单位变动成本

15. 下列针对有关目标利润的计算公式的说法中，正确的有（　　）。

A. 目标利润销售量公式只能用于单一产品的目标利润管理

B. 目标利润销售额只能用于多种产品的目标利润管理

C. 公式中的目标利润一般是指息前税后利润

D. 如果预测的目标利润是税后利润，需要对公式进行相应的调整

16. 根据单一产品本量利分析模型，下列关于利润的计算公式中，表述正确的有（　　）。

A. 利润 = 安全边际量 × 单位边际贡献

B. 利润 = 安全边际量 ×（单价 - 单位变动成本）

C. 利润 = 实际销售额 × 安全边际率

D. 利润 = 安全边际额 × 边际贡献率

17. 在边际贡献为正的前提下，某产品单位变动成本和单价均为下降 1 元，不考虑其他因素，下列说法中正确的有（　　）。

A. 盈亏平衡点的销售额不变

B. 盈亏平衡点的销售量不变

C. 单位边际贡献不变

D. 边际贡献率不变

18. 其他因素不变的情况下，企业实现目标利润可以采取的措施有（　　）。

A. 提高单价

B. 提高边际贡献率

C. 降低固定成本

D. 降低单位变动成本

19. 下列有关敏感系数的表述中，正确的有（ ）。

A. 敏感系数为正数，参量值与目标值发生同方向变化

B. 敏感系数为负数，参量值与目标值发生同方向变化

C. 敏感系数大于1的参量是敏感因素

D. 敏感系数小于1的参量是非敏感因素

20. 下列各项中，属于边际分析工具方法的有（ ）。

A. 边际贡献分析

B. 本量利分析

C. 安全边际分析

D. 敏感性分析

21. 边际贡献分析衡量产品为企业贡献利润的能力，下列各项中关于边际贡献分析公式表述正确的有（ ）。

A. 边际贡献总额 = 销售收入 - 变动成本总额

B. 边际贡献率 = 单位边际贡献/单价 × 100%

C. 边际贡献率 = 1 - 安全边际率

D. 单位边际贡献 = 单价 × 边际贡献率

22. 企业进行单一产品决策时，评价的标准有（ ）。

A. 当边际贡献总额大于固定成本时，利润大于0，表明企业盈利

B. 当边际贡献总额等于固定成本时，利润等于0，表示企业保本

C. 当边际贡献总额小于固定成本时，利润小于0，表明企业亏损

D. 当单位边际贡献大于0时，企业利润大于0，表明企业盈利

23. 下列各项中，能提高销售利润率的措施包括（ ）。

A. 提高安全边际率

B. 提高边际贡献率

C. 降低变动成本率

D. 降低盈亏平衡作业率

24. 下列关于边际分析法的说法中，正确的有（ ）。

A. 边际分析法直接反映企业营运风险，促进提高企业营运效益

B. 边际分析法可以有效地分析业务量、变动成本和利润之间的关系

C. 决策变量直接影响边际分析的实际应用效果

D. 边际分析法中决策变量与相关结果之间关系较为复杂

25. 标准成本法作为一种成本管理方法，下列关于标准成本法优点的说法中，正确的有（ ）。

A. 有利于考核相关部门及人员的业绩

B. 有助于企业的经营决策

C. 有助于降低企业成本

D. 可以使企业预算编制更为科学和可行

26. 下列关于标准成本计算公式的表述中，正确的有（ ）。

A. 产品标准成本 = 直接材料标准成本 + 直接人工标准成本 + 变动制造费用标准成本

B. 单位产品直接材料标准成本 = 单位产品的材料标准用量 × 材料的标准单价

C. 直接人工标准成本 = 单位产品的标准工时 × 小时标准工资率

D. 制造费用标准成本 = 工时用量标准 × 预算产量下标准制造费用分配率

27. 下列各项中，可以成为变动制造费用的标准用量的有（ ）。

A. 单位产量的动力等标准用量

B. 产品的直接人工标准工时

C. 单位产品的标准机器工时

D. 小时工资率

28. 下列关于直接人工成本差异计算公式的表述中，正确的有（ ）。

A. 直接人工成本差异 = 实际工时 × 实际工资率 - 标准工时 × 标准工资率

B. 直接人工成本差异 = 直接人工工资率差异 + 直接人工效率差异

C. 直接人工效率差异 =（实际工时 - 标准工时）× 标准工资率

D. 直接人工工资率差异 = 标准工时 ×（实际工资率 - 标准工资率）

29. 在标准成本差异的计算中，下列成本差异属于价格差异的有（ ）。

A. 直接人工工资率差异

B. 变动制造费用耗费差异

C. 固定制造费用能量差异

D. 变动制造费用效率差异

30. 下列关于固定制造费用成本差异的计算公式中，正确的有（　　）。

A. 固定制造费用耗费差异＝实际固定制造费用－实际产量下标准固定制造费用

B. 固定制造费用能量差异＝预算产量下标准固定制造费用－实际产量下标准固定制造费用

C. 固定制造费用产量差异＝（预算产量下标准工时－实际产量下实际工时）×标准分配率

D. 固定制造费用效率差异＝（实际产量下实际工时－实际产量下标准工时）×标准分配率

31. 在作业成本法下，不能作为划分增值作业与非增值作业的主要依据的有（　　）。

A. 是否有助于提高产品质量

B. 是否有助于增加产品功能

C. 是否有助于提升企业产能

D. 是否有助于增加顾客价值

32. 下列各项中，适合采用作业成本法进行成本计算的有（　　）。

A. 企业的作业类型多且作业链较长

B. 企业生产线生产多种产品

C. 企业产品、客户生产过程多样化程度较高

D. 企业规模小但管理层对产品成本准确性要求较高

33. 根据受益对象、层次和重要性分类的作业与产品数量成正比例关系的有（　　）。

A. 产量级作业

B. 批别级作业

C. 品种级作业

D. 顾客级作业

34. 下列关于作业成本的说法中，正确的有（　　）。

A. 作业成本法是成本计算与成本管理的有机结合

B. 作业成本法以"作业消耗资源、产出消耗作业"为原则

C. 作业动因是引起作业成本变动的驱动因素

D. 一项作业可能指的是一类任务或活动

35. 下列关于作业成本管理进行成本节约途径的说法中，正确的有（　　）。

A. 不断改进方式降低作业消耗的资源或时间属于作业减少

B. 通过扩大规模来提高增值作业的效率属于作业消除

C. 在其他条件不变的情况下，选择作业成本最低的销售策略属于作业选择

D. 改变原材料供应商的交货方式来降低非增值作业属于作业消除

36. 在责任成本管理中，关于成本中心的表述中，正确的有（　　）。

A. 责任成本是成本中心考核和控制的主要内容

B. 成本中心是指有权发生并控制成本的单位

C. 成本中心不考核收入，只考核成本

D. 成本中心需要对本中心的全部成本负责

37. 利润中心往往处于企业内部的较高层次，利润中心需要负责的有（　　）。

A. 成本

B. 收入

C. 收入成本的差额

D. 投资效果

38. 下列关于利润中心的有关公式中，正确的有（　　）。

A. 可控边际贡献＝边际贡献－该中心负责人可控固定成本

B. 可控边际贡献＝边际贡献－该中心负责人不可控固定成本

C. 部门边际贡献＝可控边际贡献－该中心负责人可控固定成本

D. 部门边际贡献＝可控边际贡献－该中心负责人不可控固定成本

39. 下列指标中，适用于对利润中心进行业绩考评的有（　　）。

A. 投资收益率

B. 部门边际贡献

C. 剩余收益

D. 可控边际贡献

40. 下列关于投资中心考核指标的说法中，正确的有（　　）。

A. 投资收益率有利于不同行业、部门之间进行比较

B. 投资收益率会引发短视行为的发生

C. 剩余收益可以弥补投资收益率使局部利益与整体利益相冲突这一不足

D. 剩余收益克服投资收益率短视行为这一缺点

三、判断题

1. 基于本量利分析模型，其他因素不变，目标利润的变动会影响盈亏平衡点的销售额。 (   )
2. 在标准成本控制与分析中，产品成本所出现的不利或有利差异均由生产部门负责。 (   )
3. 在作业成本法下，一个作业中心只能包括一种作业。 (   )
4. 不考虑其他因素的影响，固定成本每增加1元，边际贡献就减少1元。 (   )
5. 在标准成本控制与分析中，产品成本所出现的不利或有利差异均应由生产部门负责。 (   )
6. 成本管理是一系列成本管理活动的总称。成本考核属于成本管理内容之一。 (   )
7. 以现有条件为前提，在历史成本资料的基础上，根据未来可能发生的变化，利用科学的方法，对未来成本水平及其发展趋势进行描述和判断的成本管理活动是成本计划活动。 (   )
8. 采用本量利分析的基本前提条件是成本按照成本性态划分为固定成本和变动成本。 (   )
9. 盈亏平衡点是利润等于零时的业务量或销售额，当企业的业务量高于盈亏平衡点时，则企业处于盈利状态；反之，企业则处于亏损状态。 (   )
10. 基于本量利分析模式，各相关因素变动对于利润的影响程度的大小可用敏感系数来表达，利润对销售量的敏感系数数值等于经营杠杆系数。 (   )
11. 单个产品的目标利润管理可以用目标利润销售量和目标利润销售额进行分析，而多种产品的目标利润管理只能采用目标利润销售额进行分析。 (   )
12. 某一个变量发生小幅度的变动，则会引发利润发生很大的变动，那么可以称这个变量为利润的强敏感性因素；反之，则称为不敏感因素。 (   )
13. 敏感系数反映各因素对利润敏感程度的指标，敏感系数越大，敏感程度就越高。比如单价的敏感系数为1.2，单位变动成本的敏感系数为－2.3，则单价的敏感程度高于单位变动成本的敏感程度。 (   )
14. 标准成本控制与分析，是以标准成本为基础，将实际成本与标准成本进行对比，揭示成本差异形成的原因和责任，对成本进行有效控制的管理方法，其中标准成本是指理想标准成本。 (   )
15. 固定制造费用的标准成本等于固定制造费用总成本乘以固定制造费用标准分配率，而固定制造费用的标准分配率等于单位产品的标准工时除以标准总工时。 (   )
16. 实际成本与标准成本之间的差额为成本差异，标准成本超出实际成本部分，称为超支差异，反之则为节约差异。 (   )
17. 固定制造费用两差异分析法下的耗费差异与三差异分析法下的耗费差异是不同的。 (   )
18. 引起产品成本变动的驱动因素，反映产品产量与作业成本之间的因果关系的动因是资源动因，而非作业动因。 (   )
19. 非增值成本指的是非增值作业发生的成本。 (   )
20. 企业根据资源耗用与作业之间的因果关系，将所有的资源成本直接追溯或按资源动因分配至各作业中心，计算各作业总成本的过程称为作业成本分配。 (   )
21. 如果某项作业执行比较特殊或复杂，成本动因应该选择交易动因。 (   )
22. 作业业绩考核的指标既可以是财务指标，也可以是非财务指标，比如次品率、生产周期等。 (   )
23. 在企业责任成本管理中，责任成本是成本中心考核和控制的主要指标，其构成内容是可控成本之和。 (   )
24. 在投资中心业绩评价中，剩余收益指标仅反映当期业绩，单纯使用这一指标会导致投资中心管理者的短视行为。 (   )

快速查答案

一、单选题

序号	1	2	3	4	5	6	7	8	9	10	11	12
答案	A	B	D	D	D	A	A	B	C	A	B	D
序号	13	14	15	16	17	18	19	20	21	22	23	24
答案	B	D	C	A	D	B	A	A	B	C	D	A
序号	25	26	27	28	29	30	31	32	33	34	35	36
答案	A	D	A	C	A	D	B	C	C	C	B	C
序号	37	38	39	40	41	42	43					
答案	A	C	C	C	A	C	D					

二、多选题

序号	1	2	3	4	5	6	7	8	9	10	11	12
答案	AC	ABCD	AD	AB	ACD	ABC	ABC	ABCD	ABCD	BCD	AD	ABC
序号	13	14	15	16	17	18	19	20	21	22	23	24
答案	AB	ABCD	AD	ABD	BC	ACD	AC	AC	ABD	ABC	ABCD	ABCD
序号	25	26	27	28	29	30	31	32	33	34	35	36
答案	ABD	BC	ABC	ABC	AB	BCD	ABC	ABC	ABC	ABD	ACD	ABC
序号	37	38	39	40								
答案	ABC	AD	BD	ABC								

三、判断题

序号	1	2	3	4	5	6	7	8	9	10	11	12
答案	×	×	×	×	×	√	×	√	√	√	√	√
序号	13	14	15	16	17	18	19	20	21	22	23	24
答案	×	×	×	×	×	×	×	×	×	√	√	√

参考答案及解析

一、单选题

1.【答案】A 【解析】成本预测是进行成本管理的第一步，也是组织成本决策和编制成本计划的前提，选项 A 正确。

2.【答案】B 【解析】本题考查的知识点是盈亏平衡作业率与安全边际率的关系，销售利润率 = 安全边际率 × 边际贡献率。安全边际率 = 1 - 盈亏平衡作业率 = 30%，边际贡献率 = 1 - 变动成本率 = 40%，所以销售利润率 = 30% × 40% = 12%。

3.【答案】D 【解析】本题考查的知识点是成本差异分析中的变动制造费用效率差异的测算。变动制造费用效率差异 = (实际工时 - 标准工时) × 变动制造费用标准分配率 = (6 300 - 3 000 × 2) × 3 = 900（元），选项 D 正确。

4.【答案】D 【解析】本题考查的知识点是作业成本成本管理中的作业分析。增值作业是那些为顾客可以增加其购买的产品或服务的有用性，非增值作业是指即使消除也不会影响产品对顾客服务的潜能，按照对顾客价值的贡献，作业可分为增值作业和非增值作业。选项 D 正确。

5.【答案】D 【解析】本题考查的知识点是成本管理的主要内容。成本决策是在成本预测及有关成本资料的基础上，综合经济效益、质量、效率和规模等指标，运用定性和定量的方法对各个成本方案进行分析并选择最优方案的成本管理活动。因此，正确选项是 D。

6.【答案】A 【解析】本题考查的是盈亏平衡点。盈亏平衡点销售量 = 固定成本/(单价 - 单位变动成本) = 固定成本/单位边际贡献，根据计算式分析可知，只有选项 A 不能降低盈亏平衡点销售量。

7.【答案】A 【解析】本题考查的知识点是销售量的敏感系数。利润对销售量的敏感性系数即是经营杠杆系数，经营杠杆系数 = 息税前利润变动率/销售量变动率 = 基期边际贡献/基期息税前利润，因此，正确选项是 A。

8.【答案】B 【解析】本题考查的知识点是作业成本法的基本原理。在作业成本法下，成本分配时，首先根据作业中心的资源耗费情况，将资源耗费的成本分配到作业中心去，然后再将分配到作业中心的成本，依据作业活动的数量分配到各成本对象，比如某产品。因此，正确选项是 B。

9.【答案】C 【解析】本题考查的知识点是安全边际率。安全边际率 = 安全边际量/正常销售数量 × 100%，安全边际量 = 正常销售量 - 盈亏平衡点的销售量。盈亏平衡点的销售量 = 固定成本/(单价 - 单位变动成本) = 2 520/(25 - 18) = 360（万件），安全边际量 = 600 - 360 = 240（万件），安全边际率 = 安全边际量/正常销售数量 × 100% = 240/600 × 100% = 40%。因此，正确选项是 C。

10.【答案】A 【解析】本题考查的是在经营决策中应用本量利分析法的关键在于确定成本分界点。所谓成本分界点就是两个备选方案预期成本相同情况下的业务量。找到了成本分界点，就可以在一定的业务量范围内，选择出最优的方案。选项 A 正确。

11.【答案】B 【解析】本题考查的知识点是成本管理的原则。成本管理一般应遵循四个原则，一是融合性原则；二是适应性原则；三是成本效益原则；四是重要性原则。因此，正确选项是 B。

12.【答案】D 【解析】本题考查的是本量利分析图。在传统式本量利分析图中，在盈亏平衡点以上的销售收入线与总成本线相夹的区域为盈利区，所以选项 D 的说法不正确。

13.【答案】B 【解析】本题考查的是保本状态，即盈亏临界状态，是指能使企业不盈不亏利润为零的状态，当销售总收入与成本总额相等，营业收入线与总成本线相交，边际贡献与固定成本相等时，都能使利润为零，所以选项 B 不正确。

14.【答案】D 【解析】本题考查的是可控边际贡献。可控边际贡献也称部门经理边际贡献，它衡量了部门经理有效运用其控制下的资源的能力，是评价利润中心管理者业绩的理想指标，所以选项D正确。

15. 【答案】C 【解析】本题考查的知识点是盈亏平衡点的业务量。盈亏平衡点的业务量 = 固定成本/(单价 - 单位变动成本)，因此，甲产品盈亏平衡点的业务量 = 2 000/(80 - 30) = 40（件）。因此，正确选项是C。

16. 【答案】A 【解析】本题考查的知识点是盈亏平衡作业率。盈亏平衡作业率 = 盈亏平衡点的销售量/正常经营业务量，盈亏平衡点的销售量 = 固定成本/单位边际贡献，甲产品盈亏平衡点的销售量 = 23 000/(20 - 14) = 3 834（件），甲产品的盈亏平衡作业率 = 3 834/5 000 = 76.68%。因此，正确选项是A。

17. 【答案】D 【解析】本题考查的是本量利分析。主要基于以下四个假设前提：（1）总成本由固定成本和变动成本两部分组成；（2）营业收入与业务量呈完全线性关系；（3）产销平衡；（4）产品产销结构稳定。所以选项D不正确。

18. 【答案】B 【解析】本题考查的知识点是加权平均法。加权平均法是指在掌握每种单一产品的边际贡献率的基础上，按各种产品销售额的比重进行加权平均，据以计算综合边际贡献率，从而确定多产品组合的盈亏平衡点。采用加权平均法计算多种产品盈亏平衡点的销售额的关键，首先根据各种产品的销售单价、单位变动成本和销售数量计算出一个加权平均的边际贡献率，然后根据固定成本总额和加权平均的边际贡献率计算出盈亏平衡点的销售额，最后根据盈亏平衡点的销售额与比重测算出单一产品的盈亏平衡点的销售额。甲产品的边际贡献率 = (10 - 8)/10 × 100% = 20%，乙产品的边际贡献率 = (20 - 10)/20 × 100% = 50%，丙产品的边际贡献率 = (30 - 12)/30 × 100% = 60%。总的销售收入 = 10 × 1 000 + 20 × 2 000 + 30 × 3 000 = 140 000（元），综合边际贡献率 = 20% × (10 000/140 000) + 50% × (40 000/140 000) + 60% × (90 000/140 000) = 54.29%，盈亏平衡点销售额 = 固定成本/综合边际贡献率 = 21 000/54.29% = 38 681.16（元），则甲产品盈亏平衡点销售额 = 38 681.16 × 10 000/140 000 = 2 762.94（元）。因此，正确选项是B。

19. 【答案】A 【解析】本题考查的知识点是联合单位法。联合单位法是指在事先确定各种产品间产销实物量比例的基础上，将各种产品产销实物量的最小比例作为一个联合单位，确定每一联合单位的单价、单位变动成本，进行本量利分析的一种分析方法。甲、乙、丙三种产品销售量比 = 1 : 2 : 3，则联合单价 = 10 + 2 × 20 + 3 × 30 = 140（元），联合单位变动成本 = 8 + 2 × 10 + 3 × 12 = 64（元），联合单位盈亏平衡点的业务量 = 20 000/(140 - 64) = 263（件），则乙产品盈亏平衡点的业务量 = 263 × 2 = 526（件），则乙产品盈亏平衡点销售额 = 526 × 20 = 10 520（元）。因此，正确选项是A。

20. 【答案】A 【解析】本题考查的知识点是目标利润分析。实现目标利润销售额 = (固定成本 + 目标利润)/边际贡献率，边际贡献率 = 边际贡献/单价，产品边际贡献率 = (40 - 20)/40 × 100% = 50%，实现目标利润销售额 = (3 000 + 50 000)/50% = 106 000（元）。因此，正确选项是A。

21. 【答案】B 【解析】本题考查的是敏感系数。单价上涨前的息税前利润 = 10 000 × (300 - 200) - 200 000 = 800 000（元），单价上涨后的息税前利润 = 10 000 × [300 × (1 + 10%) - 200] - 200 000 = 1 100 000（元），息税前利润增长率 = (1 100 000 - 800 000)/800 000 = 37.5%。则销售单价的敏感系数 = 37.5%/10% = 3.75，选项B正确。

22. 【答案】C 【解析】本题考查的是边际贡献。边际贡献总额 = 销售量 × 单位边际贡献 = 30 000 × (30 - 20) = 300 000（元），选项C正确。

23. 【答案】D 【解析】本题考查的是安全边际的含义与应用。安全边际是正常销售额超过保本销售额的部分，安全边际和安全边际率的数值越大，企业发生亏损的可能性越小，企业就越安全。选项D正确。

24. 【答案】A 【解析】本题考查的知识点是销售利润率。销售利润率 = 安全边际率 × 边际贡献率。安全边际率 = 安全边际销售量/实际销售量，安全边际销售量 + 盈亏平衡点的销售量 = 实际销售量；盈亏平衡点的销售量 = 固定成本/边际贡献 = 4 000/(40 − 20) = 200（件），安全边际销售量 = 实际销售量 − 盈亏平衡点的销售量 = 1 000 − 200 = 800（件），安全边际率 = 800/1 000 × 100% = 80%，边际贡献率 = 单位边际贡献/单价 = (40 − 20)/40 × 100% = 50%。销售利润率 = 安全边际率 × 边际贡献率 = 50% × 80% = 40%。因此，正确选项是 A。

25. 【答案】A 【解析】本题考查的知识点是变动制造费用标准成本。变动制造费用标准成本 = 工时用量标准 × 标准变动制造费用分配率，标准变动制造费用分配率 = 标准制造费用总额/标准总工时。标准制造费用分配率 = 9 000/3 600 = 2.5（元），变动制造费用标准成本 = 1.2 × 2.5 = 3（元）。因此，正确选项是 A。

26. 【答案】D 【解析】本题考查的知识点是制造费用标准成本制定。单位产品制造费用标准成本 = 单位产品固定制造费用标准成本 + 单位产品变动制造费用标准成本，制造费用标准成本 = 工时用量标准 × 标准制造费用分配率，标准制造费用分配率 = 标准制造费用总额/标准总工时。标准变动制造费用分配率 = 标准制造费用总额/标准总工时 = 9 000/3 600 = 2.5（元），变动制造费用标准成本 = 1.2 × 2.5 = 3（元），标准固定制造费用分配率 = 标准固定制造费用总额/标准总工时 = 3 600/3 600 = 1，固定制造费用标准成本 = 工时用量标准 × 标准固定制造费用分配率 = 1 × 1.2 = 1.2（元），因此，制造费用标准成本 = 固定制造费用标准成本 + 变动制造费用标准成本 = 1.2 + 3 = 4.2（元），正确选项是 D。

27. 【答案】A 【解析】本题考查的知识点是成本差异。成本总差异 = 实际产量下实际成本 − 实际产量下标准成本 = 实际用量 × 实际价格 − 实际产量下标准用量 × 标准价格 = (实际用量 − 实际产量下标准用量) × 标准价格 + 实际用量 × (实际价格 − 标准价格) = 用量差异 + 价格差异；用量差异 = (实际用量 − 实际产量标准用量) × 标准价格；价格差异 = 实际用量 × (实际价格 − 标准价格)。选项 A 表述错误，因此，正确选项是 A。

28. 【答案】C 【解析】本题考查的知识点是直接材料成本差异。直接材料成本差异 = 实际成本 − 标准成本 = 实际用量 × 实际价格 − 实际产量下的标准用量 × 标准价格，甲材料的成本差异 = 5 000 × 45 − 2 000 × 3 × 40 = −15 000（元），甲材料成本发生节约差异。因此，正确选项是 C。

29. 【答案】A 【解析】本题考查的知识点是直接材料成本差异。材料价格差异的形成受各种主客观因素的影响，较为复杂，如市场价格、供货厂商、运输方式、采购批量等的变动，都可能导致材料的价格差异。但由于它与采购部门的关系更为密切，所以其差异应主要由采购部门承担责任。因此，正确选项是 A。

30. 【答案】D 【解析】本题考查的是变动成本差异的计算及分析。直接材料成本差异 = 8 000 × 0.55 − 1 200 × 3 = 800（元），选项 A 正确；直接材料价格差异 = 8 000 × (0.55 − 0.5) = 400（元），选项 B 正确；直接人工效率差异 = (2 600 − 1 200 × 2) × 10/2 = 1 000（元），选项 C 正确；直接人工工资率差异 = 13 600 − 10/2 × 2 600 = 600（元），选项 D 不正确。

31. 【答案】B 【解析】本题考查的知识点是变动制造费用成本差异分析。变动制造费用成本差异 = 总变动制造费用 − 标准变动制造费用 = 实际工时 × 实际变动制造费用分配率 − 标准工时 × 标准变动制造费用分配率 = 变动制造费用耗费差异 + 变动制造费用效率差异；变动制造费用效率差异 = (实际工时 − 标准工时) × 变动制造费用标准分配率；变动制造费用耗费差异 = 实际工时 × (变动制造费用实际分配率 − 变动制造费用标准分配率)。选项 B 说法是错误的，因此，正确选项是 B。

32. 【答案】C 【解析】本题考查的知识点是变动制造费用差异分析。变动制造费用成本差异 = 总变动制造费用 − 标准变动制造费用 = 实际工时 × 实际变动制造费用分配率 − 标准工时 × 标准变动制造费用分配率 = 变动制造费用耗费差异+变动制造费用效率差异。标准变动制造费用=标准工时×标准变动制造费用分配率=1 000×2.1×2.8=5 880（元）。变动制造费用成本差异=总变动制造费用-标准变动费用=20 000-5 880=14 120（元）。因此，正确选项是C。

33.【答案】C 【解析】本题考查的是变动制造费用差异。变动制造费用效率差异=（实际产量实际工时-实际产量标准工时）×变动制造费用标准分配率=（1 300-600×2）×24=2 400（元），选项C正确。

34.【答案】C 【解析】本题考查的知识点是固定制造费用三差异分析法。三差异分析法是将两差异分析法下的能量差异进一步分解为产量差异和效率差异，即将固定制造费用成本差异分为耗费差异、产量差异和效率差异三个部分；耗费差异=实际固定制造费用-预算产量下标准固定制造费用=实际固定制造费用-预算产量×标准工时×标准分配率=实际固定制造费用-预算产量下标准工时×标准分配率；产量差异=（预算产量下标准工时-实际产量下实际工时）×标准分配率；效率差异=（实际产量下实际工时-实际产量下标准工时）×标准分配率。产品固定制造费用效率差异=（10 000-12 000×2）×10=-140 000（元）。因此，正确选项是C。

35.【答案】B 【解析】本题考查的知识点是作业成本法的应用程序。资源识别及资源费用的确认与计量应由企业的财务部门负责，在基础设施管理、人力资源管理、研究与开发、采购、生产、技术、营销、服务、信息等部门的配合下完成，并编制资源费用清单，为资源费用的追溯或分配奠定基础。因此，正确选项是B。

36.【答案】C 【解析】本题考查的知识点是产量级作业。产量级作业是指明确地为个别产品（或服务）实施的、使单个产品（或服务）受益的作业。该类作业的数量与产品（或服务）的数量呈正比例变动。包括产品加工、检验等。因此，正确选项是C。

37.【答案】A 【解析】本题考查的知识点是作业动因选择。作业动因需要在交易动因、持续时间动因和强度动因间进行选择。其中，交易动因，是指用执行频率或次数计量的成本动因，包括接受或发出订单数、处理收据数等。因此，正确选项是A。

38.【答案】C 【解析】本题考查的知识点是作业分析。作业可以分为增值作业和非增值作业。一项作业必须同时满足下列三个条件才可断定为增值作业：（1）该作业导致了状态的改变。（2）该状态的变化不能由其他作业来完成。（3）该作业使其他作业得以进行。如果一项作业不能同时满足作业的三个条件，就可断定为非增值作业。检验作业，只能说明产品是否符合标准，而不能改变其性态，不符合第一条件，属于非增值作业。因此，正确选项是C。

39.【答案】C 【解析】本题考查的知识点是成本中心的考核指标。成本中心考核和控制主要使用的指标包括预算成本节约额和预算成本节约率，计算公式为：预算成本节约额=实际产量预算责任成本-实际责任成本，预算成本节约率=预算成本节约额/实际产量预算责任成本×100%。预算成本节约额=3 500×130-3 500×100=105 000（元），预算成本节约率=105 000/（3 500×130）×100%=23.08%。因此，正确选项是C。

40.【答案】C 【解析】本题考查的知识点是利润中心的业绩考核指标。在通常情况下，利润中心采用利润作为业绩考核指标，分为边际贡献、可控边际贡献和部门边际贡献。因此，正确选项是C。

41.【答案】A 【解析】本题考查的知识点是投资中心的剩余收益。剩余收益=息税前利润-平均经营资产×最低投资收益率=200-1 000×13%=70（万元），因此，正确选项是A。

42.【答案】C 【解析】本题考查的知识点是协商型内部转移定价。协商型内部转移定价，是指企业内部供求双方为使双方利益相对均衡，通过协商机制制定内部转移价格的方法，主要适用于分权程度较高的情形。协商价的取值范围通常较宽，一般不高于市场价，不低于变动成本。因此，正确选项是C。

43.【答案】D 【解析】本题考查的知识点是成

本型内部转移定价。成本型内部转移定价，是指以标准成本等相对稳定的成本数据为基础，制定内部转移价格的方法，一般适用于内部成本中心。采用以成本为基础的转移定价是指所有的内部交易均以某种形式的成本价格进行结算，它适用于内部转移的产品或劳务没有市价的情况，包括完全成本、完全成本加成、变动成本以及变动成本加固定制造费用四种形式。因此，正确选项是D。

二、多选题

1.【答案】AC【解析】本题考查的知识点是作业成本中的作业中心设计的作业分类，批别级作业是指为一组（或一批）产品（或服务）实施的、使该组（该批）产品（或服务）受益的作业。该类作业的发生是由生产的批量数而不是单个产品（或服务）引起的，其数量与产品（或服务）的批量数呈正比例变动。包括设备调试、生产准备等。因此，正确选项是AC。

2.【答案】ABCD【解析】本题考查的是可控成本。可控成本是指成本中心可以控制的各种耗费，它应具备三个条件：第一，该成本的发生是成本中心可以预见的；第二，该成本是成本中心可以计量的；第三，该成本是成本中心可以调节和控制的。所以选项ABCD正确。

3.【答案】AD【解析】本题考查的知识点是边际分析。销售利润额＝安全边际额×边际贡献率＝边际贡献×安全边际率，盈亏平衡作业率＋安全边际率＝1，边际贡献率＋变动成本率＝1，因此，提高边际贡献率和安全边际率，进而能提高销售利润额，而提高变动成本率和盈亏平衡作业率会降低销售利润额，因此，正确选项是AD。

4.【答案】AB【解析】本题考查的知识点是成本差异。直接人工工资率差异属于价格差异，直接人工效率差异属于用量差异；变动制造费用效率差异属于用量差异，耗费差异属于价格差异；固定制造费用能量差异属于用量差异。因此，正确选项是AB。

5.【答案】ACD【解析】本题考查的知识点是盈亏平衡点分析。边际贡献率＝边际贡献/单价，变动成本率＝变动成本/单价，边际贡献率＋变动成本率＝1，盈亏平衡作业率＋安全边际率＝1，销售利润率＝安全边际率×边际贡献率，营业毛利率＝营业毛利额/营业收入，因此，正确选项是ACD。

6.【答案】ABC【解析】本题考查的知识点是成本管理的意义。成本管理的意义主要体现在以下几个方面：（1）通过成本管理降低成本，为企业扩大再生产创造条件。（2）通过成本管理增加企业利润，提高企业经济效益。（3）通过成本管理帮助企业取得竞争优势，增强企业的竞争能力和抗风险能力。因此，正确选项是ABC。

7.【答案】ABC【解析】本题考查的知识点是事前成本管理阶段。事前成本管理阶段一般包括成本预测、成本决策和成本计划等步骤，事中成本管理阶段属于成本控制步骤，事后成本管理阶段包括成本核算、成本分析和成本考核。因此，正确选项是ABC。

8.【答案】ABCD【解析】本题考查的知识点是本量利分析的基本假设。一般来说，本量利分析主要基于以下四个假设前提：（1）总成本由固定成本和变动成本两部分组成。该假设要求企业所发生的全部成本可以按其性态区分为变动成本和固定成本，并且变动成本总额与业务量呈正比例变动，固定成本总额保持不变。（2）销售收入与业务量呈完全线性关系。该假设要求销售收入必须随业务量的变化而变化，两者之间应保持完全线性关系。（3）产销平衡。假设当期产品的生产量与业务量相一致，不考虑存货变动对利润的影响。（4）产品产销结构稳定。假设同时生产销售多种产品的企业，其销售产品的品种结构不变。因此，正确选项是ABCD。

9.【答案】ABCD【解析】本题考查的知识点是本量利分析。本量利分析作为一种完整的方法体系，在企业经营管理工作中应用十分广泛。运用本量利分析可以预测在盈亏平衡、保利条件下应实现的销售量或销售额；与风险分析相结合，可以为企业提供降低经营风险的方法和手段，以保证企业实现既定目标；与决策分析相联系，可以用于企业进行有关的生产决策、定价决策和投资项目的可行性分析，为全面预算、成本控制、责任会计应用等提供理论准备。因此，正确选项是 ABCD。

10.【答案】BCD【解析】本题考查的是本量利的公式。利润 = 销售量 × 单位边际贡献 − 固定成本 = 销售收入 × 边际贡献率 − 固定成本，所以选项 A 不正确。

11.【答案】AD【解析】本题考查的知识点是盈亏平衡点。盈亏平衡点（又称保本点），是指企业达到盈亏平衡状态的业务量或销售额，即企业一定时期的总收入等于总成本、利润为零时的业务量或销售额。盈亏平衡点的业务量 = 固定成本/（单价 − 单位变动成本）= 固定成本/单位边际贡献，盈亏平衡点销售额 = 固定成本/（1 − 变动成本率）= 固定成本/边际贡献率。因此，正确选项是 AD。

12.【答案】ABC【解析】本题考查的知识点是传统本量利关系图。传统式本量利关系图表达的意义有：第一，固定成本与横轴之间的区域为固定成本值，它不因产量增减而变动，总成本线与固定成本线之间的区域为变动成本，与产量呈正比例变化。第二，销售收入线与总成本线的交点是盈亏平衡点。第三，在盈亏平衡点以上的销售收入线与总成本线相夹的区域为盈利区，盈亏平衡点以下的销售收入线与总成本线相夹的区域为亏损区。选项 D 说法是错误的，因此，正确选项是 ABC。

13.【答案】AB【解析】本题考查的知识点是利量式本量利关系图。该图中直接体现了边际贡献线和利润线两条线，变动成本线体现在边际贡献式本量利关系图中，销售收入线体现在传统式本量利关系图中，也体现在边际贡献式本量利关系图中。因此，正确选项是 AB。

14.【答案】ABCD【解析】本题考查的知识点是盈亏平衡点的销售额。盈亏平衡点的销售额 = 固定成本/边际贡献率，边际贡献率 = 边际贡献/单价 =（单价 − 单位变动成本）/单价。固定成本总额位于分子位置，提高固定成本总额可以增加盈亏平衡点的销售额；降低单价，提高单位变动成本，都会降低边际贡献率，边际贡献率位于分母的位置，因此降低边际贡献率，会提高盈亏平衡点的销售额。因此，正确选项是 ABCD。

15.【答案】AD【解析】本题考查的是目标利润分析。目标利润销售额既可用于单种产品的目标利润管理，又可用于多种产品的目标利润管理，故选项 B 错误；公式中的目标利润一般是指息税前利润，故选项 C 错误。答案为选项 AD。

16.【答案】ABD【解析】本题考查的知识点是安全边际。固定成本 = 盈亏平衡点的销售额 × 边际贡献率，利润 = 边际贡献 − 固定成本 = 销售收入 × 边际贡献率 − 盈亏平衡点的销售额 × 边际贡献率 = 安全边际额 × 边际贡献率 = 安全边际量 × 单位边际贡献 = 安全边际量 ×（单价 − 单位变动成本），因此，正确选项是 ABD。

17.【答案】BC【解析】本题考查的知识点是盈亏平衡点。盈亏平衡点的销售量 = 固定成本/（单价 − 单位变动成本），单价和单位变动成本均下降 1 元，（单价 − 单位变动成本）不会发生变化，因此，盈亏平衡点的销售量不会变化，盈亏平衡点的销售额 = 盈亏平衡点的销售量 × 单价，单价下降，盈亏平衡点的销售额会降低；选项 A 错误，选项 B 正确；单位边际贡献 = 单价 − 单位变动成本，两者同时下降，单位边际贡献不会发生变化，选项 C 正确；边际贡献率 = 单位边际贡献/单价，单价降低 1 元，边际贡献率会提高。选项 D 说法错误。因此，正确选项是 BC。

18.【答案】ACD【解析】本题考查的知识点是实现目标利润的措施。目标利润是本量利分析的核心要素，它既是企业经营的动力和目标，也是本量利分析的中心。企业为了保证目标利润的实现，需要对其他因素作出相应调整。通常情况下企业要实现目标利润，在其他因素不变时，销售数量或销售价格应当提高，而固定成本或单位变动成本则应下降。因此，正确选项是 ACD。

19.【答案】AC【解析】本题考查的是敏感系数。敏感系数为负数，参量值与目标值发生反向变化，选项 B 错误；敏感系数的绝对值小于 1 的参量是非敏感因素，选项 D 错误。

20.【答案】AC【解析】本题考查的知识点是边际分析。边际分析，是指分析某可变因素的变动引起其他相关可变因素变动的程度的方法，以评价既定产品或项目的获利水平，判断盈亏平衡点，提示营运风险，支持营运决策。企业在营运管理中，通常在进行本量利分析、敏感性分析的同时运用边际分析工具方法。边际分析工具方法主要包括边际贡献分析和安全边际分析两种类型，因此，正确选项是 AC。

21. 【答案】ABD 【解析】本题考查的知识点是边际贡献分析。边际贡献分析主要包括边际贡献和边际贡献率两个指标。边际贡献总额 = 销售收入 - 变动成本总额 = 销售量 × 单位边际贡献 = 销售收入 × 边际贡献率；单位边际贡献 = 单价 - 单位变动成本 = 单价 × 边际贡献率，边际贡献率 = 1 - 变动成本率；边际贡献率 = 边际贡献总额/销售收入 × 100% = 单位边际贡献/单价 × 100%，因此，正确选项是 ABD。

22. 【答案】ABC 【解析】本题考查的知识点是企业如何利用边际贡献及边际贡献率评价产品。企业进行单一产品决策时，评价标准如下：（1）当边际贡献总额大于固定成本时，利润大于 0，表明企业盈利；（2）当边际贡献总额小于固定成本时，利润小于 0，表明企业亏损；（3）当边际贡献总额等于固定成本时，利润等于 0，表明企业保本。单位边际贡献大于 0 时，企业利润是否大于 0，还要取决于固定成本总额的高低，因此，正确选项是 ABC。

23. 【答案】ABCD 【解析】本题考查的是安全边际分析。销售利润率可以分解为安全边际率和边际贡献率的乘积，而降低盈亏平衡作业率和变动成本率又可以提高安全边际率和边际贡献率，所以选项 ABCD 正确。

24. 【答案】ABCD 【解析】本题考查的知识点是边际分析法的优缺点。边际分析法的主要优点是：可有效地分析业务量、变动成本和利润之间的关系，通过定量分析，直观地反映企业营运风险，促进提高企业营运效益。边际分析法的主要缺点是：决策变量与相关结果之间关系较为复杂，所选取的变量直接影响边际分析的实际应用效果。因此，正确选项是 ABCD。

25. 【答案】ABD 【解析】本题考查的知识点是标准成本法的主要优点。标准成本法的主要优点：一是能够及时反馈各成本项目不同性质的差异，有利于考核相关部门及人员的业绩；二是标准成本的制定及其差异和动因的信息可以使企业预算编制更为科学和可行，有助于企业的经营决策。因此，正确选项是 ABD。

26. 【答案】BC 【解析】本题考查的知识点是标准成本的公式。产品标准成本通常由直接材料标准成本、直接人工标准成本和制造费用标准成本构成。每一成本项目的标准成本应分为用量标准（包括单位产品消耗量、单位产品人工小时等）和价格标准（包括原材料单价、小时工资率、小时制造费用分配率等）。产品的标准成本 = 直接材料标准成本 + 直接人工标准成本 + 制造费用标准成本，选项 A 说法错误；制造费用标准成本 = 工时用量标准 × 标准制造费用分配率，选项 D 表述错误，因此，正确选项是 BC。

27. 【答案】ABC 【解析】本题考查的知识点是变动制造费用标准成本的制定。变动制造费用，是指通常随产量变化而呈正比例变化的制造费用。变动制造费用项目的标准成本包括标准用量和标准价格。变动制造费用的标准用量可以是单位产品的燃料、动力、辅助材料等标准用值，也可以是产品的直接人工标准工时，或者是单位产品的标准机器工时。变动制造费用的标准价格可以是燃料等标准价格，也可以是小时标准工资率等，因此，正确选项是 ABC。

28. 【答案】ABC 【解析】本题考查的知识点是直接人工成本差异分析。直接人工成本差异 = 实际成本 - 标准成本 = 实际工时 × 实际工资率 - 标准工时 × 标准工资率 = 直接人工工资率差异 + 直接人工效率差异；直接人工效率差异 =（实际工时 - 标准工时）× 标准工资率；直接人工工资率差异 = 实际工时 ×（实际工资率 - 标准工资率）。因此，正确选项是 ABC。

29. 【答案】AB 【解析】本题考查变动成本差异分析。直接材料价格差异、直接人工工资率差异、变动制造费用耗费差异均属于价格差异，选项 AB 正确。固定制造费用的差异分析不属于严格的量差或价差分析，选项 C 错误。变动制造费用效率差异属于数量差异，选项 D 错误。

30. 【答案】BCD 【解析】本题考查的知识点是固定制造费用成本差异计算。两差异分析法是指将总差异分为耗费差异和能量差异两部分，耗费差异 = 实际固定制造费用 - 预算产量下标准固定制造费用 = 实际固定制造费用 - 标准工时 × 预算产量 × 标准分配率；能量差异 = 预算产量下标准固定制造费用 - 实际产量下标准固定制造费用 = 预算产量下标准工时 × 标准分配率 - 实际产量下标准工时 × 标准分配率 =（预算产量下标准工时 - 实际产量下标准工时）× 标准分配率；固定制造费用成本差异 = 耗费差异 + 能量差异。三差异分析法是将两差异分析法下的能量差异进一步分解为产量差异和效率差异，即将固定制造费用成本差异分为耗费差异、产量差异和效率差异三个部分。耗费差异 = 实际固定制造费用 - 预算产量下标准固定制造费用 = 实际固定制造费用 - 预算产量 × 标准工时 × 标准分配率 = 实际固定制造费用 - 预算产量下标准工时 × 标准分配率；产量差异 =（预算产量下标准工时 - 实际产量下实际工时）× 标准分配率；效率差异 =（实际产量下实际工时 - 实际产量下标准工时）× 标准分配率。因此，正确选项是 BCD。

31. 【答案】ABC 【解析】本题考查的是增值作业与非增值作业的划分依据。增值作业和非增值作业的划分依据是该作业是否对顾客有价值，即该作业能否增加顾客的价值。所以，选项 ABC 正确。

32. 【答案】ABC 【解析】本题考查的知识点是作业中心。作业成本法一般适用于具备以下特征的企业：作业类型较多且作业链较长；同一生产线生产多种产品；企业规模较大且管理层对产品成本准确性要求较高；产品、客户和生产过程多样化程度较高；间接或辅助资源费用所占比重较大等。因此，正确选项是 ABC。

33. 【答案】ABC 【解析】本题考查的知识点是作业中心设计。产量级作业的数量与产品数量呈正比例变动；批别级作业数量与产品的批量呈正比例变动；品种级作业数量与品种的多少呈正比例变动；顾客级作业本身与产品数量无关。因此，正确选项是 ABC。

34. 【答案】ABD 【解析】本题考查的是作业成本法的相关概念。作业动因是引起产品成本变动的驱动因素，资源动因是引起作业成本变动的驱动因素，故选项 C 错误。

35. 【答案】ACD 【解析】本题考查的知识点是成本节约的途径。作业共享，是指利用规模经济来提高增值作业的效率。如新产品在设计时，如果考虑到充分利用现有其他产品使用的零件，就可以免除新产品零件的设计作业，从而降低新产品的生产成本，选项 B 说法是错误的，因此，正确选项是 ACD。

36. 【答案】ABC 【解析】本题考查的知识点是责任中心的成本中心内容。成本中心是指有权发生并控制成本的单位。成本中心具有以下特点：（1）成本中心不考核收入，只考核成本。（2）成本中心只对可控成本负责，不负责不可控成本。（3）责任成本是成本中心考核和控制的主要内容。

37. 【答案】ABC 【解析】本题考查的知识点是利润中心。利润中心是指既能控制成本，又能控制收入和利润的责任单位。它不但有成本发生，而且还有收入发生。因此，它要同时对成本、收入以及收入成本的差额即利润负责。因此，正确选项是 ABC。

38. 【答案】AD 【解析】本题考查的知识点是利润中心考核指标。在通常情况下，利润中心采用利润作为业绩考核指标，分为边际贡献、可控边际贡献和部门边际贡献。相关公式为：边际贡献 = 销售收入总额 - 变动成本总额，可控边际贡献 = 边际贡献 - 该中心负责人可控固定成本，部门边际贡献 = 可控边际贡献 - 该中心负责人不可控固定成本。故选项 AD 正确。

39. 【答案】BD 【解析】本题考查的知识点是利润中心。利润中心的评价指标包括边际贡献、可控边际贡献和部门边际贡献，选项 BD 正确。投资收益率和剩余收益，属于投资中心的评价指标，选项 AC 错误。

40. 【答案】ABC 【解析】本题考查的知识点

是投资中心。投资收益率主要说明了投资中心运用公司的每单位资产对公司整体利润贡献的大小。它根据现有的会计资料计算，比较客观，可用于部门之间，以及不同行业之间的比较。然而，过于关注投资利润率也会引起短期行为的产生，追求局部利益最大化而损害整体利益最大化目标，导致经理人员为眼前利益而牺牲长远利益。剩余收益指标弥补了投资收益率指标会使局部利益与整体利益相冲突这一不足之处，但由于其是一个绝对指标，故而难以在不同规模的投资中心之间进行业绩比较。另外，剩余收益同样仅反映当期业绩，单纯使用这一指标也会导致投资中心管理者的短视行为。选项 D 说法错误，因此，正确选项是 ABC。

三、判断题

1. 【答案】× 【解析】本题考查的知识点是盈亏平衡分析。盈亏平衡销售额 = 固定成本/(1 - 变动成本率)。
2. 【答案】× 【解析】本题考查的知识点是变动成本差异责任归属问题。直接材料价格差异归采购部门负责，直接人工工资率差异归劳动人事部门负责，变动制造费用耗费差异、直接材料数量差异、直接人工效率差异和变动制造费用效率差异归生产部门负责。因此，本题说法是错误的。
3. 【答案】× 【解析】本题考查的知识点是作业中心。作业中心又称成本库，是指构成一个业务过程的相互联系的作业集合，用来汇集业务过程及其产出的成本。换言之，按照统一的作业动因，将各种资源耗费项目归结在一起，便形成了作业中心。作业中心有助于企业更明晰地分析一组相关的作业。作业中心不仅包括一种作业，是一组作业。因此，本题说法是错误的。
4. 【答案】× 【解析】本题考查的知识点是边际贡献。边际贡献总额 = 营业收入 - 变动成本总额 = (单价 - 单位变动成本) × 销售量，单位边际贡献 = 单价 - 单位变动成本。通过边际贡献公式可以发现不包含固定成本变量，因此，本题说法是错误的。
5. 【答案】× 【解析】本题考查的是标准成本控制。直接材料价格差异，一般由采购部门负责。直接人工工资率差异，一般由人事部门负责。因此，本题说法是错误的。
6. 【答案】√ 【解析】本题考查的是成本管理内容。具体包括成本预测、成本决策、成本计划、成本控制、成本核算、成本分析和成本考核等七项内容。因此，本题说法是正确的。
7. 【答案】× 【解析】本题考查的知识点是成本管理的内容。成本预测是以现有条件为前提，在历史成本资料的基础上，根据未来可能发生的变化，利用科学的方法，对未来成本水平及其发展趋势进行描述和判断的成本管理活动，因此，本题说法是错误的。
8. 【答案】√ 【解析】本题考查的知识点是本量利分析基本假设。本量利分析的假设之一是总成本由固定成本和变动成本两部分组成，该假设要求企业所发生的全部成本可以按其性态区分为变动成本和固定成本，并且变动成本总额与业务量呈正比例变动，固定成本总额保持不变。按成本性态划分成本是本量利分析的基本前提条件，否则，便无法判断成本的升降是由于业务量规模变动引起的还是由于成本水平本身升降引起的。因此，本题说法是正确的。
9. 【答案】√ 【解析】本题考查的知识点是盈亏平衡点。当企业的业务量等于盈亏平衡点的业务量时，企业处于盈亏平衡状态；当企业的业务量高于盈亏平衡点的业务量时，企业处于盈利状态；当企业的业务量低于盈亏平衡点的业务量时，企业处于亏损状态。因此，本题说法是正确的。
10. 【答案】√ 【解析】本题考查的是敏感系数。经营杠杆系数 = 息税前利润变动率/销售量变动率，即利润对销售量的敏感系数其实就是经营杠杆系数。因此，本题说法是正确的。
11. 【答案】√ 【解析】本题考查的知识点是目标利润分析基本原理。通过目标利润公式的分解，目标利润销售量公式只能用于单种产品的目标利润管理；而目标利润销售额既可用于单种产品的目标利润管理，又可用于多种产品的目标利润管理。因此，本题说法是正确的。

12. 【答案】√【解析】本题考查的知识点是各因素对利润的影响程度。各相关因素变化都会引起利润的变化，但其影响程度各不相同。如有些因素虽然只发生了较小的变动，却导致利润很大的变动，利润对这些因素的变化十分敏感，称这些因素为敏感因素。与此相反，有些因素虽然变动幅度很大，却有可能只对利润产生较小的影响，称为不敏感因素。因此，本题说法是正确的。

13. 【答案】×【解析】本题考查的知识点是敏感系数。对敏感程度高低的判定，是依据敏感系数的绝对值排列的，敏感系数的绝对值越大，敏感程度就越高。因此，本题说法是错误的。

14. 【答案】×【解析】本题考查的知识点是标准成本及其分类。理想标准成本，这是一种理论标准，它是指在现有条件下所能达到的最优成本水平，即在生产过程无浪费、机器无故障、人员无闲置、产品无废品等假设条件下制定的成本标准。正常标准成本，是指在正常情况下，企业经过努力可以达到的成本标准，这一标准考虑了生产过程中不可避免的损失、故障、偏差等。通常来说，理想标准成本小于正常标准成本。由于理想标准成本要求异常严格，一般很难达到，而正常标准成本在实践中得到广泛应用，标准成本法应以正常标准成本为基础分析，因此，本题说法是错误的。

15. 【答案】×【解析】本题考查的知识点是固定制造费用。固定制造费用，是指在一定产量范围内，其费用总额不会随产量变化而变化，始终保持固定不变的制造费用，确定固定制造费用的标准分配率，标准分配率可根据固定制造费用标准总成本与预算总工时的比率进行确定。因此，本题说法是错误的。

16. 【答案】×【解析】本题考查的知识点是成本差异。成本差异，是指实际成本与相应标准成本之间的差额。当实际成本高于标准成本时，形成超支差异；当实际成本低于标准成本时，形成节约差异。因此，本题说法是错误的。

17. 【答案】×【解析】本题考查的知识点是固定制造费用成本差异分析。两差异分析法是指将总差异分为耗费差异和能量差异两部分。其中，耗费差异是指实际固定制造费用与预算产量下标准固定制造费用之间的差额；三差异分析法是将固定制造费用成本差异分为耗费差异、产量差异和效率差异三个部分。其中耗费差异的概念和计算与两差异法下一致，相关计算公式为：耗费差异＝实际固定制造费用－预算产量下标准固定制造费用。因此，本题说法是错误的。

18. 【答案】×【解析】本题考查的知识点是作业动因。作业动因是引起产品成本变动的驱动因素，反映产品产量与作业成本之间的因果关系；资源动因是引起作业成本变动的驱动因素，反映作业量与耗费之间的因果关系，是将作业成本分配到流程、产品、分销渠道、客户等成本对象的依据。因此，本题说法是错误的。

19. 【答案】×【解析】本题考查的知识点是作业成本管理。题目说法不全面，增值作业因为低效率发生的成本也属于非增值成本。因此，本题说法是错误的。

20. 【答案】×【解析】本题考查的知识点是作业成本归集。作业成本归集，是指企业根据资源耗用与作业之间的因果关系，将所有的资源成本直接追溯或按资源动因分配至各作业中心，计算各作业总成本的过程。作业成本分配，是指企业将各作业中心的作业成本按作业动因分配至产品等成本对象，并结合直接追溯的资源费用，计算出各成本对象的总成本和单位成本的过程。因此，本题说法是错误的。

21. 【答案】×【解析】本题考查的知识点是作业动因选择与计量。作业动因需要在交易动因、持续时间动因和强度动因间进行选择。企业如果每次执行所需要的资源数量相同或接近，应选择交易动因；如果每次执行所需要的时间存在显著的不同，应选择持续时间动因；如果作业的执行比较特殊或复杂，应选择强度动因。因此，本题说法是错误的。

22. 【答案】√【解析】本题考查的知识点是作业业绩考核。若要评价作业和流程的执行情况，必须建立业绩指标，可以是财务指标，也可以是非财务指标，以此来评价是否改善了流程。财务指标主要集中在增值成本和非增值成本上，可以提供增值与非增值报告，以及作业成本趋势报告。而非财务指标主要体现在效率、质量和时间三个方面，如投入产出比、次品率、生产周期等。因此，本题说法是正确的。

23. 【答案】√【解析】本题考查的是成本中心控制。责任成本是成本中心考核和控制的主要内容。成本中心当期发生的所有可控成本之和就是其责任成本。因此，本题说法是正确的。

24. 【答案】√【解析】本题考查的是投资中心收益指标。剩余收益指标弥补了投资收益率指标会使局部利益与整体利益相冲突这一不足之处。但是，剩余收益同样仅反映当期业绩，单纯使用这一指标也会导致投资中心管理者的短视行为。因此，本题说法是正确的。

第九章　收入与分配管理

考情分析

本章需要掌握收入与分配管理的内容、销售预测分析方法、产品定价方法、股利分配理论与政策、企业利润分配制约因素。本章历年考试题型既有客观题，也有主观题，计算题和综合题都有可能涉及。每年的考试分值大约为 5 ~ 8 分。2019 ~ 2023 年知识点考查范围如下表所示。

年份	单选题	多选题	判断题	计算分析题
2023	股票分割与股票回购；股票回购和现金股利的影响	—	股票回购；股票分割	股利支付形式；股票分割；股利政策与企业价值
2022	股利政策与企业价值；股票分割与股票回购及股权激励	股利政策与企业价值	股利支付的形式与程序	成本利润定价法；固定股利政策
2021	股权激励的主要模式；股票分割概念	股票回购的动机；股票股利	—	—
2020	股票分割与股票回购；股票期权；产品定价方法	股利相关理论；股利政策；股票分割与股票股利	剩余股利政策；固定股利支付率政策；低正常股利加额外股利政策	支付股票股利后的未分配利润、股本、资本公积、股份比例
2019	股利支付形式；股票分割；股利无关理论；产品定价方法；股利支付程序	股票股利	固定股利支付率政策	剩余股利政策；现金股利；信号传递理论

强化练习题

一、单选题

1. 相对于其他股利政策而言，股利的发放既具有一定的灵活性，又有助于稳定股价的股利政策是（　　）。

A. 剩余股利政策

B. 固定或稳定增长的股利政策

C. 固定股利支付率政策

D. 低正常股利加额外股利政策

2. 某公司将 1% 的股票赠与管理者以激励其实现设定的业绩目标，如果目标未实现，公司有权将股票收回，这种股权激励模式是（　　）。

A. 股票期权模式

B. 股票增值权模式

C. 业绩股票激励模式
D. 限制性股票模式
3. 下列关于股票分割的说法中，正确的是（　　）。
A. 股票分割的结果会使股数增加、股东权益增加
B. 股票分割的结果使股东权益各账户的余额发生变化
C. 股票分割会使每股收益和每股市价降低
D. 股票分割不影响股票面值
4. 某公司目标资本结构要求权益资本占55%，2023年净利润为2 500万元，预计2024年投资所需资金为3 000万元。按照剩余股利政策，在2023年可发放的现金股利是（　　）万元。
A. 850　　B. 1 150
C. 1 375　　D. 1 125
5. 某公司生产A产品，本期计划销售量为1 000件，完全成本总额为19 000元，目标利润总额为95 000元，使用消费税税率为5%。利用目标利润法确定的A产品单价为（　　）元。
A. 108. 03　　B. 120
C. 80　　D. 72. 2
6. 股利的支付可减少管理层可支配的自由现金流量，在一定程度上抑制管理层的过度投资或在职消费行为，这种观点体现的股利理论是（　　）。
A. 股利无关理论
B. 信号传递理论
C. “手中鸟”理论
D. 代理理论
7. 某企业生产M产品，计划销售量为20 000件，目标利润总额为400 000元，完全成本总额为600 000元，不考虑其他因素，则使用目标利润法测算的M产品单价为（　　）元。
A. 10　　B. 30
C. 50　　D. 20
8. 下列各项中，属于销售预测定量分析法的是（　　）。
A. 营销员判断法
B. 专家判断法
C. 产品寿命周期分析法
D. 趋势预测分析法
9. 股利无关理论认为股利分配对公司市场价值不产生影响，下列关于股利无关理论的假设表述错误的是（　　）。
A. 投资决策不受股利分配的影响
B. 不存在资本增值
C. 不存在股票筹资费用
D. 不存在个人或公司所得税
10. “谁投资谁受益”所体现的分配原则是（　　）。
A. 依法分配原则
B. 兼顾各方利益原则
C. 分配与积累并重原则
D. 投资与收入对等原则
11. 利润分配环节的所得税纳税管理主要体现为（　　）。
A. 亏损弥补的纳税筹划
B. 股利分配的纳税筹划
C. 内部筹资的纳税筹划
D. 外部筹资的纳税筹划
12. 下列净利润分配事项中，根据相关法律法规和制度，应当最后进行的是（　　）。
A. 向股东分配股利
B. 提取任意公积金
C. 提取法定公积金
D. 弥补以前年度亏损
13. 企业通过经营活动取得收入后，下列各项中，对收入进行分配的顺序正确的是（　　）。
A. 补偿成本、提取公积金、缴纳所得税、向投资者分配利润
B. 补偿成本、缴纳所得税、向投资者分配利润、提取公积金
C. 补偿成本、缴纳所得税、提取公积金、向投资者分配利润
D. 补偿成本、提取法定公积金、提取任意公积金、向股东分配股利
14. 下列各项中，属于因果预测分析方法的是（　　）。
A. 回归直线法　　B. 指数平滑法
C. 移动平均法　　D. 加权平均法
15. 某公司近几年销售量资料如下：2020年300万件、2021年280万件、2022年270万件、2023年310万件，假设样本假设期为2年，采用修正的移动平均法预测公司2024年销

售量为（　　）万件。

A. 300　　B. 290

C. 305　　D. 309

16. 某公司2023年实际销售量为300万件，预测销售量为270万件，平滑指数为1.2，则公司2024年销售量预测为（　　）万件。

A. 306　　B. 310

C. 300　　D. 290

17. 企业在市场中处于领先地位，具有很强的竞争优势，应选择的定价目标是（　　）。

A. 实现利润最大化

B. 稳定市场价格

C. 应对和避免竞争

D. 保持或提高市场占有率

18. 某企业生产销售甲产品，预计单位产品成本为100元，计划销售50 000件，该产品适用的消费税税率为6%，要求成本利润率必须达到16%，利用成本利润率定价法确定甲产品的价格是（　　）元。

A. 100　　B. 123.4

C. 127　　D. 130.2

19. 某企业生产甲产品，本期计划销售量为1 000件，应负担的固定成本总额为30 000元，单位变动成本为60元，适用的消费税税率为6%，运用保本点定价法测算甲产品的价格为（　　）元。

A. 90　　B. 94

C. 95.74　　D. 96.12

20. 某企业生产乙产品，本期计划销售量为1 000件，目标利润总额为30 000元，完全成本总额为34 000元，适用的消费税税率为6%，运用目标利润法测算乙产品的单位产品价格为（　　）元。

A. 68.09　　B. 69.12

C. 70.12　　D. 72.34

21. 某企业生产销售甲产品，2024年前两个季度，第一季度销售价格为378元，销售数量为40 000件，第二季度预计销售数量为36 000件，经过测算甲产品的需求价格弹性系数为2，则预计第二季度销售价格为（　　）元。

A. 400　　B. 412.35

C. 389.43　　D. 398.44

22. 某企业约定如果购买方在企业规定的期限内付款，企业就给予购买方一定的折扣，则价格策略是（　　）。

A. 团购折扣　　B. 季节折扣

C. 现金折扣　　D. 数量折扣

23. 某企业根据其产品在市场上的知名度进行定价，知名度越高，价格就越高，则该企业的定价策略是（　　）。

A. 寿命周期定价策略

B. 折让定价策略

C. 心理定价策略

D. 组合定价策略

24. 纳税筹划首要必须坚持遵循的原则是（　　）。

A. 合法性原则　　B. 成本效益原则

C. 系统性原则　　D. 先行性原则

25. 企业对投资、筹资、营运和分配等活动进行事先纳税筹划，尽可能减少纳税行为的发生，降低企业税负，则企业纳税筹划遵循的原则是（　　）。

A. 合法性原则　　B. 先行性原则

C. 整体性原则　　D. 经济性原则

26. 某企业作为一家销售公司，预计企业增值税税率为9.12%，如果一般纳税人使用的增值税税率为13%，小规模纳税人增值税的征收率为1%时，企业应该选择的增值税纳税人为（　　）。

A. 一般纳税人

B. 小规模纳税人

C. 选择成为一般纳税人或小规模纳税人在税负上没有差别

D. 不确定

27. 下列关于企业生产的纳税管理的说法中，错误的是（　　）。

A. 盈利企业和处于非税收优惠的企业，选择使本期存货成本最大化的计价方法

B. 亏损企业，尽量在亏损期间少计提折旧

C. 由于有些期间费用扣除项目有限额规定，企业应该严格规划期间费用的支出时间

D. 处于非税收优惠的企业，应当少提折旧

28. 下列关于股利分配的纳税管理的说法中，错误的是（　　）。

A. 对于自然人股东而言，持股期限1年以

上的股息红利所得暂免征收个人所得税

B. 对于自然人股东而言，持股期限 1 年以上的买卖股票获得资本利得收益免征个人所得税，但需要缴纳印花税

C. 对于法人股东而言，通过股权转让取得的投资收益，免缴纳企业所得税

D. 对于法人股东而言，从居民企业取得现金股利，免税

29. 下列各项中，能够增加普通股股票发行在外股数，但不改变公司资本结构的行为是（　　）。

A. 支付现金股利　　B. 增发普通股

C. 股票分割　　D. 股票回购

30. 因为资本利得收益征收的税率低于对股利收益征收的税率，公司股东更喜欢低股利，因此，公司应当采用低股利政策，该股利理论属于（　　）。

A. 信号传递理论　　B. 所得税差异理论

C. 代理理论　　D. “手中鸟”理论

31. 发放股利可以减少公司自由现金流，抑制管理层过度投资行为，进而降低股东与管理层之间的代理问题，这种观点属于（　　）。

A. 所得税差异理论　　B. 代理理论

C. 信号传递理论　　D. “手中鸟”理论

32. 下列关于股票分割的表述中，不正确的是（　　）。

A. 改善企业资本结构

B. 使公司每股市价降低

C. 有助于提高投资者对公司的信心

D. 股票面值变小

33. 下列各项中，属于固定股利支付率政策的优点是（　　）。

A. 股利与公司盈余紧密配合

B. 有利于树立公司的良好形象

C. 股利分配有较大灵活性

D. 有利于稳定公司的股价

34. 某公司长期以来用固定股利支付率进行股利分配，确定股利支付率为 25%，公司 2023 年实现净利润 1 000 万元，如果公司继续执行固定股利支付率政策，公司 2023 年可支付的股利是（　　）万元。

A. 250　　B. 230

C. 190　　D. 210

35. 某公司采用低正常加额外股利政策支付股利，每股低正常股利 1.2 元，额外股利支付率为 20%，2022 年公司每股收益为 5.6 元，则公司 2022 年每股股利为（　　）元。

A. 2.1　　B. 2.32

C. 2.89　　D. 2.62

36. 公司以应付票据或以发放公司债券的方式支付股利，则该股利支付形式是（　　）。

A. 现金股利　　B. 财产股利

C. 负债股利　　D. 股票股利

37. 股票股利与股票分割的不同之处在于（　　）。

A. 股东权益内部结构

B. 股东权益总额

C. 股东持股比例

D. 负债总额

38. 下列关于股票回购影响的说法中，错误的是（　　）。

A. 股票回购容易造成公司资金紧张，降低资产的流动性

B. 公司通过公开交易的方式回购股份有利于防止内部交易等利益输送行为

C. 因实施持股计划和股权激励的股票回购，有助于拓展公司融资渠道

D. 公司股价严重低估时，股票回购有助于稳定股价，增强投资者信心

39. 股东可以通过证券交易所按交易方式领取股息的日期为（　　）。

A. 股利宣告日　　B. 股权登记日

C. 除息日　　D. 股利发放日

40. 下列关于股权激励模式效果的说法中，错误的是（　　）。

A. 股票期权模式，激励达到目标，则激励对象会获得市场价与行权价差带来的收益，否则放弃行权

B. 限制性股票模式，激励达到效果，则激励对象将从限制性股票抛售中获利，否则公司有权回购股票

C. 股票增值权模式，激励达到效果，激励对象获得行权价与二级市场股价之间的差价的增值额；否则，无收益

D. 业绩股票激励模式，激励达到效果，激励对象获得股票或奖励资金来购买公司的股票，否则支付公司一定的赔偿额度

二、多选题

1. 下列各项中，属于公司回购股票动机的有（　　）。
A. 传递股票被高估信息
B. 改变公司的资本结构
C. 巩固股东控制权
D. 替代现金股利

2. 某公司发放股利前的股东权益如下：股本 3 000 万元（每股面值 1 元），资本公积 2 000 万元，盈余公积 2 000 万元，未分配利润 5 000 万元。若每 10 股发放 1 股普通股作为股利，股利按市价（每股 10 元）计算，则公司发放股利后，下列说法正确的有（　　）。
A. 未分配利润的金额为 2 000 万元
B. 股东权益的金额为 12 000 万元
C. 股本的金额为 3 300 万元
D. 盈余公积的金额为 4 700 万元

3. 下列关于股利政策的说法中，符合代理理论观点的有（　　）。
A. 股利政策应当向市场传递有关公司未来获利能力的信息
B. 股利政策是协调股东与管理者之间代理关系的约束机制
C. 高股利政策有利于降低公司的代理成本
D. 理想的股利政策应当是发放尽可能高的现金股利

4. 下列关于股利分配理论中，认为股利政策会影响公司价值的有（　　）。
A. 信号传递理论　　B. 所得税差异理论
C. “手中鸟”理论　D. 代理理论

5. 股票分割和股票股利的相同之处有（　　）。
A. 不改变公司股票数量
B. 不改变资本结构
C. 不改变股东权益结构
D. 不改变股东权益总额

6. 收入分配管理作为现代企业财务管理的重要内容之一，其意义主要表现有（　　）。
A. 是国家财政资金的重要来源之一
B. 是企业优化资本结构，降低成本的重要措施
C. 是企业维持简单再生产和实现扩大再生产的基本条件
D. 体现了企业所有者与经营者之间的利益关系

7. 企业进行收入与分配管理应该遵循的原则有（　　）。
A. 依法分配原则
B. 分配与积累并重原则
C. 兼顾各方利益原则
D. 投资与收入对等原则

8. 下列各项中，属于收入管理内容的有（　　）。
A. 企业筹资活动　　B. 销售预测分析
C. 企业营运活动　　D. 销售定价管理

9. 下列关于提取法定公积金的说法中，正确的有（　　）。
A. 根据规定，法定公积金的提取比例为当年税后利润的 10%
B. 法定公积金根据需要可以弥补亏损或转增资本
C. 提取法定公积金主要是为了满足企业经营管理的需要
D. 法定公积金累计超过注册资本的 40%，可以不再提取

10. 下列销售预测方法中，不属于因果预测分析的有（　　）。
A. 指数平滑法　　B. 移动平均法
C. 专家小组法　　D. 回归直线法

11. 下列销售预测方法中，属于定性分析方法的有（　　）。
A. 营销员判断法
B. 专家判断法
C. 趋势预测分析法
D. 产品寿命周期分析法

12. 下列各项中，能够影响产品价格的因素有（　　）。
A. 价值因素　　B. 成本因素
C. 利润因素　　D. 竞争因素

13. 下列各项中，可以作为企业产品定价目标的有（　　）。
A. 实现利润最大化
B. 保持或提高市场占有率
C. 应对和避免市场竞争
D. 树立企业形象

14. 下列成本定价方法中，属于以成本为基础的定价方法的有（　　）。
A. 全部成本费用加成定价法
B. 保本点定价法

C. 目标利润定价法

D. 边际分析定价法

15. 下列各项中，能够影响销售利润率定价法的因素有（　　）。

A. 销售利润率　　B. 单位成本

C. 适用税率　　D. 成本利润率

16. 下列定价方法中，属于以市场需求为基础的定价方法的有（　　）。

A. 需求价格弹性系数定价法

B. 变动成本加成定价法

C. 边际分析定价法

D. 目标利润定价法

17. 除了提升产品质量之外，根据具体情况合理运用不同的价格策略，可以有效地提高产品的市场占有率和企业的竞争能力。下列各项中，属于价格运用策略的有（　　）。

A. 折让定价策略

B. 组合定价策略

C. 寿命周期定价策略

D. 保本定价策略

18. 纳税管理作为现代财务管理的重要内容，其目标有（　　）。

A. 规范企业纳税行为

B. 合理降低税收支出

C. 延期纳税

D. 有效防范纳税风险

19. 下列各项中，属于纳税筹划的外在表现行为有（　　）。

A. 降低税负　　B. 提高利润

C. 延期纳税　　D. 降低成本

20. 下列各项中，属于纳税筹划必须遵循的原则有（　　）。

A. 合法性原则　　B. 整体性原则

C. 成本效益原则　　D. 先行性原则

21. 下列关于销售预测的定性分析法的表述中，正确的有（　　）。

A. 定性分析法又叫非数量分析法

B. 趋势预测分析法是销售预测定性分析法的一种

C. 一般适用于预测对象的历史资料不完备或无法进行定量分析时

D. 通常不会得出最终的数据结论

22. 企业利用税收优惠政策进行纳税筹划，可以利用的税收优惠政策有（　　）。

A. 免税政策　　B. 减税政策

C. 税收扣除政策　　D. 分劈技术

23. 下列各项中，可以达到递延纳税目的的有（　　）。

A. 转让定价法

B. 固定资产折旧方法的选择

C. 存货计价方法的选择

D. 税收优惠政策的选择

24. 按照投资方向，可以将直接投资纳税管理划分为（　　）。

A. 直接对内投资纳税管理

B. 直接对外投资纳税管理

C. 直接股权投资纳税管理

D. 直接债务投资纳税管理

25. 下列关于促销方式纳税筹划的说法中，正确的有（　　）。

A. 销售折扣不能减少增值税纳税义务

B. 折扣销售减少企业的销项税额

C. 实物折扣不仅不能从货物销售额中减除，而且需要按赠送他人计征增值税

D. 以旧换新的销售额不得扣减旧货物的收购价格

26. 下列关于剩余股利政策优点的说法中，正确的有（　　）。

A. 有助于降低再投资的资金成本

B. 有助于企业保持最佳的资本结构

C. 有利于增强投资者对公司的信心

D. 有助于投资者安排股利收入与支出

27. 下列关于固定或稳定增长的股利政策的说法中，正确的有（　　）。

A. 有利于稳定股票价格

B. 有利于吸引长期投资并对股利有很高依赖性的股东

C. 可能会导致企业资金紧缺

D. 容易使公司面临很大的财务压力

28. 下列关于固定股利支付率政策的说法中，正确的有（　　）。

A. 从企业支付能力看，是一种稳定的股利政策

B. 体现了“多盈多分、少盈少分、无盈无分”的股利分配原则

C. 容易使公司面临较大的财务压力

D. 合适的固定股利支付率的确定难度较大

29. 下列关于低正常股利加额外股利政策的说法中，正确的有（　　）。

A. 赋予公司较大的灵活性，具有较大的财务弹性

B. 吸引更多依靠股利度日的股东

C. 容易给投资者造成收益不稳定的感觉

D. 适用于盈利随经济周期而波动较大的公司

30. 下列关于法律因素影响利润分配的说法中，正确的有（　　）。

A. 资本保全约束要求公司不能用资本发放股利

B. 资本积累约束要求只能从企业的可供股东分配利润中支付股利

C. 超额累计利润约束要求公司如果将盈余的保留大幅度超过公司目前及未来的投资需要，将被征收额外的税款

D. 偿债能力约束要求公司考虑现金股利分配对偿债能力的影响

31. 下列关于公司因素对利润分配的影响的说法中，正确的有（　　）。

A. 资产流动性较低的公司往往支付较低的股利

B. 公司盈余越稳定，股利支付水平就越高

C. 投资机会越多，越采用高股利的分配政策

D. 筹资能力强的企业，则具有较强的股利支付能力

32. 关于发放股票股利，下列说法中正确的有（　　）。

A. 不会导致股东权益总额发生变化，但会导致股东权益内部结构发生变化，会增加普通股股数，减少未分配利润

B. 会引起企业现金流出

C. 可以降低公司股票的市场价格，促进公司股票的交易和流通，可以有效地防止公司被恶意控制

D. 可以传递公司未来发展前景良好的信息，增强投资者的信心

33. 下列关于股票股利的优点说法中，正确的有（　　）。

A. 公司可以为再投资提供成本较低的资金

B. 有利于促进股票的交易和流通

C. 可以传递公司未来发展前景良好的信息

D. 有利于吸引更多的投资者成为股东，有效防止公司被恶意控制

34. 发放股票股利对上市公司产生的影响有（　　）。

A. 公司股票数量增加

B. 所有者权益的内部结构发生变化

C. 资本结构保持不变

D. 公司股东权益总额会发生变化

35. 某公司发放股利前的股东权益构成如下：股本2 000万元（每股面值1元），资本公积1 000万元，盈余公积1 500万元，未分配利润3 000万元。如果按照每10股发放1股普通股作为股利，股利按面值计算，则公司发放股利后，下列说法正确的有（　　）。

A. 股东权益的金额为7 500万元

B. 资本公积为1 000万元

C. 未分配利润为2 800万元

D. 盈余公积金为1 500万元

36. 关于股票分割和股票股利，下列说法中不正确的有（　　）。

A. 均会改变股票面值

B. 均会增加股东权益总额

C. 均会改变股东权益的内部结构

D. 均会增加股份数量

37. 下列各项中，属于回购股票的动机的有（　　）。

A. 改变资本结构

B. 巩固控制权

C. 传递股价被高估的信息

D. 替代现金股利

38. 下列关于股权激励模式适用范围的说法中，正确的有（　　）。

A. 股票期权模式比较适合处于成长期或扩张期的企业

B. 限制性股票模式适合成熟期的企业

C. 股票增值权模式适合现金流比较稳定的公司

D. 业绩股票激励模式适合业绩稳定型的上市公司

三、判断题

1. 某公司目标资本结构要求权益资本占60%，

2023 年的净利润为 2 000 万元，预计 2024 年的投资需求为 1 000 万元。按照剩余股利政策，2023 年可发放的现金股利为 1 400 万元。（　）

2. 公司采用股票期权激励高管，如果行权期限内的行权价格高于股价，则激励对象可以通过行权获得收益。（　）
3. 在公司具有良好的投资机会时，剩余股利政策要求公司尽量使用留存收益来满足目标资本结构所需要的权益资本数额。（　）
4. 企业利用有息债务筹资可以获得节税效应。（　）
5. 剩余股利政策的一个缺点是股利发放额每年随投资机会和盈利水平的波动而波动，不利于投资者安排收入与支出，也不利于公司树立良好的形象。（　）
6. 在固定股利支付率的政策下，各年的股利随着收益的波动而波动，容易给投资者带来公司经营状况不稳定的现象。（　）
7. 企业向投资者分配收入时，应本着平等一致的原则，必须按照投资者投资额的比例进行分配，不允许任何一方随意多分多占。（　）
8. 如果企业连续五年都未能弥补亏损，即可以用当年实现净利润弥补，也可以用盈余公积转入。（　）
9. 根据公司法规定，当公司当年净利润小于零时，公司可以用提取的任意公积金向投资者分配股利。（　）
10. 了解产品所处的寿命周期阶段，有助于选择正确的预测方法，比如成长期可以选择趋势预测分析法。（　）
11. 在销售预测的定量分析法中，算术平均法适用于每期销售量波动不大的产品的销售预测。（　）
12. 移动平均法是从 n 期的时间数列销售量中选取 m 期数据作为样本值，具有很大的主观随意性，此法适用于销售量波动较大的产品预测。（　）
13. 若企业设定的定价目标是保持或提高市场占有率，则其产品价格往往需要低于同类产品价格。（　）
14. 某企业在生产能力有剩余的条件下增加新的订单，确定接受该订单的产品价格，可以选择变动成本定价法。（　）
15. 某企业采用寿命周期定价策略，当企业产品处于成长期时，则可以采用低价促销策略。（　）
16. 采用降低部分产品价格而提高互补产品价格的价格策略是组合定价策略。（　）
17. 纳税管理是对纳税所实施的全过程管理行为，纳税管理的主要内容是纳税筹划。（　）
18. 关联方的企业通过转让定价法减少应纳税额，可以依据双方之间的共同利益进行产品转让，转让定价可高于或低于市场价格。（　）
19. 由于企业负债融资的利息可以产生抵税作用，所以企业应该大额度的进行负债融资，增加企业价值。（　）
20. 结算方式的纳税筹划，表现在购货价格无明显差异时，尽可能选择赊购方式进行结算，不仅可以推迟付款，也可以在赊购当期抵扣进项税额。（　）
21. 与直接投资相比，间接投资纳税管理空间比较小，没有纳税筹划的方式。（　）
22. 根据资本保全约束的要求，公司不能用实收资本或当期损益发放股利。（　）
23. 通货膨胀会带来货币购买水平的下降，在通货膨胀期，企业一般采用低股利支付水平。（　）
24. 有权领取本期股利的股东资格登记截止日期，在这一天之后取得股票的股东无权领取本次分配的股利，这个日期称为股权登记日。（　）
25. 与股票分割相比，反分割会增加股票价格，降低股票的流动性，增加了股票面值。（　）
26. 公司为了将股份用于转换上市公司发行的可转换为股票的公司债券，可以进行股票回购。（　）
27. 对于成长初期或扩张期的企业，采用限制性股票模式较为合适。（　）

快速查答案

一、单选题

序号	1	2	3	4	5	6	7	8	9	10	11	12
答案	D	D	C	A	B	D	C	D	B	D	A	A
序号	13	14	15	16	17	18	19	20	21	22	23	24
答案	C	A	C	A	A	B	C	A	D	C	C	A
序号	25	26	27	28	29	30	31	32	33	34	35	36
答案	B	B	D	C	C	B	B	A	A	A	B	C
序号	37	38	39	40								
答案	A	C	D	D								

二、多选题

序号	1	2	3	4	5	6	7	8	9	10	11	12
答案	BCD	ABC	BC	ABCD	BD	ABC	ABCD	BD	AB	ABC	ABD	ABD
序号	13	14	15	16	17	18	19	20	21	22	23	24
答案	ABCD	ABC	ABC	AC	ABC	ABD	AC	ABCD	ACD	ABCD	BC	AB
序号	25	26	27	28	29	30	31	32	33	34	35	36
答案	ACD	AB	ABC	ABCD	ABCD	ABCD	ABD	ACD	ABCD	ABC	ABCD	ABC
序号	37	38										
答案	ABD	ABCD										

三、判断题

序号	1	2	3	4	5	6	7	8	9	10	11	12
答案	√	×	√	√	√	√	×	√	×	×	√	×
序号	13	14	15	16	17	18	19	20	21	22	23	24
答案	√	√	×	√	√	√	×	√	×	×	√	√
序号	25	26	27									
答案	√	√	×									

参考答案及解析

一、单选题

1. 【答案】D 【解析】本题考查的是股利政策。低正常股利加额外股利政策指公司事先设定一个较低的正常股利额，每年除了按正常股利额向股东发放股利外，还在公司盈余较多、资金较为充裕的年份向股东发放额外股利。具有一定的灵活性；有助于稳定股价；可以吸引住那些依靠股利度日的股东。综上，本题应选 D。
2. 【答案】D 【解析】本题考查的知识点是股权激励的主要模式：股票期权模式、限制性股票模式、股票增值权模式和业绩股票激励模式等。限制性股票模式是指激励对象按照股权激励计划规定的条件，获得的转让等部分权利受到限制的本公司股票。因此，正确的选项是 D。
3. 【答案】C 【解析】本题考查的是股票分割。股票分割对公司的资本结构和股东权益不会产生任何影响，一般只会使发行在外的股票总数增加，每股面值降低，并由此引起每股收益和每股市价下降，而资产负债表股东权益各账户余额都保持不变，股东权益总额也保持不变。综上，本题应选 C。
4. 【答案】A 【解析】本题考查的知识点是剩余股利政策。剩余股利政策认为先满足公司的权益资金需求，如果还有剩余，就派发股利；如果没有，则不派发股利。目标资本结构要求权益资本占 55%，因此，3 000 万元的资金需求中，55% 需要权益资本获得，即 3 000 × 55% = 1 650（万元）。2023 年净利润为 2 500 万元，剩余可发放现金股利 = 2 500 − 1 650 = 850（万元）。因此，正确选项是 A。
5. 【答案】B 【解析】本题考查的知识点是目标利润定价法。目标利润定价法的计算公式为：单位产品价格 =（目标利润总额 + 完全成本总额）/[产品销售量 ×（1 − 适用税率）] =（单位目标利润 + 单位完全成本）/（1 − 适用税率）=（95 000 + 19 000）/[1 000 ×（1 − 5%）] = 120（元）。因此，正确选项是 B。
6. 【答案】D 【解析】本题考查的是股利理论。代理理论认为，股利的支付能够有效地降低代理成本。首先，股利的支付减少了管理者对自由现金流量的支配权，这在一定程度上可以抑制公司管理者的过度投资或在职消费行为，从而保护外部投资者的利益；其次，较多的现金股利发放，减少了内部融资，导致公司进入资本市场寻求外部融资，从而公司将接受资本市场上更多的、更严格的监督，这样便能通过资本市场的监督减少代理成本。综上，本题应选 D。
7. 【答案】C 【解析】本题考查的知识点是目标利润定价法。目标利润定价法的计算公式为：单位产品价格 =（目标利润总额 + 完全成本总额）/[产品销售量 ×（1 − 适用税率）] =（单位目标利润 + 单位完全成本）/（1 − 适用税率）=（400 000 + 600 000）/20 000 = 50（元）。因此，正确选项是 C。
8. 【答案】D 【解析】本题考查的知识点是销售预测定量分析法。定量分析法，也称数量分析法，是指在预测对象有关资料完备的基础上，运用一定的数学方法，建立预测模型，作出预测。它一般包括趋势预测分析法和因果预测分析法两大类。趋势预测分析法主要包括算术平均法、加权平均法、移动平均法、指数平滑法等。因此，正确选项是 D。
9. 【答案】B 【解析】本题考查的知识点是股利无关理论。该理论是建立在完全资本市场理论之上的，假定条件包括以下几点：（1）市场具有强式效率，没有交易成本，没有任何一个股东的实力足以影响股票价格；（2）对公司或个人不存在任何所得税；（3）不存在任何筹资费用；（4）公司的投资决策与股利决策彼此独立，即投资决策不受股利分配的影响；（5）股东对股利收入和资本增值之间并无偏好。因此，正确选项是 B。
10. 【答案】D 【解析】本题考查的是投资分配原则。投资与收入对等原则要求在进行收入分配时应当体现“谁投资谁受益”相对等的原则。因此，选项D正确。

11. 【答案】A 【解析】本题考查的是纳税管理。利润分配环节的所得税纳税管理主要体现为亏损弥补的纳税筹划，因此，选项A正确。

12. 【答案】A 【解析】本题考查利润分配的顺序。净利润的分配顺序为弥补以前年度亏损、提取法定公积金、提取任意公积金、向股东分配股利，选项A正确。

13. 【答案】C 【解析】本题考查的是收入分配和管理的内容。企业通过经营活动取得收入后，要按照补偿成本、缴纳所得税、提取公积金、向投资者分配利润等顺序进行分配，选项C正确。

14. 【答案】A 【解析】本题考查的知识点是销售预测定量分析方法。销售预测的定量分析法一般包括趋势预测分析法和因果预测分析法。趋势预测分析法主要包括算术平均法、加权平均法、移动平均法、指数平滑法等，因果预测分析法是指分析影响产品销售量（因变量）的相关因素（自变量）以及它们之间的函数关系，并利用这种函数关系进行产品销售预测的方法。因果预测分析法最常用的是回归分析法。因此，正确选项是A。

15. 【答案】C 【解析】本题考查的知识点是移动平均法。题目中选用样本假设期2年，所以 $Y_{n+1}=(310+270)/2=290$（万件），$Y_n=(280+270)/2=275$（万件），对上述结果趋势值进行修正，修正后的销售预测量 $=290+(290-275)=305$（万件）。因此，正确选项是C。

16. 【答案】A 【解析】本题考查的知识点是指数平滑法。指数平滑法实质上是一种加权平均法，是以事先确定的平滑指数a及（1－a）作为权数进行加权计算，预测销售量的一种方法。其计算公式为：$Y_{n+1}=aX_n+(1-a)Y_n$，Y_{n+1} 表示未来第n+1期的销售预测值；Y_n 表示第n期的预测值，X_n 表示第n期的实际销售量。因此，$Y=1.2\times300+(1-1.2)\times270$，则Y=306万件。因此，正确选项是A。

17. 【答案】A 【解析】本题考查的知识点是企业的定价目标。实现利润最大化的目标，适用于在市场中处于领先或垄断地位的企业，或者在行业竞争中具有很强的竞争优势，并能长时间保持这种优势的企业。因此，正确选项是A。

18. 【答案】B 【解析】本题考查的知识点是以成本为基础的定价方法。其中，成本利润率定价法的计算公式为：单位产品价格＝单位成本×（1＋要求的成本利润率）/（1－适用税率）。根据题目中的资料，单位产品价格 $=100\times(1+16\%)/(1-6\%)=123.4$（元），因此，正确选项是B。

19. 【答案】C 【解析】本题考查的知识点是保本点定价法。保本点定价法的基本原理，按照刚好能够保本的原理来制定产品销售价格。单位产品价格＝（单位固定成本＋单位变动成本）/（1－适用税率）$=(60+30\,000/1\,000)/(1-6\%)=95.74$（元）。因此，正确选项是C。

20. 【答案】A 【解析】本题考查的知识点是目标利润定价法。目标利润定价法是根据预期目标利润和产品销售量、产品成本、适用税率等因素来确定产品销售价格的方法。其计算公式为：单位产品价格＝（目标利润总额＋完全成本总额）/[产品销量×（1－适用税率）] $=(30\,000+34\,000)/[1\,000\times(1-6\%)]=68.09$（元）。因此，正确选项是A。

21. 【答案】D 【解析】本题考查的知识点是需求价格弹性系数定价法。运用需求价格弹性系数定价法确定产品的销售价格时，基本计算公式为：$P=P_0Q_0^{(1/|E|)}/Q^{(1/|E|)}$，其中 P_0 表示基期单位产品价格，Q_0 表示基期销售数量，E表示需求价格弹性系数，P表示单位产品价格，Q表示预计销售数量。根据题目中数据，则第二季度销售价格 $P=378\times40\,000^{1/2}/36\,000^{1/2}=378\times200/189.74=398.44$（元），因此，正确选项是D。

22. 【答案】C 【解析】本题考查的知识点是折让定价策略。价格的折让主要表现是价格折扣，主要有现金折扣、数量折扣、团购折扣、预购折扣、季节折扣等。现金折扣，是指企业为了提高结算保障，对在一定期限内付款的购买者给予的折扣，即购买方如果在企业规定的期限内付款，企业就给予购买方一定的折扣。因此，正确选项是C。

23. 【答案】C 【解析】本题考查的知识点是心理定价策略。心理定价策略是指针对购买者的心理特点而采取的一种定价策略，主要有声望定价、尾数定价、双位定价和高位定价等。声望定价，是指企业按照其产品在市场上的知名度和被消费者的信任程度来制定产品价格的一种方法。一般地，声望越高，价格越高，这就是产品的“名牌效应”。因此，正确选项是C。

24. 【答案】A 【解析】本题考查的知识点是纳税筹划原则。合法性原则是纳税筹划必须坚持的首要原则。企业开展纳税筹划必须遵守国家的各项法律法规，这是纳税筹划与逃税、抗税和骗税等行为的本质区别。因此，正确选项是A。

25. 【答案】B 【解析】本题考查的知识点是纳税筹划的先行性原则。先行性原则，是指筹划策略的实施通常在纳税义务发生之前。如果纳税义务已经发生，根据税收法定原则，相应的纳税数额和纳税时间已经确定，纳税筹划就失去了作用空间。因此，企业进行税务管理时，要对企业的筹资、投资、营运和分配活动等进行事先筹划和安排，尽可能减少应税行为的发生，降低企业的纳税负担，从而实现纳税筹划的目的。因此，正确选项是B。

26. 【答案】B 【解析】本题考查的知识点是增值税纳税人的纳税筹划。当一般纳税人适用的增值税税率为13%，小规模纳税人增值税的征收率为1%时，所计算出的无差别平衡点增值率为7.69%。若企业的增值率等于7.69%，选择成为一般纳税人或小规模纳税人在税负上没有差别，其应纳增值税额相同。若企业的增值率小于7.69%，选择成为一般纳税人税负较轻；反之，选择小规模纳税人较为有利。因此，正确选项是B。

27. 【答案】D 【解析】本题考查的知识点是生产的纳税管理。企业生产过程实际上是各种原材料、人工工资和相关费用转移到产品的全过程，可以从以下三个方面进行纳税筹划：（1）存货计价的纳税筹划，盈利企业和处于非税收优惠的企业，选择本期存货成本最大化的计价方法，亏损企业和享受税收优惠的企业，应选择使本期存货成本最小化的计价方法。（2）固定资产的纳税筹划，盈利企业和处于非税收优惠的企业，尽量缩短折旧年限或采取加速折旧法，当期多计提折旧；亏损企业和享受税收优惠的企业，尽量在税收优惠期间和亏损期间少计提折旧。（3）期间费用的纳税筹划，有些扣除费用有限额规定，企业应该严格规划招待费的支出时间，对于金额巨大的招待费，争取在两个或多个会计年度分别支出，从而使扣除金额最多。因此，正确选项是D。

28. 【答案】C 【解析】本题考查的知识点是股利分配的纳税管理。对于自然人股东而言，个人从公开发行和转让市场取得的上市公司股票，持股期限超过1年的，股息红利所得暂免征收个人所得税；如果投资个人不是获取现金或股票股利，而是通过股票交易获得投资收益，对股票转让所得不征收个人所得税，即暂不征收资本利得税，但投资个人在股票交易时需承担成交金额的1%的印花税；根据我国《企业所得税法》的规定，投资企业从居民企业取得的股息等权益性收益所得只要符合相关规定都可享受免税收入待遇，而不论该投资企业是否为居民企业。而投资企业通过股权转让等方式取得的投资收益需要计入应纳税所得额，按企业适用的所得税税率缴纳企业所得税。选项C说法是错误的。因此，正确选项是C。

29. 【答案】C 【解析】本题考查的是股票分割的特点。支付现金股利不能增加发行在外的普通股股数；增发普通股能增加发行在外的普通股股数，也会改变公司资本结构；选项C符合题意，股票分割会增加发行在外的普通股股数，而且不会改变公司资本结构；股票回购会减少发行在外的普通股股数。综上，本题应选C。

30. 【答案】B 【解析】本题考查的知识点是所得税差异理论。所得税差异理论认为，由于普遍存在的税率以及纳税时间的差异，资本利得收益比股利收益更有助于实现收益最大化目标，公司应当采用低股利政策。一般来说，对资本利得收益征收的税率低于对股利收益征收的税率。因此，正确选项是B。

31.【答案】B【解析】本题考查的知识点是股利相关理论。代理理论认为，股利政策有助于缓解管理者与股东之间的代理冲突，即股利政策是协调股东与管理者之间代理关系的一种约束机制。该理论认为，股利的支付能够有效地降低代理成本。因此，正确选项是B。

32.【答案】A【解析】本题考查的是股票分割。股票分割即将一股股票拆分成多股股票的行为。对公司的资本结构不会产生任何影响，一般只会使发行在外的股票总数增加，股票面值变小。股票分割之后，股数增加，因此会使公司股票每股市价降低；股票分割可以向市场和投资者传递“公司发展前景良好”的信息，有助于提高投资者对公司股票的信心。

33.【答案】A【解析】本题考查的是固定股利支付率政策的优点之一是股利与公司盈余紧密地配合，体现了“多盈多分、少盈少分、无盈不分”的股利分配原则，选项A正确。

34.【答案】A【解析】本题考查的知识点是固定股利支付率政策。固定股利支付率政策是指公司将每年净利润的某一固定百分比作为股利分派给股东。这一百分比通常称为股利支付率，股利支付率一经确定，一般不得随意变更。在这一股利政策下，只要公司的税后利润一经计算确定，所派发的股利也就相应确定。2023年可支付的股利 = 1 000 × 25% = 250（万元）。因此，正确选项是A。

35.【答案】B【解析】本题考查的知识点是低正常股利加额外股利政策。每股股利 = 每股低正常股利 + 额外股利支付比率 × 每股收益 = 1.2 + 20% × 5.6 = 2.32（元）。因此，正确选项是B。

36.【答案】C【解析】本题考查的知识点是股利支付形式。股利支付形式：（1）现金股利，是以现金支付的股利，它是股利支付最常见的方式。（2）财产股利，是以现金以外的其他资产支付的股利，主要是以公司所拥有的其他公司的有价证券，如债券、股票等，作为股利支付给股东。（3）负债股利，是以负债方式支付的股利，通常以公司的应付票据支付给股东，有时也以发放公司债券的方式支付股利。（4）股票股利，是公司以增发股票的方式所支付的股利，我国实务中通常也称其为“红股”。因此，正确选项是C。

37.【答案】A【解析】本题考查的知识点是股票股利与股票分割。股票股利与股票分割非常相似，都是在不增加股东权益的情况下增加了股份的数量，所不同的是，股票股利虽不会引起股东权益总额的改变，但股东权益的内部结构会发生变化，而股票分割之后。股东权益总额及其内部结构都不会发生任何变化，变化的只是股票面值。股票股利与股票分割都不会引起股东权益总额、资产总额、负债总额发生变化。因此，正确选项是A。

38.【答案】C【解析】本题考查的知识点是股票回购的影响。股票回购对上市公司的影响，因实施持股计划和股权激励的股票回购，形成资本所有者和劳动者的利益共同体，有助于提高投资者回报能力；将股份用于转换上市公司发行的可转换为股票的公司债券实施的股票回购，也有助于拓展公司融资渠道，改善公司资本结构。选项C说法是错误的。因此，正确选项是C。

39.【答案】D【解析】本题考查股利支付的程序。公司按照公布的分红方案向股权登记日在册的股东实际支付股利的日期为股利发放日，在该日期或期间，股东可以通过证券交易所按交易方式领取股息，选项D正确。

40.【答案】D【解析】本题考查的知识点是股权激励模式。业绩股票激励模式指公司在年初确定一个合理的年度业绩目标，如果激励对象经过努力后，在年末实现了公司预定的年度业绩目标，则公司给予激励对象一定数量的股票，或奖励其一定数量的奖金来购买本公司的股票。如果没有达到目标，也不会有处罚措施，选项D说法是错误的。因此，正确选项是D。

二、多选题

1.【答案】BCD【解析】本题考查的知识点是

股票回购的动机。股票回购的动机具有多样性，主要有以下几点：现金股利的替代性、改变公司的资本结构、传递公司信息、基于控制权的考虑。由于信息不对称和预期差异，证券市场上的公司股票价格可能被低估，而过低的股价将会对公司产生负面影响。所以回购股票动机的应该是传递股票被低估信息，而不是高估的信息，因此，正确选项是 BCD。

2. 【答案】ABC 【解析】本题考查的知识点是股票股利的内容。发放股票股利不会导致公司财产的减少，而是将公司未分配利润转化为股本和资本公积，改变股东权益的构成，不改变股东权益总额。发放股票股利后，未分配利润 = 5 000 - (3 000/10) × 10 = 2 000（万元），股本 = 3 000 + 3 000/10 × 1 = 3 300（万元），资本公积 = 2 000 + 3 000/10 × (10 - 1) = 4 700（万元），发放股票股利不影响盈余公积，选项 AC 正确，选项 D 错误。发放股票股利前后股东权益金额不变，仍为 3 000 + 2 000 + 2 000 + 5 000 = 12 000（万元），选项 B 正确。因此，正确选项是 ABC。

3. 【答案】BC 【解析】本题考查的知识点是代理理论。代理理论认为，股利政策有助于缓解管理者与股东之间的代理冲突，即股利政策是协调股东与管理者之间代理关系的一种约束机制。该理论认为，股利的支付能够有效地降低代理成本。但高水平的股利政策降低了企业的代理成本，但同时增加了外部融资成本，理想的股利政策应当使两种成本之和最小。因此，正确选项是 BC。

4. 【答案】ABCD 【解析】本题考查的知识点是股利分配理论。股利无关理论认为，在一定的假设条件限制下，股利政策不会对公司的价值或股票的价格产生任何影响，投资者不关心公司股利的分配；与股利无关理论相反，股利相关理论认为，企业的股利政策会影响股票价格和公司价值。主要观点有以下几种：（1）“手中鸟”理论；（2）信号传递理论；（3）所得税差异理论；（4）代理理论。以上选项都属于股利相关理论，因此，正确选项是 ABCD。

5. 【答案】BD 【解析】本题考查的知识点是股票分割和股票股利。股票分割一般只会增加发行在外的股票总数，但不会对公司的资本结构产生任何影响。股票分割与股票股利非常相似，都是在不增加股东权益的情况下增加了股份的数量，所不同的是，股票股利不会引起股东权益总额的改变，但股东权益的内部结构会发生变化，而股票分割之后，股东权益总额及其内部结构都不会发生任何变化，变化的只是股票面值。因此，正确选项是 BD。

6. 【答案】ABC 【解析】本题考查的知识点是收入与分配管理的意义。企业收入与分配管理的意义表现在以下四个方面：（1）收入与分配管理集中体现了企业所有者、经营者与劳动者之间的利益关系。（2）收入与分配管理是企业维持简单再生产和实现扩大再生产的基本条件。（3）收入与分配管理是企业优化资本结构、降低资本成本的重要措施。（4）收入与分配管理是国家财政资金的重要来源之一。因此，选项 D 说法是错误的，正确选项是 ABC。

7. 【答案】ABCD 【解析】本题考查的知识点是收入与分配管理的原则。收入与分配管理的原则有以下四个方面：（1）依法分配原则。（2）分配与积累并重原则。（3）兼顾各方利益原则。（4）投资与收入对等原则。因此，正确选项是 ABCD。

8. 【答案】BD 【解析】本题考查的知识点是收入管理。销售收入是企业收入的主要构成部分，是企业能够持续经营的基本条件，销售收入的制约因素主要是销量与价格，销售预测分析与销售定价管理构成了收入管理的主要内容。因此，正确选项是 BD。

9. 【答案】AB 【解析】本题考查的知识点是提取法定公积金。根据《公司法》的规定，法定公积金的提取比例为当年税后利润（弥补亏损后）的 10%。当年法定公积金的累积额已达注册资本的 50% 时，可以不再提取。法定公积金提取后，根据企业的需要，可用于弥补亏损或转增资本，但企业用法定公积金转增资本后，法定公积金的余额不得低于转增前公司注册资本的 25%。提取法定公积金的主要目的是增加企业内部积累，以利于企业扩大再生产。选项 C 和选项 D 说法是错误的，因此，正确选项是 AB。

10. 【答案】ABC 【解析】本题考查的是销售预测定量分析方法。销售预测的定量分析方法一般包括趋势预测分析法和因果预测分析法。趋势预测分析法主要包括算术平均法、加权平均法、移动平均法、指数平滑法等；因果预测分析法是指分析影响产品销售量（因变量）的相关因素（自变量）以及它们之间的函数关系，并利用这种函数关系进行产品销售预测的方法。因果预测分析法最常用的是回归分析法。因此，正确选项是 ABC。

11. 【答案】ABD 【解析】本题考查的是销售预测分析方法。营销员判断法、专家判断法和产品寿命周期分析法都属于销售预测的定性分析法，趋势预测分析法是销售预测的定量分析方法，所以应选择选项 ABD。

12. 【答案】ABD 【解析】本题考查的知识点是影响产品价格的因素。影响产品价格的因素，主要包括价值因素、成本因素、市场供求因素、竞争因素、政策法规因素。产品价格的因素不包含利润因素，因此，正确选项是 ABD。

13. 【答案】ABCD 【解析】本题考查产品定价的目标。企业的定价目标主要有：实现利润最大化、保持或提高市场占有率、稳定价格、应对和避免竞争、树立企业形象及产品品牌，选项 ABCD 正确。

14. 【答案】ABC 【解析】本题考查的知识点是以成本为基础的定价方法。以成本作为定价基础，目前定价方法包括全部成本费用加成定价法、保本点定价法、目标利润定价法和变动成本加成定价法。边际分析定价法属于以市场需求为基础的定价方法。因此，正确选项是 ABC。

15. 【答案】ABC 【解析】本题考查的知识点是全部成本费用加成定价法。销售利润率定价法，销售利润率 = 预计利润总额/预测销售总额 ×100%，单位产品价格 = 单位成本/（1 - 销售利润率 - 适用税率）。根据以上公式可以发现销售利润率、单位成本、适用税率都可以影响定价。因此，正确选项是 ABC。

16. 【答案】AC 【解析】本题考查的知识点是以市场需求为基础的定价方法。以市场需求为基础的定价方法可以契合这一要求，主要有需求价格弹性系数定价法和边际分析定价法等，因此正确选项是 AC。

17. 【答案】ABC 【解析】本题考查的是价格运用策略。主要的价格运用策略有折让定价策略、心理定价策略、组合定价策略、寿命周期定价策略。保本定价法是一种产品定价方法，并不是一种策略，选项 ABC 正确。

18. 【答案】ABD 【解析】本题考查的知识点是纳税管理目标。纳税管理的目标是规范企业纳税行为、合理降低税收支出、有效防范纳税风险。纳税管理贯穿于投资、筹资、营运和分配等各项财务管理活动中，成为现代财务管理的重要内容。因此，正确选项是 ABD。

19. 【答案】AC 【解析】本题考查的知识点是纳税筹划的外在表现。纳税筹划的外在表现是降低税负和延期纳税，因此，正确选项是 AC。

20. 【答案】ABCD 【解析】本题考查的知识点是纳税筹划的原则。企业的纳税筹划必须遵循以下原则：（1）合法性原则。（2）系统性原则。纳税筹划的系统性原则，也称为整体性原则、综合性原则。（3）经济性原则。纳税筹划的经济性原则，也称成本效益原则。（4）先行性原则。因此，正确选项是 ABCD。

21. 【答案】ACD 【解析】本题考查的是销售预测的分析方法。定性分析法，即非数量分析法，是指由专业人员根据实际经验，对预测对象的未来情况及发展趋势作出预测的一种分析方法。一般适用于预测对象的历史资料不完备或无法进行定量分析时。趋势预测分析法是销售预测定量分析法的一种。所以选项 ACD 正确。

22. 【答案】ABCD 【解析】本题考查的知识点是纳税筹划的方法。税收优惠政策筹划法，是指纳税人凭借国家税法规定的优惠政策进行纳税筹划的方法。从税制构成角度来看，利用税收优惠进行纳税筹划主要是利用免税政策、减税政策、退税政策、税收扣除政策、税率差异、分劈技术以及税收抵免等税收优惠政策。因此，正确选项是 ABCD。

23. 【答案】BC 【解析】本题考查的知识点纳

税筹划的方法——递延纳税。考虑到货币时间价值和通货膨胀因素，纳税筹划的另一条思路是递延纳税。延期纳税虽然不会减少纳税人纳税的绝对总额，但由于货币具有时间价值，递延纳税法可以使应纳税额的现值减小。采取有利的会计处理方法是企业实现递延纳税的一个重要途径，主要包括存货计价和固定资产折旧的方法选择等。因此，正确选项是 BC。

24. 【答案】AB 【解析】本题考查的是企业投资纳税管理。按照投资方向，可以将直接投资纳税管理划分为直接对内投资纳税管理和直接对外投资纳税管理，选项 AB 正确。

25. 【答案】ACD 【解析】本题考查的知识点是促销方式的纳税筹划。在销售环节，常见的销售方式有销售折扣和折扣销售，销售折扣不得从销售额中减除，不能减少增值税纳税义务；折扣销售，是给予消费者购货价格上的优惠，如八折销售等。如果销售额和折扣额在同一张发票上注明，可以以销售额扣除折扣额后的余额作为计税金额，减少企业的销项税额，前提要将销售额和折扣额在同一张发票上注明，选项 B 说法是错误的；在零售环节，常见的促销方式有折扣销售、实物折扣和以旧换新等。实物折扣，是指销货方在销售过程中，当购买方购买货物时配送、赠送一定数量的货物，实物款额不仅不能从货物销售额中减除，而且还需要按“赠送他人”计征增值税。以旧换新，一般应按新货物的同期销售价格确定销售额，不得扣减旧货物的收购价格。因此，正确选项是 ACD。

26. 【答案】AB 【解析】本题考查的知识点是剩余股利政策的优点。剩余股利政策的优点：净利润优先满足再投资权益资金的需要，有助于降低再投资的资金成本，保持最佳的资本结构，实现企业价值的长期最大化。因此，正确选项是 AB。

27. 【答案】ABC 【解析】本题考查的知识点是固定或稳定增长的股利政策。固定或稳定增长股利政策的优点：（1）稳定的股利向市场传递着公司正常发展的信息，有利于树立公司的良好形象，增强投资者对公司的信心，稳定股票的价格。（2）稳定的股利额有助于投资者安排股利收入和支出，有利于吸引那些打算进行长期投资并对股利有很高依赖性的股东。（3）固定或稳定增长的股利政策可能会不符合剩余股利理论，但可能比降低股利或股利增长率更为有利。固定或稳定增长股利政策的缺点：股利的支付与企业的盈利相脱节，即不论公司盈利多少，均要支付固定的或按固定比率增长的股利，这可能会导致企业资金紧缺，财务状况恶化。此外，在企业无利可分的情况下，若依然实施固定或稳定增长的股利政策，是违反《公司法》的行为。因此，正确选项是 ABC。

28. 【答案】ABCD 【解析】本题考查的知识点是固定股利支付率政策。固定股利支付率政策的优点：（1）采用固定股利支付率政策，股利与公司盈余紧密地配合，体现了“多盈多分、少盈少分、无盈不分”的股利分配原则。（2）采用固定股利支付率政策，公司每年按固定的比例从税后利润中支付现金股利，从企业的支付能力的角度看，这是一种稳定的股利政策。固定股利支付率政策的缺点：（1）大多数公司每年的收益很难保持稳定不变，采用固定股利支付率政策会导致年度间的股利额波动较大，由于股利的信号传递作用，波动的股利很容易给投资者带来经营状况不稳定、投资风险较大的不良印象，成为影响股价的不利因素。（2）容易使公司面临较大的财务压力。这是因为公司实现的盈利多，并不能代表公司有足够的现金流用来支付较多的股利额。（3）确定合适的固定股利支付率的难度比较大。因此，正确选项是 ABCD。

29. 【答案】ABCD 【解析】本题考查的知识点是低正常股利加额外股利政策。低正常股利加额外股利政策的优点：（1）赋予公司较大的灵活性，使公司在股利发放上留有余地，并具有较大的财务弹性。公司可根据每年的具体情况，选择不同的股利发放水平，以稳定和提高股价，进而实现公司价值的最大化。（2）使那些依靠股利度日的股东每年至少可以得到虽然较低但比较稳定的股利收入，从而吸引住这部分股东。低正常股利加额外股利政策的缺点：(1) 由于各年度之间公司盈利的波动使得额外股利不断变化，造成分派的股利不同，容易给投资者造成收益不稳定的感觉。(2) 当公司在较长时间持续发放额外股利后，可能会被股东误认为“正常股利”，一旦取消，传递出的信号可能会使股东认为这是公司财务状况恶化的表现，进而导致股价下跌。相对来说，对那些盈利随着经济周期而波动较大的公司或者盈利与现金流量很不稳定时，低正常股利加额外股利政策也许是一种不错的选择。因此，正确选项是 ABCD。

30. 【答案】ABCD 【解析】本题考查的知识点是利润分配制约因素——法律因素。法律因素具体如下：(1) 资本保全约束。(2) 资本积累约束。(3) 超额累积利润约束。(4) 偿债能力约束。选项 ABCD 说法都是正确的。因此，正确选项是 ABCD。

31. 【答案】ABD 【解析】本题考查的知识点是公司因素对利润分配的影响。公司基于短期经营和长期发展的考虑，在确定利润分配政策时，需要关注以下因素：(1) 现金流量。(2) 资产的流动性。(3) 盈余的稳定性。(4) 投资机会。(5) 筹资因素。(6) 其他因素。投资机会方面，如果公司的投资机会多，对资金的需求量大，那么它就很可能会考虑采用低股利支付水平的分配政策；相反，如果公司的投资机会少，对资金的需求量小，那么它就很可能倾向于采用较高的股利支付水平的分配政策。选项 C 说法是错误的，因此，正确选项是 ABD。

32. 【答案】ACD 【解析】本题考查的是股票股利，发放股票股利不需要向股东支付现金，不会导致现金流出。所以选项 ACD 正确。

33. 【答案】ABCD 【解析】本题考查的知识点是股票股利的优点。对公司来讲，股票股利的优点主要有：(1) 发放股票股利不需要向股东支付现金，在再投资机会较多的情况下，公司就可以为再投资提供成本较低的资金，从而有利于公司的发展。(2) 发放股票股利可以降低公司股票的市场价格，既有利于促进股票的交易和流通，又有利于吸引更多的投资者成为公司股东，进而使股权更为分散，有效地防止公司被恶意控制。(3) 股票股利的发放可以传递公司未来发展前景良好的信息，从而增强投资者的信心，在一定程度上稳定股票价格。因此，正确选项是 ABCD。

34. 【答案】ABC 【解析】本题考查的知识点是股票股利。发放股票股利对公司来说，并没有现金流出企业，也不会导致公司的财产减少，而只是将公司的未分配利润转化为股本和资本公积。但股票股利会增加流通在外的股票数量，同时降低股票的每股价值。它不改变公司股东权益总额，但会改变股东权益的构成。发放股票股利，不会对公司股东权益总额产生影响，但会引起资金在各股东权益项目间的再分配。因此，正确选项是 ABC。

35. 【答案】ABCD 【解析】本题考查的知识点是股票股利。发放股票股利对公司来说，并没有现金流出企业，也不会导致公司的财产减少，而只是将公司的未分配利润转化为股本和资本公积。但股票股利会增加流通在外的股票数量，同时降低股票的每股价值。它不改变公司股东权益总额，但会改变股东权益的构成，所以股东权益总额和盈余公积金不会发生变化，股东权益总额 $=2\ 000+1\ 000+1\ 500+3\ 000=7\ 500$（万元），盈余公积金为 1 500 万元。发放股票股利后，未分配利润 $=3\ 000-2\ 000/10\times 1=2\ 800$（万元）。由于是按照面值 1 元测算股利，不会产生股票溢价，所以资本公积不会发生变化。因此，正确选项是 ABCD。

36. 【答案】ABC 【解析】本题考查的是股票分割和股票股利的特点。股票分割会改变股票面值，而股票股利不会改变股票面值，选项 A 错误；股票分割和股票股利都不会影响股东权益总额，选项 B 错误；股票股利会改变股东权益的内部结构，股票分割不会，选项 C 错误；综上，本题选 ABC。

37. 【答案】ABD 【解析】本题考查股票回购。在证券市场上，股票回购的动机多种多样，主要有以下几点：(1) 现金股利的替代。(2) 改变公司的资本结构。(3) 传递公司股价被低估的信息。(4) 控股股东为巩固其既有的控制权，选项 ABD 正确。

38. 【答案】ABCD 【解析】本题考查的知识点是股权激励模式。股票期权模式比较适合那些初始资本投入较少、资本增值较快、处于成长初期或扩张期的企业，如互联网、高科技等风险较高的企业等；对于处于成熟期的企业，由于其股价的上涨空间有限，因此采用限制性股票模式较为合适；股票增值权模式较适合现金流量比较充裕且比较稳定的上市公司和现金流量比较充裕的非上市公司；业绩股票激励模式只对公司的业绩目标进行考核，不要求股价的上涨，因此比较适合业绩稳定型的上市公司及其集团公司、子公司。因此，正确选项是 ABCD。

三、判断题

1. 【答案】√ 【解析】本题考查的知识点是剩余股利政策。净利润首先要满足资本需求，1 000 万元中 60% 即 600 万元来自权益资本，2023 年净利润为 2 000 万元，扣除资本需求 600 万元，剩余 1 400 万元发放现金股利。因此，本题说法是正确的。
2. 【答案】× 【解析】本题考查的知识点是股票期权模式。股票期权实质上是公司给予激励对象的一种激励报酬，但能否取得该报酬取决于以经理人为首的相关人员是否通过努力实现公司的目标。在行权期内，如果股价高于行权价格，激励对象可以通过行权获得市场价与行权价格差带来的收益；否则，将放弃行权。因此，本题说法是错误的。
3. 【答案】√ 【解析】本题考查的知识点是剩余股利政策。剩余股利政策是指公司在有良好的投资机会时，根据目标资本结构，测算出投资所需的权益资本额，先从盈余中留用，然后将剩余的盈余作为股利来分配，即净利润首先满足公司的权益资金需求，如果还有剩余，就派发股利；如果没有，则不派发股利。因此，本题说法是正确的。
4. 【答案】√ 【解析】本题考查的知识点是企业筹资纳税管理。负债融资的利息可以在计算应纳税额所得额时予以扣除，降低了企业的纳税负担，增加企业价值。因此，本题说法是正确的。
5. 【答案】√ 【解析】本题考查的是股利政策与企业价值。剩余股利政策的股利发放受投资机会和盈利水平的影响，在盈利水平不变的前提下，股利发放额与投资机会的多寡呈反方向变动；而在投资机会维持不变的情况下，股利发放额将与公司盈利呈同方向变动。剩余股利政策不利于投资者安排收入与支出，也不利于公司树立良好的形象。因此，本题说法是正确的。
6. 【答案】√ 【解析】本题考查的知识点是固定股利支付率政策。固定股利支付率政策的缺点：大多数公司每年的收益很难保持稳定不变，导致年度间的股利额波动较大，由于股利的信号传递作用，波动的股利很容易给投资者带来经营状况不稳定、投资风险较大的不良印象，成为影响股价的不利因素，因此，本题说法是正确的。
7. 【答案】× 【解析】本题考查的知识点是投资与收入对等原则。收入分配应当体现“谁投资，谁受益”、收入大小与投资比例相对等的原则。企业在向投资者分配收入时，应本着平等一致的原则，按照投资者投资额的比例进行分配，不允许任何一方随意多分多占，但是，公司章程或协议明确规定出资比例与收入分配比例不一致的除外。因此，本题说法是错误的。
8. 【答案】√ 【解析】本题考查的知识点是分配管理的内容。企业在提取法定公积金之前，应先用当年利润弥补以前年度亏损。企业年度亏损可以用下一年度的税前利润弥补，下一年度不足弥补的，可以在五年之内用税前利润连续弥补，连续五年未弥补的亏损则用税后利润弥补。其中，税后利润弥补亏损可以用当年实现的净利润，也可以用盈余公积转入。因此，本题说法是正确的。
9. 【答案】× 【解析】本题考查的知识点是向股东分配股利。根据《公司法》的规定，公司弥补亏损和提取公积金后所余税后利润，可以向股东（投资者）分配。当公司税后利润小于零时，是不可以分配股利的。因此，本题说法是错误的。
10. 【答案】× 【解析】本题考查的知识点是销售预测定性分析法。了解产品所处的寿命周期阶段，有助于正确选择预测方法，如推广期历史资料缺乏，可以运用定性分析法进行预测；成长期可运用回归分析法进行预测；成熟期销售量比较稳定，适用趋势预测分析法。因此，本题说法是错误的。

11.【答案】√【解析】本题考查的是销售预测方法。算术平均法适用于每期销售量波动不大的产品的销售预测。因此，本题说法是正确的。

12.【答案】×【解析】本题考查的知识点是销售预测定性分析法。其中，移动平均法是指从 n 期的时间数列销售量中选取 m 期（m 数值固定，且 $m < n/2$）数据作为样本值，求其 m 期的算术平均数，并不断向后移动计算观测其平均值，以最后一个 m 期的平均数作为未来第 $n+1$ 期销售预测值的一种方法。由于移动平均法只选用了 n 期数据中的最后 m 期作为计算依据，故而代表性较差。此法适用于销售量略有波动的产品预测。因此，本题说法是错误的。

13.【答案】√【解析】本题考查的是销售定价管理。产品价格往往需要低于同类产品价格是基于保持或提高市场占有率目标。因此，本题说法是正确的。

14.【答案】√【解析】本题考查的知识点是变动成本定价法。变动成本定价法是指企业在生产能力有剩余的情况下增加生产一定数量的产品，这些增加的产品可以不负担企业的固定成本，只负担变动成本，在确定价格时产品成本仅以变动成本计算。此处所指变动成本是指完全变动成本，因此，本题说法是正确的。

15.【答案】×【解析】本题考查的知识点是寿命周期定价策略。推广期产品需要获得消费者的认同，进一步占有市场，应采用低价促销策略；成长期的产品有了一定的知名度，可以采用中等价格；成熟期的产品市场知名度处于最佳状态，可以采用高价促销；衰退期的产品市场竞争力下降，销售量下滑，应该降价促销或维持现价并辅之以折扣等其他手段。因此，本题说法是错误的。

16.【答案】√【解析】本题考查的知识点是定价策略。其中，组合定价策略是针对相关产品组合所采取的一种方法，它根据相关产品在市场竞争中的不同情况，使互补产品价格有高有低，或使组合售价优惠。对于具有互补关系的相关产品，可以采取降低部分产品价格而提高互补产品价格；对于具有配套关系的相关产品，可以对组合购买进行优惠。因此，本题说法是正确的。

17.【答案】√【解析】本题考查的是纳税管理。纳税管理是对纳税所实施的全过程管理行为，纳税管理的主要内容是纳税筹划。因此，本题说法是正确的。

18.【答案】√【解析】本题考查的知识点是纳税筹划方法。其中，转让定价筹划法主要是指通过关联企业采用非常规的定价方式和交易条件进行的纳税筹划，转让定价是根据它们之间的共同利益或为了最大限度地维护它们之间的收入而进行的产品或非产品转让。在这种转让中，根据双方的意愿，产品的转让价格可高于或低于市场上由供求关系决定的价格，以达到少纳税甚至不纳税的目的。因此，本题说法是正确的。

19.【答案】×【解析】本题考查的知识点是企业筹资纳税管理。在债务利息率不变的情况下，企业财务杠杆越高，企业所取得的节税收益越大，但过高的财务杠杆可能会使企业陷入财务困境，出现财务危机甚至破产，从而带来企业价值的损失。因此，在进行债务筹资纳税筹划时必须要考虑企业的财务困境成本，选择适当的资本结构，不能过度负债融资。因此，本题说法是错误的。

20.【答案】√【解析】本题考查的知识点是结算方式的纳税筹划。结算方式包括赊购、现金、预付等。在价格无明显差异的情况下，采用赊购方式不仅可以获得推迟付款的好处，还可以在赊购当期抵扣进项税额，因此，在购货价格无明显差异时，要尽可能选择赊购方式。因此，本题说法是正确的。

21.【答案】×【解析】本题考查的知识点是间接投资纳税管理。与直接投资相比，间接投资考虑的税收因素较少，但也有纳税筹划的空间。例如，我国税法规定，我国国债利息收入免交企业所得税，当可供选择债券的回报率较低时，应该将其税后投资收益与国债的收益相比，再作决策。因此，纳税人应该密切关注税收法规，及时利用税法在投资方面的优惠政策进行纳税筹划。本题说法是错误的，间接投资也存在税收筹划的方式。

22. 【答案】× 【解析】本题考查的知识点是利润分配制约因素——法律因素。其中资本保全约束，公司不能用资本（包括实收资本或股本和资本公积）发放股利，目的在于维持企业资本的完整性。因此，本题说法是错误的。

23. 【答案】√ 【解析】本题考查的知识点是利润分配制约因素——其他因素。通货膨胀会带来货币购买力水平下降，导致固定资产重置资金不足，此时，企业往往不得不考虑留用一定的利润，以便弥补由于购买力下降而造成的固定资产重置资金缺口。因此，在通货膨胀时期，企业一般会采取偏紧的利润分配政策。因此，本题说法是正确的。

24. 【答案】√ 【解析】本题考查的知识点是股权登记日。股权登记日，即有权领取本期股利的股东资格登记截止日期。凡是在此指定日期收盘之前取得公司股票，成为公司在册股东的投资者都可以作为股东享受公司本期分派的股利。在这一天之后取得股票的股东则无权领取本次分派的股利。因此，本题说法是正确的。

25. 【答案】√ 【解析】本题考查的知识点是反分割。与股票分割相反，如果公司认为其股票价格过低，不利于其在市场上的声誉和未来的再筹资时，为提高股票的价格，会采取反分割措施。反分割又称为股票合并或逆向分割，是指将多股股票合并为一股股票的行为。反分割显然会降低股票的流通性，提高公司股票投资的门槛，它向市场传递的信息通常是不利的。反分割是多股合并，股票面值增加，但是和股东权益总额不会发生变化。因此，本题说法是正确的。

26. 【答案】√ 【解析】本题考查的知识点是股票回购。我国《公司法》规定，公司有下列情形之一的，可以收购本公司股份：(1) 减少公司注册资本。(2) 与持有本公司股份的其他公司合并。(3) 将股份用于员工持股计划或者股权激励。(4) 股东因对股东大会作出的公司合并、分立决议持异议，要求公司收购其股份。(5) 将股份用于转换上市公司发行的可转换为股票的公司债券。(6) 上市公司为维护公司价值及股东权益所必需。因此，本题说法是正确的。

27. 【答案】× 【解析】本题考查的是股票期权模式比较适合于那些初始资本投入较少、资本增值较快，处于成长初期或扩张期的企业；处于成熟期的企业，由于其股价的上涨空间有限，因此采用限制性股票模式较为合适。因此，本题说法是错误的。

第十章 财务分析与评价

考情分析

本章需要掌握财务分析的因素分析法、基本的财务报表分析、上市公司的财务分析、杜邦分析法和经济增加值法，同时也要理解综合绩效评价。从近几年考试的情况看，本章既可以考查客观题，也可以考查主观题、计算题或综合题。每年分值为 8 ~ 11 分，是本书的重点章节，需要考生重点掌握。2019 ~ 2023 年知识点考查范围如下表所示。

年份	单选题	多选题	判断题	计算分析题
2023	偿债能力分析（长期偿债能力指标）；营运能力分析（应收账款周转率）	营运能力分析（总资产周转率）	发展能力分析（总资产增长率）；偿债能力分析（利息保障倍数）；营运能力分析（应收账款周转率）；盈利能力分析（总资产净利率）	流动比率；权益乘数；营业净利率；净资产收益率；产权比率；每股净资产；偿债能力分析；盈利能力分析；上市公司特殊财务分析指标
2022	偿债能力分析；营运能力分析；盈利能力分析及发展能力分析；财务评价与考核	—	营运能力分析、盈利能力分析、发展能力分析	权益净利率；基本每股收益；每股股利
2021	净收益营业指数的测算；偿债能力分析中的流动比率；短期偿债能力中的现金比率和速动比率	—	长期偿债能力分析中的资产负债率、权益乘数和产权比率指标的测算；财务评价法中的经济增加值法	—
2020	利息保障倍数的测算；市净率的测算；应收账款周转率指标的测算	偿债能力分析；杜邦分析法	应收账款周转率	因素分析方法；营业毛利率；资产周转率；净资产收益率；流动比率；速动比率；产权比率；销售净利率
2019	产权比率；权益乘数；现金流量分析	每股收益；管理层讨论与分析	现金流量分析	应收账款周转率；应收账款周转天数；净资产收益率；连环替代法：权益乘数；每股收益；稀释每股收益；市盈率；财务分析方法——连环替代法

强化练习题

一、单选题

1. 已知利润总额为 6 000 万元，所得税为 1 500 万元，非经营性收益为 450 万元，净收益营运指数是（　　）。
   A. 0.9　　B. 1
   C. 4　　D. 0.1
2. 某公司流动比率为 1.8，如果赊购一批原材料，则流动比率的变化方向是（　　）。
   A. 不变　　B. 变小
   C. 变大　　D. 以上都有可能
3. 下列各项中，既不影响现金比率又不影响速动比率的是（　　）。
   A. 交易性金融资产　　B. 应收票据
   C. 短期借款　　D. 存货
4. 当公司当前的速动比率大于 1，若用现金偿还应付账款，则对流动比率与速动比率的影响是（　　）。
   A. 流动比率变小，速动比率变小
   B. 流动比率变大，速动比率变小
   C. 流动比率变大，速动比率变大
   D. 流动比率不变，速动比率变大
5. 某企业目前的速动比率大于 1，若其他条件不变，下列措施中，能够提高该企业速动比率的是（　　）。
   A. 以银行存款偿还长期借款
   B. 以银行存款购买原材料
   C. 收回应收账款
   D. 以银行存款偿还短期借款
6. 下列关于短期偿债能力的说法，错误的是（　　）。
   A. 流动比率高不一定意味着短期偿债能力一定很强
   B. 相比流动比率，速动比率主要剔除了存货等变现能力差的资产对偿债能力的影响
   C. 相比速动比率，现金比率剔除应收账款对偿债能力的影响
   D. 现金比率最能直接反映企业直接偿付流动负债的能力，该比率越高越好
7. 某企业利润总额为 700 万元，财务费用中利息支出金额为 50 万元，计入固定资产成本的资本化利息金额为 30 万元，则利息保障倍数为（　　）。
   A. 9.375　　B. 15
   C. 14　　D. 9.75
8. 某公司上期营业收入为 1 000 万元，本期期初应收账款为 120 万元，本期期末应收账款为 180 万元，本期应收账款周转率为 8 次，则本期营业收入增长率为（　　）。
   A. 20%　　B. 12%
   C. 18%　　D. 50%
9. 关注资本的保值和增值状况，较为重视企业盈利能力指标，对财务报表主要进行盈利能力分析，该财务分析的主体是（　　）。
   A. 企业所有者　　B. 企业债权人
   C. 企业经营决策者　　D. 政府
10. 某公司第一年至第三年年销售收入分别为 1 000 万元、1 500 万元和 1 800 万元。如果采用环比动态比率方法，则公司第三年销售收入的环比动态比率为（　　）。
    A. 100%　　B. 110%
    C. 120%　　D. 130%
11. 下列财务比率中，属于效率比率的是（　　）。
    A. 速动比率
    B. 成本利润率
    C. 资产负债率
    D. 所有者权益增长率
12. 某企业实际产量为 1 000 件，单位产品材料实际消耗量为 3 千克，材料单价为 10 元，而计划产量为 1 200 件，单位产品材料的标准消耗量为 2 千克，材料标准单价为 9 元，采用连环替代法测算单位产品材料消耗量因素对材料费用总额的影响为（　　）元。
    A. 8 000　　B. 8 900
    C. 9 000　　D. 9 100
13. 下列分析方法中，不属于财务综合评价方法的是（　　）。
    A. 杜邦分析法　　B. 沃尔评分法

C. 经济增加值法　　D. 对比分析方法

14. 下列资产项目中，不属于速动资产的是（　　）。

A. 货币资金　　B. 交易性金融资产

C. 预付款项　　D. 应收账款

15. 下列指标中，可以衡量企业财务结构稳健程度的是（　　）。

A. 产权比率　　B. 资产负债率

C. 权益乘数　　D. 利息保障倍数

16. 某公司年末净利润为 300 万元，需要缴纳的所得税费用为 20 万元，利息费用为 30 万元，资本化利息为 28 万元，则公司当年年末利息保障倍数为（　　）。

A. 5.98　　B. 6.12

C. 6.03　　D. 6.21

17. 某公司 2024 年营业收入为 9 000 万元，营业成本为 7 000 万元，年初存货为 2 000 万元，年末存货为 1 500 万元，则该公司 2024 年的存货周转次数为（　　）次。

A. 3.5　　B. 4.5

C. 5.14　　D. 4

18. 下列指标中，不属于反映企业盈利能力的是（　　）。

A. 营业净利率　　B. 营业毛利率

C. 营业收入增长率　　D. 净资产收益率

19. 下列各项中，不属于获取现金能力分析指标的是（　　）。

A. 全部资产现金回收率

B. 现金比率

C. 营业现金比率

D. 每股营业现金净流量

20. 某公司营业收入为 12 000 万元，经营活动现金流量净额为 3 840 万元，则该公司营业现金比率为（　　）。

A. 0.32　　B. 0.18

C. 1.23　　D. 0.98

21. 某公司利润总额为 3 000 万元，非经营净收益为 1 200 万元，企业所得税税率为 25%，则公司净收益营运指数是（　　）。

A. 0.51　　B. 0.61

C. 0.47　　D. 0.56

22. 甲公司 2024 年归属于普通股股东的净利润为 2 100 万元，2023 年末股数为 1 000 万股，2024 年 3 月 1 日发行新股 500 万股，2024 年 6 月 30 日回购本公司股票 200 万元，则公司 2024 年末基本每股收益为（　　）元。

A. 1.52　　B. 2.14

C. 1.98　　D. 1.59

23. 乙公司 2024 年 8 月 1 日按照面值发行年利率为 6% 的可转换公司债券，面值为 1 000 万元，期限为 6 年，利息每年末支付一次，发行结束后半年后可转换公司股票，转换价格为 3 元，每 100 元债券可转换为 12 股普通股。2024 年该公司归属于普通股股东的净利润为 2 000 万元，2024 年发行在外普通股股数为 1 000 万股，债券利息直接计入当期损益，假设企业所得税税率为 25%，则乙公司 2024 年稀释的每股收益为（　　）元。

A. 1.89　　B. 1.92

C. 2.12　　D. 2.13

24. 下列关于市盈率的说法，错误的是（　　）。

A. 市盈率是每股市价与每股的收益的比率

B. 市盈率反映市场上投资者对股票投资收益和投资风险的预期

C. 市盈率越高，说明股票风险就越低

D. 市盈率越高，说明投资者对股票收益预期越看好

25. 某公司年末股东权益为 789 123 万元，其中优先股股东权益为 234 500 万元，年末发行在外普通股股数为 20 000 万股，则公司每股净资产为（　　）元。

A. 21　　B. 23.12

C. 27.73　　D. 28.12

26. 利用财务比率指标间的内在联系，对企业财务状况及经济效益进行综合系统评价的方法是（　　）。

A. 杜邦分析法　　B. 沃尔评分法

C. 经济增加值法　　D. 因素分析法

27. 某公司年末资产负债率为 0.6，营业收入为 1 000 万元，净利润为 600 万元，资产总额为 2 000 万元，则公司年末净资产收益率为（　　）。

A. 71%　　B. 81%

C. 75%　　D. 91%

28. 甲公司 2024 年的税后营业利润为 500 万元，平均债务资本 1 000 万元，平均股权资本

2 000 万元，加权平均资本成本率 10%，甲公司 2024 年的经济增加值为（ ）万元。

A. 5 000　　B. 300

C. 400　　D. 200

29. 下列关于应收账款周转率的说法，错误的是（ ）。

A. 应收账款周转次数越高，表明企业收账迅速，信用管理严格

B. 应收账款周转次数越高，表明企业应收账款流动性强

C. 应收账款周转次数越高，表明可以减少企业收账费用和坏账损失

D. 应收账款周转率可以评价企业应收账款管理效率，但无法进行横向比较

30. 甲公司年末营业收入为 1 000 万元，年末应收账款和应收票据分别为 200 万元和 300 万元，年初数分别为 210 万和 360 万元，假设年初、年末坏账准备为零，请问甲公司年末应收账款周转次数为（ ）次。

A. 1.87　　B. 1.92

C. 1.76　　D. 1.90

二、多选题

1. 下列财务指标中，可以用来反映公司资本结构的有（ ）。

A. 资产负债率　　B. 产权比率

C. 营业净利率　　D. 总资产周转率

2. 下列财务指标中，用来反映企业长期偿债能力中还本能力的有（ ）。

A. 资产负债率　　B. 产权比率

C. 权益乘数　　D. 总资产周转率

3. 下列各项中，可用于企业营运能力分析的财务指标有（ ）。

A. 速动比率　　B. 应收账款周转天数

C. 存货周转次数　　D. 流动比率

4. 下列关于企业短期偿债能力分析中，说法正确的有（ ）。

A. 营运资金为负说明企业部分非流动资产以流动负债作为资金来源，企业不能偿债的风险很大

B. 营运资金 = 流动资产 - 流动负债，可以进行不同企业之间的比较

C. 现金比率剔除了应收账款对偿债能力的影响，最能反映企业直接偿付流动负债的能力

D. 速动比率是速动资产与流动负债的比值，所以不需要考虑行业的差异性

5. 下列关于比较分析法的说法，正确的有（ ）。

A. 趋势分析法的比较对象是本企业的历史

B. 横向比较分析法的比较对象是同类企业

C. 预算差异分析法的比较对象是预算数据

D. 比较分析法是对三个或三个以上的可比数据进行对比，找出问题与差异

6. 下列各项中，属于效率比率的财务指标有（ ）。

A. 流动比率　　B. 成本利润率

C. 营业利润率　　D. 负债构成比率

7. 下列各项中，属于财务分析局限性的有（ ）。

A. 资料来源的局限性

B. 财务分析方法的局限性

C. 财务分析指标的局限性

D. 财务分析主体的局限性

8. 下列指标中，可以衡量企业短期偿债能力的有（ ）。

A. 营运资金　　B. 流动比率

C. 速动比率　　D. 产权比率

9. 下列各项中，能够影响流动比率的主要因素有（ ）。

A. 营业周期　　B. 应收账款

C. 存货的周转速度　　D. 速动资产的占比

10. 下列各项中，公式表述正确的有（ ）。

A. 权益乘数 = 1 + 产权比率

B. 权益乘数 = 1/(1 - 资产负债率)

C. 产权比率 = 总资产/股东权益

D. 权益乘数 = 负债总额/所有者权益

11. 下列关于应收账款周转率的说法，正确的有（ ）。

A. 应收账款周转次数 = 营业收入/应收账款平均余额

B. 应收账款周转天数 = 计算期天数 × 应收账款平均余额/营业收入

C. 营业收入是指扣除销售折扣和折让后的销售净额

D. 应收账款应是扣除坏账准备后的金额

12. 下列关于周转率的公式，表达正确的有

(　　)。

A. 流动资产周转次数 = 营业收入/流动资产平均余额

B. 固定资产周转率 = 营业收入/平均固定资产

C. 总资产周转次数 = 营业收入/平均资产总额

D. 存货周转次数 = 营业收入/存货平均余额

13. 下列关于盈利能力指标中，表达正确的有(　　)。

A. 营业毛利率 = 营业毛利/营业收入 × 100%

B. 营业净利率 = 净利润/营业收入 × 100%

C. 总资产净利率 = 营业净利率 × 总资产周转率

D. 净资产收益率 = 总资产净利率 × 权益乘数

14. 下列指标中，能够反映企业发展能力的有(　　)。

A. 营业收入增长率

B. 所有者权益增长率

C. 营业利润增长率

D. 资本保值增值率

15. 下列指标中，可以反映公司会计收益质量的指标有(　　)。

A. 净收益营运指数

B. 营业现金比率

C. 现金营运指数

D. 全部资产现金回收率

16. 下列因素中，可能会稀释普通股的每股收益的有(　　)。

A. 可转换公司债券

B. 认股权证

C. 股份期权

D. 企业应收账款证券化

17. 下列关于每股收益的说法，正确的有(　　)。

A. 每股收益可以综合反映企业盈利能力

B. 基本每股收益 = 归属于公司普通股股东的净利润/发行在外的普通股加权平均数

C. 认股权证可能会影响公司发行在外的普通股股数，应考虑其稀释性

D. 企业派发股票股利不会稀释每股收益

18. 下列关于财务指标的说法，正确的有(　　)。

A. 每股收益反映投资者可望获得的最高股利收益

B. 每股股利反映投资者持有一股普通股获取的股利大小

C. 市盈率是反映每股股利和每股收益之间关系的重要指标

D. 股利发放率反映普通股股东当期的收益水平

19. 在计算速动比率时，要把存货从流动资产中剔除的原因，包括(　　)。

A. 存货的变现速度比应收账款要慢得多

B. 可能部分存货已抵押

C. 可能存在成本与合理市价相差悬殊的存货估价问题

D. 存货属于非流动资产

20. 下列关于管理层讨论与分析的说法，正确的有(　　)。

A. 管理层讨论与分析是管理层对企业过去经营状况的评价分析

B. 管理层讨论与分析是管理层对企业未来发展趋势的前瞻性判断

C. 管理层讨论与分析包含报告期间经营业绩变动的解释与企业未来发展的前瞻性信息

D. 管理层讨论与分析披露的原则是自愿性原则

21. 下列关于杜邦分析法的表述，正确的有(　　)。

A. 是以净资产收益率为起点，以总资产净利率和权益乘数为基础

B. 净资产收益率是一个综合性最强的财务分析指标

C. 营业净利率反映企业净利润与营业收入的关系

D. 权益乘数可以反映企业的偿债能力

22. 下列关于杜邦分析法公式，表示准确的有(　　)。

A. 净资产收益率 = 总资产净利率 × 权益乘数

B. 净资产收益率 = 营业净利率 × 总资产周转率 × 权益乘数

C. 权益乘数 = 1 − 资产负债率

D. 营业净利率 = 营业收入/净利润

23. 关于经济增加值绩效评价方法，下列表述正确的有(　　)。

A. 经济增加值的计算主要基于财务指标，无法对企业进行综合评价

B. 同时考虑了债务资本成本和股权资本成本
C. 适用于对不同规模的企业绩效进行横向比较
D. 有助于实现经营者利益与企业利益的统一

24. 下列关于经济增加值缺点的说法中，正确的有（　　）。
A. 无法衡量企业长远发展战略的价值创造
B. 该指标基于财务指标，无法对企业进行综合评价
C. 该指标可比性较差
D. 该指标的计算存在很多争议，主要适用于对一个公司的评价

25. 综合绩效评价由财务绩效定量评价和管理绩效定性评价组成，下列各项中，属于管理绩效定性评价指标的有（　　）。
A. 企业经营增长　B. 企业战略管理
C. 企业风险控制　D. 企业财务风险

26. 综合绩效评价由财务绩效定量评价和管理绩效定性评价组成，下列各项中，属于财务绩效定量评价指标的有（　　）。
A. 企业盈利能力　B. 企业资产质量
C. 企业债务风险　D. 企业经营增长

三、判断题

1. 在资产负债率、产权比率、权益乘数三个指标中，只要已知其中一个指标，就能得出另外两个指标。（　　）
2. 现金比率不同于速动比率之处主要在于剔除了应收账款对短期偿债能力的影响。（　　）
3. 一般而言，存货周转速度越快，存货占用水平越低，企业的营运能力就越强。（　　）
4. 在综合绩效评价体系中，进行管理绩效的评价计分时，为保持可比性，应不分行业而设定统一的评价标准。（　　）
5. 计算利息保障倍数时，应付利息指的是计入财务费用中的利息支出，不包含资本化利息。（　　）
6. 在计算应收账款周转次数指标时，不应将应收票据考虑在内。（　　）
7. 企业经营决策者不仅关注企业的偿债能力、营运能力等，也会关注企业财务风险和经营风险。（　　）
8. 构成比率是指某项财务指标的各组成部分数值占总体数值的百分比，反映部分与总体的关系。（　　）
9. 流动资产与流动负债之差为营运资金，主要用来衡量企业的短期偿债能力，由于其是绝对数，不便于不同企业之间进行比较。（　　）
10. 流动资产周转率反映企业流动资产周转速度的指标，流动资产周转率（次数）是营业收入与流动资产平均余额之间的比率。（　　）
11. 总资产净利率衡量的是企业资产的盈利能力，影响其的主要因素是权益乘数和营业净利率。（　　）
12. 资本保值增值率是扣除客观增减因素后所有者权益的期末总额与期初总额的比例，会受到企业利润分配政策的影响。（　　）
13. 现金营运指数能够反映企业的收益质量，现金指数大于1，说明企业收益质量较好。（　　）
14. 无论是发行新股，还是发放股票股利，都要按照实际增加的月份加权平均计算发行在外的普通股加权平均数。（　　）
15. 每股收益越高，说明投资价值就越大，代表公司每股股利也就越多，公司的股票风险比较低。（　　）
16. 每股净资产又称每股账面价值，反映了会计期末每一股份在企业账面上到底值多少钱，可以衡量公司股票的投资价值，理论上是股票的最低价值。（　　）
17. 企业未来发展战略所需要的资金需求及使用计划，以及资金来源情况等，需要在管理层讨论与分析部分进行披露。（　　）
18. 沃尔评分法从理论上讲，弱点就是未能证明为什么要选择七个指标，而不是更多或更少些或者是选择别的财务比率，以及未能证明每个指标所占比重的合理性。（　　）
19. 在计算稀释每股收益时，当认股权证的行权价格低于当期普通股平均市场价格，应当考虑稀释性。（　　）
20. 企业综合绩效评价指标中的财务绩效定量评价指标，其中，企业经营增长状况以销售增长率、资本保值增值率、营业利润增长率作为基本指标。（　　）

快速查答案

一、单选题

序号	1	2	3	4	5	6	7	8	9	10	11	12
答案	A	B	D	C	D	D	A	A	A	C	B	C
序号	13	14	15	16	17	18	19	20	21	22	23	24
答案	D	C	A	C	D	C	B	A	C	D	B	C
序号	25	26	27	28	29	30						
答案	C	A	C	D	D	A						

二、多选题

序号	1	2	3	4	5	6	7	8	9	10	11	12
答案	AB	ABC	BC	AC	ABC	BC	ABC	ABC	ABC	AB	ABC	ABC
序号	13	14	15	16	17	18	19	20	21	22	23	24
答案	ABCD	ABCD	AC	ABC	ABC	ABD	ABC	ABC	ABCD	AB	ABD	ABCD
序号	25	26										
答案	BC	ABCD										

三、判断题

序号	1	2	3	4	5	6	7	8	9	10	11	12
答案	√	√	√	×	×	×	√	√	√	√	×	√
序号	13	14	15	16	17	18	19	20				
答案	√	×	×	√	√	√	√	×				

参考答案及解析

一、单选题

1.【答案】A 【解析】本题考查的知识点是净收益营运指数的测算，净收益营运指数等于经营净收益/净利润，经营净收益 = 净利润 - 非经营性收益 = (6 000 - 1 500 - 450) = 4 050（万元），净利润 = 6 000 - 1 500 = 4 500（万元），净收益营运指数 = 4 050/4 500 = 0.9，因此，选项 A 正确。

2.【答案】B 【解析】本题考查的知识点是偿债能力分析中的流动比率。流动比率 = 流动资产/流动负债，流动比率为 1.8，说明流动资产大于流动负债。赊购一批原材料，会使流动负债的增长幅度大于流动资产的增长幅度，流动比率变小。因此，选项 B 正确。

3.【答案】D【解析】本题考查的知识点是短期偿债能力中的现金比率和速动比率内容。现金比率 =（货币资金 + 交易性金融资产）/流动负债，速动比率 = 速动资产/流动负债。而货币资金、交易性金融资产、衍生金融资产和各种应收账款都是速动资产。而存货既不属于速动资产，也不属于现金资产，因此既不影响现金比率又不影响速动比率，选项 D 正确。

4.【答案】C【解析】本题考查的知识点是流动比率和速动比率。由于流动资产和速动资产都大于流动负债，当分子分母同时减少同一个数额时，会使原来的值变大。比如 4/2 = 2，当分子分母同时减 1 时，3/1 = 3，则该比率变大。因此，选项 C 正确。

5.【答案】D【解析】以银行存款偿还长期借款，速动资产减少，流动负债不变，速动比率下降，选项 A 错误。以银行存款购买原材料，速动资产减少，流动负债不变，速动比率下降，选项 B 错误。收回应收账款，速动资产和流动负债不变，速动比率不变，选项 C 错误。以银行存款偿还短期借款，速动资产和流动负债等额减少，因为目前的速动比率大于 1，所以速动资产的减少幅度小于流动负债的减少幅度，速动比率提高，选项 D 正确。

6.【答案】D【解析】本题考查的知识点是短期偿债能力。现金比率剔除了应收账款对偿债能力的影响，最能反映企业直接偿付流动负债的能力，表明每 1 元流动负债有多少现金资产作为偿债保障。而这一比率过高，就意味着企业过多资源占用在盈利能力较低的现金资产上从而影响了企业盈利能力，并不是越高越好。因此，选项 D 说法错误。

7.【答案】A【解析】本题考查的知识点是利息保障倍数。利息保障倍数 = 息税前利润/应付利息，息税前利润 =（700 + 50）/（50 + 30）= 9.375。因此，选项 A 正确。

8.【答案】A【解析】本题考查的知识点是应收账款周转率。应收账款周转次数 = 营业收入/应收账款平均余额，本期应收账款周转次数为 8，则本期营业收入 = 8 ×（120 + 180）/2 = 1 200（万元），本期营业收入增长率 =（1 200 − 1 000）/1 000 = 20%。因此，选项 A 正确。

9.【答案】A【解析】本题考查的知识点是财务分析的主体。不同主体出于不同的利益考虑，对财务分析信息有着各自不同的要求。企业所有者作为投资人，关心其资本的保值和增值状况，因此较为重视企业盈利能力指标，主要进行企业盈利能力分析。因此，选项 A 正确。

10.【答案】C【解析】本题考查的知识点是比较分析法。环比动态比率 =（分析期数额/前期数额）× 100%，根据题目中的信息，第三年销售收入的环比动态比率 = 1 800/1 500 × 100% = 120%，因此，正确选项是 C。

11.【答案】B【解析】效率比率是某项财务活动中所费与所得的比率，反映投入与产出的关系。利用效率比率指标，可以进行得失比较，考察经营成果，评价经济效益。比如，将利润项目与营业成本、营业收入、资本金等项目加以对比，可以计算出成本利润率、营业利润率和资本金利润率等指标，从不同角度观察比较企业盈利能力的高低及其增减变化情况，故选项 B 正确。

12.【答案】C【解析】本题考查的知识点是连环替代法。连环替代法是将分析指标分解为各个可以计量的因素，并根据各个因素之间的依存关系，顺次用各因素的比较值（通常为实际值）替代基准值（通常为标准值或计划值），据以测定各因素对分析指标的影响。实际费用总额 = 1 000 × 3 × 10 = 30 000（元），计划费用总额 = 1 200 × 2 × 9 = 21 600（元）。单位产品材料消耗量的影响 = 1 000 × 3 × 9 − 1 000 × 2 × 9 = 9 000（元），说明单位产品消耗量增加对费用总额的影响。因此，选项 C 正确。

13.【答案】D【解析】本题考查的知识点是财务评价。财务综合评价的方法有很多，包括杜邦分析法、沃尔评分法、经济增加值法等，因此，选项 D 不属于财务综合评价方法。

14.【答案】C【解析】本题考查的知识点是速动资产。货币资金、交易性金融资产、衍生金融资产和各种应收款项，可以在较短时间内变现，称为速动资产；另外的流动资产，包括存货、预付款项、一年内到期的非流动资产和其他流动资产等，属于非速动资产。因此，选项C正确。

15. 【答案】A 【解析】本题考查的知识点是产权比率。产权比率不仅反映了由债权人提供的资本与所有者提供的资本的相对关系，即企业财务结构是否稳定；而且反映了债权人资本受股东权益保障的程度。产权比率与资产负债率对评价偿债能力的作用基本一致，只是资产负债率侧重于分析债务偿付安全性的物质保障程度，产权比率则侧重于揭示财务结构的稳健程度以及自有资金对偿债风险的承受能力。因此，正确选项是A。

16. 【答案】C 【解析】本题考查的知识点是利息保障倍数。利息保障倍数 = 息税前利润/应付利息 = (净利润 + 利息费用 + 所得税)/应付利息，应付利息 = 利息费用 + 资本化利息。因此，利息保障倍数 = (300 + 20 + 30)/(30 + 28) = 6.03，正确选项是C。

17. 【答案】D 【解析】2024年的存货周转次数 = $\frac{7\ 000}{(2\ 000+1\ 500)/2}$ = 4（次）。

18. 【答案】C 【解析】本题考查的知识点是盈利能力分析。盈利能力指标主要通过收入与利润之间的关系、资产与利润之间的关系反映。反映企业盈利能力的指标主要有营业毛利率、营业净利率、总资产净利率和净资产收益率。因此，正确选项是C。

19. 【答案】B 【解析】获取现金能力的分析指标包括营业现金比率、每股营业现金净流量、全部资产现金回收率，现金比率属于企业短期偿债能力的衡量指标。

20. 【答案】A 【解析】本题考查的知识点是营业现金比率。营业现金比率等于经营活动现金流量净额除以营业收入，则公司营业现金比率 = 3 840/12 000 = 0.32，因此，正确选项是A。

21. 【答案】C 【解析】本题考查的知识点是净收益营运指数。净收益营运指数是经营净收益与净利润之比，经营净收益等于净利润减去非经营净收益。经营净收益 = 3 000 × (1 − 25%) − 1 200 = 1 050（万元），净收益营运指数 = 1 050/[3 000 × (1 − 25%)] = 1 050/2 250 = 0.47，因此，正确选项是C。

22. 【答案】D 【解析】本题考查的知识点是基本每股收益。基本每股收益 = 归属于公司普通股股东的净利润/发行在外的普通股加权平均数，发行在外普通股加权平均数 = 期初发行在外普通股股数 + 当前新发普通股股数 × 已经发行时间 − 当期回购普通股股数 × 已回购时间/报告期时间。题目中发行在外普通股加权平均数 = 1 000 + 500 × 10/12 − 200 × 6/12 = 1 000 + 417 − 100 = 1 317（万股）。因此，基本每股收益 = 2 100/1 317 = 1.59（元），因此，正确选项是D。

23. 【答案】B 【解析】本题考查的知识点是稀释每股收益——可转换公司债券。对于可转换公司债券，计算稀释每股收益时，分子的调整项目为可转换公司债券当期已确认为费用的利息等的税后影响额；分母的调整项目为假定可转换公司债券当期期初或发行日转换为普通股股数的加权平均数。可转换债券转换股票增加的净利润 = 1 000 × 6% × 5/12 × (1 − 25%) = 18.75（万元），可转换债券所增加的普通股股数为 = (1 000/100) × 12 × (5/12) = 50（万股），因此，稀释的每股收益 = (18.75 + 2 000)/(1 000 + 50) = 1.92（元）。因此，正确选项是B。

24. 【答案】C 【解析】本题考查的知识点是市盈率。市盈率是股票每股市价与每股收益的比率，反映普通股股东为获取1元净利润所愿意支付的股票价格，市盈率是股票市场上反映股票投资价值的重要指标，该比率的高低反映了市场上投资者对股票投资收益和投资风险的预期。一方面，市盈率越高，意味着投资者对股票的收益预期越看好，投资价值越大；反之，投资者对该股票评价越低。另一方面，市盈率越高，也说明获得一定的预期利润投资者需要支付更高的价格，因此投资于该股票的风险也越大；市盈率越低，说明投资于该股票的风险越小。选项C说法是错误的。

25. 【答案】C 【解析】本题考查的知识点是每股净资产。每股净资产等于期末普通股净资产与期末发行在外的普通股股数，期末普通股净资产 = 期末股东权益 − 期末优先股股东权益；根据题目中的数据，期末普通股

净资产 = 789 123 - 234 500 = 554 623（万元），每股净资产 = 554 623/20 000 = 27.73（元）。因此，正确选项是 C。

26.【答案】A【解析】本题考查的知识点是杜邦分析法。杜邦分析法又称杜邦分析体系，简称杜邦体系，是利用各主要财务比率指标间的内在联系，对企业财务状况及经济效益进行综合系统分析评价的方法。因此，正确选项是 A。

27.【答案】C【解析】本题考查的知识点是杜邦分析法。净资产收益率 = 总资产净利润 × 权益乘数，权益乘数 = 1/(1 - 资产负债率)，权益乘数 = 1/(1 - 0.6) = 2.5，总资产净利率 = 净利润/总资产 = 600/2 000 × 100% = 30%，因此，净资产收益率 = 2.5 × 30% = 75%，正确选项是 C。

28.【答案】D【解析】2024 年的经济增加值 = 500 - (1 000 + 2 000) × 10% = 200（万元）。

29.【答案】D【解析】本题考查的知识点是应收账款周转率。应收账款周转率指标评价企业应收账款管理效率时，应计算出指标与该企业前期、与行业平均水平或其他类似企业相比较进行判断，选项 D 说法是错误的。

30.【答案】A【解析】本题考查的知识点是应收账款周转率。应收账款周转次数 = 营业收入/应收账款平均数，应收账款平均数 = (应收账款期末数 + 应收账款期初数)/2，根据题目中的数据，应收账款平均数 = (210 + 360 + 200 + 300)/2 = 535（万元），应收账款周转次数 = 1 000/535 = 1.87（次），因此，正确选项是 A。

二、多选题

1.【答案】AB【解析】资产负债率、产权比率和权益乘数都可以反映公司的资本结构。资本结构是指所有者权益和债权人权益的比例关系，资产负债率 = 负债总额/资产总额，产权比率 = 负债总额/股东权益；权益乘数 = 资产总额/股东权益，因此，正确选项是 AB。

2.【答案】ABC【解析】本题考查的知识点是长期偿债能力的还本能力指标：资产负债率、产权比率、权益乘数。因此，选项 ABC 正确。

3.【答案】BC【解析】本题考查的知识点是营运能力分析。企业营运能力分析主要包括：流动资产营运能力分析、固定资产营运能力分析和总资产营运能力分析三个方面。反映流动资产营运能力的指标主要有应收账款周转率、存货周转率和流动资产周转率；反映固定资产营运能力的指标为固定资产周转率；反映总资产营运能力的指标是总资产周转率。因此，正确选项是 BC。

4.【答案】AC【解析】本题考查的知识点是企业短期偿债能力，营运资金是绝对数，不便进行不同企业之间的比较。选项 B 错误。使用速动比率时应考虑行业的差异性。因此，选项 AC 正确。

5.【答案】ABC【解析】本题考查的知识点是比较分析法。财务报表的比较分析法，是指对两个或两个以上的可比数据进行对比，找出企业财务状况、经营成果中的差异与问题。根据比较对象的不同，比较分析法分为趋势分析法、横向比较法和预算差异分析法，趋势分析法的比较对象是本企业的历史；横向比较法比较的对象是同类企业，如行业平均水平或竞争对手；预算差异分析法的比较对象是预算数据。选项 D 的说法是错误的，因此，正确选项是 ABC。

6.【答案】BC【解析】本题考查的知识点是效率比率。效率比率是某项财务活动中所费与所得的比率，反映投入与产出的关系。利用效率比率指标，可以进行得失比较，考查经营成果，评价经济效益。比如，将利润项目与营业成本、营业收入、资本金等项目加以对比，可以计算出成本利润率、营业利润率和资本金利润率等指标，从不同角度观察比较企业盈利能力的高低及其增减变化情况。流动比率属于相关比率，负债构成比率属于构成比率，因此，正确选项是 BC。

7.【答案】ABC【解析】本题考查的知识点是财务分析的局限性。财务分析的局限性主要包括：（1）资料来源的局限性；（2）财务分析方法的局限性；（3）财务分析指标的局限性。因此，正确选项是 ABC。

8.【答案】ABC【解析】本题考查的知识点是短期偿债能力。短期偿债能力比率也称为变现能力比率或流动性比率，主要考查的是流动资产对流动负债的清偿能力。企业短期偿债能力的衡量指标主要有营运资金、流动比率、速动比率和现金比率。因此，正确选项是ABC。

9. 【答案】ABC 【解析】本题考查的知识点是流动比率。一般情况下，营业周期、流动资产中的应收账款和存货的周转速度是影响流动比率的主要因素。营业周期短、应收账款和存货的周转速度快的企业其流动比率低一些也是可以接受的。因此，正确选项是ABC。

10. 【答案】AB 【解析】本题考查的知识点是产权比率和权益乘数。资产负债率=负债总额/资产总额，产权比率=负债总额/所有者权益；权益乘数=总资产/股东权益，而权益乘数=1+产权比率=1/(1-资产负债率)，因此，正确选项是AB。

11. 【答案】ABC 【解析】本题考查的知识点是应收账款周转率。应收账款应为未扣除坏账准备的金额。应收账款在财务报表上按净额列示，计提坏账准备会使财务报表上列示的应收账款金额减少，而营业收入不变。其结果是，计提坏账准备越多，应收账款周转率越高、周转天数越少，对应收账款实际管理欠佳的企业反而会得出应收账款周转情况更好的错误结论，选项D说法是错误的。因此，正确选项是ABC。

12. 【答案】ABC 【解析】本题考查的知识点是营运能力分析。存货周转次数是指一定时期内企业营运成本与存货平均资金占用额的比例，存货周转次数=营业成本/存货平均余额。因此，正确选项是ABC。

13. 【答案】ABCD 【解析】本题考查的知识点是盈利能力分析。以上公式的表述均正确，因此，正确选项是ABCD。

14. 【答案】ABCD 【解析】本题考查的知识点是发展能力分析。衡量企业发展能力的指标主要有：营业收入增长率、总资产增长率、营业利润增长率、资本保值增值率和所有者权益增长率等。以上指标都能够衡量企业的发展能力。因此，正确选项是ABCD。

15. 【答案】AC 【解析】本题考查的知识点是收益质量分析。收益质量是指会计收益与公司业绩之间的相关性，收益质量分析主要包含净收益营运指数分析和现金营运指数分析。因此，正确选项是AC。

16. 【答案】ABC 【解析】本题考查的知识点是稀释每股收益。企业存在稀释性潜在普通股的，应当计算稀释每股收益。稀释性潜在普通股指假设当期转换为普通股会减少每股收益的潜在普通股。潜在普通股主要包括：可转换公司债券、认股权证和股份期权等。因此，正确选项是ABC。

17. 【答案】ABC 【解析】本题考查的知识点是每股收益。每股收益是综合反映企业盈利能力的重要指标，可以用来判断和评价管理层的经营业绩。每股收益概念包括基本每股收益和稀释每股收益：（1）基本每股收益=归属于公司普通股股东的净利润/发行在外的普通股加权平均数；（2）稀释每股收益。企业存在稀释性潜在普通股的，应当计算稀释每股收益。稀释性潜在普通股指假设当期转换为普通股会减少每股收益的潜在普通股。潜在普通股主要包括：可转换公司债券、认股权证和股份期权等。可转换公司债券、认股权证和股份期权普通股股数，可能会稀释每股收益。选项ABC说法均是正确的；如果企业将盈利用于派发股票股利或配售股票，就会使企业流通在外的股票数量增加，这样将会大量稀释每股收益，选项D说法是错误的。

18. 【答案】ABD 【解析】本题考查的知识点每股股利和每股收益。反映每股股利和每股收益之间关系的一个重要指标是股利发放率，即每股股利分配额与当期的每股收益之比。股利发放率=每股股利/每股收益，选项C说法是错误的。因此，正确选项是ABD。

19. 【答案】ABC 【解析】存货属于流动资产，不属于非流动资产，选项D错误。

20. 【答案】ABC 【解析】本题考查的知识点是管理层讨论与分析。管理层讨论与分析是上市公司定期报告中管理层对于本企业过去经营状况的评价分析以及对企业未来发展趋势的前瞻性判断。管理层讨论与分析信息大多涉及“内部性”较强的定性型软信息，无法对其进行详细的强制规定和有效监控，因此，西方国家的披露原则是强制与自愿相结合，企业可以自主决定如何披露这类信息，我国也基本实行这种原则；上市公司管理层讨论与分析主要包括两部分：报告期间经营业绩变动的解释与企业未来发展的前瞻性信息。选项D的说法是错误的，因此，正确选项是ABC。

21. 【答案】ABCD 【解析】本题考查的知识点是杜邦分析法。该体系是以净资产收益率为起点，以总资产净利率和权益乘数为基础，重点揭示企业盈利能力及权益乘数对净资产收益率的影响，以及各相关指标间的相互影响和作用关系；运用杜邦分析法需要抓住以下几点：(1) 净资产收益率是一个综合性最强的财务分析指标，是杜邦分析体系的起点。(2) 营业净利率反映了企业净利润与营业收入的关系，它的高低取决于营业收入与成本总额的高低。(3) 影响总资产周转率的一个重要因素是资产的结构。(4) 权益乘数主要受资产负债率指标的影响。因此，正确选项是ABCD。

22. 【答案】AB 【解析】本题考查的知识点是杜邦财务分析。净资产收益率 = 总资产净利率 × 权益乘数 = 营业净利率 × 总资产周转率 × 权益乘数，权益乘数 = 1/(1 - 资产负债率)，营业净利率 = 净利润/营业收入，总资产周转率 = 营业收入/总资产。选项CD公式表述存在错误，因此，正确选项是AB。

23. 【答案】ABD 【解析】由于不同行业、不同成长阶段、不同规模等的公司，其会计调整项和加权平均资本成本各不相同，故经济增加值的可比性较差，选项C表述错误。

24. 【答案】ABCD 【解析】本题考查的知识点是经济增加值法的不足。该指标仍存在不足：首先，经济增加值仅能衡量企业当期或预判未来1～3年的价值创造情况，无法衡量企业长远发展战略的价值创造；其次，该指标计算主要基于财务指标，无法对企业进行综合评价；再次，由于不同行业、不同规模、不同成长阶段等的公司，其会计调整项和加权平均资本成本各不相同，故该指标的可比性较差；最后，如何计算经济增加值尚存许多争议，这些争议不利于建立一个统一的规范，使得该指标往往主要用于一个公司的历史分析以及内部评价。因此，正确选项是ABCD。

25. 【答案】BC 【解析】本题考查的知识点是综合绩效评价。企业管理绩效定性评价指标包括战略管理、发展创新、经营决策、风险控制、基础管理、人力资源、行业影响、社会贡献八个方面的指标，主要反映企业在一定经营期间所采取的各项管理措施及其管理成效。因此，正确选项是BC。

26. 【答案】ABCD 【解析】本题考查的知识点是综合绩效评价指标。财务绩效定量评价指标由反映企业盈利能力状况、资产质量状况、债务风险状况和经营增长状况四个方面的基本指标和修正指标构成。因此，正确选项是ABCD。

三、判断题

1. 【答案】√ 【解析】本题考查的知识点是公司长期偿债能力分析中资产负债率、权益乘数和产权比率指标的测算。权益乘数 = 1/(1 - 资产负债率) = 1 + 产权比率，因此，本题说法是正确的。

2. 【答案】√ 【解析】现金资产包括货币资金和交易性金融资产等。现金比率剔除了应收账款对偿债能力的影响，最能反映企业直接偿付流动负债的能力，表明每1元流动负债有多少现金资产作为偿债保障。

3. 【答案】√ 【解析】一般来讲，存货周转速度越快，存货占用水平越低，流动性越强，存货转化为现金或应收账款的速度就越快，这样会增强企业的短期偿债能力及盈利能力。即企业的营运能力也就越强。

4. 【答案】× 【解析】本题考查的知识点是综合绩效评价。管理绩效定性评价标准具有行业普遍性和一般性，在进行评价时，应当根据不同行业的经营特点，灵活把握个别指标的标准尺度。因此，本题说法是错误的。

5. 【答案】× 【解析】本题考查的知识点利息保障倍数。利息保障倍数 = 息税前利润/应付利息，公式中的被除数“息税前利润”是指利润表中扣除利息费用和所得税前的利润。

公式中的除数“应付利息”是指本期发生的全部应付利息，不仅包括财务费用中的利息费用，还应包括计入固定资产成本的资本化利息。因此，本题说法是错误的。

6.【答案】×【解析】本题考查的知识点是应收账款周转率。在计算和使用应收账款周转率指标时应注意的问题：（1）营业收入指扣除销售折扣和折让后的销售净额。（2）应收账款包括会计报表中“应收票据”及“应收账款”等全部赊销账款在内，因为应收票据是销售形成的应收款项的另一种形式。（3）应收账款应为未扣除坏账准备的金额。（4）应收账款期末余额的可靠性问题。应收账款是特定时点的存量，容易受季节性、偶然性和人为因素的影响。在使用应收账款周转率进行业绩评价时，最好使用多个时点的平均数，以减少这些因素的影响。因此，本题说法是错误的。

7.【答案】√【解析】本题考查的知识点是财务风险的内容。企业经营决策者必须对企业经营理财的各个方面，包括营运能力、偿债能力、盈利能力及发展能力的全部信息予以详尽的了解和掌握，进行各方面综合分析，并关注企业财务风险和经营风险。因此，本题说法是正确的。

8.【答案】√【解析】本题考查的知识点是构成比率。构成比率又称结构比率，是某项财务指标的各组成部分数值占总体数值的百分比，反映部分与总体的关系。比如，企业资产中流动资产、固定资产和无形资产占资产总额的百分比（资产构成比率），企业负债中流动负债和长期负债占负债总额的百分比（负债构成比率）等。因此，本题说法是正确的。

9.【答案】√【解析】本题考查的知识点是短期偿债能力分析——营运资金。营运资金 = 流动资产 - 流动负债，营运资金越多则偿债越有保障，营运资金是绝对数，不便于不同企业之间的比较。因此，本题说法是正确的。

10.【答案】√【解析】本题考查的知识点是流动资产周转率。流动资产周转率是反映企业流动资产周转速度的指标。流动资产周转率（次数）是一定时期营业收入净额与企业流动资产平均占用额之间的比率，在一定时期内，流动资产周转次数越多，表明以相同的流动资产完成的周转额越多，流动资产利用效果越好。因此，本题说法是正确的。

11.【答案】×【解析】本题考查的知识点是总资产净利率。总资产净利率衡量的是企业资产的盈利能力。总资产净利率越高，表明企业资产的利用效果越好。影响总资产净利率的因素是营业净利率和总资产周转率。总资产净利率 = 营业净利率 × 总资产周转率。因此，本题说法是错误的。

12.【答案】√【解析】本题考查的知识点是资本保值增值率。资本保值增值率是扣除客观增减因素后所有者权益的期末总额与期初总额的比率，主要反映企业资本的运营效益与安全状况。该指标越高，表明企业的资本保全状况越好，所有者权益增长越快，债权人的债务越有保障，企业发展后劲越强。资本保值增值率还受企业利润分配政策的影响，严格意义上的资本保值增值指标应从损益表出发，以净利润为核心。因此，本题说法是正确的。

13.【答案】√【解析】本题考查的知识点是现金营运指数。现金营运指数反映企业经营活动现金流量净额与企业经营所得现金的比值，现金营运指数大于1，说明收益质量较好。因此，本题说法是正确的。

14.【答案】×【解析】本题考查的知识点是基本每股收益。发行在外普通股加权平均数需要注意两个问题，如果当期发行新股或回购股票，会引起所有者权益总额变动的股数变动，要按照实际的时间测算加权平均，如果是发放股票股利，比如送红股，不会引起所有者权益总额变动的股数变动，不需要按照实际的月份计算加权平均，而是直接计入股数。因此，本题说法是错误的。

15.【答案】×【解析】本题考查的知识点是每股收益。理论上，每股收益反映了投资者可望获得的最高股利收益，因而是衡量股票投资价值的重要指标。每股收益越高，表明投资价值越大；否则反之。但是每股收益多并不意味着每股股利多，此外每股收益不能反映股票的风险水平。因此，本题说法是错误的。

16.【答案】√【解析】本题考查的知识点是每股净资产。每股净资产，又称每股账面价值，是指企业期末普通股净资产与期末发行在外的普通股股数之间的比率，每股净资产指标反映了在会计期末每一股份在企业账面上到底值多少钱，它与股票面值、发行价格、每股市场价值乃至每股清算价值等往往有较大差距，是理论上股票的最低价值。利用该指标进行横向和纵向对比，可以衡量上市公司股票的投资价值。因此，本题说法是正确的。

17.【答案】√【解析】本题考查的知识点是管理层讨论与分析。上市公司"管理层讨论与分析"主要包括两部分：报告期间经营业绩变动的解释与企业未来发展的前瞻性信息。企业未来发展的前瞻性信息包括：（1）企业应当结合经营回顾的情况进行分析；（2）企业应当向投资者提示管理层所关注的未来企业发展机遇和挑战，披露企业发展战略，以及拟开展的新业务、拟开发的新产品、拟投资的新项目等；（3）企业应当披露为实现未来发展战略所需的资金需求及使用计划，以及资金来源情况。因此，本题说法是正确的。

18.【答案】√【解析】本题考查的知识点是沃尔评分法。沃尔评分法从理论上讲，有一个弱点，就是未能证明为什么要选择这七个指标，而不是更多些或更少些，或者选择别的财务比率，以及未能证明每个指标所占比重的合理性。沃尔评分法从技术上讲有一个问题，就是当某一个指标严重异常时，会对综合指数产生不合逻辑的重大影响。这个缺陷是由相对比率与比重相"乘"而引起的。因此，本题说法是正确的。

19.【答案】√【解析】当认股权证或股份期权的行权价格低于当期普通股平均市场价格时，应当考虑其稀释性。

20.【答案】×【解析】本题考查的知识点是企业财务绩效定量评价指标。企业经营增长状况是以销售增长率、资本保值增值率两个基本指标进行评价的。因此，本题说法是错误的。

第十章

第三部分

主观题综合演练

专题一　风险与收益

命题思路

本专题内容是计算分析题与综合题考查的基础知识点。2023 年（卷二）、2023 年（卷三）、2022 年（卷二）、2021 年（卷二）、2021 年（卷三）、2019 年（卷一）和 2017 年（卷一）的计算分析题都涉及本专题的知识点，2023 年（卷二）、2022 年（卷一）、2018 年（卷一）的综合题也考查了本专题的知识点。本专题每年的主观题分值大约在 5～6 分。通过近几年考题分析，可以发现本专题的内容是计算分析题考查较频繁的内容，综合题也有可能将其与其他专题知识相结合一起考查，比如本专题内容与股票价值的估算、股票的内含收益率计算等相结合，预计 2024 年计算分析题也会涉及本专题的内容。历年考试考查本专题的主要知识点是利用资本资产定价模型计算必要收益率、测算证券的风险与收益等，考查的知识点比较简明基础，问题也比较清晰，容易让考生联想到本专题的知识点，比如当题目涉及资本资产定价模型、β 系数、必要收益率、方差与标准差等字眼时，要立刻想到本专题的知识点。本专题内容相对比较简单，主要考查公式的记忆与使用，只要正确掌握相关公式和公式中变量的定义，将题目中数值直接代入公式并计算正确即可得分，本专题的分值考生必须要全部得到。

经典例题

1. 甲公司持有 A、B、C 三种证券构成的投资组合，其中，A 证券的必要收益率为 10%，β 系数为 1.3，B 证券的 β 系数为 1.9，C 证券的必要收益率为 12%，β 系数为 2.1，且三种证券的投资比重分别为 30%、30%、40%。假定资本资产定价模型是成立的，且证券投资组合预期收益率为 15%。

要求：根据以上资料，回答如下问题。

（1）计算无风险收益率、市场组合的必要收益率和市场组合的风险收益率。

（2）计算证券组合的 β 系数和证券组合的必要收益率。

（3）判断该证券投资组合是否值得购买。

【答案】

（1）资本资产定价模型：必要收益率 = 无风险收益率 + β ×（市场组合的收益率 − 无风险收益率）= 无风险收益率 + β × 市场组合的风险收益率；

10% = 无风险收益率 + 1.3 × 市场组合的风险收益率；

12% = 无风险收益率 + 2.1 × 市场组合的风险收益率；

因此，市场组合的风险收益率 = 2.5%；

无风险收益率 = 6.75%；

市场组合的必要收益率 = 市场组合的风险收益率 + 无风险收益率 = 2.5% + 6.75% = 9.25%。

（2）证券组合的 $\beta = \sum_{i=1}^{n} \beta_i \times W_i$

因此，证券投资组合的 β = 1.3 × 30% + 1.9 × 30% + 2.1 × 40% = 1.8；

根据资本资产定价模型：证券组合的必要收益率 = 无风险收益率 + 1.8 × 市场组合风险收益

率 =6.75% +1.8×2.5% =11.25%。

（3）根据以上的计算得知，证券投资组合的必要收益率为11.25%，而证券投资组合的预期收益率为15%，组合的必要收益率低于证券投资组合的预期收益率，因此，该证券是值得投资的。

2. A公司拟投资一项证券资产组合，该组合包含甲、乙、丙三种股票，权重分别为40%、50%和10%，市场可能出现好、中、差三种情况，概率分别为20%、30%和50%。甲股票在三种市场情况下的收益率分别为30%、20%和10%；乙股票三种市场情况下的收益率分别为20%、16%、12%；丙股票的预期收益率为12%。假设资本资产定价模型成立，甲、乙、丙三种股票的β系数分别为1.8、2.1和1.3，无风险收益率为5%，市场组合收益率为10%。

要求：根据以上资料，回答如下问题。

（1）计算甲股票和乙股票的预期收益率。

（2）计算该资产组合的预期收益率。

（3）计算该资产组合的β系数。

（4）计算该资产组合的必要收益率。

【答案】

（1）甲股票的预期收益率 =20% ×30% +30% ×20% +50% ×10% =17%。

乙股票的预期收益率 =20% ×20% +30% ×16% +50% ×12% =14.8%。

（2）该资产组合的预期收益率 =40% ×17% +50% ×14.8% +10% ×12% =15.4%。

（3）该资产组合的β系数 =40% ×1.8 +50% ×2.1 +10% ×1.3 =1.9。

（4）该资产组合必要收益率 =5% +1.9 ×（10% −5%）=14.5%。

3. 现有两家上市公司甲、乙，两家公司行业相同，规模相近，有关资料如下：

资料一：甲公司股票的β系数为1.3，无风险收益率为6%，市场组合的风险收益率为7%，甲公司采用零增长模式发放股利，未来公司每年发放的股利相等且每年每股4元。目前该公司股票市价为每股36元。

资料二：乙公司股票的必要收益率为10%，乙公司采用固定增长模式发放现金股利，当年每股股利为1.2元，预计未来股利以8%的速度增长。目前乙公司股票的市价为每股30元。

要求：根据以上资料，回答如下问题。

（1）根据资料一，运用资本资产定价模型计算甲公司股票的必要收益率。

（2）根据资料二，计算乙公司股票的内部收益率并给出“增持”或“减持”该股票的投资建议，并说明理由。

（3）比较分析甲、乙公司股票的价值。

【答案】

（1）资本资产定价模型：风险收益率 = 无风险收益率 +β×市场组合的风险收益率；

甲公司股票的必要收益率 =6% +1.3 ×7% =15.1%。

（2）内部收益率是使得股票未来现金流量贴现值等于目前的购买价格时的贴现率，也是股票投资项目的内含收益率，计算公式为：$R = D_1/P_0 + g$；

乙公司股票内部收益率 =1.2 ×（1 +8%）/30 +8% =12.32%；

当股票的内含收益率高于投资者所要求的最低收益率时，投资者才会愿意购买其股票。乙公司股票的内部收益率为12.32%，大于其必要收益率10%，因此，投资者会愿意购买其股票，采取增持该股票的措施。

（3）常用的股票估价模型有固定增长模型和零增长模型。甲公司采用零增长模型，甲公司股票的价值 $= D_0/R_s$，R_s 为估价所采用的贴现率即所期望的最低收益率。甲公司股票的价值 =4/15.1% =26.49（元）。

乙公司采取固定增长模型，股票价值 $= D_0 \times (1+g)/(R_s - g)$，乙公司股票价值 =1.2 ×（1 +8%）/（10% −8%）=64.8（元）。

通过甲、乙公司股票的价值对比，可以发现甲公司股票的价值低于乙公司股票的价值。

考点总结

考点	内容	解析
资产收益率类型	实际收益率	指已经实现或者确定可以实现的资产收益率，表述为已实现或确定可以实现的利息（股息）率与资本利得收益率之和；当存在通货膨胀时，还应当扣除通货膨胀率的影响，剩余的才是真实的收益率
	预期收益率	预期收益率也称为期望收益率，是指在不确定的条件下，预期的某资产未来可能实现的收益率。一般按照加权平均法计算预期收益率： $$预期收益率 = \sum_{i=1}^{n}(P_i \times R_i)$$ 其中，R_i 表示情况 i 出现时的收益率，P_i 表示情况 i 可能出现的概率
	必要收益率	必要收益率也称最低报酬率或最低要求的收益率，表示投资者对某资产合理要求的最低收益率。必要收益率由两部分构成：无风险收益率和风险收益率。 无风险收益率 = 纯粹利率（货币时间价值）+ 通货膨胀补偿率 风险收益率：风险收益率衡量了投资者将资金从无风险资产转移到风险资产而要求得到的“额外补偿”，它的大小取决于以下两个因素：一是风险的大小；二是投资者对风险的偏好

考点	内容	解析
资产风险的衡量	方差	方差计算公式为：$\sigma^2 = \sum_{i=1}^{n}(X_i - \bar{E})^2 \times P_i$，式中 $(X_i - \bar{E})$ 表示第 i 种情况下可能出现的结果与期望值的离差。P_i 表示第 i 种情况可能出现的概率。方差的计算公式表述为离差平方的加权平均数。期望值相同的情况下，方差越大，风险越大
	标准差	标准差是方差的平方根，$\sigma = \sqrt{\sigma^2}$，标准差以绝对数衡量决策方案的风险，在期望值相同的情况下，标准差越大，风险越大；反之，标准差越小，则风险越小。由于无风险资产没有风险，所以无风险资产的标准差率为 0。期望值相同的情况下，标准差越大，风险越大
	标准差率	标准差率是标准差同期望值之比，通常用符号 V 表示，其计算公式为：$V = \sigma/E \times 100\%$。标准差率是一个相对指标，它以相对数反映决策方案的风险程度。方差和标准差作为绝对数，只适用于期望值相同的决策方案风险程度的比较。对于期望值不同的决策方案，评价和比较其各自的风险程度只能借助于标准差率这一相对数值。在期望值不同的情况下，标准差率越大，风险越大；反之，标准差率越小，风险越小

考点	内容	解析
单项资产的系统性风险	单项资产的 β 系数衡量系统性风险	表示该资产的系统性风险相当于市场组合系统性风险的倍数。$\beta = 1$ 说明该资产的收益率与市场平均收益率呈同向、同比例的变化，该资产所含的系统性风险与市场组合的系统性风险保持一致；$\beta > 1$ 说明该资产收益率的波动幅度大于市场组合的收益率波动的幅度；$\beta < 1$ 说明资产收益率的波动幅度小于市场组合收益率波动的幅度；$\beta = 0$ 说明该资产的系统性风险为 0

续表

考点	内容	解析
证券组合的收益与风险	证券资产组合的预期收益率	证券资产组合的预期收益率是组成证券资产组合的各种资产收益率的加权平均数，其权数为各种资产在组合中的价值比例。即：$$E(R_p)=\sum_{i=1}^{n}W_i\times E(R_i)$$其中，$E(R_p)$ 表示证券资产组合的预期收益率；$E(R_i)$ 表示组合内第 i 项资产的预期收益率，W_i 表示第 i 项资产在整个组合中所占的价值比例
	证券组合的系统性风险	对于证券资产组合来说，其所含的系统性风险的大小可以用组合 β 系数来衡量。证券资产组合的 β 系数是所有单项资产 β 系数的加权平均数，权数为各种资产在证券资产组合中所占的价值比例。计算公式为：$\beta_p=\sum_{i=1}^{n}(\beta_i\times W_i)$，式中 β_p 表示证券资产组合的 β 系数，β_i 表示第 i 项资产的 β 系数，W_i 表示第 i 项资产在组合中所占的价值比例
资本资产定价模型	资本资产定价模型是"必要收益率 = 无风险收益率 + 风险收益率"的具体化	资本资产定价模型的公式：$R=R_f+\beta\times(R_m-R_f)$，其中 R 表示某资产的必要收益率；$R_m$ 表示市场组合收益率；R_f 表示市场组合的无风险收益率；R_m-R_f 称为市场风险溢酬，由于市场组合的 $\beta=1$，所以也可以称为市场组合的风险收益率或股票市场的风险收益率。由于 $\beta=1$ 代表的是市场平均风险，也可以表述为平均风险的风险收益率；$\beta\times(R_m-R_f)$ 表示风险收益率

本专题的主要公式如下表所示。

内容	公式
必要收益率（最低报酬率或最低要求的收益率）	无风险收益率 = 纯粹利率 + 通货膨胀补偿率 必要收益率 = 无风险收益率 + 风险收益率 = 纯粹利率 + 通货膨胀补偿率 + 风险收益率
期望值	$\bar{E}=\sum_{i=1}^{n}(X_i\times P_i)$，式中 X_i 表示第 i 种情况可出现的结果，P_i 表示第 i 种情况可能出现的概率
方差	$\sigma^2=\sum_{i=1}^{n}(X_i-\bar{E})^2\times P_i$，式中 $(X_i-\bar{E})$ 表示第 i 种情况下可能出现的结果与期望值的离差。P_i 表示第 i 种情况可能出现的概率
标准差	$\sigma=\sqrt{\sigma^2}$，是方差的平方根
标准差率	$V=\sigma/E\times100\%$
两项证券资产组合收益率的方差	满足以下公式：$$\sigma_p^2=w_1^2\sigma_1^2+w_2^2\sigma_2^2+2w_1w_2\rho_{1,2}\sigma_1\sigma_2$$式中：σ_p^2 是证券资产组合的方差；σ_1、σ_2 分别表示组合中两项资产收益率的标准差；w_1、w_2 分别表示组合中两项资产所占的价值比例；$\rho_{1,2}$ 反映两项资产收益率的相关程度，即两项资产收益率之间的相对运动状态，称为相关系数。理论上相关系数介于区间［-1，1］内

续表

内容	公式
证券组合的系统性风险	$\beta_p = \sum_{i=1}^{n}(\beta_i \times W_i)$，式中 β_p 表示证券资产组合的β系数，β_i 表示第i项资产的β系数，W_i 表示第i项资产在组合中所占的价值比例
资本资产定价模型	$R = R_f + \beta \times (R_m - R_f)$，其中R表示某资产的必要收益率；$R_m$ 表示市场组合收益率；R_f表示市场组合的无风险收益率

专项突破

一、试题部分

1. 现有甲资产的期望收益率为20%，风险收益率为12%，收益率的标准差为4%；乙资产的期望收益率为16%，标准差率为15%，两项资产的收益率具有完全负相关关系。投资者赵某计划投资甲资产和乙资产构建投资组合，预计期望的最低收益率为22%，投资两者资产的比例分别为90%和10%，投资者钱某同样计划投资甲资产和乙资产构建投资组合，预计期望收益率为18%。

要求：根据以上资料，回答如下问题。

（1）判断甲资产和乙资产风险的高低。

（2）为了达到钱某期望的最低收益率，钱某构建的投资组合中甲资产和乙资产的投资比例分别是多少？

（3）计算赵某投资组合收益率的方差。

2. 某投资者计划投资某资产组合，该组合包含A、B、C三种股票，A股票的β系数为2.3，B股票β系数为1.9，C股票β系数为2.9，三种股票的投资比重分别为20%、50%和30%，且A股票和B股票的投资收益率的概率分布如下表所示。

情况	情况出现的概率		投资收益率（%）	
	A股票	B股票	A股票	B股票
市场较好	0.3	0.6	12	11
市场一般	0.4	0.2	10	9
市场较差	0.3	0.2	9	-8

C股票预期收益率为13%，当前短期国债的收益率为4%，市场组合的收益率为11%。

要求：根据以上资料，回答如下问题。

（1）计算A股票和B股票的预期收益率。

（2）计算该资产组合的预期收益率。

（3）计算该资产组合的β系数。

（4）利用资本资产定价模型计算A股票和B股票的必要收益率。

（5）利用资本资产定价模型计算该资产组合的必要收益率，并据以判断该资产组合是否值得投资。

3. 某投资组合由甲、乙两种证券资产构成，甲证券资产的预期收益率为20%，标准差为2.12%，乙证券资产的预期收益率为18%，标准差为1.98%。该投资组合中甲证券资产的占比为30%，乙证券资产的占比为70%，且甲、乙两种证券资产的相关系数为-0.7。

要求：根据以上资料，回答如下问题。

（1）比较甲、乙证券资产风险的高低。

（2）计算该投资组合的预期收益率。

（3）计算该投资组合收益率的方差。

（4）当甲、乙两种证券资产的相关系数变为0.7时，该投资组合的风险和组合预期收益率的变化如何。

4. 某投资组合中有三种股票，相关的资料如下表所示。

股票	每股市价（元）	股票的持股量（股）
甲	8	400
乙	4	200
丙	12	200

三种股票的β系数分别为2.1、4.6、3.8，当前甲股票的必要收益率为15%，乙股票的必要收益率为18%。

要求：根据以上资料，回答如下问题。

（1）计算投资组合的β系数。

（2）根据资本资产定价模型计算投资组合的必要收益率。

（3）判断投资组合的系统风险与市场组合的系统风险的关系。

5. H公司持有A、B、C三种股票构建投资组合，价值比例分别为10%、30%、60%，三种股票的β系数分别为1.9、2.6和2.9。A股票的必要收益率为15%，当前无风险收益率为6%。为了降低投资组合的风险，H公司决定追加购买A股票，使得A、B、C投资组合价值比例变为50%、20%、30%。

要求：根据以上资料，回答如下问题。

（1）计算原投资组合的β系数和现有投资组合的β系数。

（2）根据资本资产定价模型，计算原投资组合的必要收益率。

（3）现在的投资组合的预期收益率要达到多少，投资者才会愿意购买？

6. 现有甲、乙两种股票构建某投资组合，已知甲股票的必要收益率为16%，β系数为2.4；乙股票的必要收益率为14%，β系数为1.9，假如资本资产定价模型成立。

要求：根据以上资料，回答如下问题。

（1）计算无风险资产的必要收益率和市场组合的必要收益率。

（2）计算无风险资产的标准差和β系数。

（3）计算市场组合的β系数。

二、答案部分

1. 【答案】

（1）甲资产和乙资产的期望收益率不同，不能直接用标准差比较风险的高低，应当使用标准差率进行比较。

甲资产的标准差率＝标准差/期望值＝4%/20%＝20%

我们可以看到甲资产的标准差率20%大于乙资产的标准差率15%，所以甲资产的风险高于乙资产的风险。

（2）证券资产组合的预期收益率是组成证券资产组合的各项资产收益率的加权平均数，其权数为各项资产在组合中的价值比例，为了达到预期收益率18%，假设钱某投资甲资产的比例为x，则投资乙资产的比例为（1－x）；

18%＝20%×x＋16%×(1－x)

解得：x＝50%

因此，钱某应该投资甲资产的比例为50%，投资乙资产的比例为50%。

（3）标准差＝标准差率×期望值。

乙资产的标准差＝15%×16%＝2.4%。

甲资产与乙资产的收益率为完全负相关，则两者之间的相关系数为－1。

赵某投资组合收益率的方差＝$90\%^2\times4\%^2+10\%^2\times2.4\%^2-2\times90\%\times10\%\times4\%\times2.4\%$＝0.00112896。

【解析】本题考查的知识点如下：（1）标准差率是标准差同期望值之比，通常用符号V表示，其计算公式为：V＝σ/E×100%。方差和标准差作为绝对数，只适用于期望值相同的决策方案风险程度的比较。对于期望值不同的决策方案，评价和比较其各自的风险程度只能借助于标准差率这一相对数值。在期望值不同的情况下，标准差率越大，风险越大；反之，标准差率越小，风险越小。（2）证券资产组合的预期收益率是组成证券资产组合的各种资产收益率的加权平均数，其权数为各种资产在组合中的价值比例。（3）两项证券资产组合收益率的方差，$\sigma_p^2=w_1^2\sigma_1^2+w_2^2\sigma_2^2+2w_1w_2\rho_{1,2}\sigma_1\sigma_2$。

2. 【答案】

（1）预期收益率一般按照加权平均法计算。

A 股票预期收益率 = 12% × 0.3 + 10% × 0.4 + 9% × 0.3 = 10.3%；

B 股票预期收益率 = 0.6 × 11% + 0.2 × 9% − 0.2 × 8% = 6.8%。

（2）组合的预期收益率等于各种资产收益率的加权平均数，其权数为各种资产在组合中的价值比例；

资产组合的预期收益率 = 10.3% × 20% + 6.8% × 50% + 13% × 30% = 9.36%。

（3）资产组合的 β 系数是所有单项资产 β 系数的加权平均数；

资产组合 β 系数 = 2.3 × 20% + 1.9 × 50% + 2.9 × 30% = 2.28。

（4）资本资产定价模型：必要收益率 = 无风险收益率 + β × 市场组合的风险收益率；

A 股票必要收益率 = 4% + 2.3 ×（11% − 4%）= 20.1%；

B 股票必要收益率 = 4% + 1.9 ×（11% − 4%）= 17.3%。

（5）资产组合的必要收益率 = 4% + 2.28 ×（11% − 4%）= 19.96%；

资产组合的必要收益率 19.96% 高于资产组合的预期收益率 9.36%，因此，该资产组合是不值得投资的。

【解析】本题考查的知识点如下：（1）资产预期收益率。预期收益率也称为期望收益率，是指在不确定的条件下，预测的某资产未来可能实现的收益率。一般按照加权平均法计算预期收益率。预期收益率 = $\sum_{i=1}^{n}(R_i \times P_i)$，其中 R_i 表示情况 i 出现时的收益率，P_i 表示情况 i 可能出现的概率。（2）资产组合的预期收益率是组成证券资产组合的各种资产收益率的加权平均数。（3）证券资产组合的系统性风险。对于证券资产组合来说，其所含的系统性风险的大小可以用组合 β 系数来衡量。证券资产组合的 β 系数是所有单项资产 β 系数的加权平均数，权数为各种资产在证券资产组合中所占的价值比例。（4）资本资产定价模型。资本资产定价模型是"必要收益率 = 无风险收益率 + 风险收益率"的具体化，$R = R_f + \beta \times (R_m - R_f)$，其中 R 表示某资产的必要收益率，$R_m$ 表示市场组合收益率；R_f 表示市场组合的无风险收益率，$R_m - R_f$ 称为市场风险的风险收益率或股票市场的风险收益率。（5）必要收益率。必要收益率是最低报酬率或最低要求的收益率，表示投资者对某资产合理要求的最低收益率。

3.【答案】

（1）对于期望值不同的情况，采用标准差率这一相对值比较风险程度。

甲证券标准差率 = 2.12%/20% = 10.6%；

乙证券标准差率 = 1.98%/18% = 11%；

通过标准差率的计算，可以发现乙证券资产的标准差率大于甲证券资产的标准差率，所以乙证券资产的风险高于甲证券资产的风险。

（2）投资组合的预期收益率 = 20% × 30% + 18% × 70% = 18.6%。

（3）投资组合收益率的方差：$\sigma_p^2 = W_1^2\sigma_1^2 + W_2^2\sigma_2^2 + 2W_1W_2\rho_{1,2}\sigma_1\sigma_2$ = (30% × 2.12%)^2 + (70% × 1.98%)^2 − 2 × 30% × 70% × 0.7 × 2.12% × 1.98% = 0.000109。

（4）当甲、乙证券资产的相关系数为 0.7 时，投资组合的方差 = (30% × 2.12%)^2 + (70% × 1.98%)^2 + 2 × 30% × 70% × 0.7 × 2.12% × 1.98% = 0.000356。

当相关系数为 −0.7 时，投资组合的方差为 0.000109，当相关系数为 0.7 时，投资组合的方差为 0.000356，投资组合的方差增加了，说明投资组合的风险提高。根据投资组合预期收益率的计算过程，可以发现公式中不包含资产组合的相关系数变量，因此当资产相关系数发生变化后，投资组合的预期收益率不会发生变化。

【解析】本题考查的知识点如下：（1）风险的衡量 − 标准差率。标准差率是标准差同期望值之比，通常用符号 V 表示，其计算公式为：$V = \sigma/E \times 100\%$。对于期望值不同的决策方案，评价和比较其各自的风险程度只能借助于标准差率这一相对数值。在期望值不同的情况下，标准差率越大，风险越大；反之，标准差率越小，风险越小。（2）资产组合的预期收益率是组成证券资产组合的各种资产收益率的加权平均数。（3）两项证券资产组合收益率的方差。计算公式中包含两项资产收益率的相关程度，即两项资产收益率之间的相对运动状态，又称为相关系数。

4.【答案】

（1）投资组合的 β 系数是所有单项资产 β

系数的加权平均数，权数为各种资产在证券资产组合中所占的价值比例，首先测算出各股票在组合中的价值比例。

甲股票的价值比例 =8×400/(8×400+4×200+12×200)=3 200/6 400=50%；

乙股票的价值比例 =4×200/(4×200+8×400+12×200)=800/6 400=12.5%；

丙股票的价值比例 =12×200/(4×200+8×400+12×200)=2 400/6 400=37.5%；

投资组合β系数 =2.1×50%+4.6×12.5%+3.8×37.5%=3.05。

（2）资本资产定价模型，$R=R_f+\beta\times(R_m-R_f)$，测算投资组合的必要收益率，需要知道无风险收益率和市场组合的风险收益率，根据材料信息得知：

甲股票的必要收益率 15%=无风险收益率 +2.1×市场组合的风险收益率；

乙股票的必要收益率 18%=无风险收益率 +4.6×市场组合的风险收益率；

根据以上两个等式，可以得出无风险收益率 =12.48%，市场组合的风险收益率 =1.2%；

因此，投资组合的必要收益率 =12.48%+3.05×1.2%=16.14%。

（3）β系数可以表示为某资产的系统性风险是市场组合系统性风险的多少倍。通过（1）的计算得知，投资组合的β系数为3.05大于1，说明该投资组合的系统性风险是市场组合系统性风险的3.05倍，也说明投资组合收益率的波动幅度大于市场组合收益率的波动幅度。

【解析】本题考查的知识点如下：（1）证券资产组合的系统性风险。对于证券资产组合来说，其所含的系统性风险的大小可以用组合β系数来衡量。证券资产组合的β系数是所有单项资产β系数的加权平均数，权数为各种资产在证券资产组合中所占的价值比例。（2）资本资产定价模型。资本资产定价模型是“必要收益率=无风险收益率+风险收益率”的具体化，$R=R_f+\beta\times(R_m-R_f)$，其中R表示某资产的必要收益率，$R_m$ 表示市场组合收益率；R_f表示市场组合的无风险收益率，R_m-R_f称为市场风险的风险收益率或股票市场的风险收益率。

5.【答案】

（1）投资组合的β系数是所有单项资产β系数的加权平均数，权数为各种资产在证券资产组合中所占的价值比例，因此，

原投资组合的β系数 =10%×1.9+30%×2.6+60%×2.9=2.71

现有投资组合的β系数 =50%×1.9+20%×2.6+30%×2.9=2.34

（2）资本资产定价模型为 $R=R_f+\beta\times(R_m-R_f)$，测算投资组合的必要收益率，需要知道无风险收益率和市场组合的风险收益率，根据材料信息得知A股票的必要收益率 15%=6%+1.9×市场组合的风险收益率，因此，市场组合的风险收益率 =4.74%。

原投资组合的必要收益率 =6%+2.71×4.74%=18.85%

（3）预期收益率只有大于等于投资组合的必要收益率，投资者才会购买。

现有投资组合的必要收益率 =6%+2.34×4.74%=17.09%

因此，投资组合的预期收益率只有大于等于17.09%，投资者才会愿意购买。

【解析】本题考查的知识点如下：（1）证券资产组合的系统性风险。对于证券资产组合来说，其所含的系统性风险的大小可以用组合β系数来衡量。证券资产组合的β系数是所有单项资产β系数的加权平均数，权数为各种资产在证券资产组合中所占的价值比例；（2）资本资产定价模型。资本资产定价模型是“必要收益率=无风险收益率+风险收益率”的具体化，$R=R_f+\beta\times(R_m-R_f)$，其中R表示某资产的必要收益率，$R_m$ 表示市场组合收益率；R_f 表示市场组合的无风险收益率，R_m-R_f 称为市场风险的风险收益率或股票市场的风险收益率；（3）预期收益率。预期收益率也称为期望收益率，是指在不确定的条件下，预期的某资产未来可能实现的收益率；必要收益率是投资者对某资产合理要求的最低收益率。

6.【答案】

（1）根据资本资产定价模型，某资产必要收益率 =无风险收益率 +β×（市场组合的必要收益率 -无风险收益率）。

根据材料中的信息得知：

甲股票必要收益率 16%=无风险资产收益率 +2.4×市场组合的风险收益率；

乙股票必要收益率 14% = 无风险资产收益率 + 1.9 × 市场组合的风险收益率；

因此，市场组合的风险收益率 = 4%，无风险资产收益率 = 6.4%；

市场组合的必要收益率 − 无风险资产收益率 = 市场组合的风险收益率；

因此，市场组合的必要收益率 = 6.4% + 4% = 10.4%。

（2）无风险资产收益率也称为无风险的利率，标准差是衡量风险高低的指标，而无风险资产没有风险，所以无风险资产的标准差等于零。β 系数是衡量某项资产系统性风险的指标，而无风险资产是指没有任何风险的资产，故无风险资产是没有系统性风险的，因此无风险资产的 β 等于零。

（3）市场组合是由市场上所有资产组成的组合，其收益率是市场的平均收益率。由于包含了所有的资产，市场组合中的非系统性风险已经被消除，所以市场组合的风险就是市场风险或系统性风险，因此，市场组合的 β 系数为 1。

【解析】本题考查的知识点如下：（1）资本资产定价模型。资本资产定价模型是“必要收益率 = 无风险收益率 + 风险收益率”的具体化，$R = R_f + \beta \times (R_m - R_f)$，其中 R 表示某资产的必要收益率，$R_m$ 表示市场组合收益率；R_f 表示市场组合的无风险收益率，$R_m - R_f$ 称为市场风险的风险收益率或股票市场的风险收益率。（2）标准差。标准差是方差的平方根，$\sigma = \sqrt{\sigma^2}$，标准差以绝对数衡量决策方案的风险，在期望值相同的情况下，标准差越大，风险越大；反之，标准差越小，则风险越小。（3）系统性风险。系统性风险又称为市场风险或不可分散的风险，是影响所有资产的、不能通过资产组合而消除的风险。市场组合由于包含了所有的资产，市场组合中的非系统性风险已经被消除，所以市场组合的风险就是市场风险或系统性风险。

专题二　预算编制

命题思路

本专题内容在计算分析题与综合题都曾考到过。2022 年（卷三）、2018 年（卷二）综合题、2019 年（卷二）综合题、2020 年（卷三）综合题和 2022 年（卷一）、2021 年（卷三）计算分析题涉及本专题的知识点。本专题每年主观题分值大约为 6～9 分。通过近几年的真题发现，每年主观题都会考查本专题的知识点，但是考查的内容相对比较简单，我们需要做到不丢分，尽量拿到满分。计算分析题方面主要出题内容是如何编制财务预算与经营预算，根据题目中的资料数据，补充完成缺失的数值；综合题方面主要是结合其他专题知识点一起考查，比如与成本性态、财务分析法等知识点结合财务预算、经营预算、资金预算的编制等知识点。本专题内容主要涉及经营预算和财务预算如何编制的问题，经营预算又包括销售预算、生产预算、直接材料、直接人工、固定制造费用、销售费用和管理费用预算；财务预算包含资金预算和财务报表预算。每个预算编制方法和适用的公式不同，但是原理机制是相同的。只有理解记忆每个预算的编制，才能正确做题。当遇到本专题的考题的时候，首先要分析题目考查的是哪个预算编制，要准确判断是属于经营预算还是财务预算，然后回忆分析该预算编制的方法和原理，根据每个预算的特点开始进行编制预算实践。本专题知识点相对简单，希望考生能够把握住本专题的分值，取得理想成绩。

经典例题

1. 甲企业生产销售某产品有关资料如下：

2025 年第一至第四季度预计销量分别为 300 件、600 件、700 件和 200 件，预计销售单价为 800 元/件，预计销售收入中 70% 在本季度收到现金，剩余 30% 在下季度收回。每季度末产成品存货量按下一季度销量的 10% 确定，2024 年末产成品存货量为 30 件。每季度末原材料存货量按下一季度生产需用量的 20% 确定，单位产品标准用量为 5 千克/件，2024 年末原材料存货量为 300 千克。每季度末理想现金余额为 80 000 元，如果季度末现金余额不足 80 000 元，可以从银行取得短期借款，如果季度末现金超过 80 000 元，则超过部分优先归还短期借款，归还短期借款后仍有余额的部分，则用于金融投资，借款、还款和用于金融投资的资金均为 10 000 元的整数倍，短期借款年利率为 8%，借款发生在季初，还款和金融投资发生在季末，每季末需支付短期借款在该季度的利息，2024 年末甲企业没有短期借款。预计第一季度现金余缺为 65 000 元（溢余），第二季度现金余缺为 120 000 元（溢余）。

要求：根据以上资料，回答如下问题。

（1）计算第一季度末应收账款的余额、第二季度现金收入。

（2）计算第一季度末产成品存货量、第一季度产成品生产量。

（3）计算第一季度末原材料存货量、第一季度原材料采购量。

（4）计算第一季度应借入的短期借款金额、第一季度的短期借款利息、第一季度末现金余额。

（5）计算第二季度末用于金融投资的金额、第二季度末现金余额。

【答案】

（1）第一季度末应收账款的余额 = 300 × 800 × 30% = 72 000（元）。

第二季度现金收入 = 72 000 + 600 × 800 × 70% = 408 000（元）。

（2）第一季度末产成品存货量 = 600 × 10% = 60（件）。

第一季度产成品生产量 = 60 + 300 − 30 = 330（件）。

（3）第二季度产成品生产量 = 700 × 10% + 600 − 60 = 610（件）。

第一季度末原材料存货量 = 610 × 5 × 20% = 610（千克）。

第一季度原材料采购量 = 610 + 330 × 5 − 300 = 1 960（千克）。

（4）设第一季度应借入的短期借款金额为 X 元：

65 000 + X − X × 8%/4 ≥ 80 000

解得：X ≥ 15 306.12 元

借款、还款和用于金融投资的资金均为 10 000 元的整数倍，所以第一季度应借入的短期借款金额为 20 000 元。

第一季度的短期借款利息 = 20 000 × 8%/4 = 400（元）。

第一季度末现金余额 = 65 000 + 20 000 − 400 = 84 600（元）。

（5）设第二季度末用于金融投资的金额为 Y 元：

120 000 − 20 000 − 400 − Y ≥ 80 000

解得：Y ≤ 19 600 元

借款、还款和用于金融投资的资金均为 10 000 元的整数倍，所以第二季度末用于金融投资的金额为 10 000 元。

第二季度末现金余额 = 120 000 − 20 000 − 400 − 10 000 = 89 600（元）。

2. M 公司作为一家生产销售公司，2024 年有关预算资料如下：

（1）M 公司第一季度生产销售 1 000 件，第二季度生产销售 1 300 件，第三季度生产销售 1 500 件，第四季度生产销售 1 700 件，预计的销售单价为 100 元/件，每季度销售收入中的 60% 于本季度以现金的形式收到，另外的 40% 在下季度才能收到。

（2）M 公司生产产品，单位产品材料用量为 20 千克/件，期末材料存量是下一季度需求量的 30%，采购原材料的单价为 60 元/千克。假设材料采购的货款 60% 在本季度支付，另外 40% 在下季度付清。

（3）预计 M 公司 2024 年末现金余缺为 −100 000 元，理想的期末现金余额为 6 000 元，计划在本季度初期利用长期借款筹措资金，借款的金额必须是 10 000 元的整数倍，年利率为 10%，归还借款和利息发生在季度初期。

要求：根据以上资料，回答如下问题。

（1）计算第三季度的应收账款和应付账款金额。

（2）计算第二季度材料预计的采购量。

（3）计算第一季度的现金支出金额。

（4）计算第一季度期末现金余额和借入长期借款金额。

【答案】

（1）应收账款金额形成的原因是销售收入中未收到的货款形成，应付账款形成的原因是采购材料的货款未完全支付的部分形成的。因此，根据 M 公司销售政策，第三季度应收账款金额 = 1 500 × 100 × 40% = 60 000（元）；根据 M 公司货款支付政策，第三季度应付账款金额 = 第三季度预计采购金额 × 40%，第三季度预计采购量 = 生产需求量 + 期末存量 − 期初存量 = 1 500 × 20 + 1 700 × 20 × 30% − 1 500 × 20 × 30% = 31 200（千克），因此，第三季度应付账款金额 = 31 200 × 60 × 40% = 748 800（元）。

（2）预计采购量 = 生产需用量 + 期末材料存量 − 期初材料存量，根据该公式进行测算材料预计采购量。第二季度材料预计的采购量等于第二季度生产需求量 + 第二季度期末存量 − 第二季度期初存量。第二季度生产需求量 = 第二季度生产量 × 单位产品材料用量 = 1 300 × 20 = 26 000（千克），第二季度期末存量等于第三季度生产需求量 × 30% = 1 500 × 20 × 30% = 9 000（千克），第二季度期初存量等于第一季度期末存量 = 第二季度生产需求量 × 30% = 1 300 × 20 × 30% = 7 800（千克），因此，第二季度材料预计采购量 = 26 000 + 9 000 − 7 800 = 27 200（千克）。

（3）每个季度的现金支出等于偿还上期应付账款和本期应支付的采购货款。上期应付账款的金额为0，本期应支付的采购货款等于本期采购货款的60%。第一季度的现金支出 = 第一季度应支付的采购货款 + 上期应付账款 = 第一季度采购金额 ×60% +0，第一季度采购金额 = 第一季度采购量 ×60 ×60%，第一季度采购量 = 生产需求量 + 期末存量 - 期初存量 = 1 000 × 20 + 1 300 × 20 × 30% - 0 = 27 800（千克），因此，第一季度现金支出 = 27 800 × 60 × 60% = 1 000 800（元）。

（4）可供使用现金 = 期初现金余额 + 现金收入；可供使用现金 - 现金支出 = 现金余缺；现金余缺 + 现金筹措 - 现金运用 = 期末现金余额；第一季度可供使用的现金来源于第一季度的现金收入，第一季度可供使用现金 = 1 000 × 100 × 60% = 60 000（元），第一季度现金支出来源于第一季度材料采购的现金支出，第一季度现金支出 = 1 000 800（元），因此，现金余缺 = 可供使用现金 - 现金支出 = 60 000 - 1 000 800 = -940 800（元）。

根据公司的现金政策，理想的期末现金余额为 6 000 元，假设第一季度借入长期借款 X 元，则 -940 800 + X - X × 10%/4 = 6 000，则 X = 971 076.92 元，因为银行借款的金额必须是 10 000 元的整数倍，因此第一季度长期借款筹措金额为 980 000 元。

期末现金余额 = 现金余缺 + 现金筹措 - 现金运用 = -940 800 + 980 000 - 980 000 × 10%/4 = 14 700（元）。

3. 某公司计算编制 2025 年销售预算，有关资料如下：

资料一：公司每季度销售收入中的 50% 于本季度收到，40% 于下季度收到，最后的 10% 于下下季度才能以现金形式收到，公司不存在坏账。假设公司 2024 年末应收账款金额为 2 万元，该应收账款于 2025 年第一季度全部收回，并且不考虑其他税的影响以及其他因素。

资料二：某公司预计 2025 年有关销售预算数据如下表所示：

金额单位：万元

项目	第一季度	第二季度	第三季度	第四季度	全年
预计销售量（万件）	10	12	14	13	49
单价（元/件）	20	20	20	20	20
销售收入	200	240	280	260	*
预计现金收入					
上年应收账款	*				*
第一季度	*	*	C		*
第二季度		B	*	*	*
第三季度			*	*	*
第四季度				*	*
现金收入合计	A	*	D	E	*

注：表中 * 代表数值省略。

要求：根据以上资料，回答如下问题。

（1）计算公司销售预算表字母表示的数值。

（2）计算公司 2025 年末应收账款的金额。

【答案】

（1）销售预算中第一季度的现金收入包含两部分，即上年应收账款在本年第一季度收到的货款以及本季度销售中可能收到的货款。因此，第一季度现金收入 A = 2 + 200 × 50% = 102（万元）；第二季度销售收入在本季度销售收到的货款 B = 240 × 50% = 120（万元）；第一季度货款在第三季度收到的货款现金 C = 200 × 10% = 20（万元）；第三季度的现金收入主要包含三个部分，即上季度在本季度收到的货款、上上季度在本季度收到的货款以及本季度销售收到的货款，第三季度现金收入 D = C + 240 × 40% + 280 × 50% = 256（万元）；同理，第四季度现金收入主要包含三个部分，即本季度销售收到的货款、上季度销售收到的货款和上上季度销售收到的货款，现金收入 E = 240 × 10% + 280 × 40% + 260 × 50% = 266（万元）。

因此，A = 102 万元；B = 120 万元；C = 20 万元；D = 256 万元；E = 266 万元。

（2）公司 2025 年末应收账款的金额等于第三季度未收到的货款加上第四季度未收到的货款，因此，公司 2025 年末应收账款金额 = 280 × 10% + 260 × 50% = 158（万元）。

4. 甲公司计划编制 2023 年资金预算，有关资料如下：

资料一：甲公司 2022 年末长期借款余额为 100 万元，无短期借款。假设甲公司理想的现金余额为 20 万元，如果资金不足，可以取得短期借款，而银行要求借款额必须是 100 000 元的整数倍。并且借款利息按季度支付，作为资金预算时假设新增借款发生在季度的期初，归还借款发生在季度的期末（如需归还借款，需要先归还短期借款，归还的数额为 10 000 元的整数倍）。

资料二：有关甲公司资金预算相关数据如下表所示：

单位：元

项目	第一季度	第二季度	第三季度	第四季度	全年
现金余缺	-60 000	D	*	40 000	*
现金筹措与运用：					
借入长期借款	0	0	0	100 000	100 000
取得短期借款	A	0	0	100 000	400 000
归还短期借款	0	100 000	0	0	100 000
短期借款利息（年利率 10%）	C	7 500	E	*	*
长期借款利息（年利率 12%）	*	30 000	*	F	*
期末现金余额	B	210 000	*	*	*

注：表中 * 代表数值省略。

要求：根据以上资料，回答如下问题。

（1）完成资金预算编制，计算表中字母的数值。

（2）确定甲公司 2023 年全年期末现金余额。

【答案】

（1）根据资金预算编制有关公式得知：期末现金余额 = 现金余缺 + 现金筹措 - 现金运用。根据资料数据得知，理想期末现金余额为 20 万元，现金余缺为 -60 000 元，现金运用为短期借款利息和长期借款利息，长期借款利息 = 100 × 12%/4 = 3（万元）。假设甲公司第一季度借入短期借款为 X 元，则 200 000 = -60 000 + X - 30 000 - X × 10%/4，则 X = 297 435.8974 元，因为银行借款的金额必须是 100 000 元的整数倍，因此第一季度短期借款金额为 300 000 元，A = 300 000 元。期末现金余额 = 现金余缺 + 现金筹措 - 现金运用 = -60 000 + 300 000 - 30 000 - 300 000 × 10%/4 = -60 000 + 300 000 - 30 000 - 7 500 = 202 500（元）。因此 B = 202 500 元；短期借款第一季度的利息 C = 300 000 × 10%/4 = 7 500（元）。

根据资金预算编制公式得知：现金余缺 = 期末现金余额 + 现金运用 - 现金筹措，从表中资料得知，第二季度现金余缺 D = 210 000 + 30 000 + 7 500 + 100 000 - 0 = 347 500（元）。

第三季度短期借款利息等于剩余短期借款乘以季度利息率，由于第二季度偿还短期借款 100 000 元，剩余短期借款金额为 200 000 元，因此，短期借款利息 E = 200 000 × 10% / 4 = 5 000（元）；

第四季度长期借款利息不仅包含上年长期借款的利息，也包含本季度长期借款的利息，因为做资金预算时，新增借款发生在季度的期初，偿还利息发生在季度的期末，因此，第四季度长期借款利息 F = 1 000 000 × 12% / 4 + 100 000 × 12% / 4 = 33 000（元）。

（2）全年的期末现金余额指的是年末的现金余额，即第四季度末的现金余额，所以全年的期末现金余额 = 第四季度现金余缺 + 第四季度现金筹措 - 第四季度现金运用。第四季度现金筹措 = 100 000 + 100 000 = 200 000（元）；第四季度现金运用 = 短期借款利息 + 长期借款利息 = 7 500 + 33 000 = 40 500（元）。因此，全年期末现金余额 = 40 000 + 200 000 - 40 500 = 199 500（元）。

5. 某公司生产销售甲产品，有关产品的资料和预算的信息如下：

资料一：有关甲产品的生产量与制造费用之间的关系如下表所示：

项目	第一季度	第二季度	第三季度	第四季度
产量（件）	1 000	1 300	900	1 400
制造费用（元）	20 000	23 000	19 000	29 000

资料二：2023 年某公司生产预算规定期末产成品存货数量是下期销售量的 10%，假设 2022 年末产成品存货 500 件，2023 年第二季度销售量为 1 500 件。

资料三：2023 年某公司生产预算如下表所示：

单位：件

项目	第一季度	第二季度	第三季度	第四季度	合计
预计销售量	1 300	1 500	1 600	1 400	5 800
期末产成品存货	150	B	*	*	*
期初产成品存货	500	*	D	F	*
预计生产量	A	C	E	*	*

注：表中 * 代表数值省略。

资料四：公司 2023 年甲产品的销售预算，单价为 40 元，假设每季度销售收入中 60% 于本季度以现金形式收到，另外的 40% 于下季度才以现金的形式收到。

要求：根据以上资料，回答如下问题。

（1）根据高低点分解法，计算制造费用中的单位制造费用和固定制造费用金额。

（2）根据资料一、资料二和资料三，预算甲产品 2023 年第一季度制造费用总额。

（3）计算生产预算表中字母的数值。

（4）根据资料三和资料四，预算 2023 年第一季度销售收入总额和 2023 年第二季度现金收入合计。

【答案】

（1）高低点法是从业务量中选取业务量最高点和业务量最低点，将总成本分解。计算公式如下：单位变动成本 =（最高点业务量成本 - 最低点业务量成本）/（最高点业务量 - 最低点业务量），固定成本总额 = 最高点业务量成本 - 单位变动成本 × 最高点业务量。资料一中最高点业务量、最低点业务量分别为 1 400 件和 900 件，对应的制造费用分别为 29 000 元和 19 000 元，因此，代入高低点法公式，单位制造费用变动成本 =（29 000 - 19 000）/（1 400 - 900）= 20（元），固定成本总额 = 29 000 - 1 400 × 20 = 1 000（元）。

（2）预计生产量 = 预计销售量 + 预计期末

产成品存货 - 预计期初产成品存货，2023 年第一季度预计生产量 = 1 300 + 150 - 500 = 950（件），制造费用总额 = 20 × 950 + 1 000 = 20 000（元）。

（3）根据生产预算公式得知：预计期末产成品存货 = 下季度销售量 × 10%，预计期初产成品存货 = 上季度期末产成品存货，预计生产量 = 预计销售 + 预计期末产成品存货 - 预计期初产成品存货。第一季度预计生产量 A = 1 300 + 150 - 500 = 950（件）；第二季度期末产成品存货 B = 第三季度销售量 × 10% = 1 600 × 10% = 160（件）；第二季度预计生产量 C = 1 500 + 160 - 150 = 1 510（件）；第三季度期初产成品存货 D = 1 600 × 10% = 160（件）；第三季度预计生产量 E = 1 600 + 140 - 160 = 1 580（件）；第四季度期初产成品存货 F = 第三季度期末产成品存货 = 1 400 × 10% = 140（件）。

（4）销售预算中销售收入等于单价乘以销售量，2023 年第一季度销售收入金额 = 1 300 × 40 = 52 000（元）。销售预算现金收入包含本季度收到的货款和上季度在本季度收到的货款。第二季度现金收入合计等于第二季度销售收到的货款加上第一季度在本季度收到的货款，现金收入 = 1 500 × 40 × 60% + 1 300 × 40 × 40% = 56 800（元）。

考点总结

预算编制实践	内容及知识点	有关公式
销售预算	销售量、单价和销售收入	销售收入等于销售量乘以单价
	预算现金收入	预算现金收入 = 本季度收到的货款 + 上季度货款在本季度收到的现金
	应收账款	应收账款 = 某期销售额 × 赊销比例
生产预算	销售量	来源于销售预算表
	期初产成品存货量	预计期初产成品存货量 = 上期期末产成品存货量
	期末产成品存货量	预计期末产成品存货量 = 下期预计销售量的一定百分比
	生产量	预计生产量 = 预计销售量 + 预计期末产成品存货量 - 预计期初产成品存货量

预算编制实践	内容及知识点	有关公式
直接材料预算	单位产品材料用量	数据来源于标准成本或消耗定额资料
	生产需求量	生产需求量 = 预计生产量 × 材料单位产品用量
	期末材料存量	期末材料存量 = 下期生产需求量的百分比
	期初材料存量	期初材料存量 = 上期期末材料存量
	预计采购量	预计材料采购量 = 生产需用量 + 期末材料存量 - 期初材料存量
	预计现金支出	各期预计现金支出 = 当期采购当期支付的现金 + 前期采购当期支付的现金
	年末应付账款	年末应付账款 = 某期采购金额 × 年末赊购比例

预算编制实践	内容及知识点	有关公式
直接人工预算	产品直接人工工时总数	产品直接人工工时总数=预计生产量×单位产品工时
	直接人工总成本	预计直接人工总成本=单位工时工资率×直接人工工时总数
制造费用预算	变动制造费用	变动制造费用=单位产品的标准成本×产量
	固定制造费用	固定制造费用需根据实际支付额预计
	现金支出的制造费用预算	现金支出的费用=制造费用总额-折旧等非付现成本

预算编制实践	内容及知识点	有关公式
资金预算	现金收入	现金收入主要来源于销货取得的现金收入
	现金支出	现金支出等于预算期的各项现金支出
	可供使用现金	可供使用现金=期初现金余额+现金收入
	现金余缺	现金余缺=可供使用现金-现金支出
	现金筹措	现金筹措等于借入各项资金之和
	现金运用	现金运用等于偿还借款和偿还借款利息之和
	期末现金余额	期末现金余额=现金余缺+现金筹措-现金运用
资产负债表预算	货币资金	来源于资金预算
	应收账款	来源于销售预算
	短期借款	来源于资金预算
	应付账款	来源于直接材料预算
	存货	来源于直接材料预算、产成品成本预算
	盈余公积	盈余公积年末余额=年初余缺+净利润×盈余公积计提的比例
	未分配利润年末余额	未分配利润年末余额=年初余额+净利润-本年的股利-本年计提的盈余公积

专项突破

一、试题部分

1. 某公司计划编制A产品2023年生产预算和直接人工预算，相关的资料数据如下。

资料一：公司预测2023年各季度A产品销售量分别为1 000件、1 600件、1 900件和1 800件，并且每个季度期末产成品的存货是下季度销售量的10%，2022年末产成品存货为200件，2023年末产成品存货为190件。

资料二：生产A产品的单位产品定额工时为2小时，单位工时的工资额为1.2元。

要求：根据以上资料，回答如下问题。

（1）根据资料一编制生产预算表。

（2）根据资料一和资料二编制直接人工预算。

2. 甲公司生产销售A产品，计划编制2023年相关预算，有关资料如下。

资料一：甲公司预计2023年各季度生产量分别为1 200件、1 400件、1 300件、1 600件，单位产品的消耗定额为2千克/件，单位产品人工工时定额为4小时/件。

资料二：生产A产品的每季度期末直接材料的存量是下季度生产需用量的10%，年初结存量为200千克，年末结存量为300千克，计划单价为10元/千克。假设材料采购的货款60%在本季度支付，另外40%在下季度付清。2022年末应付账款金额为5 000元。

资料三：生产A产品，2023年本年度变动制造费用总额为48 000元，固定制造费用总额为56 000元（含折旧费20 000元）。

要求：根据以上资料，回答如下问题。

（1）根据资料一和资料二，编制直接材料预算。

（2）假设甲公司2024年第一季度直接人工总工时为5 000小时，变动制造费用分配率以直接人工工时作为分配标准并且保持不变，计算甲公司2024年第一季度变动制造费用金额。

（3）预算甲公司2023年度制造费用的现金支出。

3. 某企业计划编制2023年资金预算，有关资料如下。

资料一：2023年每季度销售收入分别为：第一季度100 000元，第二季度160 000元，第三季度150 000元，第四季度170 000元；本季度销售收入中只有60%收到货款，另外的40%在下季度收到现金。

资料二：2023年每季度预计材料采购金额分别为：第一季度材料采购金额为80 000元，第二季度材料采购金额为60 000元，第三季度材料采购金额为52 000元，第四季度材料采购金额为66 000元。材料采购的货款有60%在本季度支付，另外40%在下季度支付。

资料三：直接人工费用每个季度预计支付16 000元。

资料四：制造费用现金支出第一季度金额为10 000元，第二季度制造费用现金支出为9 000元，其他季度制造费用现金支付均为11 000元。

资料五：每季度发生销售及管理费用6 000元，每个季度预计支付所得税费用10 000元。

资料六：期初现金余额为10 000元，无长期借款；公司规定每个季度现金余额不得低于10 000元，如果资金不足，可以取得短期借款，银行要求借款额必须是10 000元的整数倍，借款利息按照季度支付，新增借款发生在季度的期初，归还借款发生在季度的期末，归还借款的金额应为1 000的整数倍，借款年利率为10%，每个季度支付一次利息。

要求：根据以上资料，回答如下问题。

（1）根据资料测算第一季度现金余缺和取得短期借款金额。

（2）根据资料测算第二季度现金支出总额和可供使用现金。

（3）根据以上资料测算第三季度现金收入。

4. A公司计划编制2023年资产负债表预算，相关的资料数据如下。

资料一：A公司2023年每季度销售额分别为1 000万元、1 300万元、1 400万元和1 200万元。销售采用的赊销政策是，销售额当期只收回60%，另外40%于下期收回。

资料二：A公司预计2023年每季度材料采购金额分别为500万元、800万元、600万元和700万元。采购的货款50%在本季度支付，另外50%在下季度付清。

资料三：A公司第四季度余缺为100万元，公司理想的现金期末余额为150万元。如果资金不足，可以从银行取得借款。

资料四：A公司预计2023年净利润实现300万元，分配股利100万元。

资料五：A公司2023年预计资产负债表如下表所示：

单位：万元

资产	年初余额	年末余额	负债和股东权益	年初余额	年末余额
货币资金	120	A	短期借款	100	C
应收账款	200	B	应付账款	130	D
存货	310	*	长期负债	220	*
固定资产	230	*	负债合计：	450	*

续表

资产	年初余额	年末余额	负债和股东权益	年初余额	年末余额
在建工程	190	*	股东权益	600	E
资产总计	1 050	*	负债和股东权益合计：	1 050	*

注：表中的*代表省略的数值。

要求：根据以上资料，回答如下问题。

（1）根据以上资料数据，确定资产负债表中字母代表的数值。

（2）根据以上资料测算A公司第一季度现金收入和第一季度现金支出。

5. 甲公司计划编制2023年销售预算，有关资料数据如下。

甲公司销售生产B产品，预计2023年每季度销售量为100 000件、140 000件、130 000件和150 000件，销售单价为10元；销售采用赊销政策，每季度销售额的60%在本季度收到，另外30%在下季度收到，10%在第三个季度收到。2022年末应收账款金额为80 000元。

要求：根据以上资料，编制甲公司销售预算表。

6. M公司计划编制2023年预算，有关的资料数据如下。

资料一：M公司2023年预计四个季度A产品销售量分别为20万件、10万件、30万件和26万件，每件产品的单价为10元。M公司销售采用赊销政策，其中60%在本季度收到现金，另外40%在下季度收到现金，应收账款年初余额为80万元。

资料二：年初A产品结存量为3万件，年末A产品结存量为1万件，且每个季度产品的期末存货量是下季度销售量的10%。生产A产品单位材料定额消耗量为2千克/件，每千克材料的单价为3元，每个季度材料的期末存货量是下季度生产需用量的10%，年初材料存量为20 000千克，年末材料存量为12 000千克。材料货款在本季度全部支出，不存在赊购情况。

资料三：生产A产品每件产品单位工时为2小时，每小时人工成本为1.2元；每个季度制造费用付现支出为10万元，销售费用为1万元，第三季度购买设备支出15万元；第四季度分配股利10万元。

资料四：M公司第一季度现金余缺为-2万元；理想期末现金余额为8万元，当现金不足时，可以向银行取得短期借款，借款年利率为12%，且借款额度必须是10 000元的整数倍，新增借款发生在季度的期初，归还借款发生在季度的期末。

要求：根据以上资料，回答如下问题。

（1）根据资料一，计算第三季度现金收入。

（2）根据资料二，计算第二季度生产需用量和第四季度预计采购量。

（3）根据资料二和资料三，计算第四季度的现金支出。

（4）根据资料四，计算第一季度期末现金余额。

二、答案部分

1.【答案】

（1）生产预算表如下：

单位：件

项目	第一季度	第二季度	第三季度	第四季度	全年
预计销售量	1 000	1 600	1 900	1 800	6 300
期末产成品存货	160	190	180	190	190
期初产成品存货	200	160	190	180	200
预计生产量	960	1 630	1 890	1 810	6 290

（2）直接人工预算表如下：

项目	第一季度	第二季度	第三季度	第四季度	全年
预计生产量（件）	960	1 630	1 890	1 810	6 290
单位产品工时（小时/件）	2	2	2	2	2
人工总工时（小时）	1 920	3 260	3 780	3 620	12 580
每小时人工成本（元/小时）	1.2	1.2	1.2	1.2	1.2
人工总成本（元）	2 304	3 912	4 536	4 344	15 096

【解析】知识点是生产预算和直接人工预算。生产预算是在销售预算的基础上编制的，并可以直接作为直接人工预算编制的依据。生产预算编制主要包括的内容有销售量、期初和期末产成品存货、生产量。预计期末产成品存货 = 下季度销售量的百分比，预计期初产成品存货 = 上季度期末产成品存货；预计生产量 = 预计销售量 + 预计期末产成品存货 − 预计期初产成品存货。

直接人工预算是以生产预算编制为基础的，其主要内容有预计产量、单位产品工时、人工总工时、每小时人工成本和人工总成本。预计产量来自生产预算，单位产品人工工时和每小时人工成本数据来自标准成本资料，人工总工时 = 预计生产量 × 单位产品工时；人工总成本 = 人工总工时 × 每小时人工成本。

2.【答案】

（1）直接材料预算编制表如下：

金额单位：元

项目	第一季度	第二季度	第三季度	第四季度	全年
预计生产量（件）	1 200	1 400	1 300	1 600	5 500
单位产品定额消耗（千克/件）	2	2	2	2	2
生产需用量（千克）	2 400	2 800	2 600	3 200	11 000
预计期末存量（千克）	280	260	320	300	300
预计期初存量（千克）	200	280	260	320	200
预计材料采购量（千克）	2 480	2 780	2 660	3 180	11 100
单价（元/千克）	10	10	10	10	10
预计采购金额	24 800	27 800	26 600	31 800	111 000
预计现金支出：					
应付账款金额	5 000				5 000
第一季度货款付现	14 880	9 920			24 800
第二季度货款付现		16 680	11 120		27 800
第三季度货款付现			15 960	10 640	26 600
第四季度货款付现				19 080	19 080
现金支出合计：	19 880	26 600	27 080	29 720	103 280

（2）变动制造费用分配率 = 变动制造费用总额/直接人工总工时，甲公司年度变动制造费用金额为 48 000 元，生产总工时 = 生产总量 × 单位产品定额工时 =（1 200 + 1 400 + 1 300 + 1 600）× 4 = 22 000（工时），A 产品变动制造费用分配率 = 48 000/22 000 = 2. 18。因此，甲公司 2024 年第一季变动制造费用金额 = 直接人工总工时 × 变动制造费用分配率 = 5 000 × 2. 18 = 10 900（元）。

（3）制造费用现金支出是根据制造费用总额扣除折旧费用后得到的现金支出费用，因此，甲公司制造费用现金支出 = 48 000 + 56 000 − 20 000 = 84 000（元）。

【解析】本题考查的知识点是直接材料预算和制造费用预算编制。直接材料预算是以生产预算为编制基础，同时要考虑材料存货水平。其主要内容是材料的单位产品用量、生产需用量、期初和期末存量。预计生产量来自生产预算，生产需用量等于生产量乘以单位产品材料用量。年初材料用量等于上期期末材料存量，年末材料存量是根据下期生产需用量的一定百分比确定。预计采购量 = 生产需用量 + 期末材料存量 − 期初材料存量。直接材料预算也涉及采购货款的支出即现金支出，为编制资金预算提供依据。预计材料采购的现金支出等于偿还上期应付账款和本期应支付的采购货款。

制造费用预算编制分为变动制造费用和固定制造费用预算两部分。变动制造费用是以生产预算为基础编制，用单位产品的标准成本与产量相乘，即可得到相应的预算金额。固定制造费用预算编制与本期生产量无关，按照每季度实际需求进行支付预计。制造费用预算也涉及现金支出，制造费用现金支出等于制造费用总额扣除折旧费用后的金额，因为除折旧费外都需要现金支出。

3.【答案】

（1）现金余缺 = 可供使用现金 − 现金支出，可供使用的现金 = 期初现金余额 + 现金收入。第一季度现金收入 = 100 000 × 60% = 60 000（元），第一季度可供使用的现金 = 60 000 + 10 000 = 70 000（元）；第一季度现金支出等于直接材料、直接人工、制造费用、销售及管理费用、所得税费用之和。因此，第一季度现金支出 = 80 000 × 60% + 16 000 + 10 000 + 6 000 + 10 000 = 90 000（元）；第一季度现金余缺 = 70 000 − 90 000 = −20 000（元）；

现金余缺 + 现金筹措 − 现金运用 = 期末现金余额，公司规定期末现金余额不得低于 10 000 元，假定公司第一季度短期借款金额为 X，则 −20 000 + X − X × 10%/4 = 10 000，X = 30 769. 23 元。

由于银行借款规定必须是 10 000 的整数倍，因此第一季度短期借款金额为 40 000 元。

（2）现金支出总额 = 直接材料 + 直接人工 + 制造费用 + 销售及管理费用 + 所得税费用，第二季度现金支出 = 80 000 × 40% + 60 000 × 60% + 16 000 + 9 000 + 6 000 + 10 000 = 109 000（元）；

可供使用现金 = 期初现金余额 + 现金收入，第二季度期初现金余额等于第一季度期末现金余额，第一季度期末现金余额 = −20 000 + 40 000 − 40 000 × 10%/4 = 19 000（元）；第二季度现金收入 = 100 000 × 40% + 160 000 × 60% = 136 000（元）；

因此，第二季度可供使用现金 = 19 000 + 136 000 = 155 000（元）。

（3）现金收入主要来源于销售预算，第三季度现金收入主要包含本季度销售中可能收到的货款和上季度应收账款在本季度收到的现金；

因此，第三季度现金收入 = 160 000 × 40% + 150 000 × 60% = 154 000（元）。

【解析】本题考查的知识点是资金预算。资金预算是以经营预算和专门决策预算为依据编制的，反映预算预计现金收入与现金支出。资金预算主要由可供使用现金、现金支出、现金余缺、现金筹措与现金运用组成。现金收入主要来源于销售取得的现金收入，现金支出主要包括直接材料、直接人工、制造费用、销售及管理费用、购买设备；可供使用现金 = 期初现金余额 + 现金收入，可供使用现金 − 现金支出 = 现金余缺；现金余缺 + 现金筹措 − 现金运用 = 期末现金余额。

4.【答案】

（1）货币资金项目来源于资金预算的期末现金余额。A 公司第四季度期末现金理想余额为 150 万元，虽然现金余额为 100 万元，但是需要向银行借款 50 万元，满足期末理想现金余额。因此，A = 150 万元。

应收账款项目来源于销售预算，年度应收账款金额等于第四季度应收账款，第四季度应收账款是本季度货款未收到的部分，因此，B = 1 200 × 40% = 480（万元）。

短期借款项目来源于资金预算中的现金筹措。现金筹措 = 期末现金余额 − 现金余缺 + 现金运用。因此，短期借款筹措增加 = 150 − 100 = 50（万元），短期借款期末余额 C = 100 + 50 = 150（万元）。

应付账款项目来源于直接材料采购预算，直接材料采购中未支付的货款形成应付账款。年度应付账款金额等于第四季度应付账款金额，因此，D = 700 × 50% = 350（万元）。

股东权益项目来源于利润表预算，A 公司预计净利润 300 万元，分配股利 100 万元，则未分配利润 = 300 − 100 = 200（万元），未分配利润形成股东权益，因此，股东权益 E = 600 + 200 = 800（万元）。

（2）第一季度现金收入主要包含本季度收到的货款和上年应收账款在本年第一季度收到的货款，第一季度现金收入 = 200 + 1 000 × 60% = 800（万元）。

第一季度现金支出主要是本年第一季度支付的货款和上年应付账款在本年第一季度支付的，第一季度现金支出 = 130 + 500 × 50% = 380（万元）。

【解析】知识点是资产负债表预算。预计资产负债表用来反映企业在计划期内预计的财务状况，编制预计资产负债表的目的在于判断预算反映的财务状况的稳定性和流动性。资产负债表预算是以经营预算、专门决策预算、资金预算和预计利润表进行预算。货币资金来源于资金预算表；应收账款来源于销售预算；应付账款来源于直接材料预算；存货来源于生产产品预算表和直接材料预算表；未分配利润项目来源于利润表预算；短期借款来源于现金预算；长期借款来源于现金预算。

5.【答案】

销售预算如下表所示：

金额单位：元

项目	第一季度	第二季度	第三季度	第四季度	全年
预计销售量（件）	100 000	140 000	130 000	150 000	520 000
预计单价（元/件）	10	10	10	10	10
销售收入	1 000 000	1 400 000	1 300 000	1 500 000	5 200 000
预计现金收入：					
上年应收账款	80 000				80 000
第一季度	600 000	300 000	100 000		1 000 000
第二季度		840 000	420 000	140 000	1 400 000
第三季度			780 000	390 000	1 170 000
第四季度				900 000	900 000
现金收入合计	680 000	1 140 000	1 300 000	1 430 000	4 550 000

【解析】知识点是销售预算。销售预算是指在销售预测的基础上根据销售计划编制的，用于规划预算期销售活动的一种经营预算。销售预算是整个预算的编制起点，其他预算的编制都以销售预算作为基础。销售预算的主要内容是销量、单价和销售收入。销售预算中通常还包括预计现金收入的计算，现金收入包括两部分，即上年应收账款在本季度收到的货款以及本季度销售中可能收到的货款。

6.【答案】

（1）现金收入主要包括本季度销售收到的现金和上季度销售在本季度收到的现金。因此，第三季度现金收入 = 30 × 10 × 60% + 10 × 10 × 40% = 220（万元）。

（2）生产需用量 = 生产量 × 单位产品材料消耗，而生产量根据销售量确定，第二季度生产量 = 预计销售量 + 期末存货量 - 期初存货量，而预计销售量为 10 万件，期末存货量 = 30 × 10% = 3（万件），期初存货量 = 第一季度期末存货量 = 10 × 10% = 1（万件），第二季度预计生产量 = 10 + 3 - 1 = 12（万件）。

因此，第二季度生产需用量 = 120 000 × 2 = 240 000（千克）。

预计采购量 = 生产需用量 + 期末材料存量 - 期初材料存量；第四季度生产需用量 = 生产量 × 单位产品材料消耗，第四季度生产量 = 预计销售量 + 期末存货量 - 期初存货量 = 26 + 1 -（26 × 10%）= 24.4（万件），因此，第四季度生产需用量 = 244 000 × 2 = 488 000（千克）；第四季期初材料存量 = 第四季度生产需用量 × 10% = 488 000 × 10% = 48 800（千克）。

因此，第四季度预计采购量 = 488 000 + 12 000 - 48 800 = 451 200（千克）。

（3）现金支出包含预算期的各项支出，比如直接材料、直接人工、制造费用、销售费用、分配股利、购买设备的支出等都属于预算期现金支出；第四季度直接材料现金支出 = 预计采购金额 = 451 200 × 3 = 1 353 600（元）；第四季度直接人工成本 = 人工总工时 × 每小时人工成本 = 预计生产量 × 单位产品工时 × 每小时人工成本；第四季度预计生产量 = 26 + 1 -（26 × 10%）= 24.4（万件）= 244 000（件），因此第四季度直接人工成本 = 244 000 × 2 × 1.2 = 585 600（元）；第四季度制造费用付现支出为 10 万元；第四季度销售费用支出为 1 万元；第四季度分配股利支出为 10 万元；因此，第四季度现金支出 = 1 353 600 + 585 600 + 100 000 + 10 000 + 100 000 = 2 149 200（元）。

（4）期末现金余额 = 现金余缺 + 现金筹措 - 现金运用。第一季度期末现金余额 = 第一季度期末现金余缺 + 第一季度现金筹措 - 第一季短期借款利息支出。由于理想期末现金余额为 8 万元，且第一季度现金筹措未知，因此，假设第一季度短期借款为 X，则 80 000 = - 20 000 + X - X × 12%/4，X = 103 092.7835 元，银行规定借款额度必须是 10 000 元的整数倍，所以第一季度短期借款金额为 110 000 元。

则第一季度期末现金余额 = - 20 000 + 110 000 - 110 000 × 12%/4 = 86 700（元）。

【解析】本题考查的知识点涉及销售预算、生产预算、直接材料预算、直接人工预算和资金预算。销售预算的主要内容是销量、单价和销售收入。销售预算中通常还包括预计现金收入的计算，现金收入包括两部分，即上年应收账款在本季度收到的货款以及本季度销售中可能收到的货款。生产预算的主要内容有销售量、期初和期末产成品存货、生产量；生产预算的“预计销售量”来自销售预算，预计期末产成品存货 = 下季度销售量的百分比；预计期初产成品存货 = 上季度期末产成品存货；预计生产量 = 预计销售量 + 预计期末产成品存货 - 预计期初产成品存货；直接材料预算其主要内容有材料的单位产品用量、生产需用量、期初和期末存量等。“预计生产量”的数据来自生产预算，“单位产品材料用量”的数据来自标准成本资料或消耗定额资料，“生产需用量”是上述两项的乘积。各季度“期末材料存量”根据下季度生产需用量的一定百分比确定。各季度“期初材料存量”等于上季度的期末材料存量。预计各季度“采购量”根据下式计算确定：预计材料采购量 = 生产需用量 + 期末材料存量 - 期初材料存量；直接材料预算涉及预计材料采购各季度的现金支出。每个季度的现金支出包括偿还上期应付账款和本期应支付的采购货款。直接人工预算其主要内容有预计产量、单位产品工时、人工总工时、每小时人工成本和人工总成本。“预计产量”数据来自生产预算，单位产品人工工时和每小时人工成本数据来自标准成本资料，人工总工时和人工总成本是在直接人工预算中计算出来的。资金预算是以经营预算和专门决策预算为依据编制的，专门反映预算期内预计现金收入与现金支出，以及为满足理想现金余额而进行筹资或归还借款等的预算。资金预算由可供使用现金、现金支出、现金余缺、现金筹措与运用四部分构成，可供使用现金 = 期初现金余额 + 现金收入；可供使用现金 - 现金支出 = 现金余缺；现金余缺 + 现金筹措 - 现金运用 = 期末现金余额。

专题三　筹资管理

命题思路

本专题是历年主观题必考的内容，每年的综合题和计算题都会涉及本专题的知识点，比如2023年（卷一）、2023年（卷二）、2022年（卷一）、2022年（卷三）、2021年（卷二）、2020年（卷二）、2019年（卷二）的计算题，2023年（卷二、卷三）、2022年（卷一）、2021年（卷一、卷二、卷三）、2020年（卷一、卷二）、2019年（卷一、卷二）的综合题都涉及本专题的内容。通过对历年真题的分析，可以看出本专题内容是历年必考的知识点，希望考生多加练习，克服困难。本专题考查的知识点内容比较多，包含销售百分比法、个别资本成本的计算和平均资本成本的计算、边际资本成本的计算、杠杆系数计算、资本结构的优化等内容，每个知识点都很有可能成为2024年主观题考试的内容。虽然本专题知识点内容比较多，但是难度适中，只要理解记忆本专题内容的公式及应用条件，就可以迎刃而解相关问题。本专题的计算题考查比较直接，可以很快辨别出本专题的内容，然后根据考查的内容回忆相关内容，正确运用本专题的知识点，计算正确即可得分；本专题的综合题是将本专题与其他专题的内容相结合一起考查，可能会出现在某一小题进行考查。通过对相关资料的分析，也可以很快辨别出本专题的内容，然后将考查的知识点准确代入，并计算正确即可得分。

经典例题

1. 甲企业是一家上市公司，有关的资料数据如下。

资料一：甲企业2023年末资产负债表如下表所示。

单位：万元

资产	期末余额	负债及所有者权益	期末余额
货币资金	600	应付账款	700
应收账款	800	长期借款	900
存货	500	股本	2 000
固定资产	2 000	留存收益	300
资产合计	3 900	负债及所有者权益合计	3 900

资料二：甲企业2023年实现销售收入4 000万元，净利润为700万元，留存收益率为20%。

资料三：甲公司预计2024年实现销售收入5 000万元，净利润达到870万元。假定甲企业2023年末货币资金、应收账款、存货和应付账款与销售收入的关系百分比保持不变，留存收益率仍为20%。

资料四：甲公司为了外部融资需求，向银行进行长期借款，年利率为10%，每年付息一次，到期一次还本，借款费用率为0.5%，企业所得税率为25%。

要求：根据以上资料，回答如下问题。

（1）根据资料一、资料二、资料三，计算2024年甲企业流动资产的增加额、流动负债的增加额和留存收益的增加额。

（2）根据资料一、资料二、资料三，采用销售百分比法计算2024年甲企业外部融资需求额。

（3）根据资料四，计算甲企业长期借款的资本成本率（不考虑货币时间价值）。

【答案】

（1）甲企业流动资产与销售额的关系百分比=(600+800+500)/4 000=47.5%；

甲企业流动资产增加额=流动资产与销售额的关系百分比×销售额变动额=47.5%×(5 000-4 000)=475（万元）；

甲企业流动负债与销售额的百分比=700/4 000=17.5%；

甲企业流动负债增加额=17.5%×(5 000-4 000)=175（万元）；

甲企业留存收益增加额=700/4 000×5 000×20%=175（万元）。

（2）外部融资需求=流动资产增加额-流动负债增加额-留存收益增加额=475-175-175=125（万元）。

（3）不考虑货币时间价值，银行借款的资本成本率=年利率×(1-所得税税率)/(1-手续费率)=10%×(1-25%)/(1-0.5%)=7.54%。

2. 甲公司正在制定一项针对现有资产生产能力的扩张计划，在不改变现有资本结构的情况下，需要对公司资本成本进行估计以作为项目可行性评价的折现率。估计资本成本的有关资料如下。

（1）公司现有长期负债：面值1 000元，票面利率10%，每年付息一次的不可赎回债券，该债券还有10年到期，当前市价1 051.19元，假设新发行长期债券时采用私募方式，不用考虑发行成本。

（2）公司现有优先股：面值100元，股息率12%，属于每年付息的永久性优先股。其当前市价为116.79元/股。优先股的发行成本为每股2元。

（3）公司现有普通股：当前市价50元/股，最近一次支付的股利为4.19元/股，预期股利的永续增长率为5%，该股票的β系数为1.2。

（4）在当前资本市场上，短期国债利率为7%，市场平均风险溢价为6%。

（5）公司所得税税率为25%。

（6）有关货币时间价值系数如下：(P/A，6%，10)=7.3601；(P/A，7%，10)=7.0236；(P/F，6%，10)=0.5584；(P/F，7%，10)=0.5083。

要求：根据以上资料，回答如下问题。

（1）利用贴现模式计算债券资本成本。

（2）利用一般模式计算优先股的资本成本。

（3）计算普通股资本成本（用资本资产定价模型和股利增长模型两种方法估计，以两者的平均值作为普通股资本成本）。

（4）公司现有资本结构是30%的长期债券、10%的优先股、60%的普通股，根据以上计算得出的长期债券资本成本、优先股资本成本和普通股资本成本估计公司的平均资本成本。

【答案】

（1）1 000×10%×(1-25%)×(P/A，K，10)+1 000×(P/F，K，10)=1 051.19；

75×(P/A，K，10)+1 000×(P/F，K，10)=1 051.19；

估算收益率R=[75+(1 000-1 051.19)/10]/1 051.19=6.65%；

K=6%时，75×(P/A，6%，10)+1 000×(P/F，6%，10)=1 110.41（元）；

K=7%时，75×(P/A，7%，10)+1 000×(P/F，7%，10)=1 035.07（元）；

根据内插法，(K-6%)/(7%-6%)=(1 051.19-1 110.41)/(1 035.07-1 110.41)

债券的税后资本成本=6.79%。

（2）优先股资本成本=100×12%/(116.79-2)=10.45%。

（3）按照股利增长模型：普通股资本成本=当期股利×(1+股利增长率)/目前股票市场价格+股利增长率=4.19×(1+5%)/50+5%=

13.80%

按照资本资产定价模型：普通股资本成本 = 无风险收益率 + β ×（市场平均收益率 - 无风险收益率）= 7% + 1.2 × 6% = 14.2%

普通股资本成本 =（13.80% + 14.2%）/2 = 14%。

（4）加权平均资本成本 = $\sum$ 个别资本成本率 × 个别资本在全部资本中的比重 = 6.79% × 30% + 10.45% × 10% + 14% × 60% = 11.48%。

3. 甲企业是一家制造企业，生产制造销售产品，产销均衡，有关的资料如下。

资料一：2023 年销售产品 50 000 件，产品单价为 80 元/件，单位变动成本为 50 元，固定成本总额为 60 000 元。

资料二：甲公司 2023 年度利息费用为 90 万元，发行在外的普通股为 600 万股，所得税税率为 25%；2024 年甲公司销售额预计增长 6%，其他因素保持不变。

资料三：甲公司 2024 年计划筹资 2 000 万元，有两个筹资方案，方案一向银行借款 2 000 万元，年利息率为 7%；方案二增发普通股股票，发行 500 万股，每股市价为 4 元。

要求：根据以上资料，回答如下问题。

（1）根据资料一，计算甲公司 2023 年息税前利润和盈亏平衡点销售额。

（2）根据资料一和资料二，以 2023 年为基期，计算甲公司经营杠杆系数、财务杠杆系数和总杠杆系数。

（3）根据资料一和资料二，计算甲公司 2024 年预计息税前利润和预计每股收益增长率。

（4）根据资料一、资料二和资料三，计算每股收益无差别点的息税前利润，并据此判断应该选择哪种融资方案。

【答案】

（1）2023 年息税前利润 = 50 000 ×（80 - 50）- 60 000 = 1 440 000（元）；

盈亏平衡点销售额 = 固定成本总额/边际贡献率 = 60 000/0.375 = 160 000（元）。

（2）经营杠杆系数 = 基期边际贡献/基期息税前利润，经营杠杆系数 = 50 000 ×（80 - 50）/ 1 440 000 = 1.04；

财务杠杆系数 = 基期息税前利润/基期利润总额 = 1 440 000/（1 440 000 - 900 000）= 2.67；

总杠杆系数 = 经营杠杆系数 × 财务杠杆系数 = 2.78。

（3）2024 年息税前利润 = 50 000 ×（1 + 6%）×（80 - 50）- 60 000 = 1 530 000（元）；

总杠杆系数 = 普通股收益变动率/产销量变动率，预计每股收益增长率 = 总杠杆系数 × 产销量变动率 = 2.78 × 6% = 16.68%。

（4）（EBIT - 90 - 140）×（1 - 25%）/600 =（EBIT - 90）×（1 - 25%）/（600 + 500），（EBIT - 230）×（1 - 25%）/600 =（EBIT - 90）×（1 - 25%）/1 100，EBIT = 398 万元；

通过（3）的结果得知，预计的息税前利息小于每股收益无差别点的息税前利润，所以应该选择股权融资方案。

4. 甲企业作为一家上市公司，目前有债务资金 2 000 万元，年利息 600 万元，普通股股本 5 000 万股。甲公司由于要扩大经营规模，计划进行筹资，筹资规模为 3 000 万元，所得税税率为 25%，不考虑其他筹资费用因素，现在有三个筹资方案可供选择：

方案一：向银行进行长期借款 1 000 万元，年利率 10%，同时溢价发行 2 000 万元面值 1 600 万元的公司债券，票面利率 12%。

方案二：增发普通股股票 1 000 万股，每股市价 3 元。

方案三：溢价发行 2 000 万元面值 1 500 万元的公司债券，票面利率 12%；同时增发普通股 500 万股，每股市价 3 元。

甲企业追加筹资后，公司实现营业收入 5 000 万元，变动成本总额为 1 200 万元，固定成本总额为 900 万元。

要求：根据以上资料，回答如下问题。

（1）分别计算每两种筹资方案之间的每股收益无差别点。

（2）计算甲企业追加筹资后的息税前利润。

（3）根据（1）和（2）的结果，判断甲企业应该选择哪种筹资方案进行追加筹资，并说明理由。

【答案】

（1）方案一和方案二的每股收益无差别点：（EBIT - 600 - 1 000 × 10% - 1 600 × 12%）×（1 - 25%）/5 000 =（EBIT - 600）×（1 - 25%）/（5 000 +

1 000)，(EBIT - 892)/5 000 = (EBIT - 600)/6 000，EBIT = 2 352 万元；

方案二和方案三的每股收益无差别点：(EBIT - 600) × (1 - 25%)/(5 000 + 1 000) = (EBIT - 600 - 1 500 × 12%) × (1 - 25%)/5 500，(EBIT - 600)/6 000 = (EBIT - 780)/5 500，EBIT = 2 760万元；

方案一和方案三的每股收益无差别点：(EBIT - 600 - 1 000 × 10% - 1 600 × 12%) × (1 - 25%)/5 000 = (EBIT - 600 - 1 500 × 12%) × (1 - 25%)/5 500，(EBIT - 892)/5 000 = (EBIT - 780)/5 500，EBIT = 2 012 万元。

(2) 甲企业追加筹资的息税前利润 = 5 000 - 1 200 - 900 = 2 900 (万元)。

(3) 应该选择方案一进行追加筹资，因为采用方案一的筹资方式，每股收益是最高的。所以甲企业应该选择方案一。

考点总结

考点	内容	公式
销售百分比法	首先确定随销售额变动而变动的资产和负债项目，其次确定有关项目与销售额的稳定比例关系，最后确定需要增加的筹资数量	外部融资需求量 = $A/S_1 \times \Delta S - B/S_1 \times \Delta S - P \times E \times S_2$，A 表示随着销售而变化的敏感性资产，B 表示随着销售而变化的敏感性负债，S_1 表示基期销售额，S_2 表示预测期销售额；ΔS 表示销售额变动额；P 表示销售净利率；E 表示利润留存率
资本成本	银行借款的资本成本率	银行借款的资本成本率 = 年利率 × (1 - 所得税税率)/(1 - 手续费率)
	公司债券的资本成本率	公司债券的资本成本率 = 年利息 × (1 - 所得税税率)/债券筹资总额 × (1 - 手续费率)
	优先股资本成本率	优先股资本成本率 = 优先股年固定股息/优先股发行价格 × (1 - 筹资费用率)
	普通股资本成本率	股利增长模型：普通股资本成本率 = 本期支付的股利 × (1 + 股利增长率)/目前股票市场价格 × (1 - 筹资费用率) + 股利增长率 资本资产定价模型： 普通股资本成本率 = 无风险收益率 + 某股票 β 系数 × (市场平均收益率 - 无风险收益率)
	留存收益资本成本率	其计算与普通股成本相同，分为股利增长模型法和资本资产定价模型，但是其不考虑筹资费用
	平均资本成本	平均资本成本是以各项个别资本成本在企业总资本中的比重为权数，对各项个别资本成本率进行加权平均而得到的总资本成本率
	边际资本成本	边际资本成本是企业进行追加筹资的决策依据，权数采用目标价值确定

考点	内容	公式
杠杆效应	经营杠杆效应	经营杠杆系数 = 息税前利润变动率/产销业务量变动率 = 基期边际贡献/基期息税前利润
	财务杠杆效应	财务杠杆系数 = 基期息税前利润/基期利润总额 = 普通股收益变动率/息税前利润变动率
	总杠杆效应	总杠杆系数 = 普通股收益变动率/产销量变动率 = 基期边际贡献/基期利润总额 = 经营杠杆系数 × 财务杠杆系数
资本结构	每股收益无差别点	每股收益无差别点： $(EBIT - I_1) \times (1 - T) - DP_1/N_1 = (EBIT - I_2) \times (1 - T) - DP_2/N_2$，其中，EBIT 表示息税前利润平衡点，即每股收益无差别点；I_1、I_2 表示两种筹资方案下的债务利息，DP_1、DP_2 表示两种筹资方式下的优先股股利；N_1、N_2 表示两种筹资方式下的普通股股数，T 表示税率
	平均资本成本比较法	平均资本成本比较法是通过计算和比较各种可能的筹资组合方案的平均资本成本，选择平均资本成本率最低的方案
	公司价值分析法	公司价值分析法是以公司市场价值为标准，进行资本结构化

专项突破

一、试题部分

1. 甲公司作为一家上市公司，有关的资料如下。

资料一：甲公司 2023 年末资产负债表如下表所示。

单位：万元

资产	期末余额	负债及所有者权益	期末余额
现金	2 000	短期借款	1 500
应收账款	1 000	应付账款	1 500
存货	2 000	公司债券	2 000
固定资产	4 000	长期资产	2 000
		实收资本	1 000
		留存收益	1 000
资产合计	9 000	负债及所有者权益合计	9 000

资料二：甲公司 2023 年实现销售收入 7 000 万元，销售净利率为 12%，股利支付率 60%。假定甲企业 2024 年销售收入增长 20%，公司有足够的生产能力，无须额外追加固定资产投资。销售净利率和股利支付率保持不变，与上年保持一致。

资料三：甲企业外部筹资是通过发行公司债券获得，甲企业以 1 200 元的价格，溢价发行面值为 1 000 元、期限为 4 年、票面利率为 8% 的公司债券，每年付息一次，到期一次还本，发行费用率为 4%，所得税税率为 25%。

要求：根据以上资料，回答如下问题。

(1) 按照销售百分比法，计算甲企业 2024 年需要增加的资金。

(2) 按照销售百分比法，计算甲企业 2024 年外部筹资额需求量。

(3) 根据资料三，计算甲企业发行公司债券的资本成本（考虑货币时间价值）。

2. 甲企业是一家制造生产产品企业，公司有关的资料如下。

资料一：甲公司 2024 年预计销售额为 3 500 万元，公司通过资金习性分析，采用高低法对 2024 年度资金需要量进行预测，有关历史数据如下表所示。

单位：万元

项目	2018 年	2019 年	2020 年	2021 年	2022 年	2023 年
销售额	2 000	2 400	2 800	2 600	3 000	2 700
资金占用	120	140	160	150	170	155

资料二：甲公司 2023 年实现销售额为 2 700 万元，营业净利率为 5%，股利支付率为 80%。

资料三：甲企业进行外部筹资解决计划投资的资金需求，融资方案如下：溢价发行 5 年期公司债券，债券面值为 600 万元，票面利率为 8%，发行总价为 780 万元，发行费用率为 3%，每年付息一次，到期一次还本；另外向银行借款 1 000 万元，年利率 8%，每年付息一次，到期一次还本，借款费用率为 2%，企业所得税税率为 25%。

要求：根据以上资料，回答如下问题。

(1) 根据资料一，计算单位变动资金和不变资金总额。

(2) 根据资料一和资料二，计算甲企业 2024 年资金需求量和外部筹资金额。

(3) 根据资料三，假如不考虑货币时间价值，计算甲企业的公司债券资本成本和银行借款资本成本。

3. 甲企业是一家上市公司，企业所得税税率为 25%，预计进行投资建设新项目，需要向外部筹资，有关的筹资资料如下。

资料一：甲企业可以向银行借款，年利率为 10%，每年付息一次，到期一次还本，借款费用率为 2%；

资料二：甲企业可以发行面值 1 000 元，期限为 6 年的公司债券，发行价格为 1 200 元，票面利率为 6%，每年付息一次，到期一次还本，发行费用率为 6%；

资料三：甲企业可以发行面值 100 元的优先股，年股息率为 8%，发行价格为 110 元，发行费用率为 3%；

资料四：甲企业可以增发普通股股票，普通股股票市价为 50 元，筹资费用率为 3%，发放现金股利每股 0.8 元，预期股利年增长率为 12%；此时，甲企业普通股 β 系数为 2.1，无风险收益率为 6%，市场平均收益率为 12%；

资料五：甲企业根据目前的资本结构设定筹资方案，分别是长期借款占比 30%，公司债券占比 30%，优先股占比 20%，权益资本占比 20%。

要求：根据以上资料，回答如下问题。

(1) 根据资料一，计算甲企业长期银行借款的资本成本。

(2) 根据资料二，分别采用一般模式和贴现模式计算公司债券的资本成本率。

(3) 根据资料三，计算公司优先股股票的资本成本率。

(4) 根据资料四，分别采用股利增长模型和资本资产定价模型计算公司股票的资本成本率。

(5) 根据资料一至资料五，计算甲公司本次筹资额的平均资本成本（不考虑货币时间价值且普通股资本成本采用股利增长模型计算）。

4. 长江公司生产销售 A 产品，产销平衡。2023 年销售量为 20 万件，产品单价为 20 000 元/件，单位变动成本为 8 000 元/件，固定成本总额为 50 000 万元，利息费用为 6 000 万元，预计 2024 年销售量增长 5%。产品单价、单位变动成本及固定成本总额保持不变。

要求：根据以上资料，回答如下问题。

(1) 计算 2023 年的息税前利润。

(2) 以 2023 年为基期，计算如下指标：经营杠杆系数；财务杠杆系数；总杠杆系数。

(3) 计算 2024 年的预计息税前利润增长率与预计每股收益增长率。

5. A公司是一家上市公司，企业所得税税率为25%，计划追加筹资30 000万元，有关的筹资方案如下。

方案一：A公司向银行借款5 400万元，年利率为8%，每年付息一次；

方案二：A公司发行面值为8 100万元，发行价格为10 000万元的公司债券，票面利率为6%，每年付息一次；

方案三：A公司增发普通股股票16 500万元，此时，甲企业普通股β系数为1.9，无风险收益率为4%，市场平均收益率为10%。

要求：根据以上资料，回答如下问题。

（1）根据方案一，计算A公司长期银行借款的资本成本率。

（2）根据方案二，采用一般模式计算公司债券的资本成本率。

（3）根据方案三，计算公司普通股股票的资本成本率。

（4）计算A公司本次筹资额的平均资本成本率。

6. 某公司计划投资一个项目A，预计该项目的债务资金占40%，债务资金年利率为7%。上市公司B是该行业具有代表性的公司，其中$\beta_{权益}$为1.2，债务与权益的比重为1：1，企业所得税税率为25%。假设无风险报酬率为5%，市场组合的平均报酬率为6%。

要求：计算采用可比公司法估计A投资项目的资本成本。

7. 甲企业作为一家上市公司，公司所得税税率为25%，有关的资料如下。

资料一：甲企业2023年销售量为30 000件，单价为100元/件，单位变动成本为30元/件，固定成本总额为900 000元；

资料二：甲企业2023年末债务资金1 000 000元，年利率为5%，同时，甲企业发行在外的普通股股数为500 000股；

资料三：甲企业计划对生产线进行更新，需要筹资4 000 000元，现有两个筹资方案可供选择：方案一，向银行长期借款4 000 000元，年利率6%，每年付息一次，到期一次还，借款费用率为2%；方案二，增发普通股股数500 000股，每股市价8元。公司持续执行稳定增长的股利政策，每年股利增长率为3%，2023年甲企业发放每股股利1元；

资料四：甲企业更新生产线后，原有单位变动成本保持不变，单价降低到80元/件，产销量增加到50 000件，固定成本总额将增加到1 000 000元。

要求：根据以上资料，回答如下问题。

（1）根据资料一和资料二，计算甲企业2023年的经营杠杆系数；财务杠杆系数；总杠杆系数。

（2）根据资料二，计算2023年每股收益；

（3）根据资料三，计算公司银行借款的资本成本率和普通股股票的资本成本率。

（4）根据资料四，计算甲企业更新生产线后的息税前利润；盈亏平衡点销售额。

二、答案部分

1.【答案】

（1）需要增加的资金 = 增加的敏感性资产 − 增加的敏感性负债，甲企业2023年需要增加的资金 =（5 000/7 000）×7 000×20% −（1 500/7 000）×7 000×20% =700（万元）。

（2）外部筹资额需求量 = 需要增加的资金 − 留存的收益，甲企业2023年外部筹资额需求量 =700 −7 000×（1 +20%）×12% ×（1 −60%）= 296.8（万元）。

（3）考虑货币时间价值的公司债券资本成本设定为K，则，1 200×（1 −4%）=1 000×8% ×（1 −25%）×（P/A，K，4）+1 000×（P/F，K，4）。

采用插值计算法，当K =3%时，1 000×8% ×（1 − 25%）×（P/A，3%，4）+ 1 000 ×（P/F，3%，4）=1 111.526。

当K =2%时，1 000×8% ×（1 −25%）×（P/A，2%，4）+1 000×（P/F，2%，4）=1 152.262；

（K −2%）/（3% −2%）=（1 152 −1 152.262）/（1 111.526 −1 152.262）

K =2.01%。

【解析】知识点是销售百分比法和公司债券资本成本计算。销售百分比法的基本步骤，首先，确定随销售额变动而变动的资产和负债项目；其次，确定有关项目与销售额的稳定比例关系；最后，确定需要增加的筹资数量。外部融资需求量 = $A/S_1 \times \Delta S - B/S_1 \times \Delta S - P \times E \times S_2$。A表示随销售而变化的敏感性资产，B表示随着销售而变化的敏感性负债，S_1 表示基期销售额，S_2 表示预测期销售额；ΔS 表示销售额变动额；P 表示销售净利率；E 表示利润留存率；公司债券资本成本的计算考虑货币时间价值，需要贴现模式，即将债务未来还本付息或股权未来股利分红的贴现值与目前筹资净额相等时的贴现率作为资本成本率，筹资净额现值－未来资本清偿额现金流量现值＝0，得到：资本成本率＝所采用的贴现率。

2.【答案】

（1）根据资金习性，高低点法，单位变动资金＝（最高收入期的资金占用量－最低收入期的资金占用量）/（最高销售收入－最低销售收入），单位变动资金＝（170－120）/（3 000－2 000）＝0.05（元）；

不变资金总额 a＝170－3 000×0.05＝20（万元）。

（2）根据（1）的结果测算出资金占用量的表达式，Y＝20＋0.05X，2024 年销售额为 3 500 万元，所以 2024 年资金占用量 Y＝20＋0.05×3 500＝195（万元）；

外部筹资资金额＝195－155－2 700×5%×（1－80%）＝13（万元）。

（3）公司债券的资本成本＝年利息×（1－所得税税率）/［债券筹资总额×（1－手续费用率）］，甲企业公司债券的资本成本＝600×8%×（1－25%）/［780×（1－3%）］＝4.76%；

甲企业银行借款的资本成本＝年利率×（1－所得税税率）/（1－手续费率）＝8%×（1－25%）/（1－2%）＝6.12%。

【解析】知识点是资金习性法和个别资本成本计算。资金习性法是将资金区分为不变资金和变动资金，根据资金占用额与产销量的关系，将它们之间的关系表示为资金占用量 Y＝不变资金＋单位产销量所需变动资金×产销量。采用高低点法来计算现金占用项目中不变资金和变动资金的数额，单位变动资金＝（最高收入期的资金占用量－最低收入期的资金占用量）/（最高销售收入－最低销售收入），将单位变动资金，代入历史数据，即可得到不变资金的金额。个别资本成本的计算，不考虑货币时间价值一般采用一般模式计算。一般模式下，银行借款的资本成本率＝年利率×（1－所得税税率）/（1－手续费率），公司债券的资本成本率＝年利息×（1－所得税税率）/债券筹资总额×（1－手续费用率）。

3.【答案】

（1）长期借款的资本成本＝年利率×（1－所得税税率）/（1－手续费率）＝10%×（1－25%）/（1－2%）＝7.65%。

（2）一般模式下，公司债券的资本成本率＝年利息×（1－所得税税率）/［债券筹资总额×（1－手续费用率）］＝1 000×6%×（1－25%）/［1 200×（1－6%）］＝3.99%；

贴现模式下，设定公司债券的资本成本率为 K，1 200×（1－6%）＝1 000×6%×（1－25%）×（P/A，K，6）＋1 000×（P/F，K，6）＝1 128；

采用差值计算法，当 K＝1%，1 000×6%×（1－25%）×5.7955＋1 000×0.942＝1 120.8；

当 K＝2%，1 000×6%×（1－25%）×5.6014＋1 000×0.888＝1 140.06；

（K－1%）/（2%－1%）＝（1 128－1 120.8）/（1 140.06－1 120.8），K＝1.37%。

（3）优先股股票的资本成本率＝优先股年固定股息/［发行价格×（1－筹资费用率）］＝100×8%/［110×（1－3%）］＝7.5%。

（4）股利增长模型下普通股股票的资本成本率＝0.8×（1＋12%）/［50×（1－3%）］＋12%＝13.85%；

资本资产定价模型下普通股股票的资本成本率＝6%＋2.1×（12%－6%）＝18.6%。

（5）平均资本成本率＝各项个别资本成本在企业总资本中的比重×个别资本成本率，平均资本成本率＝30%×7.65%＋30%×3.99%＋20%×7.5%＋20%×13.85%＝7.76%。

【解析】知识点是个别资本成本的计算和平均资本成本的计算。个别资本成本的计算模式采用一般模式和贴现模式，一般模式不考虑货币时间价值，贴现模式考虑货币时间价值因素。银行借款的资本成本率＝年利率×（1－所得税税率）/（1－手续费率），公司债券资本成本率，一般模式下，公司债券的资本成本率＝年利息×（1－所得税税率）/［债券筹资总额×（1－手续费率）］，贴现模式下，债券筹资总额×（1－手续费率）＝年利息×（1－所得税税率）的现值＋公司债券本金的现值，贴现率即是公司债券资本成本率；优先股资本成本率＝优先股年固定股息/优先股发行价×（1－筹资费用率）；普通股的资本成本率，股利增长模型下普通股资本成本率=本期股利×(1+股利增长率)/[股票市场价格×(1-筹资费用率)]+股利增长率，资本资产定价模型下，普通股资本成本率=无风险收益率+β×(市场平均收益率-无风险收益率)；平均资本成本的计算，企业的平均资本成本是以各项个别资本成本在企业总资本中的比重为权数，对各项个别资本成本率进行加权平均而得到的总资本成本率。

4.【答案】

(1) 2023年的息税前利润=20×(20 000-8 000)-50 000=190 000（万元）

(2) 经营杠杆系数=基期边际贡献/基期息税前利润=20×(20 000-8 000)/50 000=4.8

财务杠杆系数=基期息税前利润/基期利润总额=50 000/(50 000-6 000)=1.14

总杠杆系数=经营杠杆系数×财务杠杆系数=4.8×1.14=5.472

(3) 2024年的预计息税前利润增长率=经营杠杆系数×产销业务量变动率=4.8×5%=24%

2024年的预计每股收益增长率=总杠杆系数×产销量变动率=5.472×5%=27.36%

【解析】知识点是杠杆效应。经营杠杆系数=基期边际贡献/基期息税前利润=息税前利润变动率/产销业务量变动率；财务杠杆系数=基期息税前利润/基期利润总额；总杠杆系数=普通股收益变动率/产销量变动率=经营杠杆系数×财务杠杆系数。

5.【答案】

(1) 长期借款的资本成本率=年利率×(1-所得税税率)/(1-手续费率)=8%×(1-25%)=6%

(2) 发行债券的资本成本率=年利息×(1-所得税税率)/[债券筹资总额×(1-手续费率)]=8 100×6%×(1-25%)/10 000=3.65%

(3) 普通股股票的资本成本率=无风险收益率+β×(市场平均收益率-无风险收益率)=4%+1.9×(10%-4%)=15.4%

(4) 平均资本成本率=$\sum$个别资本成本率×个别资本在全部资本中的比重=6%×5 400/30 000+3.65%×8 100/30 000+15.4%×16 500/30 000=10.54%

【解析】知识点是个别资本成本的计算和平均资本成本的计算。银行借款的资本成本率=年利率×(1-所得税税率)/(1-手续费率)，公司债券资本成本率，一般模式下，公司债券的资本成本率=年利息×(1-所得税税率)/[债券筹资总额×(1-手续费率)]，贴现模式下，债券筹资总额×(1-手续费率)=年利息×(1-所得税税率)的现值+公司债券本金的现值，贴现率即是公司债券资本成本率；普通股的资本成本率，股利增长模型下普通股资本成本率=本期股利×(1+股利增长率)/[股票市场价格×(1-筹资费用率)]+股利增长率，资本资产定价模型下，普通股资本成本率=无风险收益率+β×(市场平均收益率-无风险收益率)；平均资本成本的计算，企业的平均资本成本是以各项个别资本成本在企业总资本中的比重为权数，对各项个别资本成本率进行加权平均而得到的总资本成本率。

6.【答案】

卸载可比公司的财务杠杆：$\beta_{资产}$=1.2÷[1+(1-25%)×1/1]=0.69。

加载待估的投资项目财务杠杆：$\beta_{权益}$=0.69×[1+(1-25%)×0.4/0.6]=1.035。

根据得出的投资项目$\beta_{权益}$计算股东权益资产成本：股东权益成本=5%+1.035×(6%-5%)=6.04%。

计算投资项目的资本成本：项目A的资本成本=7%×(1-25%)×40%+6.04%×60%=5.72%。

【解析】知识点是可比公司法估计投资项目资本成本。可比公司法是寻找一个经营业务与待估计的投资项目类似的上市公司，以该上市公司的β值替代待评估项目的系统风险，这种方法称为替代公司法，运用可比法调整的基本步骤如下：(1) 卸载可比公司财务杠杆，$\beta_{资产}=\beta_{权益}$÷[1+(1-T)×(负债/权益)]，$\beta_{资产}$是假设全部用权益资本融资的β值；(2) 加载待估的投资项目财务杠杆，$\beta_{权益}=\beta_{资产}$×[1+(1-T)×(负债/权益)]；(3) 根据得出的投资项目$\beta_{权益}$计算股东权益资本成本，投资项目股东权益成本采用资本资产定价模型计算；(4) 计算投资项目的资本成本，投资项目的资本成本，按照加权平均方法计算，综合资本成本 = 负债利率 ×（1 - 税率）×（负债/资本）+ 股东权益成本 × 股东权益/资本。

7.【答案】

（1）边际贡献 = 30 000 ×（100 - 30）= 2 100 000（元）；

息税前利润 = 2 100 000 - 900 000 = 1 200 000（元）；

经营杠杆系数 = 2 100 000/1 200 000 = 1.75；

利润总额 = 息税前利润 - 利息费用 = 1 200 000 - 1 000 000 × 5% = 1 150 000（元）；

财务杠杆系数 = 1 200 000/1 150 000 = 1.04；

总杠杆系数 = 1.75 × 1.04 = 1.82。

（2）2023 年每股收益 =（1 200 000 - 1 000 000 × 5%）×（1 - 25%）/500 000 = 1.725（元/股）。

（3）银行借款的资本成本率 = $\frac{\text{年利率}\times(1-\text{所得税税率})}{1-\text{手续费率}}$ = 6% ×（1 - 25%）/（1 - 2%）= 4.59%。

普通股的资本成本率 = 当期股利 ×（1 + 股利增长率）/股票市场价格 + 股利增长率 = 1 ×（1 + 3%）/8 + 3% = 15.88%。

（4）息税前利润 = 50 000 × 80 - 50 000 × 30 - 1 000 000 = 1 500 000（元）

盈亏平衡点销售额 = 1 000 000/（80 - 30）= 20 000（元）。

【解析】知识点是杠杆效应、每股收益计算、个别资本成本、盈亏平衡点分析。经营杠杆系数 = 基期边际贡献/基期息税前利润，财务杠杆系数 = 基期息税前利润/基期利润总额，总杠杆系数 = 普通股收益变动率/产销量变动率 = 经营杠杆系数 × 财务杠杆系数；银行借款的资本成本率 = 年利率 ×（1 - 所得税税率）/（1 - 手续费率），普通股的资本成本率 = 当期股利 ×（1 + 股利增长率）/股票市场价格 ×（1 - 筹资费用率）+ 股利增长率。

专题四　投资管理

命题思路

本专题是财务管理考试重要的章节，内容主要来自第六章投资管理部分的知识点。本专题属于历年主观题都会考试的部分，要引起考生的注意，是考生需要重点复习的部分。近几年真题考试主要在2023年（卷一）、2021年（卷一）、2020年（卷一）、2020年（卷三）、2019年（卷二）、2018年（卷二）的计算题，2023年（卷二、卷三）、2022年（卷一、卷二、卷三）、2021年（卷一、卷二、卷三）、2020年（卷一、卷二）、2019年（卷一）、2018年（卷一）的综合题都涉及本专题的内容。通过历年真题考试的频率可以看出，本专题是历年真题必考的知识点，需要重点掌握。本专题主要的知识点是项目现金流量、净现值法、年金净流量、现值指数、回收期、互斥投资项目决策等内容，虽然本专题知识点比较多，需要记忆的公式相对比较多，但是只要考生理解记忆本专题的内容，可以应对本专题的考查。通过历年真题可以看出，无论是计算题，还是综合题，对本专题的考试题目都比较直接，并且都是对知识内容的直接考查，只要考生融会贯通本专题的知识点，将本专题知识点直接代入相关题目就可以获得正确解答。

经典例题

1. 甲企业为了扩大生产能力，计划购买一条生产线，有关资料如下。

资料一：生产线需要投资500万元，寿命期为5年，采用直线法计提折旧，生产线预计期末净残值为100万元。该生产线购买即投入生产使用，甲企业计提折旧的方法、年限等与税法规定一致。

资料二：该生产线投入运营之后，1～3年每年为甲企业带来营业收入350万元，每年的付现成本为150万元，4～5年每年为甲企业带来营业收入420万元，每年付现成本为200万元，项目终结时，预计净残值全额收回。生产线投入运营时，甲企业需要垫支营运资金20万元。

资料三：假设甲企业项目的折现率为8%，企业所得税税率为25%，有关的货币时间价值如下表所示。

期数（n）	3	4	5
（P/F，i，n）	0.7938	0.735	0.6806
（P/A，i，n）	2.5771	3.3121	3.9927

要求：根据以上资料，回答如下问题。

（1）计算该项目第1～4年营业现金净流量和第5年现金净流量。

（2）计算该项目的原始投资额。

（3）计算该项目的净现值，并判断该项目是否可行。

【答案】

（1）营业现金净流量＝税后净利润＋折

旧=收入×(1-所得税税率)-付现成本×(1-所得税税率)+非付现成本×所得税税率；

每年折旧额=(500-100)/5=80（万元）；

由于1~3年每年销售收入相同，所以第1~3年营业现金净流量=(350-150-80)×(1-25%)+80=170（万元）；

第4年营业现金净流量=(420-200-80)×(1-25%)+80=185（万元）；

第5年现金净流量=营业现金净流量+项目净残值的收回+垫支营运资金的收回=(420-200-80)×(1-25%)+80+100+20=305（万元）。

(2) 该生产线的原始投资额即对该生产线长期投资和垫支的营运资金，该生产线的原始投资额=500+20=520（万元）。

(3) 净现值=未来现金净流量现值-原始投资额现值，净现值=170×(P/A，8%，3)+185×(P/F，8%，4)+305×(P/F，8%，5)-520=170×2.5771+185×0.735+305×0.6806-520=261.665（万元）；

根据净现值法进行判断，当净现值大于0时，说明方案的投资收益刚好达到所要求的投资收益，方案是可行的，因此甲企业应该购买这条生产线。

2. 信合公司于2021年初买入两种股票，有关资料如下。

(1) 购买并长期持有A公司股票，购买价格为每股14元。A公司未来每年年末派发的现金股利均为0.7元/股。

(2) 购买并暂时持有B公司股票，购买价格为每股26元。B公司2021年末派发现金股利2元/股，2022年末派发现金股利3.5元/股，信合公司于2023年初以每股32元价格出售Y公司股票。经测算，信合公司对B公司股票投资的内部收益率介于20%与21%之间。

要求：根据以上资料，回答如下问题。

(1) 计算对A公司股票投资的内部收益率。

(2) 分别以20%和21%作为折现率，计算对B公司股票投资的净现值，并采用插值法计算对B公司股票投资的内部收益率。

【答案】

(1) 对A公司股票投资的内部收益率=0.7/14=5%

(2) 当折现率=20%时，对B公司股票投资的净现值=$2/(1+20\%)+3.5/(1+20\%)^2+32/(1+20\%)^2-26=0.32$（元/股）

当折现率=21%时，对B公司股票投资的净现值=$2/(1+21\%)+3.5/(1+21\%)^2+32/(1+21\%)^2-26=-0.1$（元/股）

设对B公司股票投资的内部收益率为i：

$(i-20\%)/(21\%-20\%)=(0-0.32)/(-0.1-0.32)$

解得：i=20.76%

3. 甲企业是一家生产制造公司，为了符合节能减排的要求，甲企业需要更新一台旧设备，重新购买一台新设备，新设备一次性投入并能立即投入运营，设备更新后不改变原有的生产能力，也不会额外增加企业的营业收入。假设甲企业当前的贴现率为10%，企业所得税税率为25%，有关资料数据如下表所示。

项目	旧设备	新设备
原价	36 000	46 000
预计使用年限（年）	8	8
已经使用年限（年）	3	0
税法残值	4 000	6 000
最终报废残值	4 500	5 200
目前变现价值	12 000	35 000
每年折旧费（直线法）	4 000	5 000
每年营运成本	10 000	9 000

有关货币时间价值系数如下：(P/A，10%，8)＝5.3349；(P/A，10%，5)＝3.7908。

要求：根据以上资料，回答如下问题。

(1) 计算新旧设备税后残值收入。

(2) 计算新旧设备每年税后投资额。

(3) 计算新旧设备年金成本。

(4) 运用年金成本方法，判断甲公司是否应该更新设备。

【答案】

(1) 新设备税后残值收入＝5 200－(5 200－6 000)×25%＝5 400（元）；

旧设备税后残值收入＝4 500－(4 500－4 000)×25%＝4 375（元）。

(2) 投资额等于原始投资额与残值变现收入现值的差额，新设备税后投资额＝(46 000－5 400)/(P/A，10%，8)＋5 400×10%＝8 150.26（元）；

旧设备投资额＝12 000＋(36 000－4 000×3－12 000)×25%＝15 000（元）；

旧设备税后投资额＝(15 000－4 375)/(P/A,10%,5)＋4 375×10%＝(1 500－4 375)/3.7908＋4 375×10%＝3 240.34（元）。

(3) 年金成本＝税后投资额＋税后营运成本－折旧额抵税，新设备年金成本＝8 150.26＋9 000×(1－25%)－5 000×25%＝13 650.26（元）；

旧设备年金成本＝3 240.34＋10 000×(1－25%)－4 000×25%＝9 740.34（元）。

(4) 通过上述的计算，继续使用旧设备的年金成本低于购买新设备的年金成本，所以甲企业应该继续使用旧设备。

4. 甲企业是一家上市公司，计划投资某项目，有关资料如下。

资料一：该项目需要一次性投入2 000万元，建设期为0，使用年限预计为5年，采用直线法计提折旧，预计净残值为600万元，该项目开始投产时需要垫支营运资金700万元，在项目终结时一次性收回。该项目投产运营后每年为甲企业增加营业收入1 000万元，增加营业成本（包含付现成本和非付现成本）500万元。假设甲企业所要求的最低投资收益率为9%，企业所得税税率为25%。

资料二：为了满足投资资金需求，有两个筹资方案：方案一向银行取得5年期长期借款，年利率为10%，每年付息一次，到期一次还本，借款费用为0.3%，所得税税率为25%；方案二发行公司债券，以2 000万元的价格发行面值为2 000万元，期限为5年，票面利率为7%的公司债券。每年付息一次，到期一次还本，发行费用率为4%，所得税税率为25%。

资料三：有关的货币时间价值系数如下：

(P/A，9%，4)＝3.2397；(P/A，9%，5)＝3.8897；(P/F，9%，4)＝0.7084；(P/F，9%，5)＝0.6499。

要求：根据以上资料，回答如下问题。

(1) 根据资料一，测算项目每年的现金净流量。

(2) 根据资料一，测算项目的净现值、年金净流量、现值指数和静态回收期。

(3) 根据资料二，测算银行借款的资本成本率；公司债券的资本成本率。

【答案】

(1) 第0年现金净流量＝长期投资项目＋营运资金的垫支＝－2 000－700＝－2 700（万元）；

折旧＝(2 000－600)/5＝280（万元）；

第1年现金净流量＝营业现金净流量＝税后净利润＋折旧＝(1 000－500)×(1－25%)＋280＝655（万元）；

第2年现金净流量＝税后净利润＋折旧＝(1 000－500)×(1－25%)＋280＝655（万元）；

第3年现金净流量＝税后净利润＋折旧＝(1 000－500)×(1－25%)＋280＝655（万元）；

第4年现金净流量＝税后净利润＋折旧＝(1 000－500)×(1－25%)＋280＝655（万元）；

第5年现金净流量＝营业现金净流量＋终结期现金净流量＝(1 000－500)×(1－25%)＋280＋600＋700＝1 955（万元）。

(2) 项目净现值＝未来现金净流量的现值－原始投资额现值＝655×3.2397＋1 955×0.6499－2 700＝692.56（万元）；

年金净流量＝现金净流量总现值/年金现值系数＝692.56/(P/A，9%，5)＝692.56/3.8897＝178.05（万元）；

现值指数＝未来现金净流量现值/原始投资额现值＝(655×3.2397＋1 955×0.6499)/2 700＝1.26；

静态回收期 = M + 第 M 年尚未收回额/第 M + 1 年的现金净流量 = 4 + 80/1 955 = 4.04（年）。

（3）银行借款的资本成本率 = 年利率 ×（1 − 所得税税率）/（1 − 手续费用率）= 10% ×（1 − 25%）/（1 − 0.3%）= 7.52%；

公司债券的资本成本率 = 年利息 ×（1 − 所得税税率）/债券筹资总额 ×（1 − 手续费用率）= 2 000 × 7% ×（1 − 25%）/2 000 ×（1 − 4%）= 105/1 920 = 5.47%。

考点总结

内容	知识点	公式
项目现金流量	投资期现金流量	投资期现金流量 = 长期资产投资 + 营运资金垫支
	营业期现金流量	营业期现金流量 = 营业收入 − 付现成本 = 营业收入 − 付现成本 − 所得税 = 税后营业利润 + 非付现成本 = 收入 ×（1 − 所得税税率）− 付现成本 ×（1 − 所得税税率）+ 非付现成本 × 所得税税率
	终结期现金流量	终结期现金流量 = 固定资产变价净收入 + 固定资产变现净损益 + 垫支营运资金的收回
项目投资评价	净现值	净现值 = 未来现金净流量现值 − 原始投资额现值
	年金净流量	年金净流量 = 现金净流量总现值/年金现值系数
	现值指数	现值指数 = 未来现金净流量现值/原始投资额现值
	静态回收期	静态回收期 = 原始投资额/每年现金净流量 = M + 第 M 年的尚未收回额/第 M + 1 年的现金净流量
	动态回收期	动态回收期 = 原始投资额现值/每年现金净流量 = M + 第 M 年的尚未收回额的现值/第 M + 1 年的现金净流量现值
	内含收益率	未来每年现金净流量 × 年金现值系数 − 原始投资额现值 = 0，利用插值法计算出相应的贴现率 i，该贴现率就是方案的内含收益率

内容	知识点	公式
项目投资管理	独立投资方案决策	各独立方案进行优先排序时，以各独立方案的获利程度作为标准，一般采用内含收益率法进行比较决策
	互斥投资方案决策	互斥决策以方案的获利数额作为评价标准，一般采用净现值法和年金净流量法进行决策；项目寿命期不等的互斥投资项目比较时：一是采用共同年限法；二是年金净流量法
	固定资产更新决策	寿命期相同的设备重置决策，采用净现值法；寿命期不同的设备重置决策，采用年金净流量法决策，年金成本 = 各项目现金净流出现值之和/年金现值系数 =（原始投资额 − 残值收入）/年金现值系数 + 残值收入 × 贴现率 +（年营运成本现值之和）/年金现值系数

专项突破

一、试题部分

1. 甲企业作为一家上市公司，计划进行某项投资活动，有关资料如下：该投资项目的投资总额为2 000万元，甲企业于年初支付投资总额的30%，于年末支付投资总额的70%，该投资项目建设期为0，使用年限为5年，预计净残值为600万元，采用直线法计提折旧；该项目投产运营时需要垫支营运资金500万元，于年初进行垫支支付，并在项目结束后一次性收回；项目投产后第1～4年增加营业收入1 500万元，增加付现成本为500万元，第5年增加税后营业利润500万元。甲企业的企业所得税税率为25%，项目折现率为8%。有关货币时间价值系数如下：(P/A，8%，4)=3.3121；(P/A，8%，5)=3.9927；(P/F，8%，1)=0.9259；(P/F，8%，5)=0.6806。

要求：根据以上资料，回答如下问题。

(1) 计算项目原始投资额。

(2) 计算项目第1～4年每年营业现金净流量。

(3) 计算项目第5年现金净流量。

(4) 计算该项目的净现值，并作出判断决策。

2. 甲企业作为一家上市公司，计划进行投资建设项目，现有两个方案可供选择。

资料一：甲企业投资于A方案，A方案建设期为0，建设起点需要一次性投入1 500万元，使用年限为5年，预计净残值为800万元，投资项目每年为甲企业带来营业收入800万元，每年增加付现成本500万元，该投资开始投产时需要垫支营运资金500万元，项目终结时一次性收回，该项目采用直线法计提折旧。

资料二：甲企业投资于B方案，B方案建设期为2年，建设期每年年初分别投入1 500万元，预计使用年限为6年，项目预计净残值为0，投资项目建成投产后第一年为企业增加营业收入1 200万元，以后每年营业收入增加10%，预计每年增加付现成本为600万元，该项目采用直线法计提折旧。

甲公司要求的投资收益率为8%，企业所得税税率为25%，有关货币时间价值系数为：

(P/A，8%，4)=3.3121；(P/A，8%，5)=3.9927；(P/A，8%，6)=4.6229；(P/F，8%，1)=0.9259；(P/F，8%，2)=0.8573；(P/F，8%，3)=0.7938；(P/F，8%，4)=0.7350；(P/F，8%，5)=0.6806；(P/F，8%，6)=0.6302；(P/F，8%，7)=0.5835；(P/F，8%，8)=0.5403；(P/F，8%，9)=0.5002。

要求：根据以上资料，回答如下问题。

(1) 根据资料一，计算A方案每年的现金净流量。

(2) 根据资料二，计算B方案每年的现金净流量。

(3) 根据资料一，计算A方案的净现值、年金净流量。

(4) 根据资料二，计算B方案的净现值、年金净流量。

(5) 根据以上资料，甲企业应该采用净现值法还是年金净流量法，判断选择A方案还是B方案。

3. A公司是一家上市公司，企业所得税税率为25%，A公司计划进行新旧设备的更替，有关资料如下。

资料一：旧设备的原价为2 500万元，预计使用年限10年，已使用4年，采用直线法计提折旧，预计净残值为400万元，目前旧设备的变现价值为1 900万元。该设备每年为甲企业带来销售收入3 500万元，变动成本总额为900万元，固定成本总额为1 200万元。

资料二：旧生产设备每年的全部成本中，除了折旧外均是付现成本。

资料三：新设备的投资总额为2 250万元，建设期为0，投产时需要垫支营运资金700万元，于营业期结束后一次性收回；新设备使用年限为9年，采用直线法计提折旧，预计净残值为0；新设备投产后每年为企业增加营业收入4 000

万元，增加付现成本1 500万元。

资料四：A公司采用新旧设备重置决策时，采用的项目折现率为10%，有关的资金时间价值系数如下：（P/A，10%，6）= 4.3553；（P/A，10%，8）= 5.3349；（P/A，10%，9）= 5.759；（P/F，10%，6）= 0.5645；（P/F，10%，9）= 0.4241。

要求：根据以上资料，回答如下问题。

（1）根据资料一和资料二，计算旧设备的年营运成本（付现成本）和年营业现金净流量。

（2）根据资料三，计算新设备每年的现金净流量。

（3）根据资料三和资料四，计算新设备的净现值和年金净流量。

（4）根据以上资料，计算新旧设备的年金成本（假设不考虑企业所得税的影响），并进行判断决策，同时说明理由。

4. 甲企业作为一家上市公司，企业所得税税率为25%，为了提高生产经营能力，计划进行新旧生产线的更新置换，相关资料数据如下。

资料一：新旧生产线的有关资料如下表所示。

金额单位：万元

项目	旧生产线	新生产线
原价	3 000	2 400
预计使用年限（年）	10	6
已经使用年限（年）	4	0
税法残值	500	0
最终报废残值	400	0
目前变现价值	1 800	2 400
每年折旧费	250	400
每年付现成本	700	800
每年营业收入	1 000	1 600

资料二：甲企业对项目要求的折现率为10%，有关货币时间价值系数 =（P/A，10%，6）=4.3553。

资料三：甲企业为了满足新生产线的购置资金的需求，有两个筹资方案：方案一，以银行借款的方式筹资2 400万元，年利率为10%；方案二，发行普通股股票600万股，每股发行价4元，甲公司目前有债务资金4 000万元，平均年利率为5%，甲公司年初普通股股数为2 000万股。

资料四：经测算，追加筹资后预计年息税前利润为1 800万元。

要求：根据以上资料，回答如下问题。

（1）根据资料一，计算旧生产线的目前账面价值、目前资产报废损失、资产报废损益对所得税的影响、残值报废损失减税。

（2）根据资料一和资料二，计算新生产线的每年折旧额抵税、残值变价收入、残值净损益纳税、净现值。

（3）假设旧生产线的净现值为212.56万元，则甲企业是否应该更新生产线，并说明理由。

（4）根据资料三和资料四，计算两个筹资方案的每股收益无差别点的息税前利润，并作出判断选择哪种融资方案。

二、答案部分

1.【答案】

（1）项目原始投资额 = 长期投资额 + 垫支营运资金 =2 000 +500 =2 500（万元）。

（2）项目每年折旧额 =（2 000 −600）/5 =

280（万元）；

第1~4年每年营业现金净流量=营业收入×（1-25%）-付现成本×（1-25%）+非付现成本×25%=1 500×（1-25%）-500×（1-25%）+280×25%=820（万元）。

（3）项目第5年现金净流量=项目营业现金净流量+项目终结点现金净流量=500+280+600+500=1 880（万元）。

（4）项目净现值=未来现金净流量现值-原始投资额现值=820×（P/A，8%，4）+1 880×（P/F，8%，5）-500-2 000×30%-2 000×70%×（P/F，8%，1）=820×3.3121+1 880×0.6806-500-600-1 400×0.9259=1 599.19（万元）。

甲企业应该选择投资该项目，因为该项目的净现值大于0。

【解析】知识点是项目现金净流量和净现值法，现金流量的各个项目存在于投资期、营业期、终结期。投资期的现金流量即在该投资项目的原始投资额，包含在长期资产上的投资和垫支的营运资金；营业期现金流量=营业收入-付现成本-所得税=税后营业利润+非付现成本；终结期现金流量主要包括固定资产变价收入、固定资产变现净损益和垫支营运资金的收回。净现值则等于未来现金净流量现值与原始投资额现值之间的差额，当净现值大于0时，说明方案实际投资收益率高于所要求的收益率，方案可行。

2.【答案】

（1）A方案建设期为0，所以第0年现金净流量=-1 500-500=-2 000（万元）；

营业期现金净流量=税后净利润+折旧=收入×（1-所得税税率）-付现成本×（1-所得税税率）+非付现成本×税率，A方案每年折旧额=（1 500-800）/5=140（万元）；

A方案1~4年每年现金净流量=营业现金净流量=800×（1-25%）-500×（1-25%）+140×25%=260（万元）；

A方案第5年现金净流量=营业现金净流量+终结期现金流量=260+800+500=1 560（万元）。

（2）B方案建设期为2年，每年年初分别投入1 500万元，所以第0年现金净流量=-1 500万元；

第1年现金净流量=-1 500万元；

第2年现金净流量=0元；

B方案每年折旧额=（1 500+1 500）/6=500（万元）；

第3年现金净流量=营业期现金净流量=收入×（1-所得税税率）-付现成本×（1-所得税税率）+非付现成本×税率=1 200×（1-25%）-600×（1-25%）+500×25%=575（万元）；

第4年现金净流量=1 200×（1+10%）×（1-25%）-600×（1-25%）+500×25%=665（万元）；

第5年现金净流量=1 200×$(1+10\%)^2$×（1-25%）-600×（1-25%）+500×25%=764（万元）；

第6年现金净流量=1 200×$(1+10\%)^3$×（1-25%）-600×（1-25%）+500×25%=872.9（万元）；

第7年现金净流量=1 200×$(1+10\%)^4$×（1-25%）-600×（1-25%）+500×25%=992.69（万元）；

第8年现金净流量=1 200×$(1+10\%)^5$×（1-25%）-600×（1-25%）+500×25%=1 124.46（万元）。

（3）A方案净现值=260×（P/A，8%，4）+1 560×（P/F，8%，5）-2 000=260×3.3121+1 560×0.6806-2 000=-77.118（万元）；

A方案年金净流量=-77.118/（P/A，8%，5）=59.002/3.9927=-19.31（万元）。

（4）B方案净现值=575×（P/F，8%，3）+665×（P/F，8%，4）+764×（P/F，8%，5）+872.9×（P/F，8%，6）+992.69×（P/F，8%，7）+1 124.46×（P/F，8%，8）-1 500×（P/F，8%，1）-1 500=313.22（万元）；

B方案年金净流量=313.22/（P/A，8%，6）=313.22/4.6229=67.75（万元）。

（5）因为A、B两个方案的使用年限不同，所以不能直接采用净现值法进行比较，应该选择年金净流量法比较。通过年金净流量可以得知，A方案年金净流量为负数，小于B方案的年金净流量，所以甲企业应该选择B方案。

【解析】知识点是项目现金净流量、净现值法和年金净流量法。现金流量的各个项目存在于投资期、营业期、终结期。投资期的现金流量即在该投资项目的原始投资额，包含在长期资产上的投资和垫支的营运资金，投资期的现金流量；营业期现金流量 = 营业收入 - 付现成本 - 所得税 = 税后营业利润 + 非付现成本；终结期现金流量主要包括固定资产变价收入、固定资产变现净损益和垫支营运资金的收回。净现值则等于未来现金净流量现值与原始投资额现值之间的差额，当净现值大于 0 时，说明方案实际投资收益率高于所要求的收益率，方案可行。年金净流量 = 现金净流量总现值/年金现值系数，年金净流量法可以适用于期限不同的投资方案决策。

3.【答案】

（1）旧设备每年的折旧额 =（2 500 - 400）/10 = 210（万元）；

旧设备的年营运成本的付现成本 = 900 + 1 200 - 210 = 1 890（万元）；

旧设备年营业现金净流量 = 3 500 ×（1 - 25%）- 1 890 ×（1 - 25%）+ 210 × 25% = 1 260（万元）。

（2）新设备每年折旧额 = 2 250/9 = 250（万元）；

新设备第 0 年现金净流量 = -（2 250 + 700）= -2 950（万元）；

新设备第 1 ~ 8 年现金净流量 = 4 000 ×（1 - 25%）- 1 500 ×（1 - 25%）+ 250 × 25% = 1 937.5（万元）；

新设备第 9 年现金净流量 = 1 937.5 + 0 + 700 = 2 637.5（万元）。

（3）新设备的净现值 = 1 937.5 ×（P/A，10%，8）+ 2 637.5 ×（P/F，10%，9）- 2 950 = 1 937.5 × 5.3349 + 2 637.5 × 0.4241 - 2 950 = 8 504.93（万元）；

新设备的年金净流量 = 8 504.93/（P/A，10%，9）= 8 504.93/5.759 = 1 476.81（万元）。

（4）旧设备的年金成本 =（原始投资额 - 残值收入 × 复利现值系数）/年金现值系数 + 年营运成本 =（1 900 - 400 × 0.5645）/4.3553 + 1 890 = 2 274.41（万元）；

新设备的年金成本 =（原始投资额 - 残值收入 × 复利现值系数）/年金现值系数 + 年营运成本 = 2 250/5.759 + 1 500 = 1 890.69（万元）；

通过上述计算得知，应该更换新设备，因为旧设备的年金成本大于新设备的年金成本。

【解析】本题考查的知识点是项目现金流量和寿命期不同的设备重置决策。项目现金流量包含投资期现金流量、营业期现金流量和项目终结期现金流量，投资期现金流量是包含原始投资和垫支的营运资金，营业期现金流量 = 收入 ×（1 - 所得税税率）- 付现成本 ×（1 - 所得税税率）+ 非付现成本 × 所得税税率；终结期现金流量主要包括固定资产变价收入、固定资产变现净损益和垫支的营运资金的收回。寿命期不同的设备重置方案的决策，应该采用年金净流量法，使用年金成本方式决策，年金成本 = 各项目现金净流量出现值之和/年金现值系数 =（原始投资额 - 残值收入 × 复利现值系数）/年金现值系数 + 年营运成本。项目判断决策采用年金成本法，应该选择年金成本最低的方案，节约成本。

4.【答案】

（1）旧生产线目前的账面价值 = 3 000 - 250 × 4 = 2 000（万元）；

目前资产报废损失 = 2 000 - 1 800 = 200（万元）；

资产报废损失减税额 = 200 × 25% = 50（万元）；

残值报废损失减税 =（500 - 400）× 25% = 25（万元）。

（2）新生产线每年折旧额抵税 = 400 × 25% = 100（万元）；

残值变价收入 = 0；

残值净损益纳税 =（0 - 0）× 25% = 0 元；

每年营业现金净流量 = 1 600 ×（1 - 25%）- 800 ×（1 - 25%）+ 100 = 700（万元）；

净现值 = 700 × 4.3553 - 2 400 = 648.71（万元）。

（3）甲企业应该更新生产线，因为新生产线的净现值大于旧生产线的净现值，所以甲企业应该购买新的生产线。

（4）（EBIT - 2 400 × 10% - 4 000 × 5%）×（1 - 25%）/2 000 =（EBIT - 4 000 × 5%）×（1 - 25%）/（2 000 + 600）；

（EBIT - 440）/2 000 =（EBIT - 200）/2 600

EBIT = 1 240 万元；

甲企业应该选择方案一的筹资方案，因为追加筹资后息税前利润大于无差别点，所以应该选择筹资方案一。

【解析】本题考查的知识点是项目现金流量

和每股收益无差别点。固定资产变价净收入是固定资产出售或报废时出售价款或残值收入扣除清理费用后的净额；固定资产变现净损益对现金净流量的影响，如果账面价值大于变价净收入，也意味着发生变现净损失，可以抵税，如果账面价值小于变现净收入，则意味着实现了变现净收益，应该纳税，增加现金流出。变现时固定资产的账面价值是指固定资产账面原值与变现时按照税法规定计提的累计折扣额的差额。每股收益无差别点是指不同筹资方式下每股收益都相等时的息税前利润或业务量水平。每股收益无差别点，不同筹资方案的每股收益是相等的，用公式表达，$(EBIT-I_1)\times(1-T)-DP_1/N_1=(EBIT-I_2)\times(1-T)-DP_2/N_2$，EBIT 表示息税前利润平衡点，即每股收益无差别点。

专题五　营运资金管理

命题思路

本专题的知识点属于第七章内容，主要包含的内容是最佳现金持有量、应收账款的成本、信用政策下的应收账款成本、经济订货模型、最优存货量的确定、流动资产融资策略等。近年对本专题的考查主要在2023年（卷二、卷三）、2022年（卷一、卷三）、2021年（卷二）、2019年（卷一、卷二）、2018年（卷一）的计算题，以及2022年（卷二）、2021年（卷二）、2020年（卷一、卷二）、2018年（卷一）的综合题，本专题知识点大约占5～7分，是一道计算题或综合题中的一个小问。通过近几年真题考试的范围可以看出，本专题出题的频率不是特别大，可能会出现在某年的其中一个试卷上。虽然本专题内容考查的频率比较小，但是考生也不能放弃对本专题的复习，并且本专题的知识点主要涉及的是公式的记忆及对公式的正确运用。只要考生熟练记忆并且准确运用本专题的知识内容，即可应对本专题的考查。考生在解答真题时，首先要能够辨明真题考查的知识点是什么，然后根据考查的内容回忆本专题内容的公式及运用条件，最后将本专题的内容与题目内容相联系，并准确进行作答计算。

经典例题

1. 甲公司2022年末实现销售收入3 600万元（全部为赊销收入），其中有50%的赊销收入在30天内收到，另外50%在40天内收回。公司2022年产品单价为100元/件，单位变动成本为60元/件。假设甲企业将应收账款占用的资金用于其他投资，可以获得最低收益率为12%。假定全年按照360天计算。

要求：根据以上资料，回答如下问题。

（1）计算甲公司2022年应收账款平均余额。

（2）计算甲公司2022年应收账款变动成本率。

（3）计算甲公司2022年应收账款的机会成本。

（4）计算甲公司2022年应收账款周转次数和周转天数。

【答案】

（1）应收账款平均余额＝日销售额×平均收现期；平均收现期为各种收现期的加权平均数，甲公司应收账款平均收现期＝30×50%＋40×50%＝35（天），日销售额＝全年销售额/360＝3 600/360＝10（万元）；因此，应收账款平均余额＝10×35＝350（万元）。

（2）应收账款变动成本率＝变动成本/销售单价，变动成本率＝60/100＝60%。

（3）应收账款机会成本＝应收账款平均余额×变动成本率×资本成本，甲公司应收账款机会成本＝350×60%×12%＝25.2（万元）。

（4）应收账款周转次数＝营业收入/应收账款平均余额，应收账款周转次数＝3 600/350＝10.29（次）；

应收账款周转天数＝360/应收账款周转次数，应收账款周转天数＝360/10.29＝35（天）。

2. 甲公司当年销售额为3 000万元（全部为赊销），变动成本率为50%，固定成本总额为100万元，应收账款平均收现期为30天，坏账损失占销售额的0.2%。公司为扩大市场份额，计划于次年放宽信用期限并开始提供现金折扣。经测算，采用新信用政策后销售额将增至3 600

万元（全部为赊销），应收账款平均收现期延长到36天，客户享受到的现金折扣占销售额的0.5%，坏账损失占销售额的0.3%，变动成本率与固定成本总额保持不变。一年按360天计算，不考虑企业所得税等其他因素，并假设公司进行等风险投资的必要收益率为10%。

要求：根据以上资料，回答如下问题。

（1）计算公司采用新信用政策而增加的应收账款机会成本。

（2）计算公司采用新信用政策而增加的边际贡献。

（3）计算新信用政策增加的损益，并据此判断改变信用政策是否合理。

【答案】

（1）应收账款机会成本 = 应收账款占用资金 × 资本成本

= 应收账款平均余额 × 变动成本率 × 资本成本

= 日销售额 × 平均收现期 × 变动成本率 × 资本成本

= 全年销售额 ÷ 360 × 平均收现期 × 变动成本率 × 资本成本

= 3 600 ÷ 360 × 36 × 50% × 10% = 5.5（万元）。

（2）边际贡献增加额 = 销售收入增加额 × 边际贡献率 = 销售收入增加额 ×（1 − 变动成本率）=（3 600 − 3 000）×（1 − 50%）= 300（万元）。

（3）税前损益增加 = 收益增加 − 成本费用增加。

成本费用增加 = 3 600 × 0.5% +（3 600 × 0.3% − 3 000 × 0.2%）= 22.8（万元）

若税前损益增加 > 0，则企业应改变信用政策；若税前损益增加 < 0，则企业不应改变信用政策。新信用政策增加的损益 = 300 − 5.5 − 22.8 = 271.7（万元）。

新信用政策增加的损益大于0，所以改变信用政策合理。

3. 甲企业每年需要采购原材料100 000千克，单位成本为20元/千克，全年取得成本为2 300 000元，其中订货固定成本为100 000元，订货成本主要有订货固定成本和订货变动成本构成，企业上年订货次数为50次；企业为了保持一定量的存货，每年需要支付仓库租金20 000元，每增加1千克的材料，需要支付0.1元保险费用。每千克原材料占用资金为20元，资金利息率为10%；假设一年按照360天计算，而甲企业有两种采购方式可供选择：

（1）从乙企业采购原材料，存货是一次性入库，采购单价为20元/千克；

（2）从丙企业采购原材料，存货是陆续供应和适用的，每日送货量为300千克，每日耗用量为150千克，采购单价也是20元/千克。

要求：根据以上资料，回答如下问题。

（1）计算每次订货的变动成本。

（2）计算每次订货的单位变动储存成本。

（3）利用经济订货基本模型，计算从乙企业采购的经济订货批量和相关存货总成本。

（4）利用经济订货扩展模型，计算从丙企业采购的经济订货批量和相关存货总成本。

【答案】

（1）订货成本 = 取得成本 − 购置成本 = 订货固定成本 + 订货变动成本，订货变动成本 = 2 300 000 − 100 000 × 20 − 100 000 = 200 000（元），而订货变动成本 = 订货次数 × 每次订货变动成本，因此，每次订货变动成本 = 200 000/50 = 4 000（元）。

（2）储存成本 = 固定储存成本 + 变动储存成本，变动储存成本与存货的数量相关，比如存货资金的应计利息、存货的破损和保险费用等，因此，单位变动储存成本 = 0.1 + 20 × 10% = 2.1（元）。

（3）根据题目的数据资料，最优经济订货批量 = $(2\times100\ 000\times4\ 000/2.1)^{1/2}$ = 19 519（千克）。

根据题目相关资料数据，与经济订货批量的相关总成本 = $(2\times100\ 000\times4\ 000\times2.1)^{1/2}$ = 40 987.8（元）。

（4）存货陆续供应和使用模型下，最优经济订货批量 Q = [2 × 每次订货费用 × 存货年需用量/单位变动储存成本 ×（每日送货量/每日送货量 − 每日耗用量）]$^{1/2}$，根据题目中的材料，此模型下最优经济订货批量 Q = $[2\times100\ 000\times4\ 000/2.1\times(300/(300-150))]^{1/2}$ = 27 603（千克）。

此模型下，与经济订货批量相关的总成本 =

$$\left[2\times100\ 000\times4\ 000\times2.1\times\left(1-\frac{150}{300}\right)\right]^{1/2}=$$

28 982.75（元）。

4. 甲企业2022年实现营业收入360万元，营业成本为180万元，2022年末应收账款余额为200万元，存货余额为300万元，应付账款余额为160万元，2022年期初应收账款余额为180万元，存货余额为280万元，应付账款余额为180万元。假设一年按照360天计算。

要求：根据以上资料，回答如下问题。

（1）计算甲企业存货周转期、应收账款周转期和应付账款周转期。

（2）计算甲企业现金周转期。

（3）计算甲企业经营周期。

【答案】

（1）存货周转期＝存货平均余额/每天的销货成本，存货周转期＝[（300＋280）/2]/（180/360）＝290/0.5＝580（天）；

应收账款周转期＝应收账款平均余额/每天的销售收入，应收账款周转期＝[（200＋180）/2]/（360/360）＝190（天）；

应付账款周转期＝应付账款平均余额/每天的销售成本，应付账款周转期＝[（160＋180）/2]/（180/360）＝340（天）。

（2）现金周转期＝存货周转期＋应收账款周转期－应付账款周转期，现金周转期＝580＋190－340＝430（天）。

（3）经营周转期＝存货周转期＋应收账款周转期，经营周转期＝580＋190＝770（天）。

考点总结

考点	内容	公式
现金管理	存货模型下最佳现金持有量	最佳现金持有量＝[（2×现金需求量×每次出售有价证券的交易成本）/持有现金的机会成本率]$^{1/2}$
	现金收支日常管理	现金周转期＝经营周转期－应付账款周转期； 经营周转期＝存货周转期＋应收账款周转期； 存货周转期＝存货平均余额/每天的销货成本； 应收账款周转期＝应收账款平均余额/每天的销货收入； 应付账款周转期＝应付账款平均余额/每天的购货成本
应收账款管理	应收账款的机会成本	应收账款的机会成本＝全年销售额/360×平均收现期×变动成本率×资本成本＝应收账款平均余额×变动成本率×资本成本＝全年变动成本/360×平均收现期×资本成本
	信用期限	延长信用期，会增加销售额，产生有利影响，但是也会使应收账款、收账费用和坏账损失增加，会产生不利影响，当前者大于后者时，可以延长信用期，否则不宜延长
	折扣条件	改变折扣期限和现金折扣，应考虑所带来的收益与成本孰高孰低，当带来的收益增量为正时，则选择该信用政策；反之则相反

考点	内容	公式
存货管理	经济订货基本模型	经济订货批量Q＝[（2×存货年需求量×每次订货的变动成本）/单位变动储存成本]$^{1/2}$；与经济订货批量相关的总成本＝（2×存货年需求量×每次订货的变动成本×单位变动储存成本）$^{1/2}$
	再订货点	再订货点＝平均交货时间×每日平均需用量

续表

考点	内容	公式
存货管理	存货陆续供应和使用模型	经济最优订货批量 = [(2 × 存货年需求量 × 每次订货的变动成本)/单位变动储存成本 × (1 - 每日耗用量/每日送货量)]$^{1/2}$ 与经济最优批量相关的存货总成本 = [2 × 存货年需求量 × 每次订货的变动成本 × 单位变动储存成本 × (1 - 每日耗用量/每日送货量)]$^{1/2}$
	保险储备	再订货点 = 预计交货期内的需求 + 保险储备
应付账款	放弃现金折扣的信用成本	放弃现金折扣的信用成本率 = 折扣率/(1 - 折扣率) × 360/(付款期 - 折扣期)

专项突破

一、试题部分

1. 甲企业每年现金需求量总量为 40 000 000 元，每次现金转换成本为 2 000 元，持有现金的机会成本率为 10%。

要求：根据以上资料，回答如下问题。

（1）计算甲企业最佳现金持有量。

（2）计算甲企业最佳现金持有量下的交易成本。

（3）计算企业最佳现金持有量下的机会成本。

（4）计算甲企业最佳现金持有量总成本。

2. 甲企业生产销售产品，为了吸引顾客尽早付款，目前的信用政策是“2/30，N/60”的现金折扣条件，大约有 50% 的顾客选择使用该现金折扣条件。目前信用政策下，甲企业实现销售量 30 万件，单价 10 元，单位变动成本为 6 元，固定成本总额为 2 万元，发生收账费用为 8 000 元，可能发生的坏账损失为 10 000 元。年存货水平为销售量的 20%，预计每件存货的变动成本为 5 元。

甲企业计划将明年的信用政策改为“3/20，N/50”的现金折扣条件，预计有 60% 的顾客选择使用该现金折扣条件，预计甲企业实现销售量 40 万件，单价和单位变动成本保持不变，固定成本总额为 2.5 万元，预计发生收账费用 9 000 元，可能发生的坏账损失为 12 000 元。年存货水平占销售量的 23%，每件存货的变动成本保持不变。

假设甲企业等风险投资的最低收益率为 10%，一年按照 360 天计算。

要求：根据以上资料，回答如下问题。

（1）甲企业继续保持原有的信用政策时，计算其平均收现期、应收账款机会成本、存货占用资金的应计利息。

（2）甲企业采用新的信用政策时，计算其平均收现期、应收账款机会成本、存货占用资金的应计利息。

（3）甲企业采用新的信用政策后，增加的现金折扣成本。

（4）计算甲企业采用新的信用政策后损益的变动情况，并据此进行判断甲企业是否改变信用政策。

3. 甲公司是一家制造企业集团，生产耗费的原材料为 A 零部件，A 零部件的正常消耗量为 54 000 个，2018 年及以前年度一直从乙公司进货，单位购买价格为 100 元/个，单位变动储存成本为 6 元/个，每次订货变动成本为 2 000 元。一年按 360 天计算。2018 年甲公司全年应付账款平均余额为 450 000 元，假定应付账款全部为应向乙公司支付的零部件的价款。

要求：根据以上资料，回答如下问题。

（1）按照经济订货基本模型计算 A 零部件的经济订货量；

（2）全年最佳订货次数；

（3）最佳订货周期（用天数表示）；

（4）经济订货量下的变动储存成本总额；

（5）计算2018年度应付账款周转期（用天数表示）。

4. 甲公司是一家制造业公司，两年来经营状况稳定，并且产销平衡，相关资料如下。

资料一：公司2022年度资产负债表和利润表，如下表所示。

单位：万元

资产负债表项目				利润表项目	
资产	2022年末余额	负债和股东权益	2020年末余额	项目	2020年发生额
货币资金	1 000	应付账款	2 100	营业收入	30 000
应收账款	5 000	短期借款	3 100	营业成本	18 000
存货	2 000	长期借款	4 800	期间费用	6 000
固定资产	12 000	股东权益	10 000	利润总额	6 000
资产合计	20 000	负债和股东权益合计	20 000	净利润	4 500

假定2022年末各资产负债表项目余额均能代表全年平均水平。

资料二：2022年公司全年购货成本为9 450万元，一年按照360天计算。

资料三：2022年公司全部流动资产中，波动性流动资产为5 500万元。

资料四：为加强应收账款管理，公司拟在2023年收紧信用政策，销售额预计减少6 000万元。已知变动成本率为70%，坏账损失预计减少500万元，应收账款占用资产的机会成本预计减少200万元，假定改变信用政策对其他方面的影响均可忽略不计。

要求：根据以上资料，回答如下问题。

（1）根据资料一和资料二，计算存货周转期；应付账款周转期；应收账款周转期；现金周转期。

（2）根据资料一和资料三，依据公司资产与资金来源期限结构的匹配情况，判断流动资产融资策略属于哪种类型，并说明理由。

（3）根据资料四，计算收紧信用政策对税前利润的影响额（税前利润增加用正数，减少用负数），判断是否应收紧信用政策。

5. 甲企业作为一家生产制造企业，日销售额为3万元，日购货成本为2万元，该公司与经营相关的业务均采用赊购方式，甲企业预计2022年末资产总额为1 000万元、存货总额为80万元、货币资金总额为100万元、应收账款总额为200万元、固定资产总额为300万元、非流动资产总额为320万元；预计2022年末应付账款总额为300万元、应付票据金额为200万元、非流动负债为200万元、所有者权益合计为300万元。假设一年按照360天计算。

要求：根据以上资料，回答如下问题。

（1）计算甲企业2022年应收账款周转期、应付账款周转期和存货周转期。

（2）计算甲企业2022年现金周转期和经营周转期。

（3）其他条件相同的情况下，甲企业使用供应商给予的现金折扣条件，则对甲企业现金周转期和应付账款周转期产生什么影响？

6. 甲企业是一家制造业，采用赊销的方式进行销售产品，目前的信用政策采用30天内付款的信用条件，无现金折扣。在此信用政策下，甲企业全年销售量为200 000件，每件产品单价为20元，变动成本为60%，收账费用为10 000元，坏账损失为20 000元，固定成本总额为120 000元；为了扩大销售量，甲企业计划改变信用条件，设定了2/30，N/60的现金折扣条件，预计会有60%的顾客选择使用现金折扣，预计甲企业实现销售量210 000件，坏账费用为20 000元，坏账损失为27 000元，固定成本总额为200 000元，产品单价和变动成本率保持不变，假设一年按照

360 天计算，并且甲企业等风险投资最低收益率为 12%。

要求：根据以上资料，回答如下问题。

（1）计算旧信用条件下的应收账款资金占用的应计利息。

（2）计算旧信用条件的成本费用合计金额。

（3）计算新信用条件下增加的边际贡献。

（4）计算新信用条件下增加的应收账款资金占用的应计利息。

（5）计算新信用条件下增加的现金折扣成本。

（6）计算新信用条件下增加的税前收益，并判断甲企业是否应该改变信用政策。

7. 甲公司是一家生产制造的企业，生产产品需要原材料 A，向供应商 L 公司购买。有关的资料如下。

资料一：A 材料年需求量为 80 000 千克，单位成本为 20 元/千克，每次订货变动成本为 200 元，单位变动储存成本为 2 元/千克，一年按照 360 天计算；

资料二：供应商 L 为了让甲公司尽快还款，提出现金折扣的条件，“2/20，N/30”，但是目前甲公司 30 天内面临资金周转困难的问题，要想使用现金折扣条件，需要向银行实施短期借款来解决。银行短期借款利率为 12%，甲公司考虑在 20 天内付款还是 30 天付款。

资料三：甲公司内部存在一个利润中心，该中心实现内部销售收入 300 万元，变动成本为 200 万元，该中心全部固定成本为 30 万元，并且该中心负责人可控的固定成本为 20 万元。

要求：根据以上资料，回答如下问题。

（1）根据资料一，按照经济订货基本模型测算：材料采购的经济订货批量；全年最佳订货次数；经济订货批量下的存货相关总成本。

（2）根据资料一和资料二，分别计算甲公司采用不同时间点付款的净收益，并判断甲公司作出何种选择。

（3）根据资料三，计算甲公司利润中心的边际贡献、可控边际贡献和部门边际贡献。

二、答案部分

1.【答案】

（1）最佳现金持有量 $=(2\times$ 资金需求量 $\times$ 交易成本/持有现金的机会成本率$)^{1/2}$，甲企业最佳现金持有量 $=(2\times 40\ 000\ 000\times 2\ 000/10\%)^{1/2}=1\ 264\ 912$（元）。

（2）交易成本 = 现金需求量/现金持有量 × 每次出售有价证券补充现金的交易成本，甲企业最佳现金持有量下的交易成本 $=40\ 000\ 000/1\ 264\ 912\times 2\ 000=63\ 245.51$（元）。

（3）最佳现金持有量是当机会成本等于交易成本时，是最优的，因此甲企业最佳现金持有量的机会成本 = 63 245.51 元。

（4）最佳现金持有量现金持有总成本 = 机会成本 + 交易成本，因此，甲企业最佳现金持有量现金持有总成本 $=63\ 245.51+63\ 245.51=126\ 491.02$（元）。

【解析】本题考查的知识点是存货模型下最佳现金持有量。在该模型下，相关总成本最低的现金持有量即是最佳现金持有量，现金相关总成本 = 交易成本 + 持有现金的机会成本，当机会成本线与交易成本线交叉点所对应的现金持有量即最佳现金持有量。此时，交易成本等于机会成本。最佳现金持有量 =（2 × 现金需求量 × 每次兑换有价证券的交易成本/持有现金的机会成本率$)^{1/2}$。

2.【答案】

（1）原有信用政策：平均收现期 = 各种收现期的加权平均数，平均收现期 $=30\times 50\%+60\times 50\%=45$（天）；

应收账款机会成本 = 全年销售额/360 × 平均收现期 × 变动成本率 × 资本成本，全年销售额 $=30\times 10=300$（万元），变动成本率 $=6/10=0.6$；

应收账款机会成本 $=3\ 000\ 000/360\times 45\times 0.6\times 10\%=22\ 500$（元）；

存货占用资金的应计利息 $=300\ 000\times 20\%\times 5\times 10\%=30\ 000$（元）。

（2）新的信用政策：平均收现期 $=60\%\times 20+40\%\times 50=32$（元）；

应收账款机会成本 = 全年销售额/360 × 平均收现期 × 变动成本率 × 资本成本，新信用政策后全年销售额 $=40\times 10=400$（万元），应收账款机会成本 $=4\ 000\ 000/360\times 32\times 0.6\times 10\%=21\ 333.33$（元）；

存货占用资金应计利息 $=400\ 000\times 23\%\times 5\times 10\%=46\ 000$（元）。

（3）增加的现金折扣成本 = 新的销售水平 ×

享受现金折扣的顾客比率×新的现金折扣率－旧的销售水平×享受现金折扣的顾客比率×旧的现金折扣率，增加的现金折扣成本＝4 000 000×60%×3%－3 000 000×50%×2%＝72 000－30 000＝42 000（元）。

（4）新政策后增加盈利－新政策后增加的成本费用＝新政策后的损益，新政策后增加的盈利＝(400 000－300 000)×(10－6)－(25 000－20 000)＝400 000－5 000＝395 000（元）；

新政策后增加的成本费用＝(21 333.33－22 500)＋(9 000－8 000)＋(12 000－10 000)＋(46 000－30 000)＋42 000＝1 000＋2 000＋16 000＋42 000－1166.67＝59 833.33（元）；

新旧政策的损益＝395 000－59 833.33＝335 166.67（元）。

通过新信用政策后的损益可以发现，采用新的信用政策后损益为正，说明采用新的信用政策提高了企业的收益，所以甲企业应该选择采用新的信用政策。

【解析】本题考查的知识点是信用政策。不论是采用信用期限还是现金折扣，都可能给企业带来收益，但是也会增加成本。当企业给予顾客某种现金折扣时，应该考虑折扣所带来的收益与成本孰高孰低，权衡利弊。首先计算各方案的取得多大的收益增量，然后再计算各方案带来的成本变化，根据各方案间的损益，最终确定最佳方案。

3.【答案】

（1）A零部件的经济订货量＝$\sqrt{2\times2\ 000\times54\ 000/6}$＝6 000（个）。

（2）全年最佳订货次数＝54 000/6 000＝9（次）。

（3）最佳订货周期＝360/9＝40（天）。

（4）经济订货量下的变动储存成本总额＝6 000/2×6＝18 000（元）。

（5）2018年度应付账款周转期＝450 000/(54 000×100/360)＝30（天）。

【解析】本题考查的是最优存货量的确定以及应付账款周转期，应付账款产生于赊购，赊购是用于购进货物，因此应付账款周转期＝应付账款平均余额/每天的购货成本。经济订货批量(EOQ)＝$\sqrt{2KD/Kc}$、全年最佳订货次数＝D/EOQ、最佳订货周期（天）＝360/全年最佳订货次数（1年一般按照360天计算）、经济订货量下的变动储存成本总额＝Kc×EOQ/2，式中：K为每次订货的变动成本，Q为存货年需要量，Kc为单位变动储存成本，EOQ为经济订货批量。

4.【答案】（1）存货周转期＝2 000/(18 000/360)＝40（天）；应付账款周转期＝2 100/(9 450/360)＝80（天）；应收账款周转期＝5 000/(30 000/360)＝60（天）；现金周转期＝40＋60－80＝20（天）。

（2）公司采用的是保守融资策略。因为波动性流动资产为5 500万元，临时性流动负债为3 100万元，波动性流动资产大于临时性流动负债。

（3）收紧信用政策对税前利润的影响额＝－6 000×(1－70%)＋500＋200＝－1 100（万元）。因为收紧信用政策后，会导致税前利润减少，所以不应该收紧信用政策。

【解析】本题考查的是现金收支日常管理、流动资产融资策略以及信用政策。存货周转期＝存货平均余额÷每天的销货成本、应付账款周转期＝应付账款平均余额÷每天的购货成本、应收账款周转期＝应收账款平均余额÷每天的销货收入、现金周转期＝存货周转期＋应收账款周转期－应付账款周转期。

第三小问计算时一定要区分正、负号，销售额预计减少6 000万元，会减少税前利润，所以应是负号，而坏账损失预计减少500万元，应收账款占用资产的机会成本预计减少200万元，都会增加税前利润，所以应是加号。

5.【答案】

（1）应收账款周转期＝应收账款平均余额/每天的销售收入，应收账款周转期＝200/3＝67（天）；应付账款周转期＝应付账款平均余额/每天的购货成本，应付账款周转期＝300/2＝150（天）；存货周转期＝存货平均余额/每天的销货成本，存货周转期＝80/2＝40（天）。

（2）经营周转期＝存货周转期＋应收账款周转期＝现金周转期－应付账款周转期，经营周转期＝67＋40＝107（天）；

现金周转期＝经营周转期＋应付账款周转期，现金周转期＝107＋150＝257（天）。

（3）如果甲企业使用供应商给予的现金折

扣，进行提前还款，进而缩短了应付账款周转期。如果经营周转保持不变，缩短了应付账款周转期，将会延长现金周转期。

【解析】本题考查的知识点是现金收支日常管理。该知识点的考查主要在某个综合题的小问题中出现。企业的经营周期是指从取得存货开始到销售存货并收回现金为止的时期。经营周转期＝存货周转期＋应收账款周转期，现金周转期＝经营周转期－应付账款周转期；其中，存货周转期＝存货平均余额/每天的销售成本；应收账款周转期＝应收账款平均余额/每天的销售收入；应付账款周转期＝应付账款平均余额/每天的购货成本。

6.【答案】

（1）应收账款资金占用应计利息＝全年销售额/360×平均收现期×变动成本率×资本成本，旧信用条件下应收账款资金占用应计利息＝200 000×20/360×30×60%×12%＝24 000（元）。

（2）成本费用＝坏账损失＋收账费用，旧信用条件下的成本费用＝20 000＋10 000＝30 000（元）。

（3）边际贡献＝销售额－变动成本，增加的边际贡献＝（210 000－200 000）×（1－60%）＝4 000（元）。

（4）增加的应收账款资金占用的应计利息＝新信用条件下应收账款机会成本－旧信用条件下应收账款机会成本，新信用条件下平均收现期＝60%×30＋40%×60＝42（天）。

新信用条件下应收账款机会成本＝210 000×20/360×42×60%×12%＝35 280（元）。

增加的应收账款资金占用的应计利息＝35 280－24 000＝11 280（元）。

（5）增加的现金折扣成本＝新销售水平×享受现金折扣的顾客比率×新的现金折扣率－旧的销售水平×享受现金折扣的顾客比率×旧的现金折扣率，因此，增加的现金折扣成本＝210 000×20×60%×2%－0＝50 400（元）。

（6）增加的税前收益＝（210 000－200 000）×（1－60%）－（200 000－120 000）－（35 280－24 000）－（27 000＋20 000－20 000－10 000）－50 400＝4 000－80 000－11 280－17 000－50 400＝－154 680（元）。

通过增加的税前收益可以看出，采用新的信用条件后，甲企业税前收益为负值，说明相比旧的信用条件，新的信用条件并没有增加收益，因此甲企业不应该选择改变信用政策。

【解析】本题考查的知识点是信用政策。信用期限、折扣期限和现金折扣三个要素构成信用条件。假如企业选择延长信用期，会使销售额增加，但是也会使得应收账款、收账费用和坏账损失增加，当前者大于后者的时候，可以延长信用期，否则不宜延长。不论是折扣期限和现金折扣的改变都可能会给企业带来收益的，但是也会增加成本，计算各方案的延期与折扣能取得多大的收益增量，再计算各方案带来的成本变化，并根据增加的收益来确定最佳的方案。

7.【答案】

（1）经济订货批量＝（2×年需求量×每次订货的变动成本/单位变动储存成本）$^{1/2}$，经济订货批量＝（2×80 000×200/2）$^{1/2}$＝4 000（千克）。

全年最佳订货次数＝存货年需求量/经济订货批量＝80 000/4 000＝20（次）。

经济订货批量相关总成本＝（2×80 000×200×2）$^{1/2}$＝8 000（元）。

（2）甲公司选择向银行借款20天内付款的净收益＝80 000×20×2%－80 000×20×（1－2%）×12%/360×（30－20）＝32 000－5 226.67＝26 773.33（元）。

甲公司选择在30天付款的净收益＝0。

根据净收益的大小可以看出，甲公司应该选择20天内付款。

（3）利润中心边际贡献＝销售收入总额－变动成本总额，边际贡献＝300－200＝100（万元）。

可控边际贡献＝边际贡献－该中心负责人可控固定成本，可控边际贡献＝100－20＝80（万元）。

部门边际贡献＝可控边际贡献－该中心负责人不可控的固定成本，部门边际贡献＝80－（30－20）＝70（万元）。

【解析】本题考查的知识点是经济订货基本模型、商业信用和利润中心业绩考核。经济订货基本模型下，最优经济订货批量＝（2×年需求量×每次订货的变动成本/单位变动储存成本)$^{1/2}$，最佳订货周期 = 1/每年最佳订货次数，每年最佳订货次数 = 存货年需求量/经济订货批量；与批量相关的存货总成本 = (2 × 年需求量 × 每次订货的变动成本 × 单位变动储存成本)$^{1/2}$。商业信用放弃现金折扣的信用决策，企业放弃应付账款现金折扣的原因，可能是暂时缺乏企业资金，也可能将应付账款用于临时性短期投资，以获得更高的投资收益。如果企业将应付账款额用于短期投资，所获得投资收益率高于放弃折扣的信用成本率，则应当放弃现金折扣。

利润中心业绩考核指标有边际贡献、可控边际贡献和部门边际贡献。利润中心边际贡献 = 销售收入总额 - 变动成本总额，可控边际贡献 = 边际贡献 - 该中心负责人可控固定成本，部门边际贡献 = 可控边际贡献 - 该中心负责人不可控的固定成本。

专题六　成本控制

命题思路

本专题知识点主要结合第二章成本性态与第八章成本管理的内容，本专题主要内容包含成本性态分析、本量利分析、成本差异和各作业中心评价等知识点。本专题知识点是历年计算题与综合题考查的重点内容，几乎每年必考，每年的考试分值为 10 ~ 12 分。比如 2023 年（卷一、卷二、卷三）、2022 年（卷一、卷二、卷三）、2021 年（卷一）、2020 年（卷一、卷二、卷三）、2019 年（卷一）的计算题，2022 年（卷一、卷二）、2021 年（卷一、卷二）、2020 年（卷二、卷三）、2019 年（卷一、卷二）的综合题都涉及本专题的知识点。通过考试的频率可以看出本专题知识点的重要程度，希望引起考生的关注，需要考生认真把握，认真准备，不要放弃。本专题计算题主要考试的内容有成本差异分析、边际分析、盈亏平衡点分析、敏感系数、本量利分析，综合题考试的范围与第五章、第六章、第七章、第九章、第十章内容结合在一起综合考查，考试的内容主要有本量利分析、安全边际分析、盈亏平衡点分析、作业中心业绩评价等知识点。本专题知识点比较多，对应的公式也相对比较多，但是内容相对比较简单，只要考生能够理解记忆本专题内容，就可以轻松应对考试。本专题知识点比较鲜明，可以很快判定出题目考查的知识点，并根据题目材料回忆本专题的主要内容及解题方法，找出对应的内容与方法并一步一步地进行作答计算，最终拿到理想的分值。

经典例题

1. 甲公司生产某产品，预算产量为 10 000 件，单位标准工时为 1.2 小时/件，固定制造费用预算总额为 36 000 元。该产品实际产量为 9 500 件，实际工时为 15 000 小时，实际发生固定制造费用 38 000 元。公司采用标准成本法，将固定制造费用成本差异分解为三差异进行计算与分析。

要求：根据以上资料，回答如下问题。

（1）计算固定制造费用耗费差异。

（2）计算固定制造费用产量差异。

（3）计算固定制造费用效率差异。

（4）计算固定制造费用成本差异，并指出该差异属于有利差异还是不利差异。

【答案】

（1）固定制造费用耗费差异 = 38 000 − 36 000 = 2 000（元）（超支）。

（2）固定制造费用标准分配率 = 36 000/(10 000 × 1.2) = 3（元/小时），固定制造费用产量差异 = (10 000 × 1.2 − 15 000) × 3 = −9 000（元）（节约）。

（3）固定制造费用效率差异 = (15 000 − 9 500 × 1.2) × 3 = 10 800（元）（超支）。

（4）固定制造费用成本差异 = 38 000 − 9 500 × 1.2 × 3 = 3 800（元）（超支），该差异为超支差异，属于不利差异。

2. 某企业销售甲产品，单价为 100 元/件，单位变动成本为 60 元，固定成本为 90 000 元，正常情况下销售量为 10 000 件，公司的目标利润为 60 000 元。

要求：根据以上资料，回答如下问题。

（1）计算甲产品的单位边际贡献、边际贡

献率。

（2）计算甲产品的盈亏平衡点的业务量和盈亏平衡点的销售额。

（3）计算甲产品的盈亏平衡作业率和安全边际率。

（4）计算甲产品的实现目标利润的销售量和实现目标利润的销售额。

【答案】

（1）单位边际贡献 = 单价 - 单位变动成本 = 100 - 60 = 40（元）；边际贡献率 = 单位边际贡献/单价 × 100% = 40/100 × 100% = 40%。

（2）盈亏平衡点的业务量 = 固定成本/单位边际贡献 = 90 000/40 = 2 250（件）；盈亏平衡点的销售额 = 固定成本/边际贡献率 = 90 000/40% = 225 000（元）。

（3）盈亏平衡作业率 = 盈亏平衡点的业务量/正常经营业务量 × 100% = 2 250/10 000 × 100% = 22.5%；安全边际率 = 安全边际量/实际销售量 × 100% = 1 - 盈亏平衡作业率 = 1 - 22.5% = 77.5%。

（4）实现目标利润销售量 =（固定成本 + 目标利润）/（单价 - 单位变动成本）=（90 000 + 60 000）/（100 - 60）= 3 750（件）。

实现目标利润的销售额 =（固定成本 + 目标利润）/边际贡献率 =（90 000 + 60 000）/40% = 375 000（元）。

3. 某公司生产销售A、B、C三种产品，销售单价分别为10元、20元、30元；预计销售量分别为10 000件、15 000件和20 000件，预计的单位变动成本分别为8元、10元和15元；预计固定成本总额为188 000元。

要求：根据以上资料，回答如下问题。

（1）采用加权平均法测算综合边际贡献率和综合盈亏平衡点销售额。

（2）采用加权平均法测算A产品盈亏平衡点的销售额。

（3）采用联合单位法测算联合单价、联合盈亏平衡点的业务量。

（4）采用联合单位法测算B产品盈亏平衡点的销售额。

（5）假设固定成本按照边际贡献的比重分配，采用分算法测算C产品的盈亏平衡点销售额。

【答案】

（1）加权平均法是按照各种产品销售的比重进行加权平均，据以计算综合边际贡献率，综合边际贡献率 = 所有产品的销售额权重 × 产品的边际贡献率之和，A产品销售额权重 =（10 000 × 10）/（10 000 × 10 + 15 000 × 20 + 20 000 × 30）× 100% = 10%；B产品销售额权重 =（15 000 × 20）/（10 000 × 10 + 15 000 × 20 + 20 000 × 30）× 100% = 30%；C产品销售额权重 =（20 000 × 30）/（10 000 × 10 + 15 000 × 20 + 20 000 × 30）× 100% = 60%；A产品边际贡献率 =（10 - 8）/10 = 20%；B产品边际贡献率 =（20 - 10）/20 = 50%；C产品边际贡献率 =（30 - 15）/30 = 50%。所以，综合边际贡献率 = 10% × 20% + 30% × 50% + 60% × 50% = 47%；综合平衡点销售额 = 固定成本/综合边际贡献率 = 188 000/47% = 400 000（元）。

（2）A产品盈亏平衡点的销售额 = 综合平衡点销售额 × 销售额权重 = 400 000 × 10% = 40 000（元）。

（3）联合单位法是在事先确定各种产品间产销实物量比例的基础上，将各种产品产销实物量的最小变量作为一个联合单位，A、B、C三种产品组成一个联合单位的比例为2∶3∶4，所以联合单价 = 2 × 10 + 3 × 20 + 3 × 30 = 170（元）；联合单位变动成本 = 2 × 8 + 3 × 10 + 4 × 15 = 106（元）。

联合盈亏平衡点的业务量 = 固定成本/（联合单价 - 联合单位变动成本）= 188 000/（170 - 106）= 2 938（件）。

（4）联合单位法下，某种产品盈亏平衡点的业务量 = 联合盈亏平衡点的业务量 × 一个联合单位中包含该产品的数量，B产品盈亏平衡点的销售额 = 3 × 2 938 × 20 = 176 280（元）。

（5）分算法下是在一定的条件下，将全部固定成本按照一定的标准在各种产品之间进行合理分配，然后根据分配后的固定成本，再对每一种产品按单一品种条件下的情况分别进行本量利分析。固定成本分配率 = 188 000/（10 000 × 2 + 15 000 × 10 + 20 000 × 15）= 0.4；C产品分配的固定成本 = 20 000 × 15 × 0.4 = 120 000（元）；则C产品盈亏平衡点的业务量 = 120 000/（30 - 15）= 8 000（件）；C产品盈亏平衡点的销售额 = 8 000 × 30 = 240 000（元）。

4. 甲公司2023年A产品产销量为3万件，单价为90元/件，单位变动成本为40元/件，固定成本总额为100万元。预计2024年A产品的市场需求持续增加，甲公司面临以下两种可能的情形，并从中作出决策。

情形1：A产品单价保持不变，产销量将增加10%。

情形2：A产品单价提高10%，产销量将保持不变。

要求：根据以上资料，回答如下问题。

（1）根据情形1，计算：①利润增长百分比；②利润对销售量的敏感系数。

（2）根据情形2，计算：①利润增长百分比；②利润对单价的敏感系数。

（3）判断甲公司是否应当选择提高A产品单价。

【答案】

（1）①2023年的利润＝3×(90－40)－100＝50（万元）；

2024年的利润＝3×(1＋10%)×(90－40)－100＝65（万元）；

利润增长百分比＝(65－50)/50＝30%。

②利润对销售量的敏感系数＝30%/10%＝3。

（2）①2024年的利润＝3×［90×(1＋10%)－40］－100＝77（万元）；

利润增长百分比＝(77－50)/50＝54%。

②利润对单价的敏感系数＝54%/10%＝5.4。

（3）提高A产品单价导致的利润增长百分比高于提高产销量导致的利润增长百分比，所以应当选择提高A产品单价。

5. 甲企业内部的乙车间是一个利润中心，本期实现内部销售收入为100 000元，变动成本为80 000元，该中心的负责人可控固定成本为10 000元，不可控但由该中心负担的固定成本为9 000元。

要求：根据以上资料，回答如下问题。

（1）乙利润中心的边际贡献。

（2）乙利润中心的可控边际贡献。

（3）乙利润中心的部门边际贡献。

【答案】

（1）利润中心的边际贡献＝销售收入总额－变动成本总额＝100 000－80 000＝20 000（元）。

（2）利润中心的可控边际贡献＝边际贡献－该中心负责人可控固定成本＝20 000－10 000＝10 000（元）。

（3）利润中心的部门边际贡献＝可控边际贡献－该中心负责人不可控固定成本＝10 000－9 000＝1 000（元）。

考点总结

考点	内容	公式
本量利分析	单一产品盈亏平衡点的业务量和盈亏平衡点销售额	盈亏平衡点的业务量＝固定成本/(单价－单位变动成本)＝固定成本/边际贡献； 盈亏平衡点的销售额＝固定成本/边际贡献率＝固定成本/(1－变动成本率)
	单一产品盈亏平衡点作业率	盈亏平衡作业率＝盈亏平衡点的业务量/正常业务量（实际业务量或预计业务量）×100%
	产品组合盈亏平衡分析	加权平均法： 某种产品的销售额权重＝该产品的销售额/各种产品的销售额合计； 综合边际贡献率＝$\sum$(某种产品的销售额权重×该种产品的边际贡献率)；盈亏平衡点的销售额＝固定成本/综合边际贡献率；综合边际贡献率＝1－综合变动成本率
		联合单位法：联合盈亏平衡点的业务量＝固定成本总额/（联合单价－联合单位变动成本）；某产品盈亏平衡点的业务量＝联合盈亏平衡点的业务量×一个联合单位中包含的该产品的数量

续表

考点	内容	公式
本量利分析	产品组合盈亏平衡分析	分算法：是将全部固定成本按照一定的标准在各种产品之间进行合理分配，确定各种产品应补偿的固定成本数额，然后再对每一种产品按单一品种条件下的情况分别进行本量利分析

考点	内容	公式
目标利润分析	目标利润（息税前利润）	目标利润 =（单价 − 单位变动成本）× 销售量 − 固定成本
	实现目标利润的销售量	实现目标利润的销售量 =（固定成本 + 目标利润）/（单价 − 单位变动成本）
	实现目标利润的销售额	实现目标利润的销售额 =（固定成本 + 目标利润）/边际贡献率
	税后利润	税后利润 =（息税前利润 − 利息）×（1 − 所得税税率）
敏感性分析	各因素对利润的影响程度	敏感系数 = 利润变动百分比/因素变动百分比

考点	内容	公式
边际分析	边际贡献总额；单位边际贡献；边际贡献率；变动成本率	边际贡献总额 = 销售收入 − 变动成本总额 = 销售收入 × 边际贡献率； 单位边际贡献 = 单价 − 单位变动成本 = 单价 × 边际贡献率； 边际贡献率 = 边际贡献总额/销售收入 × 100% = 单位边际贡献/单价 × 100%； 变动成本率 = 变动成本总额/销售收入 × 100% = 1 − 边际贡献率
	安全边际；安全边际率	安全边际 = 实际销售量（销售额）− 盈亏平衡点的销售量（销售额）； 安全边际率 = 安全边际量（安全边际额）/实际销售量（销售额）
	盈亏平衡作业率与安全边际率的关系	盈亏平衡点的销售量 + 安全边际量 = 正常销售量； 盈亏平衡作业率 + 安全边际率 = 1； 利润 = 边际贡献 − 固定成本 = 销售收入 × 边际贡献率 − 盈亏平衡点的销售额 × 边际贡献率 = 安全边际额 × 边际贡献率； 销售利润率 = 安全边际率 × 边际贡献率

考点	内容	公式
成本差异分析	标准成本的制定	直接材料标准成本 = $\sum$（单位产品的材料标准用量 × 材料的标准单价）
		直接人工标准成本 = 单位产品的标准工时 × 小时标准工资率
		变动制造费用项目标准成本 = 变动制造费用项目的标准用量 × 变动制造费用项目的标准价格
		固定制造费用标准成本 = 单位产品工时标准 × 固定制造费用标准分配率
	直接材料成本差异	直接材料成本差异 = 实际成本 − 标准成本； 直接材料数量差异 =（实际用量 − 实际产量下标准用量）× 标准单价； 直接材料价格差异 = 实际用量 ×（实际单价 − 标准单价）

续表

考点	内容	公式
成本差异分析	直接人工成本差异	直接人工成本差异 = 实际成本 - 标准成本 = 直接人工工资率差异 + 直接人工效率差异； 直接人工效率差异 =（实际工时 - 实际产量下标准工时）× 标准工资率； 直接人工工资率差异 = 实际工时 ×（实际工资率 - 标准工资率）
	变动制造费用成本差异	变动制造费用成本差异 = 总变动制造费用 - 标准变动制造费用 = 变动制造费用耗费差异 + 变动制造费用效率差异； 变动制造费用效率差异 =（实际工时 - 实际产量下标准工时）× 变动制造费用标准分配率； 变动制造费用耗费差异 = 实际工时 ×（变动制造费用实际分配率 - 变动制造费用标准分配率）
	固定制造费用成本差异	两差异分析法： 耗费差异 = 实际固定制造费用 - 预算产量下标准固定制造费用 = 实际固定制造费用 - 标准工时 × 预算产量 × 标准分配率； 能量差异 = 预算产量下标准固定制造费用 - 实际产量下标准固定制造费用 =（预算产量下标准工时 - 实际产量下标准工时）× 标准分配率
		三差异分析法： 耗费差异 = 实际固定制造费用 - 预算产量下标准固定制造费用 = 实际固定制造费用 - 预算产量下标准工时 × 标准分配率； 产量差异 =（预算产量下标准工时 - 实际产量下实际工时）× 标准分配率； 效率差异 =（实际产量下实际工时 - 实际产量下标准工时）× 标准分配率

专项突破

一、试题部分

1. 甲公司生产销售 A 产品，2023 年 A 产品单价为 100 元，单位变动成本为 70 元，固定成本总额为 120 000 元，目前销售量水平为 20 000 件。甲公司预计 2024 年税后目标利润为 190 000 元，假设 A 产品的单价和成本性态不变且不存在利息费用，企业所得税税率为 25%。

要求：根据以上资料，回答如下问题。

（1）计算 A 产品 2023 年单位边际贡献、边际贡献率。

（2）计算 A 产品 2023 年盈亏平衡作业率和安全边际率。

（3）计算 A 产品 2024 年实现目标利润的销售量和销售额。

2. 甲公司只生产销售 A 产品，产销平衡，目前 A 产品的单价为 60 元/件，单位变动成本为 24 元/件，固定成本总额为 72 000 元，目前销售量水平为 10 000 件，计划期决定降价 10%，预计产品销售量将提高 20%，计划单位变动成本和固定成本总额不变。

要求：根据以上资料，回答如下问题。

（1）计算当前 A 产品的单位边际贡献、边际贡献率和安全边际率；

（2）计算计划期 A 产品的盈亏平衡点的业务量和盈亏平衡作业率。

3. 甲企业生产销售 A 产品，产品的单价为 60 元，单位变动成本为 30 元，固定成本总额为 10 000 元，甲企业 2023 年销售量为 10 000 件，财务杠杆系数为 2，企业所得税税率为 25%，假定企业目标税后利润为 200 000 元。

要求：根据以上资料，回答如下问题。

（1）计算 A 产品 2023 年实现目标利润的销售量。

（2）假设 A 产品在 2024 年单价上涨 10%，其他条件不变的话，则甲企业利润对单价的敏感系数是多少？

（3）假设A产品在2024年单位变动成本上涨10%，其他条件不变的话，则甲企业利润对单位变动成本的敏感系数是多少？

（4）判断单价和单位变动成本的敏感系数哪个更敏感？

4. 甲企业面临生产线更新换代的问题，方案一：购买与原来生产线一样的生产线，购买价格为20 000元；方案二，购买一条新进的自动化生产线，购买价格为30 000元，两种生产线生产出来的产品，型号和市场售价都一样，市场售价为100元/件，年产销量为10 000件。两条生产线的生产成本费用如下表所示：

项目		原生产线	自动化生产线
直接材料（元/件）		10	9
直接人工（元/件）		12	10
变动制造费用（元/件）		14	15
固定制造费用（假设只包含折旧）（元）		40 000	60 000
年销售费用	固定部分（元）	10 000	10 000
	变动部分（元/件）	3	2

要求：根据以上资料，回答如下问题。

（1）分别计算两条生产线的单位边际贡献、边际贡献率和盈亏平衡点的业务量。

（2）分别计算两条生产线的安全边际率。

（3）计算两条生产线利润相等时的年产销量。

（4）当年产销量为6 000件时，需要使用哪条生产线？

5. 甲企业2023年生产销售A产品，产销量为10 000件，实际领用原材料12 000千克，实际价格为20元/千克，用工总工时为10 000小时，实际应付的直接人工工资为450 000元，实际发生的变动制造费用为20 000元；其标准成本的构成如下表所示：

项目	直接材料	直接人工	变动制造费用
标准单价	40元/千克	30元/小时	4元/小时
标准用量	2千克/件	2小时/件	1.5小时/件

要求：根据以上资料，回答如下问题。

（1）计算单位产品直接材料标准成本。

（2）计算直接材料成本差异、数量差异和价格差异。

（3）计算直接人工标准成本。

（4）计算直接人工成本差异、效率差异和工资率差异。

（5）计算变动制造费用成本差异、效率差异和耗费差异。

6. 甲企业生产A产品，A产品固定制造费用标准分配率为10元/小时，标准工时为2小时/件。假定企业A产品预算产量为20 000件，实际生产A产品12 000件，用工10 000小时，实际发生固定制造费用200 000元。

要求：根据以上资料，回答如下问题。

（1）计算固定制造费用成本差异。

（2）采用两差异分析法计算固定制造费用耗费差异和固定制造费用能量差异。

（3）采用三差异分析法计算固定制造费用耗费差异、固定制造费用产量差异和固定制造费用效率差异。

7. 甲企业有一个投资中心和一个利润中心，其相关的资料如下。

资料一：2023年利润中心实现销售收入100

万元，变动成本为60万元，该中心负责人可控固定成本为30万元，不可控但应由该中心负担的固定成本为10万元。

资料二：2023年该投资中心实现利润200万元，投资额为1 000万元，现在该投资中心面临一个投资额为800万元的投资机会，可实现利润130万元，假定甲企业整体的预期最低投资收益率为12%。

要求：根据以上资料，回答如下问题。

（1）根据资料一，测算利润中心的边际贡献、可控边际贡献和部门边际贡献。

（2）根据资料二，测算投资中心接受投资前的投资收益率和剩余收益。

（3）根据资料二，测算投资中心接受投资后的投资收益率和剩余收益，并作出是否进行投资的判断。

8. 甲企业生产销售A产品，有关资料如下。

资料一：2023年生产销售A产品10 000件，单价为30元/件，单位变动成本为21元/件，固定成本总额为20 000元。

资料二：2023年公司利息费用为30 000元，优先股股利为10 000元，发行在外普通股为900 000股。企业所得税税率为25%。

资料三：公司为了提高生产量，更新生产线，更新后原有的销售量提高到15 000件，单价保持不变，单位变动成本降至19元，年固定成本总额将增加至30 000元。

要求：根据以上资料，回答如下问题。

（1）根据资料一，计算2023年以下指标：息税前利润、单位边际贡献、盈亏平衡点的销售额。

（2）根据资料一和资料二，计算公司2023年经营杠杆系数、财务杠杆系数和总杠杆系数。

（3）根据资料一、资料二和资料三，计算公司更新生产线后盈亏平衡点的销售额、安全边际率和单位边际贡献。

二、答案部分

1.【答案】

（1）单位边际贡献 = 单价 - 单位变动成本 100 - 70 = 30（元）；边际贡献率 = 边际贡献/单价 × 100% = 30/100 × 100% = 30%。

（2）盈亏平衡作业率 = 盈亏平衡点销售量/正常销售量水平 × 100%，盈亏平衡点销售量 = 固定成本/单位边际贡献 = 120 000/30 = 4 000（件），盈亏平衡作业率 = 4 000/20 000 × 100% = 20%；

安全边际率 = 1 - 盈亏平衡作业率 = 1 - 20% = 80%。

（3）实现目标利润的销售量 = [固定成本 + 税后目标利润/(1 - 所得税税率) + 利息]/单位边际贡献，2024年实现目标利润的销售量 = [120 000 + 190 000/(1 - 25%) + 0]/30 = 12 445（件），实现目标利润销售额 = 实现目标利润的销售量 × 单价，因此，2024年实现目标利润的销售额 = 12 445 × 100 = 1 244 500（元）。

【解析】本题考查的知识点是边际分析和目标利润分析。边际贡献总额 = 销售收入 - 变动成本总额 = 销售收入 × 边际贡献率；单位边际贡献 = 单价 - 单位变动成本 = 单价 × 边际贡献率；边际贡献率 = 边际贡献总额/销售收入 × 100% = 单位边际贡献/单价 × 100%；实现目标利润的销售额 = (固定成本 + 目标利润)/边际贡献率，如果目标利润是税后利润，则实现目标利润的销售量 = [固定成本 + 税后目标利润/(1 - 所得税税率) + 利息]/单位边际贡献，实现目标利润的销售额 = [固定成本 + 税后目标利润/(1 - 所得税税率) + 利息]/边际贡献率；安全边际率 = 安全边际量/实际销售量 × 100% = 1 - 盈亏平衡作业率；盈亏平衡作业率 = 盈亏平衡点销售量/正常销售量水平 × 100%。根据以上内容的公式得出本题的答案。

2.【答案】

（1）当前A产品的单位边际贡献 = 60 - 24 = 36（元/件）；

边际贡献率 = 36/60 × 100% = 60%；

盈亏平衡点的业务量 = 72 000/36 = 2 000（件）；

安全边际率 = (10 000 - 2 000)/10 000 × 100% = 80%。

（2）计划期单价 = 60 × (1 - 10%) = 54（元/件）；

计划期单位边际贡献 = 54 - 24 = 30（元/件）；

计划期内盈亏平衡点的业务量 = 72 000/30 = 2 400（件）；

计划期内销售量 = 10 000 × (1 + 20%) =

12 000（件）；

盈亏平衡作业率 = 2 400/12 000 × 100% = 20%。

【解析】本题考查的是盈亏平衡分析和边际分析以及本量利分析的基本公式。

单位边际贡献 = 单价 - 单位变动成本；

边际贡献率 = 单位边际贡献/单价 × 100%；

安全边际率 = 安全边际量/实际销售量或预期销售量 × 100%；

盈亏平衡点的业务量 = 固定成本/单位边际贡献；

盈亏平衡作业率 = 盈亏平衡点的业务量/正常经营业务量（实际业务量或预计业务量）× 100%。

3.【答案】

（1）税前利润 = 200 000/（1 - 25%）= 266 666.67（元），则息税前利润 = 税前利润 × 2 = 533 333.33（元）；实现目标利润的销售量 =（固定成本 + 目标利润）/（单价 - 单位变动成本）=（10 000 + 533 333.33）/（60 - 30）= 18 112（件）。

（2）敏感系数 = 利润变动百分比/因素变动百分比，预计的利润 = 10 000 ×（60 - 30）- 10 000 = 290 000（元），当单价上升 10% 时，则利润 = 10 000 ×（66 - 30）- 10 000 = 350 000（元），利润变动的百分比 =（350 000 - 290 000）/290 000 = 20.69%；因此，利润对单价的敏感系数 = 20.69%/10% = 2.069。

（3）敏感系数 = 利润变动百分比/因素变动百分比，预计的利润 = 10 000 ×（60 - 30）- 10 000 = 290 000（元），当单位变动成本上涨 10%，则利润 = 10 000 ×［60 - 30 ×（1 + 10%）］- 10 000 = 260 000（元），利润变动的百分比 =（260 000 - 290 000）/290 000 = -10.34%；因此，利润对单位变动成本的敏感系数 = -10.34%/10% = -1.03。

（4）通过利润对单价、对单位变动成本敏感系数的比较，可以发现单价的敏感系数的绝对值大于单位变动成本的敏感系数的绝对值，所以利润对单价的敏感性更强。

【解析】本题考查的知识点是目标利润和敏感性分析。实现目标利润销售量 =（固定成本 + 目标利润）/（单价 - 单位变动成本），实现目标利润销售额 =（固定成本 + 目标利润）/边际贡献率 = 实现目标利润的销售量 × 单价；敏感性分析，各因素的变化都会引起利润的变化，但是其影响程度各不相同，有的因素较小的变动，则会引起利润较大的变动，则称为敏感因素，敏感系数绝对值比较大；反之，则称为不敏感因素，敏感系数绝对值较小。

4.【答案】

（1）单位边际贡献 = 单价 - 单位变动成本，根据表中数据得知，原生产线的单位变动成本 = 10 + 12 + 14 + 3 = 39（元），自动化生产线单位变动成本 = 9 + 10 + 15 + 2 = 36（元），因此，原生产线单位边际贡献 = 100 - 39 = 61（元），自动化生产线单位边际贡献 = 100 - 36 = 64（元）；

边际贡献率 = 边际贡献/单价 × 100%，原生产线边际贡献率 = 61/100 × 100% = 61%，自动化生产线边际贡献率 = 64/100 × 100% = 64%；

盈亏平衡点的业务量 = 固定成本/单位边际贡献，根据表中数据得知，原生产线固定成本 = 40 000 + 10 000 = 50 000（元），自动化生产线固定成本 = 60 000 + 10 000 = 70 000（元），因此，原生产线盈亏平衡点的业务量 = 50 000/61 = 820（件），自动化生产线盈亏平衡点的业务量 = 70 000/64 = 1 094（件）。

（2）安全边际率 = 安全边际量/实际销售量 × 100%，安全边际量 = 实际销售量 - 盈亏平衡点的业务量，因此，原生产线安全边际率 =（10 000 - 820）/10 000 × 100% = 91.8%，自动化生产线安全边际率 =（10 000 - 1 094）/10 000 × 100% = 89.06%。

（3）利润 = 销售量 × 单位边际贡献 - 固定成本，假设年产销量为 X，则 61 × X - 50 000 = 64 × X - 70 000，则 X = 6 667 件，即两条生产线利润相等时的年产销售量为 6 667 件。

（4）根据（3）的结果得知，当年产销量为 6 667 件时，两条生产线利润都相等，当年销量大于 6 667 件时，适合采用自动化生产线，当销售量小于 6 667 件时，适合采用原生产线。因此，当年销售量为 6 000 件时，应该选择使用原生产线，此时原生产线的利润大于自动化生产线的利润。

【解析】本题考查的知识点是本量利分析在经营决策中如何使用。企业进行生产经营活动的最终目的是获取利润，企业管理者的各种经营决策也应该围绕着这个目标，在分析时应该考虑哪个方案为企业提供更多的边际贡献，能够最大程度上弥补固定成本，从而使得企业获得更多的利润。

5.【答案】

（1）A产品单位产品直接材料标准成本 = 单位产品的材料标准用量 × 材料的标准单价 = 40 × 2 = 80（元）。

（2）直接材料成本差异 = 实际成本 − 标准成本 = 直接材料数量差异 + 直接材料价格差异 = （实际用量 − 实际产量下标准用量）× 标准单价 + 实际用量 ×（实际单价 − 标准单价）；

直接材料数量差异 =（12 000 − 10 000 × 2）× 40 = −320 000（元）（节约）；

直接材料价格差异 =（20 − 40）× 12 000 = −240 000（元）（节约）；

直接材料成本差异 = −320 000 − 240 000 = −560 000（元）（节约）。

（3）直接人工标准成本 = 单位产品的标准工时 × 小时标准工资率 = 30 × 2 = 60（元）。

（4）直接人工成本差异 = 实际成本 − 标准成本 = 直接人工工资率差异 + 直接人工效率差异 =（实际工时 − 实际产量下标准工时）× 标准工资率 +（实际工资率 − 标准工资率）× 实际工时；

直接人工效率差异 =（实际工时 − 实际产量下标准工时）× 标准工资率 =（10 000 − 10 000 × 2）× 30 = −300 000（元）（节约）；

直接人工工资率差异 =（实际工资率 − 标准工资率）× 实际工时 =（450 000/10 000 − 30）× 10 000 = 150 000（元）（超支）；

直接人工成本差异 = −300 000 + 150 000 = −150 000（元）（节约）。

（5）变动制造费用成本差异 = 变动制造费用耗费差异 + 变动制造费用效率差异；

变动制造费用耗费差异 = 实际工时 ×（变动制造费用实际分配率 − 变动制造费用标准分配率）= 10 000 ×（20 000/10 000 − 4）= −20 000（元）（节约）；

变动制造费用效率差异 =（实际工时 − 实际产量下标准工时）× 变动制造费用标准分配率 =（10 000 − 1.5 × 10 000）× 4 = −20 000（元）（节约）；

变动制造费用成本差异 = −20 000 − 20 000 = −40 000（元）（节约）。

【解析】本题考查的知识点是标准成本的制定和成本差异分析。单位产品直接材料标准成本 = 单位产品的材料标准用量 × 材料的标准单价；直接人工标准成本 = 单位产品的标准工时 × 小时标准工资率；直接材料成本差异 = 实际成本 − 标准成本 = 直接材料数量差异 + 直接材料价格差异 =（实际用量 − 实际产量下标准用量）× 标准单价 + 实际用量 ×（实际单价 − 标准单价）；直接人工成本差异 = 实际成本 − 标准成本 = 直接人工工资率差异 + 直接人工效率差异 =（实际工时 − 实际产量下标准工时）× 标准工资率 +（实际工资率 − 标准工资率）× 实际工时；变动制造费用成本差异 = 变动制造费用耗费差异 + 变动制造费用效率差异，变动制造费用耗费差异 = 实际工时 ×（变动制造费用实际分配率 − 变动制造费用标准分配率）。

6.【答案】

（1）固定制造费用项目成本差异 = 固定制造费用项目实际成本 − 固定制造费用项目标准成本 = 实际工时 × 实际分配率 − 实际产量下标准工时 × 标准分配率 = 200 000 − 12 000 × 2 × 10 = 200 000 − 240 000 = −40 000（元）（节约）。

（2）固定制造费用耗费差异 = 实际固定制造费用 − 预算产量下标准固定制造费用 = 200 000 − 20 000 × 2 × 10 = −200 000（元）（节约）；

固定制造费用能量差异 = 预算产量下标准工时 × 标准分配率 − 实际产量下标准工时 × 标准分配率 =（预算产量下标准工时 − 实际产量下标准工时）× 标准分配率 =（20 000 × 2 − 12 000 × 2）× 10 = 160 000（元）（超支）。

（3）三差异分析法下耗费差异 = 实际固定制造费用 − 预算产量下标准工时 × 标准分配率 = 200 000 − 20 000 × 2 × 10 = −200 000（元）（节约）；

产量差异 =（预算产量下标准工时 − 实际产量下实际工时）× 标准分配率 =（20 000 × 2 − 10 000）× 10 = 300 000（元）（超支）；

效率差异 =（实际产量下实际工时 − 实际产量下标准工时）× 标准分配率 =（10 000 − 12 000 × 2）× 10 = −140 000（元）（节约）。

【解析】本题考查的知识点是固定制造费用

成本差异分析。固定制造费用项目成本差异是固定制造费用项目实际成本与标准成本之间的差额。固定制造费用项目成本差异＝固定制造费用项目实际成本－固定制造费用项目标准成本＝实际工时×实际分配率－实际产量下标准工时×标准分配率。固定制造费用成本差异的分析可以分为两差异分析法和三差异分析法。两差异分析法是指将总差异分为耗费差异和能量差异两部分，耗费差异是实际固定制造费用与预算产量下标准固定制造费用之间的差额；能量差异是指预算产量下标准固定制造费用与实际产量下标准固定制造费用之间的差额。三差异分析是将两差异分析法下的能量差异进一步分解为产量差异和效率差异，即将固定制造费用成本差异分为耗费差异、产量差异和效率差异三个部分。

7.【答案】

（1）利润中心的边际贡献＝销售收入总额－变动成本总额＝100－60＝40（万元）；

利润中心可控边际贡献＝边际贡献－该中心负责人可控固定成本＝60－30＝30（万元）；

利润中心部门边际贡献＝可控边际贡献－该中心负责人不可控固定成本＝30－10＝20（万元）。

（2）投资收益率＝息税前利润/平均经营资产＝200/1 000＝20%；

剩余价值＝息税前利润－平均经营资产×最低投资收益率＝200－1 000×12%＝80（万元）。

（3）投资后投资收益率＝投资后息税前利润/平均经营资产＝(200＋130)/(1 000＋800)＝330/1 800＝18.33%；

投资后剩余价值＝息税前利润－平均经营资产×最低投资收益率＝(200＋130)－(1 000＋800)×12%＝330－216＝114（万元）。

通过与（2）结果的对比，投资后的剩余价值增加，投资收益率降低，因此，甲企业投资中心应该接受该投资机会。

【解析】本题考查的知识点是利润中心和投资中心。利润中心是既能控制成本，又能控制收入和利润的责任单位。在通常情况下，利润中心采用利润作为业绩考核指标，分为边际贡献、可控边际贡献和部分边际贡献。可控边际贡献＝销售收入总额－变动成本总额；利润中心可控边际贡献＝边际贡献－该中心负责人可控固定成本；利润中心部门边际贡献＝可控边际贡献－该中心负责人不可控固定成本。投资中心是既能控制成本、收入和利润，又能对投入的资金进行控制的责任中心，对投资中心的业绩进行评价，主要指标有投资收益率和剩余收益等指标。投资收益率＝息税前利润/平均经营资产。剩余收益是指投资中心的经营收益扣减经营资产按要求的最低投资收益率计算的收益额之后的余额。剩余收益＝息税前利润－平均经营资产×最低投资收益率。

8.【答案】

（1）息税前利润＝销售收入－变动成本－固定成本总额＝(30－21)×10 000－20 000＝70 000（元）；

单位边际贡献＝单价－单位变动成本＝30－21＝9（元）；

盈亏平衡点的销售额＝固定成本/边际贡献率，边际贡献率＝(30－21)/30×100%＝30%，盈亏平衡点的销售额＝20 000/30%＝66 666.67（元）。

（2）经营杠杆系数＝基期边际贡献/基期息税前利润，基期边际贡献总额＝10 000×(30－21)＝90 000（元），经营杠杆系数＝90 000/70 000＝1.29；

财务杠杆系数＝基期息税前利润/基期利润总额，如果企业既存在固定利息的债务，也存在固定股息的优先股，则财务杠杆系数＝基期息税前利润/{基期息税前利润－利息费用－[优先股股利/(1－所得税税率)]}，所以财务杠杆系数＝70 000/{70 000－30 000－[10 000/(1－25%)]}＝70 000/26 666.67＝2.62；

总杠杆系数＝经营杠杆系数×财务杠杆系数＝1.29×2.62＝3.38。

（3）边际贡献率＝(30－19)/30×100%＝36.67%；盈亏平衡点的销售额＝固定成本总额/边际贡献率＝30 000/36.67%＝81 810.75（元）；

安全边际率＝安全边际量/实际销售量，盈亏平衡点的销售量＝固定成本/单位边际贡献＝30 000/(30－19)＝2 728（件），安全边际率＝(15 000－2728)/15 000＝81.81%；

单位边际贡献＝单价－单位变动成本＝30－19＝11（元）。

【解析】本题考查的知识点是杠杆效应和边际分析。经营杠杆系数大小反映了经营杠杆效应程度，经营杠杆系数是息税前利润变动率与产销业务量变动率的比值；财务杠杆是由于固定性资本成本的存在，使得企业的普通股收益变动率大于息税前利润变动率的现象。测算财务杠杆效率的程度，常用指标是财务杠杆系数，是普通股收益变动率与息税前利润变动率的比值。只要企业同时存在固定性经营成本和固定性资本成本，就存在总杠杆效应，总杠杆系数是经营杠杆系数和财务杠杆系数的乘积，是普通股收益变动率与产销量变动率的倍数。边际分析考核单位边际贡献、盈亏平衡点的销售量、盈亏平衡点的销售额、安全边际率。单位边际贡献是单价与单位变动成本之间的差额，安全边际率是安全边际与实际销售量或预期销售量的比值，盈亏平衡点的销售额是固定成本与边际贡献率的比值。

专题七　股利政策与企业价值

命题思路

本专题内容主要是公司股利政策与企业价值，计算题和综合题都有可能涉及本专题的知识点。2023 年（卷一、卷二）的综合题和计算题、2020 年（卷二）的计算题、2019 年（卷一、卷二）的综合题、2018 年（卷二）的综合题都涉及本专题一个知识点。本专题知识点虽然每年主观题涉及不多，但是我们也要认真备考，以防 2024 年考到本主题知识。本专题计算题可能会考查各种股利政策对企业的影响和股票股利发放，综合题可能会涉及企业发放股票股利带来的影响，综合题方面曾与第五章、第六章、第八章等知识点一起综合考查。虽然综合题属于跨章节一起考查，但是从题目中也可以很清楚地分辨出本专题的知识点。只要考生认真掌握本专题的知识点，就可以轻松应对此类题目。本专题知识点相对比较少，不要死记硬背本专题知识，需要考生理解记忆，否则可能会无法灵活运用本专题知识，引起失误。

经典例题

1. 甲公司 2023 年年末的资产总额为 60 000 万元，权益资本占资产总额的 60%，当年净利润为 7 200 万元，甲公司认为其股票价格过高，不利于股票流通，于 2023 年年末按照 1∶2 的比例进行股票分割，股票分割前甲公司发行在外的普通股股数为 2 000 万股。

根据 2024 年的投资计划，甲公司需要追加 9 000 万元，基于公司目标资本结构，要求追加的投资中权益资本占 60%。

要求：根据以上资料，回答如下问题。

（1）计算甲公司股票分割后的下列指标：

①每股净资产；

②净资产收益率。

（2）如果甲公司针对 2023 年度净利润采取固定股利支付率政策分配股利，股利支付率为 40%，计算应支付的股利总和。

（3）如果甲公司针对 2023 年度净利润采取剩余股利政策分配股利，计算下列指标：

①2024 年追加投资所需要的权益资本额；

②可发放的股利总额。

【答案】

（1）①分割后股数 = 2 000 × 2 = 4 000（万股）；

股东权益总额 = 60 000 × 60% = 36 000（万元）；

分割后的每股净资产 = 36 000/4 000 = 9（元）。

②分割后净资产收益率 = 7 200/36 000 × 100% = 20%。

（2）应支付的股利总和 = 7 200 × 40% = 2 880（万元）。

（3）①追加投资所需要的权益资本额 = 9 000 × 60% = 5 400（万元）；

②可发放的股利总额 = 7 200 − 5 400 = 1 800（万元）。

2. 甲公司是一家上市公司，适用企业所得税税率为 25%，公司拟进行如下的股利发放政策，公司 2023 年实现净利润 3 000 万元，过去一段时间采用固定股利支付率政策进行股利分配，固定股利支付率为 30%。公司 2024 年预计投资需求 1 000 万元，公司目标资本结构是权益资本占 60%，债务资本占 40%。

要求：根据以上资料，回答如下问题。

（1）如果公司继续采用固定股利支付率政策，则公司的留存收益额为多少？

（2）如果公司将股利政策改为剩余股利政策，则 2024 年追加投资所需要公司的留存收益额与可发放股利额为多少？

【答案】

（1）公司采用固定股利支付率政策是将公司每年的净利润按照一定的百分比作为股利分派给股东，固定股利支付率为 30%，则公司留存收益额 = 3 000 − 3 000 × 30% = 2 100（万元）。

（2）剩余股利政策，首先是根据目标资本结构测算出投资所需的权益资本额，然后从盈余中留用，将剩余的盈余作为股利来分配，即净利润首先满足公司的权益资金需求，如果还有剩余，就派发股利。根据公司目标资本结构，权益资本占 60%，所以 1 000 万元的投资需求中有 600 万元是要从盈余中进行分配，所以采用剩余股利政策的话，公司留存收益额 = 600 万元，剩余的部分可发放股利额 = 3 000 − 600 = 2 400（万元）。

考点总结

考点	知识点	内容
股利政策	剩余股利政策	剩余股利政策是指公司在有良好的投资机会时，根据目标资本结构，测算出投资所需用的权益资本额，先从盈余中留用，然后将剩余的盈余作为股利来分配，即净利润首先满足公司权益资金需求，如果还有剩余，就派发股利；如果没有，则不派发股利
	固定或稳定增长的股利政策	公司将每年派发的股利额固定在某一特定水平或在此基础上维持某一固定比率逐年稳定增长
	固定股利支付率政策	公司将每年净利润的某一固定百分比作为股利分派给股东
	低正常股利加额外股利政策	公司事先设定一个较低的正常股利额，每年除了按照正常股利额向股东发放股利外，还在公司盈余较多、资金较为充裕的年份向股东发放额外股利。公式 $Y = a + bX$，其中 Y 表示每股股利，X 表示每股收益，a 表示每股低正常股利，b 表示额外股利支付比率
股票股利	公司以增发股票的方式所支付的股利，也可称其为“红利”	股票股利对公司来说，没有现金流出企业，也不会导致公司的财产减少，而只是将公司的未分配利润转化为股本和资本公积。但股票股利会增加流通在外的股票数量，同时降低股票的每股价值。不会改变股东权益总额，但是会改变股东权益的构成。 特点总结：四变五不变。 资产负债以及所有者权益总额不变、每股面值不变、股东持股比例不变； 每股收益和每股市价下降、普通股股数增加、所有者权益内部结构改变
股票分割	是将一股股票拆分为多股股票的行为	股票分割只增加了发行在外的股票总数，不会对公司的资本结构产生任何影响，不会引起股东权益总额的改变，其内部结构也不会发生任何变化，变化的只是股票面值

专项突破

一、试题部分

1. 某上市公司发放股票股利前，其资产负债表上的股东权益账户情况如下表所示：

单位：万元

项目	金额
股本（面值1元，发行在外200万股）	200
资本公积	400
盈余公积	400
未分配利润	2 000
股东权益合计	3 000

假设该公司宣布发放10%的股票股利，现有股东每持有10股，即可获赠1股普通股。若该股票当时市价为20元，发放股票股利以市价计算。

要求：根据以上资料，回答如下问题。

（1）填写发放股票股利后的股东权益账户情况（见下表）：

单位：万元

项目	金额
股本	
资本公积	
盈余公积	
未分配利润	
股东权益合计	

（2）假设一位股东派发股票股利之前持有公司的普通股10万股，请计算说明其股权比例在发放股票股利后是否会发生变化。

2. 甲公司计划2023年购置一项设备，设备价值为1 000万元。该公司的目标资本结构是：权益资本占50%，债务资本占50%。甲公司2022年实现营业收入3 000万元，营业净利率为20%。2022年末股票市价为8元。

要求：根据以上资料，回答如下问题。

（1）计算甲公司2022年末净利润。

（2）如果按照目标资本结构，公司投资所需的资金需要从外部借入的债务资金金额是多少？

（3）如果按照目标资本结构，公司采用剩余股利政策，则公司2023年投资所需资金的留存收益和外部债务筹集的金额是多少？

（4）不考虑目标资本结构的话，如果公司采用固定股利支付率政策，固定股利支付率为30%，则公司2023年投资所需的留存收益和外部债务筹集的资金是多少？

（5）假定公司2023年筹资只能从内部筹资，不考虑目标资本结构，则公司2022年末应分配的股利金额是多少？

3. 某上市公司2023年末资产负债表上的股东权益账户情况如下表所示：

单位：万元

股本（面值10元，发行在外1 000万股）	10 000
资本公积	10 000
盈余公积	5 000
未分配利润	8 000
股东权益合计	33 000

要求：根据以上资料，回答如下问题。

（1）假设股票市价20元，公司按照每10股派发2股股票股利，依据股票的市价计算股票股利金额，并按照发放股票股利后的股数每股派发0.2元现金股利，则公司发放股票股利和现金股利后，股东权益有何变化，每股净资产是多少？

（2）假设股票市价为25元，公司决定按照1∶2的比例进行股票分割，股票分割后，股东权益有何变化，每股净资产是多少？

（3）假设股票市价为10元，公司认为股票价格过低，对股票进行反分割，对股票按照2∶1的比例进行合并股票，股票反分割后，股东权益有何变化，每股净资产是多少？

（4）假设公司每股收益为4元，股票市价为30元，净利润和市盈率保持不变，公司为了进行反向收购，计划按照现价进行股票回购，回购股票100万股，计算股票回购后的每股收益和每股市价。

4. 甲公司2023年末资产总额为3 000万元，目前的资本结构中，权益资本占60%，负债总额占40%，公司2023年净利润为1 000万元。公司管理层认为甲公司的股票价格过高，流动性较低，董事会决定按照1∶3的比例进行股票分割，股票分割前甲公司在外发行的普通股股数为2 000万股。根据公司目前的投资计划，2024年预计投资额需要900万元，公司的目标资本结构是权益资本占70%。

要求：根据以上资料，回答如下问题。

（1）计算甲公司进行股票分割后，每股净资产和股东权益金额是多少？

（2）如果甲公司采用剩余股利政策，为了满足公司2024年的投资额需求，则2023年留存收益额和可发放的股利金额是多少？

二、答案部分

1. 【答案】

（1）发放股票股利后的股东权益账户情况如下表所示：

单位：万元

项目	金额
股本	220
资本公积	780
盈余公积	400
未分配利润	1 600
股东权益合计	3 000

（2）假设一位股东派发股票股利之前持有公司的普通股10万股，那么，他所拥有的股权比例＝10/200×100%＝5%。派发股利之后，他所拥有的股票数量＝10×（1＋10%）＝11（万股），他所拥有的股权比例＝11/220×100%＝5%。因此，该股东的股权比例在发放股票股利后不会发生变化。

【解析】本题考查的知识点是股票股利。股票股利的发放，对公司来说没有引起公司实际的现金流出，也不会导致公司的财产减少，只是将公司的未分配利润转化为股本和资本公积。但是会增加流通在外的股票数量，同时降低股票的每股价值，不会改变公司股东权益总额，但是会改变股东权益的构成。需要特别注意的是股票股利的计算价格，要看清楚是以市价计算价格，还是以股票面值计算价格。计算价格不同，引起的权益构成不同，需要考生特别注意。

2.【答案】

（1）营业净利率 = 净利润/营业收入，2022年末净利润 = 3 000 × 20% = 600（万元）。

（2）目标资本结构是：权益资本占 50%，债务资本占 50%，所以 2023 年 1 000 万元投资所需资金中，50% 来源于权益资本，50% 来源于外部债务筹资。2023 年 1 000 万元的投资中 500 万元（1 000 × 50%）来自外部债务筹资。

（3）按照目标资本结构，剩余股利政策规定要先从盈余留用投资所需的权益资金，如果还有剩余再分配股利。1 000 万元投资需要中需要权益资本 500 万元，所以 2022 年末净利润中留存收益金额 = 1 000 × 50% = 500（万元）；外部筹资所需的债务资金 = 1 000 − 500 = 500（万元）。

（4）公司采用固定股利支付率政策是指公司将每年净利润中的某一固定百分比作为股利分派给股东，固定股利支付率为 30%，所以公司需要分派的股利金额 = 600 × 30% = 180（万元），则公司 2023 年投资所需的留存收益金额 = 600 − 180 = 420（万元）；外部筹资的债务资金 = 1 000 − 420 = 580（万元）。

（5）由于公司 2023 年投资金额为 1 000 万元，主要从内部筹资所得，而 2022 年实现净利润 600 万元，小于 2023 年投资所需，所以 2022 年可以分配的股利金额为 0。

【解析】本题考查的知识点是股利政策。剩余股利政策是指公司在有良好的投资机会时，根据目标资本结构，测算出投资所需用的权益资本额，先从盈余中留用，然后将剩余的盈余作为股利来分配，即净利润首先满足公司权益资金需求，如果还有剩余，就派发股利；如果没有，则不派发股利。固定股利支付率政策，公司将每年净利润的某一固定百分比作为股利分派给股东，固定股利支付率越高，公司留存的净利润就越少。

3.【答案】

（1）每 10 股派发 2 股股票股利，派发之后发行在外的股数 = 1 000 × 2/10 + 1 000 = 1 200（万股），股本 = 1 200 × 10 = 12 000（万元）；按照派发股票股利后的股数发放现金股利 0.2 元，则派发的现金股利金额 = 1 200 × 0.2 = 240（万元）；派发现金股票和股票股利后，未分配利润 = 8 000 − 240 − 20 × 1 000 × 2/10 = 3 760（万元）；由于采用市价计算股票股利，股票溢价记入资本公积账户，所以资本公积 = 10 000 + (20 − 10) × 1 000 × 2/10 = 12 000（万元）；盈余公积账户不会发生任何变化，盈余公积 = 5 000 万元；股东权益合计 = 12 000 + 3 760 + 12 000 + 5 000 = 32 760（万元）。

每股净资产 = 股东权益/发行在外普通股股数 = 32 760/1 200 = 27.3（元）。

（2）公司决定按照 1∶2 的比例进行股票分割，即公司发行在外的股份数量 = 1 000 × 2 = 2 000（万股）；面值将变成每股 5 元，股本 = 2 000 × 5 = 10 000（万元）；资本公积 = 10 000 万元；盈余公积 = 5 000 万元；未分配利润 = 8 000万元；股东权益合计 = 33 000 万元。

每股净资产 = 股东权益/发行在外普通股股数 = 33 000/2 000 = 16.5（元/股）。

（3）为了提供股价，公司决定反向分割，按照 2∶1 进行反向分割，即将公司股票 2 股合并为 1 股，则公司的股数 = 1 000/2 = 500（万股）；股本的面值 = 10 × 2 = 20（元），反向分割后股本 = 10 000 万元；资本公积 = 10 000 万元；盈余公积 = 5 000 万元；未分配利润 = 8 000 万元；股东权益合计 = 33 000 万元；每股净资产 = 33 000/500 = 66（元/股）。

（4）每股收益 = 净利润/发行在外普通股加权平均数，则公司净利润 = 4 × 1 000 = 4 000（万元）；市盈率 = 每股市价/每股收益 = 30/4 = 7.5；股票回购后，发行在外普通股股数 = 1 000 − 100 = 900（万股）；则每股收益 = 4 000/900 = 4.44（元），每股市价 = 4.44 × 7.5 = 33.3（元）。

【解析】本题考查的知识点是股票股利、股票分割、股票反分割和股票回购。股票股利是公司以增发股票的方式所支付的股利，我国实务中通常称其为“红股”。发放股票股利对公司来说，并没有现金流出企业，也不会导致公司的财产减少，而只是将公司的未分配利润转化为股本和资本公积。但股票股利会增加流通在外的股票数量，同时降低股票的每股价值。它不改变公司股东权益总额，但会改变股东权益的构成。股票分割，又称拆股，即将一股股票拆分成多股股票的行为。股票分割一般只会增加发行在外的股票总数，不会对公司的资本结构产生任何影响。股票分割与股票股利非常相似，都是在不增加股东权益的情况下增加了股份的数量，所不同的是，股票股利虽不会引起股东权益总额的改变，但股东权益的内部结构会发生变化，而股票分割之后，股东权益总额及其内部结构都不会发生任何变化，变化的只是股票面值。反分割，与股票分割相反，如果公司认为其股票价格过低，不利于其在市场上的声誉和未来的再筹资时，为提高股票的价格，会采取反分割措施。反分割又称为股票合并或逆向分割，是指将多股股票合并为一股股票的行为。股票回购是指上市公司出资将其发行在外的普通股以一定价格购买回来予以注销或作为库存股的一种资本运作方式。

4.【答案】

(1) 每股净资产 = 股东权益/发行在外普通股股数，股东权益金额 = 3 000 × 60% = 1 800（万元），股票分割之后，公司的股数 = 2 000 × 3 = 6 000（万股），每股净资产 = 1 800/6 000 = 0.3（元）；股票分割后，股东权益总额和其内部结构不会发生任何变化，所以股东权益金额依然是 1 800 万元。

(2) 剩余股利政策首先是根据目标资本结构，测算出投资所需的权益资本额，先从盈余中留用，有剩余的盈余则可以作为股利分配。根据目标资本结构，权益资本占 70%，所以 2024 年投资额 900 万元中的 70% 需要留存收益补充，则 2023 年留存收益额 = 900 × 70% = 630（万元），剩余的盈余 = 1 000 − 630 = 370（万元），则可以用于股利发放，因此，可发放的股利金额为 370 万元。

【解析】本题考查的知识点是剩余股利政策和股票分割。剩余股利政策是指公司在有良好的投资机会时，根据目标资本结构，测算出投资所需的权益资本额，先从盈余中留用，然后将剩余的盈余作为股利来分配，即净利润首先满足公司的权益资金需求，如果还有剩余，就派发股利；如果没有，则不派发股利。股票分割，又称拆股，即将一股股票拆分成多股股票的行为。股票分割一般只会增加发行在外的股票总数，不会对公司的资本结构产生任何影响。股票分割与股票股利非常相似，都是在不增加股东权益的情况下增加了股份的数量，所不同的是，股票股利虽不会引起股东权益总额的改变，但股东权益的内部结构会发生变化；而股票分割之后，股东权益总额及其内部结构都不会发生任何变化，变化的只是股票面值。

专题八　财务分析与评价

命题思路

本专题内容在计算题和综合题都会涉及，2021年（卷一）计算题、2022年（卷一）、2022年（卷三）、2020年（卷二）综合题等都考到本专题的知识点，该专题知识点每年几乎都会考到，希望考生能够重视本专题知识。计算题的内容主要考查财务分析指标，财务分析指标记忆准确并且会准确运用，则可以轻松应对此类题型。综合题方面主要与跨章节的内容一起考查，虽然是跨章节考查，但是也可以很容易辨别出综合题考查本专题哪个知识点。2021年（卷一）和2021年（卷二）综合题是将本专题知识点与第五章、第七章、第九章内容一起综合考查。本专题近几年考查的内容有偿债能力分析、营运能力分析、盈利能力分析、特殊财务指标分析、杜邦分析和因素分析法等，考试的方式基本上是将相关的公式直接代入题目中的数值，并准确计算出正确答案。本专题内容相对比较简单，公式运用比较多，需要考生理解记忆并总结出公式记忆技巧。只要考生准备记忆本专题的公式并会运用，就可以做到不丢分。

经典例题

1. 某公司2022年末资产总额为3 000万元，其中，流动资产2 000万元，存货800万元；2022年末负债总额1 800万元，其中流动负债1 000万元；2022年末公司实现利润总额为2 100万元，利息费用为900万元。

要求：根据以上资料，回答如下问题。

（1）计算公司2022年末流动比率、营运资金和速动比率。

（2）计算公司2022年末资产负债率和产权比率。

（3）计算公司2022年末权益乘数和利息保障倍数。

【答案】

（1）流动比率＝流动资产/流动负债，流动比率＝2 000/1 000＝2；

营运资金＝流动资产－流动负债，营业资金＝2 000－1 000＝1 000（万元）；

速动比率＝速动资产/流动负债，速动资产＝流动资产－存货，速动比率＝(2 000－800)/1 000＝1.2。

（2）资产负债率＝负债总额/资产总额，资产负债率＝1 800/3 000＝0.6；

产权比率＝负债总额/所有者权益，产权比率＝1 800/(3 000－1 800)＝1.5。

（3）权益乘数＝总资产/股东权益＝1＋产权比率＝1/(1－资产负债率)，权益乘数＝2.5；

利息保障倍数＝息税前利润/应付利息，利息保障倍数＝(2 100＋900)/900＝3.33。

2. 某公司2022年末部分资产负债表和利润表如下表所示，假设一年按照360天计算。

资产负债表

单位：万元

项目	年初数	年末数
应收账款	100	120
存货	80	100
流动资产合计	600	700
流动负债合计	500	560
资产合计	1 000	1 200
负债合计	800	900

利润表

单位：万元

项目	年初数	年末数
营业收入	800	820
营业成本	670	680
净利润	200	250

要求：根据以上资料，回答如下问题。

（1）计算公司 2022 年末应收账款周转率和存货周转天数。

（2）计算公司 2022 年末营运资金和速动比率。

（3）计算公司 2022 年末营业毛利率、总资产净利率、权益乘数和净资产收益率。

【答案】

（1）应收账款周转率 = 营业收入/应收账款平均余额 = 营业收入/（期初应收账款 + 期末应收账款）/2，应收账款周转率 = 820/[（100 + 120）/2] = 820/110 = 7.45（次）；

存货周转天数 = 360/存货周转次数，存货周转次数 = 营业成本/[（期初存货 + 期末存货）/2]，存货周转次数 = 680/[（80 + 100）/2] = 7.56（次），存货周转天数 = 360/7.56 = 47.62（天）。

（2）营业资金 = 流动资产 − 流动负债，2022 年末营运资金 = 700 − 560 = 140（万元）。

速动比率 = 速动资产/流动负债，2022 年末速动比率 = （700 − 100）/560 = 1.07。

（3）营业毛利率 = 营业毛利/营业收入 × 100%，营业毛利率 = （营业收入 − 营业成本）/营业收入 × 100%，营业毛利率 = （820 − 680）/820 × 100% = 17.07%；

总资产净利率 = 净利润/平均总资产，总资产净利率 = 250/[（1 000 + 1 200）/2] × 100% = 22.73%；

权益乘数 = 总资产/股东权益，权益乘数 = 1 200/300 = 4；

净资产收益率 = 总资产净利率 × 权益乘数 = 净利润/平均所有者权益 × 100%，净资产收益率 = 22.73% × 4 = 90.92%。

3. 甲公司是一家上市公司，2024 年初发行在外的普通股为 8 000 万股，7 月 1 日回购普通股 400 万股以备奖励员工，9 月 30 日奖励给员工 80 万股。2024 年归属于普通股股东的净利润为 11 730 万元，向普通股股东发放现金股利 6 144 万元，2024 年末，公司净资产总额为 96 000 万元，普通股每股市价 36 元。不考虑其他因素。

要求：根据以上资料，回答如下问题。

（1）计算 2024 年基本每股收益与 2024 年末市盈率。

（2）计算 2024 年每股股利。

（3）计算 2024 年末每股净资产与市净率。

【答案】

（1）2024 年基本每股收益 = 11 730/（8 000 − 400 × 6/12 + 80 × 3/12）= 1.5（元/股）

2024 年末市盈率 = 36/1.5 = 24（倍）

（2）2024 年每股股利 = 6 144/（8 000 − 400 + 80）= 0.8（元/股）

（3）2024 年末每股净资产 = 96 000/（8 000 − 400 + 80）= 12.5（元/股）

市净率 = 36/12.5 = 2.88（倍）。

4. 乙公司计划使用因素分析法寻求绩效改进的方法，相关的资料数据如下。

资料一：乙公司2022年初资产总额为2 800万元，年初负债总额为1 800万元，年末资产总额为3 000万元，负债总额为1 900万元；2022年末实现营业收入900万元，净利润为400万元。

资料二：净资产收益率指标依次分解为营业净利率、总资产周转率和权益乘数三个因素，可以利用因素分析法对乙公司净资产收益与行业平均水平的差异进行分析。

资料三：乙公司所在行业平均营业净利率为40%，行业平均总资产周转率为2.1，行业平均资产负债率为0.8。

要求：根据以上资料，回答如下问题。

（1）根据资料一，计算乙公司2022年末的营业净利率、总资产周转率、权益乘数和净资产收益率。

（2）根据资料三，计算行业平均权益乘数和净资产收益率。

（3）根据资料一、资料二和资料三，采用差额分析法计算三个因素对乙公司净资产收益率与行业平均水平的差异的影响数，并指出造成该差异的最主要的影响因素。

【答案】

（1）营业净利率 = 净利润/营业收入 × 100%，营业净利率 = 400/900 × 100% = 44%；总资产周转率 = 营业收入/平均资产总额，总资产周转率 = 900/[(2 800 + 3 000)/2] = 0.31（次）；权益乘数 = 总资产/股东权益，权益乘数 = 3 000/1 100 = 2.73；净资产收益率 = 营业净利率 × 总资产周转率 × 权益乘数，净资产收益率 = 44% × 0.31 × 2.73 = 37%。

（2）权益乘数 = 1/(1 - 资产负债率)，行业权益乘数 = 1/(1 - 0.8) = 5；净资产收益率 = 营业净利率 × 总资产周转率 × 权益乘数，行业净资产收益率 = 40% × 2.1 × 5 = 420%；

（3）差额分析法是利用各个因素的比较值与基准值之间的差额，来计算各因素对分析指标的影响。由于净资产收益率依次分解为营业净利率、总资产周转率和权益乘数，首先分析营业净利率对净资产收益率的影响：（44% - 40%）× 2.1 × 5 = 42%；

其次分析总资产周转率对净资产收益率的影响：44% × (0.31 - 2.1) × 5 = -393.8%；

最后分析权益乘数对净资产收益率的影响：44% × 0.31 × (2.73 - 5) = -30.96%。

通过差额分析法，可以看到总资产周转率对差异的影响最大。

5. 甲公司是一家上市公司，2022年初存货为300万元，年末存货为500万元，年初应收账款为90万元，年末应收账款80万元；年初资产总额为1 000万元，年末资产总额为1 300万元；年初负债总额为600万元，年末负债总额为700万元；2022年实现营业收入为800万元，营业成本为600万元，净利润为500万元，非经营净收益230万元。

要求：根据以上资料，回答如下问题。

（1）计算甲公司2022年末应收账款周转天数、存货周转天数和总资产周转次数，假定一年按照360天计算。

（2）计算甲公司2022年资本保值增值率和净收益营运指数。

【答案】

（1）应收账款周转天数 = 360/应收账款周转次数，应收账款周转次数 = 营业收入/应收账款平均余额，应收账款周转次数 = 800/[(90 + 80)/2] = 9.41（次），应收账款周转天数 = 360/9.41 = 38.26（天）；

存货周转天数 = 360/存货周转次数，存货周转次数 = 营业成本/存货平均余额，存货周转次数 = 600/[(300 + 500)/2] = 1.5（次），存货周转天数 = 360/1.5 = 240（天）；

总资产周转次数 = 营业收入/总资产平均余额，总资产周转次数 = 800/[(1 000 + 1 300)/2] = 0.7（次）。

（2）资本保值率 = 期末所有者权益/期初所有者权益，资本保值率 = (1 300 - 700)/(1 000 - 600) = 1.5；

净收益营运指数 = 经营净收益/净利润，经营净收益 = 净利润 - 非经营净收益；净收益营运指数 = (500 - 230)/500 = 0.54。

考点总结

考点	内容	公式
短期偿债能力	营运资金	营运资金 = 流动资产 − 流动负债
	流动比率	流动比率 = 流动资产/流动负债
	速动比率	速动比率 = 速动资产/流动负债
	现金比率	现金比率 = (货币资金 + 交易性金融资产)/流动负债
长期偿债能力	资产负债率	资产负债率 = 负债总额/资产总额 × 100%
	产权比率	产权比率 = 负债总额/所有者权益 × 100%
	权益乘数	权益乘数 = 总资产/股东权益
	利息保障倍数	利息保障倍数 = 息税前利润/应付利息

考点	内容	公式
流动资产营运能力分析	应收账款周转率	应收账款周转次数 = 营业收入/应收账款平均余额 应收账款周转天数 = 计算期天数/应收账款周转次数
	存货周转率	存货周转次数 = 营业成本/存货平均余额 存货周转天数 = 计算期天数/存货周转次数
	流动资产周转率	流动资产周转次数 = 营业收入/流动资产平均余额 流动资产周转天数 = 计算期天数/流动资产周转次数
固定资产营运能力分析	固定资产周转率	固定资产周转率 = 营业收入/平均固定资产
总资产营运能力分析	总资产周转率	总资产周转次数 = 营业收入/平均资产总额

考点	内容	公式
盈利能力分析	营业毛利率	营业毛利率 = 营业毛利/营业收入 × 100%
	营业净利率	营业净利率 = 净利润/营业收入 × 100%
	总资产净利率	总资产净利率 = 净利润/平均总资产 = 营业净利率 × 总资产周转率
	净资产收益率	净资产收益率 = 净利润/平均所有者权益 × 100% = 总资产净利率 × 权益乘数
发展能力分析	资本保值增值率	资本保值增值率 = 期末所有者权益/期初所有者权益 × 100%

续表

考点	内容	公式
获取现金能力的分析	营业现金比率	营业现金比率＝经营活动现金流量净额/营业收入
	每股营业现金净流量	每股营业现金净流量＝经营活动现金流量净额/普通股股数
	全部资产现金回收率	全部资产现金回收率＝经营活动现金流量净额/平均总资产×100%
收益质量分析	净收益营运指数	净收益营运指数＝经营净收益/净利润 经营净收益＝净利润－非经营净收益
	现金营运指数	现金营运指数＝经营活动现金流量净额/经营所得现金

考点	内容	公式
上市公司特殊财务指标	基本每股收益	基本每股收益＝归属于公司普通股股东的净利润/发行在外的普通股加权平均数
	每股股利	每股股利＝普通股股利总额/期末发行在外普通股股数
	市盈率	市盈率＝每股市价/每股收益
	市净率	市净率＝每股市价/每股净资产
杜邦财务分析	对净资产收益率分解	净资产收益率＝营业净利率×总资产周转率×权益乘数
EVA	经济增加值	经济增加值＝税后净营业利润－平均资本占用×加权平均资本成本

专项突破

一、试题部分

1. 甲公司是一家上市公司，有关资料如下。

资料一：甲公司作为一家上市公司，2022年末资产总额为2 000万元，所有者权益为1 200万元，2022年实现净利润为1 000万元；甲公司认为股票价格太低，决定进行回购股票，经董事会决定，2022年7月1日回购股票900万股；同时经董事会决定，向全体股东发放股票股利，每10股送红股10股；2022年初甲公司登记在册的普通股股数为2 000万股；2022年末每股市价为30元。

资料二：甲公司于2022年8月1日按面值发行年利率为5%的可转换债券，面值1 000万元，期限为6年，利息每年年末支付一次，发行结束一年后可以转换股票，转股价格为每股5元，每100元债券可转换为1元面值的普通股20股。假设企业所得税税率为25%。

要求：根据以上资料，回答如下问题。

（1）根据资料一，测算甲公司的基本每股收益。

（2）根据资料一和资料二，测算甲公司的稀释每股收益。

（3）根据资料一，测算甲公司市盈率。

2. 甲公司受到政策的影响，努力加强资产负债管理，不断降低杠杆水平，争取在2022年末将杠杆率控制在55%以内。为了考查降杠杆对公司财务绩效的影响，现在基于杜邦财务分析法，将净资产收益率指标依次分解为营业净利率、总资产周转率和权益乘数三个因素，采用连环替代法予以分析，有关财务指标如下表所示。

单位：万元

项目	2021 年	2022 年
资产总额	2 000	2 200
负债总额	800	890
所有者权益总额	1 200	1 310
营业收入	900	920
营业成本	600	590
净利润	300	350

要求：根据以上资料，回答如下问题。

（1）计算公司 2022 年末资产负债率，并判断公司是否实现了降杠杆目标。

（2）计算公司 2021 年末和 2022 年末净资产收益率（涉及的资产、负债、所有者权益均采用年末数额计算）。

（3）计算 2021 年末和 2022 年末净资产收益率之间的差异，并采用连环替代法计算各个因素对净资产收益率差异的影响（涉及的资产、负债、所有者权益均采用年末数额计算）。

3. 丙公司是一家上市公司，乙公司是与丙公司同行业且规模相近的一家上市公司，相关的资料如下。

资料一：丙公司 2022 年末普通股股数为 3 000 万股，每股收益为 3.1 元，部分财务信息如下表所示：

单位：万元

项目	2022 年末	项目	2022 年末
资产总额	2 800	营业收入	900
负债总额	1 000	营业成本	700
所有者权益总额	1 800	净利润	600
		经营活动现金流量净额	800

资料二：丙公司目前每股市价为 30 元，2022 年末发放普通股股利 1 578 万元；2022 年末净利润 600 万元，非经营净收益 200 万元。

资料三：丙公司和乙公司部分财务指标如下表所示：

项目	丙公司	乙公司
产权比率（%）	A	90
净资产收益率（%）	B	30
总资产周转次数（次）	C	2. 3
营业现金比率	D	0. 98
每股营业现金净流量（元）	E	0. 56
市盈率（倍）	F	12
股利发放率	G	0. 34
每股净资产（元）	H	1. 2
净收益营运指数	I	0. 5

要求：根据以上资料，回答如下问题。

（1）根据资料一和资料二，填写完成表中各项字母数，采用期末数据计算年平均余额。

（2）根据以上资料，比较丙、乙公司财务结构，谁更稳定；判断丙、乙公司股票，哪家公司股票更具有股票投资价值。

4. 乙公司生产销售产品，有关资料如下所示。

资料一：乙公司2022年末部分资产负债表如下表所示：

金额单位：万元

资产	金额	与销售关系（%）	负债及权益	金额	与销售关系（%）
现金	1 000	5	短期借款	800	N
应收账款	800	5	应付账款	600	10
存货	600	20	长期借款	1 000	5
固定资产	2 000	N	股本	1 000	N
			留存收益	1 000	N
资产合计	4 400	30	负债及所有者权益合计	4 400	15

资料二：乙公司2022年营业收入为900万元，净利润为400万元，股利支付率为60%。

资料三：乙公司预计2023年营业收入增长20%，公司流动资产和流动负债占销售收入的比例保持不变，股利支付率和营业净利率也保持不变。同时，公司2023年需要追加固定资产200万元。

要求：根据以上资料，回答如下问题。

（1）根据资料一，计算乙公司2022年末速动比率、产权比率和权益乘数。

（2）根据资料二，计算乙公司营业净利率和利润留存率。

（3）根据资料一、资料二和资料三，采用销售百分比法计算公司2023年外部融资需求量。

5. 某公司是一家生产销售产品的公司，有关资料如下。

资料一：公司2022年末部分资产负债表和部分利润表如下表所示：

单位：万元

资产	2022年末	负债及所有者权益	2022年末	利润表项目	2022年末
货币资金	500	应付账款	300	营业收入	2 000
交易性金融资产	500	短期借款	900	营业成本	1 000
应收账款	1 000	长期借款	1 200	利润总额	800
存货	800	股东权益	3 400	净利润	600
固定资产	3 000				
资产合计	5 800	负债及股东权益合计	5 800		

资料二：存货采购成本为700万元，公司永久性流动资产为1 200万元；公司变动成本率为20%，机会成本为10%。

要求：根据以上资料，回答如下问题。

（1）根据资料一，计算2022年末营运资金数额。

（2）根据资料一、资料二，计算存货周转期、应收账款周转期、应付账款周转期和现金周转期。（一年按照360天计算，用期末数据替代平均数据）

（3）根据资料一，计算总资产周转率、净资产收益率和权益乘数。

（4）根据资料一和资料二，计算公司应收账款的机会成本。

（5）根据资料一和资料二，以及公司资产与资金来源期限结构的匹配情况，判断流动资产融资策略。

6. 甲公司为上市公司，适用的企业所得税税率为25%，相关资料如下：

（1）甲公司2024年末的普通股股数为6 000万股，2025年3月31日，经公司股东大会决议，以2024年末公司普通股股数为基础，向全体股东每10股送红股2股，2025年9月30日增发普通股300万股，除以上情况外，公司2025年度没有其他股份变动事宜。

（2）甲公司2025年平均资产总额为80 000万元，平均负债总额为20 000万元，净利润为12 000万元，公司2025年度股利支付率为50%，并假设在2025年末以现金形式分配给股东。

（3）2026年初某投资者拟购买甲公司股票，甲公司股票的市场价格为10元/股，预计未来两年的每股股利均为1元，第三年起每年的股利增长率保持6%不变，甲公司β系数为1.5，当前无风险收益率为4%，市场组合收益率为12%，公司采用资本资产定价模型计算资本成本率，也即投资者要求达到的必要收益率。

（4）复利现值系数表如下表所示：

期数	14%	16%	18%	20%
1	0.8772	0.8621	0.8475	0.8333
2	0.7695	0.7432	0.7182	0.6944
3	0.6750	0.6407	0.6086	0.5787

要求：根据以上资料，回答如下问题。

（1）计算甲公司的如下指标：①2025年净资产收益率；②2025年支付的现金股利。

（2）计算甲公司的如下指标：①2025年基本每股收益；②2025年每股股利。

（3）基于资本资产定价模型，计算2026年初的如下指标：①市场组合的风险收益率；②甲公司股票的资本成本率；③甲公司股票的每股价值。并判断投资者是否应该购买甲公司股票。

二、答案部分

1.【答案】

（1）基本每股收益＝归属于公司普通股股东的净利润/发行在外的普通股加权平均数，发行在外的普通股加权平均数＝期初发行在外普通股股数＋当期新发普通股股数×已发行时间/报告期间－当期回购普通股股数×已回购时间/报告期时间；

甲公司发行在外普通股加权平均数＝2 000＋2 000×10/10－900×6/12＝4 000－450＝3 550（万股），甲公司基本每股收益＝1 000/3 550＝0.28（元）。

（2）计算稀释每股收益，假设全部转股，所增加的净利润＝1 000×5%×5/12×（1－25%）＝15.63（万元）；假设全部转股，所增加的年加权平均普通股股数＝1 000/100×20×5/12＝83.33（万股）；稀释每股收益＝（1 000＋15.63）/（3 550＋83.33）＝1 015.63/3 633.33＝0.28（元）。

（3）市盈率＝每股市价/每股收益，根据（1）得知每股收益＝0.28元，市盈率＝30/0.28＝107.14（倍）。

【解析】本题考查的知识点是上市公司特殊财务指标。（1）基本每股收益＝归属于公司普通股股东的净利润/发行在外的普通股加权平均数，发行在外的普通股加权平均数＝期初发行在外普通股股数＋当期新发普通股股数×已发行时间/报告期间－当期回购普通股股数×已回购时间/报告期时间。（2）稀释每股收益。企业存在稀释性潜在普通股的，应当计算稀释每股收益。稀释性潜在普通股指假设当期转换为普通股会减少每股收益的潜在普通股。潜在普通股主要包括：可转换公司债券、认股权证和股份期权等。对于可转换公司债券，计算稀释每股收益时，分子的调整项目为可转换公司债券当期已确认为费用的利息等的税后影响额；分母的调整项目为假定可转换公司债券当期期初或发行日转换为普通股股数的加权平均数。（3）市盈率是股票每股市价与每股收益的比率，反映普通股股东为获取1元净利润所愿意支付的股票价格；每股净资产，又称每股账面价值，是指企业期末普通股净资产与期末发行在外的普通股股数之间的比率；市净率是每股市价与每股净资产的比率。

2.【答案】

（1）公司2022年末资产负债率＝负债总额/资产总额，资产负债率＝890/2 200×100%＝40%，企业降杠杆要求将资产负债率控制在55%以内，可以明显看出，乙公司已经实现了降杠杆的目标。

（2）净资产收益率＝净利润/平均所有者权益，2021年净资产收益率＝300/1 200×100%＝25%，2022年末净资产收益率＝350/1 310×100%＝26.72%。

（3）营业净利率＝净利润/营业收入，2021年末营业净利率＝300/900＝0.33，2022年末营业净利率＝350/920＝0.38，总资产周转率＝营业收入/平均资产总额，2021年末总资产周转率＝900/2 000＝0.45；2022年末总资产周转率＝920/2 200＝0.42；权益乘数＝总资产/股东权益，2021年末权益乘数＝2 000/1 200＝1.67，2022年末权益乘数＝2 200/1 310＝1.68。

我们将依次分析营业净利率、总资产周转率和权益乘数三个因素对净资产收益率的影响。

2021年净资产收益率＝0.33×0.45×1.67≈0.25；

2022年末净资产收益率＝0.38×0.42×1.68≈0.27；

首先分析对营业净利率进行替代，0.38×0.45×1.67＝0.29；

其次分析对总资产周转率进行替代，0.38×0.42×1.67＝0.27；

最后分析对权益乘数进行替代，0.38×0.42×1.68＝0.27；

营业净利率对净资产收益率差异的影响是0.29－0.25＝0.04；

总资产周转率对净资产收益率差异的影响是0.27－0.29＝－0.02；

权益乘数对净资产收益率差异的影响是0.27－0.27＝0。

【解析】本题考查的知识点是盈利能力分析、杜邦财务分析和因素分析法。盈利能力分析，净资产收益率＝净利润/平均所有者权益；营业净利率＝净利润/营业收入；杜邦财务分析法，是利用各主要财务比率指标间的内在联系，对企业财务状况及经济效益进行综合系统分析评价的方法。该体系以净资产收益率为起点，以总资产净利率和权益乘数为基础，重点揭示企业盈利能力及权益乘数对净资产收益率的影响，以及各相关指标间的相互影响和作用关系。因素分析法有连环替代法和差额分析法，连环替代法是将分析指标分解为各个可以计量的因素，并根据各个因素之间的依存关系，顺次用各因素的比较值替代基准值，据以测定各因素对分析指标的影响。

3.【答案】

（1）产权比率＝负债总额/所有者权益，产权比率A＝1 000/1 800×100%＝55.56%；

净资产收益率＝净利润/所有者权益，净资产收益率B＝600/1 800×100%＝33.33%；

总资产周转次数＝营业收入/总资产平均余额，总资产周转次数C＝900/2 800＝0.32（次）；

营业现金比率＝经营活动产生的现金流量净额/营业收入，营业现金比率D＝800/900＝0.89；

每股营业现金净流量＝经营活动产生现金流量净额/普通股股数，每股营业现金净流量E＝800/3 000＝0.27（元）；

市盈率＝每股市价/每股收益，市盈率F＝30/3.1＝9.68（倍）；

股利发放率＝每股股利/每股收益，每股股利＝现金股利总额/发行在外普通股股数，每股股利＝1 578/3 000＝0.53（元），股利发放率G＝0.53/3.1＝0.17；

每股净资产＝期末普通股净资产/发行在外普通股股数，每股净资产H＝1 800/3 000＝0.6（元）；

净收益营运指数＝经营净收益/净利润，经营净收益＝净利润－非经营净收益，净收益营运指数I＝(600－200)/600＝0.67。

（2）产权比率是负债总额与所有者权益之比，是财务结构稳健与否的重要标志，产权比率越低，说明公司财务结构会比较稳健，通过对比发现，丙公司产权比率低于乙公司，所以丙公司财务结构比较稳定。

市盈率是股票市场上反映股票投资价值的重要指标，该指标的高低反映市场上投资者对股票投资收益和投资风险的预期，该比率越高，说明投资价值越大。通过对比发现，乙公司的市盈率值大于丙公司市盈率值，说明乙公司股票价值更大。

【解析】本题考查的知识点是上市公司财务指标分析。偿债能力指标，产权比率；营运能力指标，总资产周转率；盈利能力指标，净资产收益率；现金流量分析，营业现金比率、每股营业现金净流量、净收益营运指数；上市公司特殊财务指标，每股股利、股利发放率和市盈率。产权比率是负债总额与所有者权益之比，是财务结构稳健与否的重要标志；市盈率是股票市场上反映股票投资价值的重要指标。

4.【答案】

（1）速动比率＝速动资产/流动负债，速动比率＝1 800/1 400＝1.29；

产权比率＝负债总额/所有者权益，产权比率＝2 400/2 000＝1.2；

权益乘数＝总资产/股东权益＝1＋产权比率＝2.2。

（2）营业净利率＝净利润/营业收入，营业净利率＝400/900×100%＝44%；

利润留存率＝1－股利支付率，利润留存率＝40%。

（3）外部融资需求等于销售增长而需要的资金需求增长额，扣除利润留存后的余额，加上其他需求，即为所需要的外部融资需求额。

外部融资需求量＝30%×900×20%－15%×900×20%－900×（1＋20%）×0.44×40%＋200＝54－27－190.08＋200＝36.92（万元）。

【解析】本题考查的知识点是公司偿债能力分析、盈利能力分析和资金需求量预测。公司偿债能力分析，包含速动比率、产权比率和权益乘数。速动比率＝速动资产/流动负债，产权比率＝负债总额/所有者权益；权益乘数＝总资产/股东权益；盈利能力分析：营业净利率＝净利润/营业收入；留存收益率＝1－股利支付率＝1－（当年利润分配额/净利润）。资金需求量预测的销售百分比法，销售百分比法的基本步骤是，首先，确定随销售额变动而变动的资产和负债项目；其次，确定有关项目与销售额的稳定比例关系；最后，确定需要增加的筹资数量，预计由于销售增长而需要的资金需求增长额，扣除利润留存后，即为所需要的外部筹资额。

5.【答案】

（1）营运资金＝流动资产－流动负债，营运资金＝2 800－1 200＝1 600（万元）。

（2）存货周转期＝360/存货周转次数，存货周转次数＝营业成本/存货平均余额，存货周转期＝360/（1 000/800）＝288（天）；

应收账款周转期＝360/应收账款周转次数，应收账款周转次数＝营业收入/应收账款平均余额，应收账款周转期＝360/（2 000/1 000）＝180（天）；

应付账款周转期＝应付账款平均余额/每天的购货成本，应付账款周转期＝300/（700/360）＝155（天）；

现金周转期＝经营周转期－应付账款周转期，经营周转期＝应收账款周转期＋存货周转期，现金周转期＝（288＋180）－155＝313（天）。

（3）总资产周转率＝营业收入/总资产平均余额，总资产周转率＝2 000/5 800＝0.34；

净资产收益率＝净利润/平均所有者权益，净资产收益率＝600/3 400＝0.18；

权益乘数＝总资产/股东权益，权益乘数＝5 800/3 400＝1.71。

（4）应收账款的机会成本＝应收账款平均余额×变动成本率×资本成本，应收账款的机会成本＝1 000×20%×10%＝20（万元）。

（5）公司流动性资产＝永久性流动资产＋波动性流动资产，波动性流动资产＝流动资产－永久性流动资产，波动性流动资产＝2 800－1 200＝1 600（万元），短期借款＝900万元，根据波动性资产与短期借款进行对比，发现波动性资产大于短期借款，说明公司采用长期融资来为波动性流动资产提供融资，公司融资策略属于保守型融资策略。

【解析】本题考查的知识点是公司财务指标分析和营运资金管理。财务指标分析包含营运能力分析和盈利能力分析两个部分，应收账款周转次数＝营业收入/应收账款平均余额，应收账款周转天数＝计算期天数/应收账款周转次数；存货周转次数＝营业成本/存货平均余额；存货周转天数=计算期天数/存货周转次数；总资产周转率=营业收入/平均资产总额；净资产收益率=净利润/平均所有者权益=总资产净利率×权益乘数；营运资金管理方面，现金周转期，现金周转期=经营周转期-应付账款周转期，经营周转期=应收账款周转期+存货周转期；应收账款机会成本，应收账款机会成本=日销售额×平均收现期×变动成本率×资本成本=应收账款平均余额×变动成本率×资本成本；流动资产融资策略，根据波动性流动资产与短期融资的匹配，将其分为期限匹配融资策略、保守型融资策略和激进型融资策略。

6.【答案】

(1) ①2025 年净资产收益率=12 000/(80 000-20 000)=20%。

②2025 年支付的现金股利=12 000×50%=6 000（万元）。

(2) ①2025 年基本每股收益=12 000/(6 000+6 000×2/10+300×3/12)=1.65（元）。

②2025 年每股股利=6 000/(6 000+6 000×2/10+300)=0.8（元）。

(3) ①市场组合的风险收益率=12%-4%=8%。

②甲公司股票的资本成本率=4%+1.5×8%=16%。

③甲公司股票的每股价值=1×0.8621+1×0.7432+1×(1+6%)/(16%-6%)×0.7432=9.48（元）。

甲公司股票的每股价值9.48元低于当前每股股票的市场价格10元，因此投资者不应该购买甲公司股票。

附 录

附表一 复利终值系数表

期数	1%	2%	3%	4%	5%	6%	7%	8%	9%	10%
1	1.0100	1.0200	1.0300	1.0400	1.0500	1.0600	1.0700	1.0800	1.0900	1.1000
2	1.0201	1.0404	1.0609	1.0816	1.1025	1.1236	1.1449	1.1664	1.1881	1.2100
3	1.0303	1.0612	1.0927	1.1249	1.1576	1.1910	1.2250	1.2597	1.2950	1.3310
4	1.0406	1.0824	1.1255	1.1699	1.2155	1.2625	1.3108	1.3605	1.4116	1.4641
5	1.0510	1.1041	1.1593	1.2167	1.2763	1.3382	1.4026	1.4693	1.5386	1.6105
6	1.0615	1.1262	1.1941	1.2653	1.3401	1.4185	1.5007	1.5809	1.6771	1.7716
7	1.0721	1.1487	1.2299	1.3159	1.4071	1.5036	1.6058	1.7138	1.8280	1.9487
8	1.0829	1.1717	1.2668	1.3686	1.4775	1.5938	1.7182	1.8509	1.9926	2.1436
9	1.0937	1.1951	1.3048	1.4233	1.5513	1.6895	1.8385	1.9990	2.1719	2.3579
10	1.1046	1.2190	1.3439	1.4802	1.6289	1.7908	1.9672	2.1589	2.3674	2.5937
11	1.1157	1.2434	1.3824	1.5395	1.7103	1.8983	2.1049	2.3316	2.5804	2.8531
12	1.1268	1.2682	1.4258	1.6010	1.7959	2.0122	2.2522	2.5182	2.8127	3.1384
13	1.1381	1.2936	1.4685	1.6651	1.8856	2.1329	2.4098	2.7196	3.0658	3.4523
14	1.1459	1.3195	1.5126	1.7317	1.9799	2.2609	2.5785	2.9372	3.3417	3.7975
15	1.1610	1.3459	1.5580	1.8009	2.0789	2.3966	2.7590	3.1722	3.6425	4.1772
16	1.1726	1.3728	1.6047	1.8730	2.1829	2.5404	2.9522	3.4259	3.9703	4.5950
17	1.1843	1.4002	1.6528	1.9479	2.2920	2.6928	3.1588	3.7000	4.3276	5.0545
18	1.1961	1.4282	1.7024	2.0258	2.4066	2.8543	3.3799	3.9960	4.7171	5.5599
19	1.2081	1.4568	1.7535	2.1068	2.5270	3.0256	3.6165	4.3157	5.1417	6.1159
20	1.2202	1.4859	1.8061	2.1911	2.6533	3.2071	3.8697	4.6610	5.6044	6.7275
21	1.2324	1.5157	1.8603	2.2788	2.7860	3.3996	4.1406	5.0338	6.1088	7.4002
22	1.2447	1.5460	1.9161	2.3699	2.9253	3.6035	4.4304	5.4365	6.6586	8.1403
23	1.2572	1.5769	1.9736	2.4647	3.0715	3.8197	4.7405	5.8715	7.2579	8.2543
24	1.2697	1.6084	2.0328	2.5633	3.2251	4.0489	5.0724	6.3412	7.9111	9.8497
25	1.2824	1.6406	2.0938	2.6658	3.3864	4.2919	5.4274	6.8485	8.6231	10.835
26	1.2953	1.6734	2.1566	2.7725	3.5557	4.5494	5.8076	7.3964	9.3992	11.918
27	1.3082	1.7069	2.2213	2.8834	3.7335	4.8823	6.2139	7.9881	10.245	13.110
28	1.3213	1.7410	2.2879	2.9987	3.9201	5.1117	6.6488	8.6271	11.167	14.421
29	1.3345	1.7758	2.3566	3.1187	4.1161	5.4184	7.1143	9.3173	12.172	15.863
30	1.3478	1.8114	2.4273	3.2434	4.3219	5.7435	7.6123	10.063	13.268	17.449
40	1.4889	2.2080	3.2620	4.8010	7.0400	10.286	14.794	21.725	31.408	45.259
50	1.6446	2.6916	4.3839	7.1067	11.467	18.420	29.457	46.902	74.358	117.39
60	1.8167	3.2810	5.8916	10.520	18.679	32.988	57.946	101.26	176.03	304.48

续表

期数	12%	14%	15%	16%	18%	20%	24%	28%	32%	36%
1	1.1200	1.1400	1.1500	1.1600	1.1800	1.2000	1.2400	1.2800	1.3200	1.3600
2	1.2544	1.2996	1.3225	1.3456	1.3924	1.4400	1.5376	1.6384	1.7424	1.8496
3	1.4049	1.4815	1.5209	1.5609	1.6430	1.7280	1.9066	2.0872	2.3000	2.5155
4	1.5735	1.6890	1.7490	1.8106	1.9388	2.0736	2.3642	2.6844	3.0360	3.4210
5	1.7623	1.9254	2.0114	2.1003	2.2878	2.4883	2.9316	3.4360	4.0075	4.6526
6	1.9738	2.1950	2.3131	2.4364	2.6996	2.9860	3.6352	4.3980	5.2899	6.3275
7	2.2107	2.5023	2.6600	2.8262	3.1855	3.5832	4.5077	5.6295	6.9826	8.6054
8	2.4760	2.8526	3.0590	3.2784	3.7589	4.2998	5.5895	7.2508	9.2170	11.703
9	2.7731	3.2519	3.5179	3.8030	4.4355	5.1598	6.9310	9.2234	12.166	15.917
10	3.1058	3.7072	4.0456	4.4114	5.2338	6.1917	8.5944	11.806	16.060	21.647
11	3.4785	4.2262	4.6524	5.1173	6.1759	7.4301	10.657	15.112	21.119	29.439
12	3.8960	4.8179	5.3503	5.9360	7.2876	8.9161	13.215	19.343	27.983	40.037
13	4.3635	5.4924	6.1528	6.8858	8.5994	10.699	16.386	24.759	36.937	54.451
14	4.8871	6.2613	7.0757	7.9875	10.147	12.839	20.319	31.691	48.757	74.053
15	5.4736	7.1379	8.1371	9.2655	11.974	15.407	25.196	40.565	64.395	100.71
16	6.1304	8.1372	9.3576	10.748	14.129	18.448	31.243	51.923	84.954	136.97
17	6.8660	9.2765	10.761	12.468	16.672	22.186	38.741	66.461	112.14	186.28
18	7.6900	10.575	12.375	14.463	19.673	26.623	48.039	86.071	148.02	253.34
19	8.6128	12.056	14.232	16.777	23.214	31.948	59.568	108.89	195.39	344.54
20	9.6463	13.743	16.367	19.461	27.393	38.338	73.864	139.38	257.92	468.57
21	10.804	15.668	18.822	22.574	32.324	46.005	91.592	178.41	340.45	637.26
22	12.100	17.861	21.645	26.186	38.142	55.206	113.57	228.36	449.39	866.67
23	13.552	20.362	24.891	30.376	45.008	66.247	140.83	292.30	593.20	1 178.7
24	15.179	23.212	28.625	35.236	53.109	79.497	174.63	374.14	783.02	1 603.0
25	17.000	26.462	32.919	40.874	62.669	95.396	216.54	478.90	1 033.6	2 180.1
26	19.040	30.167	37.857	47.414	73.949	114.48	268.51	613.00	1 364.3	2 964.9
27	21.325	34.390	43.535	55.000	87.260	137.37	332.95	784.64	1 800.9	4 032.3
28	23.884	39.204	50.006	63.800	102.97	164.84	412.86	1 004.3	2 377.2	5 483.9
29	26.750	44.693	57.575	74.009	121.50	197.81	511.95	1 285.6	3 137.9	7 458.1
30	29.960	50.950	66.212	85.850	143.37	237.38	634.82	1 645.5	4 142.1	10 143
40	93.051	188.83	267.86	378.72	750.38	1 469.8	5 455.9	19 427	66 521	*
50	289.00	700.23	1 083.7	1 670.7	3 927.4	9 100.4	46 890	*	*	*
60	897.60	2 595.9	4 384.0	7 370.2	20 555	56 348	*	*	*	*

* >99 999

附表二　　　　　　　　　　　　　　　　**复利现值系数表**

期数	1%	2%	3%	4%	5%	6%	7%	8%	9%	10%
1	.9901	.9804	.9709	.9615	.9524	.9434	.9346	.9259	.9174	.9091
2	.9803	.9612	.9426	.9246	.9070	.8900	.8734	.8573	.8417	.8264
3	.9706	.9423	.9151	.8890	.8638	.8396	.8163	.7938	.7722	.7513
4	.9610	.9238	.8885	.8548	.8227	.7921	.7629	.7350	.7084	.6830
5	.9515	.9057	.8626	.8219	.7835	.7473	.7130	.6806	.6499	.6209
6	.9420	.8880	.8375	.7903	.7462	.7050	.6663	.6302	.5963	.5645
7	.9327	.8706	.8131	.7599	.7107	.6651	.6227	.5835	.5470	.5132
8	.9235	.8535	.7894	.7307	.6768	.6274	.5820	.5403	.5019	.4665
9	.9143	.8368	.7664	.7026	.6446	.5919	.5439	.5002	.4604	.4241
10	.9053	.8203	.7441	.6756	.6139	.5584	.5083	.4632	.4224	.3855
11	.8963	.8043	.7224	.6496	.5847	.5268	.4751	.4289	.3875	.3505
12	.8874	.7885	.7014	.6246	.5568	.4970	.4440	.3971	.3555	.3186
13	.8787	.7730	.6810	.6006	.5303	.4688	.4150	.3677	.3262	.2897
14	.8700	.7579	.6611	.5775	.5051	.4423	.3878	.3405	.2992	.2633
15	.8613	.7430	.6419	.5553	.4810	.4173	.3624	.3152	.2745	.2394
16	.8528	.7284	.6232	.5339	.4581	.3936	.3387	.2919	.2519	.2176
17	.8444	.7142	.6050	.5134	.4363	.3714	.3166	.2703	.2311	.1978
18	.8360	.7002	.5874	.4936	.4155	.3503	.2959	.2502	.2120	.1799
19	.8277	.6864	.5703	.4746	.3957	.3305	.2765	.2317	.1945	.1635
20	.8195	.6730	.5537	.4564	.3769	.3118	.2584	.2145	.1784	.1486
21	.8114	.6598	.5375	.4388	.3589	.2942	.2415	.1987	.1637	.1351
22	.8034	.6468	.5219	.4220	.3418	.2775	.2257	.1839	.1502	.1228
23	.7954	.6342	.5067	.4057	.3256	.2618	.2109	.1703	.1378	.1117
24	.7876	.6217	.4919	.3901	.3101	.2470	.1971	.1577	.1264	.1015
25	.7798	.6095	.4776	.3751	.2953	.2330	.1842	.1460	.1160	.0923
26	.7720	.5976	.4637	.3604	.2812	.2198	.1722	.1352	.1064	.0839
27	.7644	.5859	.4502	.3468	.2678	.2074	.1609	.1252	.0976	.0763
28	.7568	.5744	.4371	.3335	.2551	.1956	.1504	.1159	.0895	.0693
29	.7493	.5631	.4243	.3207	.2429	.1846	.1406	.1073	.0822	.0630
30	.7419	.5521	.4120	.3083	.2314	.1741	.1314	.0994	.0754	.0573
35	.7059	.5000	.3554	.2534	.1813	.1301	.0937	.0676	.0490	.0356
40	.6717	.4529	.3066	.2083	.1420	.0972	.0668	.0460	.0318	.0221
45	.6391	.4102	.2644	.1712	.1113	.0727	.0476	.0313	.0207	.0137
50	.6080	.3715	.2281	.1407	.0872	.0543	.0339	.0213	.0134	.0085
55	.5785	.3365	.1968	.1157	.0683	.0406	.0242	.0145	.0087	.0053

续表

期数	12%	14%	15%	16%	18%	20%	24%	28%	32%	36%
1	.8929	.8772	.8696	.8621	.8475	.8333	.8065	.7813	.7576	.7353
2	.7972	.7695	.7561	.7432	.7182	.6944	.6504	.6104	.5739	.5407
3	.7118	.6750	.6575	.6407	.6086	.5787	.5245	.4768	.4348	.3975
4	.6355	.5921	.5718	.5523	.5158	.4823	.4230	.3725	.3294	.2923
5	.5674	.5194	.4972	.4762	.4371	.4019	.3411	.2910	.2495	.2149
6	.5066	.4556	.4323	.4104	.3704	.3349	.2751	.2274	.1890	.1580
7	.4523	.3996	.3759	.3538	.3139	.2791	.2218	.1776	.1432	.1162
8	.4039	.3506	.3269	.3050	.2660	.2326	.1789	.1388	.1085	.0854
9	.3606	.3075	.2843	.2630	.2255	.1938	.1443	.1084	.0822	.0628
10	.3220	.2697	.2472	.2267	.1911	.1615	.1164	.0847	.0623	.0462
11	.2875	.2366	.2149	.1954	.1619	.1346	.0938	.0662	.0472	.0340
12	.2567	.2076	.1869	.1685	.1373	.1122	.0757	.0517	.0357	.0250
13	.2292	.1821	.1625	.1452	.1163	.0935	.0610	.0404	.0271	.0184
14	.2046	.1597	.1413	.1252	.0985	.0779	.0492	.0316	.0205	.0135
15	.1827	.1401	.1229	.1079	.0835	.0649	.0397	.0247	.0155	.0099
16	.1631	.1229	.1069	.0980	.0709	.0541	.0320	.0193	.0118	.0073
17	.1456	.1078	.0929	.0802	.0600	.0451	.0259	.0150	.0089	.0054
18	.1300	.0946	.0808	.0691	.0508	.0376	.0208	.0118	.0068	.0039
19	.1161	.0829	.0703	.0596	.0431	.0313	.0168	.0092	.0051	.0029
20	.1037	.0728	.0611	.0514	.0365	.0261	.0135	.0072	.0039	.0021
21	.0926	.0638	.0531	.0443	.0309	.0217	.0109	.0056	.0029	.0016
22	.0826	.0560	.0462	.0382	.0262	.0181	.0088	.0044	.0022	.0012
23	.0738	.0491	.0402	.0329	.0222	.0151	.0071	.0034	.0017	.0008
24	.0659	.0431	.0349	.0284	.0188	.0126	.0057	.0027	.0013	.0006
25	.0588	.0378	.0304	.0245	.0160	.0105	.0046	.0021	.0010	.0005
26	.0525	.0331	.0264	.0211	.0135	.0087	.0037	.0016	.0007	.0003
27	.0469	.0291	.0230	.0182	.0115	.0073	.0030	.0013	.0006	.0002
28	.0419	.0255	.0200	.0157	.0097	.0061	.0024	.0010	.0004	.0002
29	.0374	.0224	.0174	.0135	.0082	.0051	.0020	.0008	.0003	.0001
30	.0334	.0196	.0151	.0116	.0070	.0042	.0016	.0006	.0002	.0001
35	.0189	.0102	.0075	.0055	.0030	.0017	.0005	.0002	.0001	*
40	.0107	.0053	.0037	.0026	.0013	.0007	.0002	.0001	*	*
45	.0061	.0027	.0019	.0013	.0006	.0003	.0001	*	*	*
50	.0035	.0014	.0009	.0006	.0003	.0001	*	*	*	*
55	.0020	.0007	.0005	.0003	.0001	*	*	*	*	*

* <.0001

附表三

年金终值系数表

期数	1%	2%	3%	4%	5%	6%	7%	8%	9%	10%
1	1.0000	1.0000	1.0000	1.0000	1.0000	1.0000	1.0000	1.0000	1.0000	1.0000
2	2.0100	2.0200	2.0300	2.0400	2.0500	2.0600	2.0700	2.0800	2.0900	2.1000
3	3.0301	3.0604	3.0909	3.1216	3.1525	3.1836	3.2149	3.2464	3.2781	3.3100
4	4.0604	4.1216	4.1836	4.2465	4.3101	4.3746	4.4399	4.5061	4.5731	4.6410
5	5.1010	5.2040	5.3091	5.4163	5.5256	5.6371	5.7507	5.8666	5.9847	6.1051
6	6.1520	6.3081	6.4684	6.6330	6.8019	6.9753	7.1533	7.3359	7.5233	7.7156
7	7.2135	7.4343	7.6625	7.8983	8.1420	8.3938	8.6540	8.9228	9.2004	9.4872
8	8.2857	8.5830	8.8923	9.2142	9.5491	9.8975	10.260	10.637	11.028	11.436
9	9.3685	9.7546	10.159	10.583	11.027	11.491	11.978	12.488	13.021	13.579
10	10.462	10.950	11.464	12.006	12.578	13.181	13.816	14.487	15.193	15.937
11	11.567	12.169	12.808	13.486	14.207	14.972	15.784	16.645	17.560	18.531
12	12.683	13.412	14.192	15.026	15.917	16.870	17.888	18.977	20.141	21.384
13	13.809	14.680	15.618	16.627	17.713	18.882	20.141	21.495	22.953	24.523
14	14.947	15.974	17.086	18.292	19.599	21.015	22.550	24.214	26.019	27.975
15	16.097	17.293	18.599	20.024	21.579	23.276	25.129	27.152	29.361	31.772
16	17.258	18.639	20.157	21.825	23.657	25.673	27.888	30.324	33.003	35.950
17	18.430	20.012	21.762	23.698	25.840	28.213	30.840	33.750	36.974	40.545
18	19.615	21.412	23.414	25.645	28.132	30.906	33.999	37.450	41.301	45.599
19	20.811	22.841	25.117	27.671	30.539	33.760	37.379	41.446	46.018	51.159
20	22.019	24.297	26.870	29.778	33.066	36.786	40.955	45.752	51.160	57.275
21	23.239	25.783	28.676	31.969	35.719	39.993	44.865	50.423	56.765	64.002
22	24.472	27.299	30.537	34.249	38.505	43.392	49.006	55.457	62.873	71.403
23	25.716	28.845	32.453	36.618	41.430	46.996	53.436	60.883	69.532	79.543
24	26.973	30.422	34.426	39.083	44.502	50.816	58.177	66.765	76.790	88.497
25	28.243	32.030	36.459	41.646	47.727	54.863	63.294	73.106	84.701	98.347
26	29.526	33.671	38.553	44.312	51.113	59.156	68.676	79.954	93.324	109.18
27	30.821	35.344	40.710	47.084	54.669	63.706	74.484	87.351	102.72	121.10
28	32.129	37.051	42.931	49.968	58.403	68.528	80.698	95.339	112.97	134.21
29	33.450	38.792	45.219	52.966	62.323	73.640	87.347	103.97	124.14	148.63
30	34.785	40.568	47.575	56.085	66.439	79.058	94.461	113.28	136.31	164.49
40	48.886	60.402	75.401	95.026	120.80	154.76	199.64	259.06	337.88	442.59
50	64.463	84.579	112.80	152.67	209.35	290.34	406.53	573.77	815.08	1 163.9
60	81.670	114.05	163.05	237.99	353.58	533.13	813.52	1 253.2	1 944.8	3 034.8

续表

期数	12%	14%	15%	16%	18%	20%	24%	28%	32%	36%
1	1.0000	1.0000	1.0000	1.0000	1.0000	1.0000	1.0000	1.0000	1.0000	1.0000
2	2.1200	2.1400	2.1500	2.1600	2.1800	2.2000	2.2400	2.2800	2.3200	2.3600
3	3.3744	3.4396	3.4725	3.5056	3.5724	3.6400	3.7776	3.9184	3.0624	3.2096
4	4.7793	4.9211	4.9934	5.0665	5.2154	5.3680	5.6842	6.0156	6.3624	6.7251
5	6.3528	6.6101	6.7424	6.8771	7.1542	7.4416	8.0484	8.6999	9.3983	10.146
6	8.1152	8.5355	8.7537	8.9775	9.4420	9.9299	10.980	12.136	13.406	14.799
7	10.089	10.730	11.067	11.414	12.142	12.916	14.615	16.534	18.696	21.126
8	12.300	13.233	13.727	14.240	15.327	16.499	19.123	22.163	25.678	29.732
9	14.776	16.085	16.786	17.519	19.086	20.799	24.712	29.369	34.895	41.435
10	17.549	19.337	20.304	21.321	23.521	25.959	31.643	38.593	47.062	57.352
11	20.655	23.045	24.349	25.733	28.755	32.150	40.238	50.398	63.122	78.988
12	24.133	27.271	29.002	30.850	34.931	39.581	50.895	65.510	84.320	108.44
13	28.029	32.089	34.352	36.786	42.219	48.497	64.110	84.853	112.30	148.47
14	32.393	37.581	40.505	43.672	50.818	59.196	80.496	109.61	149.24	202.93
15	37.280	43.842	47.580	51.660	60.965	72.035	100.82	141.30	198.00	276.98
16	42.753	50.980	55.717	60.925	72.939	87.442	126.01	181.87	262.36	377.69
17	48.884	59.118	65.075	71.673	87.068	105.93	157.25	233.79	347.31	514.66
18	55.750	68.394	75.836	84.141	103.74	128.12	195.99	300.25	459.45	770.94
19	63.440	78.969	88.212	98.603	123.41	154.74	244.03	385.32	607.47	954.28
20	72.052	91.025	102.44	115.38	146.63	186.69	303.60	494.21	802.86	1 298.8
21	81.699	104.77	118.81	134.84	174.02	225.03	377.46	633.59	1 060.8	1 767.4
22	92.503	120.44	137.63	157.41	206.34	271.03	469.06	812.00	1 401.2	2 404.7
23	104.60	138.30	159.28	183.60	244.49	326.24	582.63	1 040.4	1 850.6	3 271.3
24	118.16	185.66	184.17	213.98	289.49	392.48	723.46	1 332.7	2 443.8	4 450.0
25	133.33	181.87	212.79	249.21	342.60	471.98	898.09	1 706.8	3 226.8	6 053.0
26	150.33	208.33	245.71	290.09	405.27	567.38	1 114.6	2 185.7	4 260.4	8 233.1
27	169.37	238.50	283.57	337.50	479.22	681.85	1 383.1	2 798.7	5 624.8	11 198.0
28	190.70	272.89	327.10	392.50	566.48	819.22	1 716.1	3 583.3	7 425.7	15 230.3
29	214.58	312.09	377.17	456.30	669.45	984.07	2 129.0	4 587.7	9 802.9	20 714.2
30	241.33	356.79	434.75	530.31	790.95	1 181.9	2 640.9	5 873.2	12 941	28 172.3
40	767.09	1 342.0	1 779.1	2 360.8	4 163.2	7 343.2	27 290	69 377	*	*
50	2 400.0	4 994.5	7 217.7	10 436	21 813	45 497	*	*	*	*
60	7 471.6	18 535	29 220	46 058	*	*	*	*	*	*

* >99 999

附表四

年金现值系数表

期数	1%	2%	3%	4%	5%	6%	7%	8%	9%
1	0.9901	0.9804	0.9709	0.9615	0.9524	0.9434	0.9346	0.9259	0.9174
2	1.9704	1.9416	1.9135	1.8861	1.8594	1.8334	1.8080	1.7833	1.7591
3	2.9410	2.8839	2.8286	2.7751	2.7232	2.6730	2.6243	2.5771	2.5313
4	3.9020	3.8077	3.7171	3.6299	3.5460	3.4651	3.3872	3.3121	3.2397
5	4.8534	4.7135	4.5797	4.4518	4.3295	4.2124	4.1002	3.9927	3.8897
6	5.7955	5.6014	5.4172	5.2421	5.0757	4.9173	4.7665	4.6229	4.4859
7	6.7282	6.4720	6.2303	6.0021	5.7864	5.5824	5.3893	5.2064	5.0330
8	7.6517	7.3255	7.0197	6.7327	6.4632	6.2098	5.9713	5.7466	5.5348
9	8.5660	8.1622	7.7861	7.4353	7.1078	6.8017	6.5152	6.2469	5.9952
10	9.4713	8.9826	8.5302	8.1109	7.7217	7.3601	7.0236	6.7101	6.417
11	10.3676	9.7868	9.2526	8.7605	8.3064	7.8869	7.4987	7.1390	6.8052
12	11.2551	10.5753	9.9540	9.3851	8.8633	8.3838	7.9427	7.5361	7.1607
13	12.1337	11.3484	10.6350	9.9856	9.3936	8.8527	8.3577	7.9038	7.4869
14	13.0037	12.1062	11.2961	10.5631	9.8986	9.2950	8.7455	8.2442	7.7862
15	13.8651	12.8493	11.9379	11.1184	10.3797	9.7122	9.1079	8.5595	8.0607
16	14.7179	13.5777	12.5611	11.6523	10.8378	10.1059	9.4466	8.8514	8.3126
17	15.5623	14.2919	13.1661	12.1657	11.2741	10.4773	9.7632	9.1216	8.5436
18	16.3983	14.9920	13.7535	12.6896	11.6896	10.8276	10.0591	9.3719	8.7556
19	17.2260	15.6785	14.3238	13.1339	12.0853	11.1581	10.3356	9.6036	8.9601
20	18.0456	16.3514	14.8775	13.5903	12.4622	11.4699	10.5940	9.8181	9.1285
21	18.8570	17.0112	15.4150	14.0292	12.8212	11.7641	10.8355	10.0618	9.2922
22	19.6604	17.6580	15.9369	14.4511	13.4886	12.3034	11.0612	10.2007	9.4426
23	20.4558	18.2922	16.4436	14.8568	13.4886	12.3034	11.2722	10.3711	9.5802
24	21.2434	18.9139	16.9355	15.2470	13.7986	12.5504	11.4693	10.5288	9.7066
25	22.0232	19.5235	17.4131	15.6221	14.0939	12.7834	11.6536	10.6748	9.8226
26	22.7952	20.1210	17.8768	15.9828	14.3752	13.0032	11.8258	10.8100	9.9290
27	23.5596	20.7059	18.3270	16.3296	14.6430	13.2105	11.9867	10.9352	10.0266
28	24.3164	21.2813	18.7641	16.6631	14.8981	13.4062	12.1371	11.0511	10.1161
29	25.0658	21.8444	19.1885	16.9837	15.1411	13.5907	12.2777	11.1584	10.1983
30	25.8077	22.3965	19.6004	17.2920	15.3725	13.7648	12.4090	11.2578	10.2737
35	29.4086	24.9986	21.4872	18.6646	16.3742	14.4982	12.9477	11.6546	10.5668
40	32.8347	27.3555	23.1148	19.7928	17.1591	15.0463	13.3317	11.9246	10.7574
45	36.0945	29.4902	24.5187	20.7200	17.7741	15.4558	13.6055	12.1084	10.8812
50	39.1961	31.4236	25.7298	21.4822	18.2559	15.7619	13.8007	12.2335	10.9617
55	42.1472	33.1748	26.7744	22.1086	18.6335	15.9905	13.9399	12.3186	11.0140

续表

期数	10%	12%	14%	15%	16%	18%	20%	24%	28%	32%
1	0. 9091	0. 8929	0. 8772	0. 8696	0. 8621	0. 8475	0. 8333	0. 8065	0. 7813	0. 7576
2	1. 7355	1. 6901	1. 6467	1. 6257	1. 6052	1. 5656	1. 5278	1. 4568	1. 3916	1. 3315
3	2. 4869	2. 4018	2. 3216	2. 2832	2. 2459	2. 1743	2. 1065	1. 9813	1. 8684	1. 7663
4	3. 1699	3. 0373	2. 9137	2. 8550	2. 7982	2. 6901	2. 5887	2. 4043	2. 2410	2. 0957
5	3. 7908	3. 6048	3. 4331	3. 3522	3. 2743	3. 1272	2. 9906	2. 7454	2. 5320	2. 3452
6	4. 3553	4. 1114	3. 8887	3. 7845	3. 6847	3. 4976	3. 3255	3. 0205	2. 7594	2. 5342
7	4. 8684	4. 5638	4. 2882	4. 1604	4. 0386	3. 8115	3. 6046	3. 2423	2. 9370	2. 6775
8	5. 3349	4. 9676	4. 6389	4. 4873	4. 3436	4. 0776	3. 8372	3. 4212	3. 0758	2. 7860
9	5. 7590	5. 3282	4. 9464	4. 7716	4. 6065	4. 3030	4. 0310	3. 5655	3. 1842	2. 8681
10	6. 1446	5. 6502	5. 2161	5. 0188	4. 8332	4. 4941	4. 1925	3. 6819	3. 2689	2. 9304
11	6. 4951	5. 9377	5. 4527	5. 2337	5. 0284	4. 6560	4. 3271	3. 7757	3. 3351	2. 9776
12	6. 8137	6. 1944	5. 6603	5. 4206	5. 1971	4. 7932	4. 4392	3. 8514	3. 3868	3. 0133
13	7. 1034	6. 4235	5. 8424	5. 5831	5. 3423	4. 9095	4. 5327	3. 9124	3. 4272	3. 0404
14	7. 3667	6. 6282	6. 0021	5. 7245	5. 4675	5. 0081	4. 6106	3. 9616	3. 4587	3. 0609
15	7. 6061	6. 8109	6. 1422	5. 8474	5. 5755	5. 0916	4. 6755	4. 0013	3. 4834	3. 0764
16	7. 8237	6. 9740	6. 2651	5. 9542	5. 6685	5. 1624	4. 7296	4. 0333	3. 5026	3. 0882
17	8. 0216	7. 1196	6. 3729	6. 0472	5. 7487	5. 2223	4. 7746	4. 0591	3. 5177	3. 0971
18	8. 2014	7. 2497	6. 4674	6. 1280	5. 8178	5. 2732	4. 8122	4. 0799	3. 5294	3. 1039
19	8. 3649	7. 3658	6. 5504	6. 1982	5. 8775	5. 3162	4. 8435	4. 0967	3. 5386	3. 1090
20	8. 5136	7. 4694	6. 6231	6. 2593	5. 9288	5. 3527	4. 8696	4. 1103	3. 5458	3. 1129
21	8. 6487	7. 5620	6. 6870	6. 3125	5. 9731	5. 3837	4. 8913	4. 1212	3. 5514	3. 1158
22	8. 7715	7. 6446	6. 7429	6. 3587	6. 0113	5. 4099	4. 9094	4. 1300	3. 5558	3. 1180
23	8. 8832	7. 7184	6. 7921	6. 3988	6. 0442	5. 4321	4. 9245	4. 1371	3. 5592	3. 1197
24	8. 9847	7. 7843	6. 8351	6. 4338	6. 0726	5. 4509	4. 9371	4. 1428	3. 5619	3. 1210
25	9. 0770	7. 8431	6. 8729	6. 4641	6. 0971	5. 4669	4. 9476	4. 1474	3. 5640	3. 1220
26	9. 1609	7. 8957	6. 9061	6. 4906	6. 1182	5. 4804	4. 9563	4. 1511	3. 5656	3. 1227
27	9. 2372	7. 9426	6. 9352	6. 5135	6. 1364	5. 4919	4. 9636	4. 1542	3. 5669	3. 1233
28	9. 3066	7. 9844	6. 9607	6. 5335	6. 1520	5. 5016	4. 9697	4. 1566	3. 5679	3. 1237
29	9. 3696	8. 0218	6. 9830	6. 5509	6. 1656	5. 5098	4. 9747	4. 1585	3. 5687	3. 1240
30	9. 4269	8. 0552	7. 0027	6. 5660	6. 1772	5. 5168	4. 9789	4. 1601	3. 5693	3. 1242
35	9. 6442	8. 1755	7. 0700	6. 6166	6. 2153	5. 5386	4. 9915	1. 1644	3. 5708	3. 1248
40	9. 7791	8. 2438	7. 1050	6. 6418	6. 2335	5. 5482	4. 1659	4. 1659	3. 5712	3. 1250
45	9. 8628	8. 2825	7. 1232	6. 6543	6. 2421	5. 5523	4. 9986	4. 1664	3. 5714	3. 1250
50	9. 9148	8. 3045	7. 1327	6. 6605	6. 2463	5. 5541	4. 9995	4. 1666	3. 5714	3. 1250
55	9. 9471	8. 3170	7. 1376	6. 6636	6. 2482	5. 5549	4. 9998	4. 1666	3. 5714	3. 1250